劳动与社会保障系列教材

劳动经济学

（第二版）

主　编　李　放

副主编　谢　勇　陈晓红　朱爱华

科学出版社

北　京

内 容 简 介

劳动经济学是现代经济学最活跃的分支之一。它着重考察劳动力市场的组织、运行及其结果，未来和现在的劳动力市场参与者的决策，以及与劳动力资源就业和收入分配有关的公共政策。本书共分为十一章，其中第一章和第二章介绍劳动经济学的学科属性以及劳动力市场的基本概念和运行规律；第三章和第四章具体研究了劳动力的需求和供给；第五章介绍了人力资本理论；第六章是对人力资本理论和劳动力流动现象的分析；第七章系统讲解了工资的决定机制以及不同的工资制度在员工激励方面的作用；第八章研究了失业与就业相关问题；第九章结合现实分析了劳动力市场上的歧视和分割现象；第十章和第十一章分别从集体谈判的角度讲解了工会的作用以及政府对劳动力市场的调控和管理。

本书可以作为高等院校经济类和管理类各专业的教材，也可供劳动与社会保障、人力资源管理、行政部门等相关领域的理论和实际工作者学习、参考。

图书在版编目（CIP）数据

劳动经济学 / 李放主编 . -- 2 版 .—北京：科学出版社，2013

劳动与社会保障系列教材

ISBN 978-7-03-036599-6

Ⅰ.①劳… Ⅱ.①李… Ⅲ.①劳动经济学—高等学校—教材

Ⅳ.①F240

中国版本图书馆 CIP 数据核字（2013）第 020785 号

责任编辑：林 建 王京苏 / 责任校对：贾如想
责任印制：徐晓晨 / 封面设计：蓝正设计

科 学 出 版 社 出版

北京东黄城根北街 16 号
邮政编码：100717
http://www.sciencep.com

北京建宏印刷有限公司 印刷

科学出版社发行 各地新华书店经销

*

2007 年 3 月第 一 版 开本：720×1000 B5
2013 年 2 月第 二 版 印张：17 3/4
2018 年 1 月第十六次印刷 字数：357 840

定价：45.00 元

《劳动经济学》　第二版
编　写　人　员

主　编　李　放（南京农业大学）

副主编　谢　勇（南京农业大学）

　　　　陈晓红（苏州大学）

　　　　朱爱华（苏州科技学院）

参　编　王国崇（江苏工业学院）

丛书序

社会保障制度是人类社会发展和进步的结果，从英国 1834 年颁布并实施的新《济贫法》算起，已有 170 多年的历史。即使从 1883 年德国推出最早的现代社会保险制度算起，至今也有 120 多年的历史。社会保障制度已经成为现代社会文明的重要标志，成为当今世界上绝大多数国家都在运用的社会政策。尽管各国在保障的对象上或普遍或特殊，在保障的范围上或宽泛或狭窄，在保障的水平上或很高或较低，但社会保障制度的实行极大地改善了各国的民生状况，促进各国民众共享经济繁荣和社会进步的成果，并在经济社会运行方面发挥着重要的"稳定器"和"安全网"的作用。

新中国成立以后，我们曾经构建了同当时实行的高度中央集权的计划经济体制相适应的劳动与社会保障制度，正是由于这套制度的有效运行，许多被称为"社会主义优越性"的正向功能才得以彰显，诸如"广就业、低工资、多福利"和"生老病死有依靠"等。当然，当时所能保障的水平还很低下。中共十一届三中全会以来，伴随着计划经济体制向市场经济体制的改革过渡，劳动与社会保障制度自 20 世纪 90 年代起也开始了改革之旅，原有的建立在计划经济体制基础之上、与计划经济体制相适应的劳动与社会保障制度难以适应新的形势。皮之不存，毛将焉附？建立健全同社会主义市场经济体制相适应的新的社会保障制度，确保劳动者的基本权益，成了当务之急。

环顾四周，有关矿难的报道不断，我国煤炭产量占全世界总产量的 1/3 左右，矿难所导致的死亡人数却占全世界矿难死亡总人数的 80%。有些地方的"黑矿主"与弱势的矿工签订所谓"生死合同"，花几万元就能买一条命，"私了"。终年劳苦的农民工不仅难以与其他职工"同工同酬"，而且常常面临工资被"拖欠"的窘境，甚至需要国家总理亲自出面为农民工"讨工资"。面对许多城市特别是大中城市飙升的房价，无数的无房者感叹何时才能实现"居者有其屋"，很多依靠贷款购得住房的居民则成了名副其实的"房奴"，还贷几乎花去了他们的全部收入。医疗市场化的结果，导致"看病难，看病贵"，人们"无病时怕生病，有了病怕进医院，进了医院怕出不去"。教育产业化引发学杂费上涨甚至"乱收费"，高校"扩招"成了"扩大内需"（又被称为"撬开老百姓的钱袋子"）的"妙招"，读书受教育对于很多收入不高的城乡家庭来说就意味着"致贫"。女大学生就业常常难于同等条件的男大学生，性别歧视依然存在。农民、残疾人等在就学、就业、就医以及各项社会权利的行使方面，更是遭到或明或暗的歧视。所有这些都表明，我们的社会保障制度还不健全，现有的社会保障领域的改革思路与政策设计还有缺陷，劳动者的基本权利和合法权益还未得到有效的维护！

毋庸讳言，当今世界正处在工业经济社会向知识经济社会的过渡之中，现代服务业在整个国民经济中的比重已经超过工业经济时期的支柱产业——制造业，灵活就业即非正规就业逐渐替代大规模集体就业而成为新的用工趋势，这就打散了"产业工人大军"，大大降低了劳动者与雇主进行讨价还价的能力。劳资关系呈现出"强资本，弱劳动"的博弈格局，资本到处都在指挥劳动、欺负劳动、压榨劳动，并运用软硬兼施的手段诱使权力为其服务。经济全球化的浪潮日益高涨，资本在世界范围内的流动，无论是在规模、频率上还是在后果、影响上，都大大超越劳动在世界范围内的流动。这固化了"强资本，弱劳动"的格局。随着经济全球化的发展，一国政权和法律的权威性和强制力同过去相比也打了不小的折扣，这就使得权力和法律在对资本施加必要的限制以保护劳动的利益时往往也会事倍功半。这种大趋势对于各国和地区推进社会保障制度建设，保护劳动者和弱势群体成员的基本权利和合法权益，都是十分不利的。

然而，所有这些不利因素，不仅不能成为各国和地区政府放弃社会保障制度的借口，而且要求各国和地区政府顺应信息社会、知识经济和全球化的发展趋势，针对"产业工人大军"被打散和非正规就业日益普遍的新特点，通过社会保障的制度创新、政策创新、组织创新、服务创新，在"强资本，弱劳动"的格局下更加有效地保护劳动者的基本权利和合法权益。以此要求反观我国，不仅社会保障制度的改革与重建、覆盖农民工的劳动保护法规的落实、包含农村居民在内的最低生活保障制度的完善以及住房、医疗、教育改革的调整与完善等都不可或缺，迫在眉睫，而且行政体制改革、财税体制调整、政府职能转换、政绩考核创新等也都成了时不我待的大事。可喜的是，进入 21 世纪，党中央提出了实现全面小康、构建和谐社会的奋斗目标，认真贯彻落实"以人为本"的科学发展观，大力推进社会建设和新农村建设事业。我们相信，随着中央这一系列决策落到实处，随着经济发展和社会进步的深入，劳动者的基本权利和合法权益将会得到更有效的保护，包括弱势群体成员在内的社会公众一定能够共享繁荣发展的成果。

在本质上，社会保障是一国宏观的制度安排和政策设计，即国家或社会通过立法和行政手段对国民收入进行再分配，以社会消费基金的形式，为因年老、疾病、伤残、死亡、失业及其他不幸遭遇而使生存出现困难的社会成员提供一定的物质上的帮助，以保证其基本生活权利。但宏观制度和社会政策要落实到基层并真正发挥作用，既离不开一系列由制度和政策所决定的措施和活动，也离不开各机关、企业、事业、社会单位的劳动人事或人力资源部门的运作与管理，因而具有很强的实务性和操作性。

在一定意义上，社会保障就是资金的保障。俗话说："钱不是万能的，没有钱却是万万不能的。"资金保障的重要性当然不言而喻，特别是对于我国这样一个还处于社会主义初级阶段的发展中国家来说，更是如此。但是，社会弱势群体乃至一般社会公众的某些需求却是金钱无法买到的，如老年人所需要的亲情慰藉与邻里照顾、孤寡无助者所需要的特殊服务与心理疏导等。许多服务与帮助都具有个性化特征，这就要借助于志愿者服务和社会工作的介入。因此，从事社会保障专业工作，需要较高的职业道德水准以及较为强烈的奉献精神和社会同情心。

社会保障既是一种制度安排和政策体系，也是一个特殊的专业领域。它运用经济、法律和行政手段，解决社会问题，实现政治目标。从事该专业领域的工作，除了必须具备职业道德、奉献精神、同情心以及实务性、操作性很强的技能、技巧以外，还需要相应的知识积累和专业训练。根据我国现行的学科专业分类，社会保障在本科教育阶段属于经济学门类的劳动经济学领域，到了研究生教育阶段则属于管理学门类的公共管理领域。社会保障所依托的学科涉及经济学、管理学以及政治学、社会学、法学，并且同劳动人事（人力资源）管理、社会工作等专业有着密切的联系，在一定程度上甚至存在交叉关系。

劳动与社会保障实践的发展，迫切要求劳动与社会保障的学科理论繁荣和专业人才辈出。仅就江苏省而言，目前已有 13 所普通高校设有劳动与社会保障本科专业以及社会保障研究生专业，它们是南京大学、东南大学、南京农业大学、河海大学、南京航空航天大学、南京师范大学、苏州大学、扬州大学、南京财经大学、南京工程学院、苏州科技学院、金陵科技学院、三江学院，这些院校在读的本科生上千，研究生过百。为了促进学科建设发展、提高人才培养质量，在江苏省劳动保障学会的主持下，由南京大学公共管理学院牵头，于 2005 年 12 月召开了"江苏省劳动保障理论教学与科研研讨会"，决定采取联合协作的方式，集中大家的智慧和力量，共同编写《劳动与社会保障系列教材》，主要用于本科生教学。大家推举我主持本系列教材的编写工作。众意难违，于是我欣然应允，承担了牵头、组织与协调的工作。通过两次集体讨论，确定了首批 12 本教材的编写大纲、撰稿人员、体例风格，由上述 13 所高校长期从事劳动与社会保障主干课程教学的教师分头编写，各负其责，最后由我和我的助手林闽钢、严新明、张海波通阅、修改并定稿。我的学生董华也做了大量的文字技术性工作。

本系列教材首批共包括以下 12 本：《公共管理学》、《公共经济学》、《社会保障学》、《社会保险学》、《劳动经济学》、《社会保障国际比较》、《劳动法与社会保障法》、《薪酬管理》、《劳动关系》、《人力资源管理》、《社会保障资金管理》、《社会救助与社会福利》。

由于编者在理论功底、学术水平、实践经验和观察视野等方面都有一定的局限性，本系列教材难免有疏漏甚至错误之处，敬请读者批评指正。

　　对于本系列教材的出版，科学出版社给予了大力支持，并将其列入重点教材出版计划，责任编辑林建先生更是倾注了大量的精力，全过程关心，全方位提供方便。我们表示由衷的感谢！

　　特作此序。

童　星

2006 年 8 月于南京大学

前　言

为了适应高等院校劳动与社会保障专业本科教学的实际需要，江苏省劳动和社会保障学会、江苏各相关高校和科学出版社通力合作，于 2007 年出版了"劳动与社会保障系列教材"，《劳动经济学》是其中之一。该教材经过五年多的使用，反映良好，科学出版社决定修订出版第二版。

第二版对第一版的修订主要包括三个方面：一是调整了部分章节，如第五章删去健康投资的经济分析，第八章由四节改为三节并修改了各节内容。二是采用国内外最新资料，对一些内容进行了更新，特别是有关中国的劳动力市场、劳动力流动、就业与失业问题，以及劳动合同法对劳动力市场的影响等方面。三是更换了大部分案例。

第一版的编写人员和分工是：南京农业大学谢勇老师编写第一～四章；苏州科技学院沈吾爵老师编写第五～六章；苏州科技学院朱爱华老师和江苏工业学院王国崇老师编写第七～八章；苏州大学陈晓红老师编写第九～十一章。第二版的第一～六章由南京农业大学谢勇老师修订；第七章由江苏工业学院王国崇老师修订；第八章由苏州科技学院朱爱华老师修订；第九～十一章由苏州大学陈晓红老师修订。南京农业大学李放教授负责全书的统稿、定稿和协调工作。

由于编写者学识和水平有限，教材中的疏漏及不当之处在所难免，恳请读者提出宝贵意见。

李　放

2012 年 9 月

目 录

第一章

绪　　论

　　劳动经济学是经济理论整体的一个基本组成部分，是当代经济学中最活跃的领域之一。我国当前社会经济生活中面临的诸如下岗、失业、收入差距扩大、大学生就业难、农民工权益受损等问题，都与劳动经济学有密切的关系。学习劳动经济学，掌握劳动经济分析的方法和工具，将使人们以更科学的态度观察和认识今天的经济生活现实，科学地评估我国的劳动力市场政策，也将更进一步推动劳动力市场的发展，提高资源配置的效率，有助于我国的经济增长和发展。本章主要介绍劳动经济学的研究对象、劳动经济学的理论发展以及劳动经济学与其他学科的关系。

■ 第一节　劳动经济学的研究对象

一、劳动经济学的定义

　　劳动经济学是经济学的重要分支。经济学是什么？经济学是研究稀缺的资源怎样或者应当怎样被配置的一门学问。劳动经济学是研究劳动力资源的学问，可以说是以研究劳动力的经济活动为主题的一个"经济学的分支"。对劳动经济学的定义，有几种不同的表达。

　　一种定义认为劳动经济学涉及人的行为的特征。1931年，朱通九在他的《劳动经济》一书中认为，劳动经济学是研究劳动者的经济行为的科学。伊兰伯格（R. G. Ehrenberg）和史密斯（R. S. Smith）教授在2000年版的《现代劳动经济学》中指出："劳动经济学研究劳动力市场的运行和结果。确切地说，劳动经济学研究雇主和雇员对工资、价格、利润以及雇佣关系的非货币因素(如工作条件)的行为反应。"①

还有一种定义指出,劳动经济学研究劳动力在经济活动中的作用,以及实现这些作用的条件。劳动经济学分析和设法探讨个人作为劳动力的经济活动。正如消费经济学研究消费者职能的性质和作用一样,劳动经济学是探讨在经济生活中的劳动力的性质及其作用的环境。

另外,还有一些定义特别强调劳动力的市场特征或劳动的投入和产出关系。例如,1997年牛津大学出版社出版的《牛津经济学辞典》,将劳动经济学的定义表达为:劳动经济学是关于劳动力的供给和需求方面的经济学问。它涉及影响劳动参与率、工资谈判、培训、工作小时和劳动条件以及有关雇佣、劳动力流动、移民和退休年龄等实践活动的各种因素。大卫·桑普斯福特(David Sapsford)在其主编的《劳动经济学前沿问题》中指出:"劳动力作为一种生产要素,其价格及配置是由哪些因素决定的?这就是劳动经济学所要回答的问题。"②

我国近年来出版的教科书中对劳动经济学的定义大多借用国外的说法,也有一些学者有着不同的表述,如将劳动经济学的研究对象定义为"在效用最大化假设下,劳动力资源的投入—产出机理"。还有学者认为,劳动经济学是"研究在人的理性行为遵循效用最大化的前提下,人们在生产中将作出什么样的投入决策"的学问③。

尽管上述各种定义所强调的重点不同,但基本方面都离不开劳动力的供求、劳动力的市场和劳动者的行为,离不开经济学的基本范畴——成本、收益和价格,离不开经济学基本的分析方法和资源配置优化的目标。因此可以说,绝大多数的学者对劳动经济学的定义是基本一致的。概括起来我们认为,如下表述可能更为简洁和明确,即劳动经济学是对劳动力资源配置的市场经济活动过程中,劳动力需求和供给的行为及其影响因素的研究。简单来说,劳动经济学也可表达为是对劳动力市场及其影响因素的研究,没有市场,或者说脱离了市场,真正意义上的劳动经济学就不复存在④。

二、劳动力与劳动力市场

劳动经济学研究劳动力市场及其影响因素,劳动力市场并非是我们常规所理解的产品买卖的市场,而是一种劳动力"租借"使用的市场。在改革开放初期,之

---

① 伊兰伯格 R G,史密斯 R S. 现代劳动经济学:理论与公共政策. 第六版. 潘功,刘昕译. 北京:中国人民大学出版社,1999:2。

② 大卫·桑普斯福特,泽福里斯·桑纳拖斯. 劳动经济学前沿问题. 卢昌崇,王询译. 北京:中国税务出版社,中国腾图电子出版社,2001:1。

③ 赵履宽. 劳动经济学. 北京:中国劳动出版社,1998:20。

④ 曾湘泉. 劳动经济学. 北京:中国劳动社会保障出版社;上海:复旦大学出版社,2005:8。

所以有一段时间讨论"劳动力是否是商品"的问题，是因为其误区大多来自将劳动力市场与产品市场的属性不加区分，简单等同并加以类比。而实际上，劳动力作为商品只是一种"准商品"，劳动力市场也只是具有一种"准市场"的属性。

至于劳动力这一范畴，学术界也存在很多不同的认识和理解。就劳动力的外延而言，传统的劳动力的概念往往与从事体力劳动为主的"劳工"，即我们传统所说的"工人阶级"（产业工人）相联系。所以，有人认为劳动经济学也就是劳工经济学。早期我们称之为工人阶级的概念，也就是在市场经济国家广泛使用的"劳工"的概念，包括具有以下特征的几类人：受雇于其他个人、公司或机构；使用雇主所提供的设备；在工作中遵循上级的指示；在国民收入等级中的地位较低。用这些特征衡量，所有工业中挣工资的生产工人都属于劳工之列。而关于这一点，在中国有所不同。多年来我们有一种说法，即工人阶级是企业的"主人"。我们在经济关系上不承认企业与员工的关系是一种契约的关系，不承认雇佣劳动的关系。因此，我们很少使用劳工这一概念，而使用工人阶级的概念，但二者并不相同。有一段时间，我们说知识分子是工人阶级的一部分，撇开政治意义上的考虑，这种概念在劳动力范畴的界定上，其实质是拓宽了市场经济条件下的"工人"或"劳工"的概念。

关于劳动力的划分，马克思认为，只有创造物质产品的劳动才是生产劳动，只有从事物质生产的劳动者才属于生产劳动者，由此劳动力被划分为生产部门的劳动者和非生产部门的劳动者。这种思想的产生与劳动价值论的思想和学说联系在一起，是以前苏联为代表的计划经济国家的国民经济核算体系构造的基础。

在市场经济国家的历史上，也有一种类似"体力劳动"和"脑力劳动"的划分，这就是在实际经济生活中所谓"蓝领"与"白领"的不同称谓。在工业化的早期，这种区分概括了当时经济生活中的劳动力的一些特征和属性，有一定的意义。但是在后工业化时代，特别是在服务业成为经济活动主体的年代，不仅第一产业的劳动力比重大幅度下降，第二产业（即制造业）的劳动力比重也显著下降，如果继续捍卫传统的理论，我们甚至都无法解释和说明这一时期社会财富增长的变动趋势和成因。依照传统理论的解释，我们必然会认为，创造财富的"劳动力"会越来越少，而不创造财富的"劳动者"越来越多，那么社会的财富怎么可能不断增大？！况且，大量的现实已经证明，随着时代的进步，"白领"与"蓝领"的界限也变得模糊起来。例如，目前白领工人从主要特征上，已逐渐接近于体力劳动工人的范畴。车间和办公室共同向更加机械化、计算机化和信息化的方向发展，逐渐把生产工人和白领工人毫无二致地转变成半技术机器操作者的角色。正是由于这种情况以及其他方面的发展，"非管理行业白领工人和装配线上的同类人的差别已成为表面上的，而不是实质上的"[①]

---

① 曾湘泉. 劳动经济学. 北京：中国劳动社会保障出版社；上海：复旦大学出版社，2005：8.

值得指出的是，20 世纪 90 年代以后，伴随着知识经济的兴起和信息化产业的迅速发展，现代的产业工人已摆脱传统的教育程度低、以体力劳动为主的特征。随着技术的变动，特别是计算机的普及使用，知识已成为现代经济增长的第四要素，脑力劳动者和体力劳动者、蓝领工人和白领工人的差别已不表现在劳动的本质特征上。随着网络经济的发展，不同工作的性质有趋同化的倾向，劳动力的范畴和概念甚至都有了新的表达和说法。为了更有利于概括新的环境下的劳动力的特征，目前大量的企业，乃至各类组织开始广泛使用"员工"这一范畴。正如国际劳工组织在 1998～1999 年的《世界就业报告》中指出的，人们发现"不仅每个工作职位都经历了技能升级，而且生产性工作职位的整个分布也已由低技能转向高技能。在这种变化了的新的体制下，产业工人开始承担分析的职能，其作用已从过去作为操作者或机器的管理者的角色转变为需要掌握多种概念技能的分析家"。

三、劳动经济学的研究特点

大卫·桑普斯福特和泽弗里斯·桑纳托斯曾指出，"长期以来人们就认识到，劳动力市场应该成为一门特殊的学问"①。那么，劳动经济学的特殊性表现在什么方面呢？

劳动经济学与普通经济学有所不同的第一个特点是，它将问题的注意力投向了人们工作的范围，如就业、失业、企业对劳动力的需求水平等；投向了人们选择以及变换工作的行为，如劳动力的流动；投向了人们为工作而获得的货币和非货币的报酬方面，如人力资本投资、薪酬决定的因素等。它将生产者的满足与消费者的满足作为同等重要问题来看待。

普通的经济学主要是将人作为消费者加以观察和认识的。人们对产品的需求成为经济学研究的出发点。产品市场上的研究所提出的目标是使消费者获得最大的满足。用经济学规范的表达是追求消费者的帕累托（Pareto）最优。然而，将人作为消费者的研究固然重要，但远远不够。我们知道，进入法定劳动年龄以后的成年人不仅是消费者，更重要的也是生产者，他们每天要投入 1/3、每周投入 5 天的工作日或更多的时间来参加市场工作，从事劳动，创造价值。随着劳动生产率的提高，社会规定的法定工作时间在缩短。但即使如此，对大部分成年人来说，工作仍然是他们生活中的主要内容。按照我们缩短制度工作周以后的时间来计算，目前的五天制度工作周，不考虑加班和假日的经济活动，一个员工大约也有 1/4（即每周 40 小时）的时间要用于工作。除此之外，一个员工回到家里以后，也还有一部分时间要用于家庭物品的生产，以替代对市场物品的购买。对这种生

---

①　大卫·桑普斯福特，泽弗里斯·桑纳托斯．劳动经济学前沿问题．卢昌崇，王询译．北京：中国税务出版社，2000：2。

产行为变化的研究，显然成为一个经济学家研究社会经济生活，特别是市场经济条件下人们经济行为的一个不可回避的重大领域。

劳动经济学的第二个特点和劳动力市场的特性联系在一起。如果我们把劳动力看做一种"准商品"，那么对这种商品的需求与对一般商品的需求有所不同。准确地说，对劳动力的需求是一种派生需求(即企业对劳动力的需求)不是一种最终产品的需求，它是对产品生产需求所派生和导引出来的一种需求。而我们对一般商品的需求更多的是一种直接需求，一种最终产品的需求。由此可以看到，我们在研究劳动经济问题时，不可能摆脱商品市场和资本市场来孤立进行分析，即所谓不能就劳动来谈劳动，就劳动力来谈劳动力。我们知道，前些年美国的 IT 行业发展非常迅速，一度出现了网络泡沫，"COM"公司遍地开花，这也导致了劳动力市场上 IT 行业的人才高度紧张。美国薪酬协会期刊(ACA)发表的一篇研究报告指出，2000 年在硅谷有 40％的公司在三个月内招不到人。即使在中国，发生的情况也令人印象深刻。深圳一家著名的民营公司，当年一次招收 6 000 名新员工，面对 IT 人才的竞争采取了所谓"掠夺性人才战略"。到了 2002 年，情况便急转而下。在美国，网络泡沫开始破灭，经济出现衰退，这也迅速传递到劳动力市场。IT 行业纷纷裁员，一些专业人才面临求职的困难。在中国，虽然经济继续保持高速增长，IT 行业受到的影响没有像美国那样突出，但国有企业招聘计算机一类人才较为困难的局面发生了很大的改变。IT 专业人才的薪酬水平也有了较大的回落。这说明，离开了产品市场和资本市场的变化背景，对劳动力市场的分析都是缺乏依据的。

劳动经济学的研究对象与劳动者(即人)有关，与整个社会的发展——在当前表现为全球化和技术进步的发展趋势有关。因而，对劳动经济的研究也常常表现出这样一个特点：对劳动经济问题的研究，脱离不开一个国家一定时期的劳动力市场上的制度和全球化及网络经济发展这些大的背景。在我国这样一个从计划经济向市场经济转变的国家，表现得尤为突出。我国劳动力市场上的制度障碍集中表现为传统的计划经济体制所遗留下来的一系列管理的规定、政策对劳动力市场培育和发展的影响。其包括人们所熟悉的我国独有的户籍管理，干部档案管理，城乡隔离、地区割据及大学毕业生的计划分配指标等方面。尽管这些制度对我国目前劳动力市场的运行和资源配置的作用日趋减弱，但仍然是不可忽视的重要因素。这也导致对制度分析和制度变革的研究占据了目前我国劳动经济学界研究的主体地位，其原因与这种发展阶段和背景有一定的关系。

近年来，国际劳动经济学的研究还呈现出一个新的动向，即开始向企业内部的人力资源管理问题拓展。传统的经济学分析通常是简单地将公司看做是一个"黑箱"系统，通过该系统将投入(劳动力、资本以及原材料)转化成产品，而对于公司的内部结构却考虑得很少。而近几年来，许多劳动经济学家开始更多地注意组织结构问题，开始利用经济学的基本工具来研究可能影响公司价值的有关决策，管理经济学和人事经济学等都成了专门的课程。

■第二节　劳动经济学的理论发展 ①

从市场经济国家的历史来看，劳动经济学是伴随着劳动力市场发展成长起来的一门学问。19 世纪的美国，劳动问题日益受到人们关注，工会成了劳动力市场上一支重要的力量。理查德(E. Richard)1886 年出版的《美国劳工运动》一书中，分析了工会在劳动力市场、劳动条件决定方面的作用，开创了对劳动力市场现象进行制度与组织分析的先河。19 世纪 20 年代的美国劳动力市场日趋成熟。1925 年出版的布鲁姆(Bloom)的《劳动经济学》是历史上第一本以"劳动经济学"命名的教科书，它开始系统涉及劳动力市场上的就业、工资、劳资关系、劳工运动、劳动立法等主要内容。20 世纪 30 年代的大萧条和世界范围内严重的失业形势，引发了经济学家对宏观劳动问题的深入思考。1936 年，凯恩斯的《就业、利息与货币通论》一书，开创了宏观经济学以及宏观劳动经济学理论的先河，因为劳动经济学是研究劳动力市场运行及其结果的经济学的一个分支。回顾过去，劳动经济学理论的发展总是围绕着劳动力市场的运行机制展开的。在过去 100 年时间内，经济学家们对于影响劳动力市场运作机制的因素有着基本一致的看法，均认为以下三种力量共同决定了劳动力市场的运行与结果，即市场性因素、制度性因素和社会性因素。

市场性因素是指劳动资源的配置与调整是由劳动力市场上的供求力量共同决定的。虽然有许多非经济因素也会对劳动力的价格和配置产生影响，但是大多数经济学家还是认为，以供求力量为核心的市场性因素的交织作用是决定劳动力市场运行结果的最主要的因素。

制度性因素是指工会、政府及大型企业等各类组织对劳动力资源配置的影响。制度性因素对劳动力市场运行结果的影响体现在两个方面。

第一，制度性因素可以将整个劳动力市场分割成许多联系松散而大小不等的各级市场，如中国的户籍制度就将整个中国的劳动力市场分割为城市和农村两个劳动力市场，这种分割使得不同的市场具有不同的交易规则和调控手段。此外，劳动力在不同等级的市场之间的流动往往存在很大的障碍，而所有这些将缩小市场供求力量起作用的范围。此时，各种制度性因素所形成的交易规则和调控手段，分别体现在政府立法、企业的人事管理制度和劳动合同等方面。

---

① 　关于劳动经济学理论发展的专业性综述，请参见高鸿业，刘凤良 . 20 世纪西方经济学的发展 . 北京：商务印书馆，2004：248～307。

第二，制度性因素还可以直接影响劳动力市场的工资率水平。在买卖双方数量众多的完全竞争劳动力市场上，雇主和劳动者作为"原子式"的市场参与者，将很难影响到现行的工资率水平。但是，当大型的股份公司、强有力的工会组织以及政府的诸多调控法规出台以后，劳动力市场的运行就会发生很大的变化。这些因素都能直接地、独立地影响劳动力市场的运行。

社会性因素是指社会群体以及社会规范在工资确定和劳动力配置过程中所发挥的影响作用。这些因素包括家庭背景、所属的社会阶层、文化、各种类型的歧视和风俗习惯等。社会性因素对劳动力市场运行结果的影响主要体现在两个方面：其一，社会性因素影响个人在劳动力市场上的职业选择范围和流动方向，从而影响不同劳动力市场的构成；其二，社会性因素会影响到劳动力市场上的供求、工资率，从而影响收入决定的因素。在有些条件下，社会性因素独立于市场供求力量之外影响劳动力市场的运行，而在另一些条件下，它又通过市场性因素来影响劳动力市场的供求。

经济学家们一般都认为，以上三种力量对于劳动力市场的运行及其结果都发挥了某种程度的作用。然而，对于哪一种力量起到主导性作用，以及某些特定的劳动力市场现象究竟用哪种因素来解释会更为合理，经济学家们却存在很大的分歧。围绕着这些分歧，在劳动经济学的思想史上形成了两个不同的流派，即新古典学派和制度学派。

一、新古典学派

在当代劳动经济学领域中，新古典学派是公认的主流学派。从"新古典"一词就可以看出，这个学派源于亚当·斯密（Adam Smith）、大卫·李嘉图（David Richard）等古典经济学家以及 19 世纪中后期和 20 世纪初期的新古典经济学家。新古典经济学的基本观点就是，认为市场力量是配置稀缺资源的主要手段，而市场力量的基本作用机制就是供求力量主导的价格机制。这一学术观点反映到劳动经济学上就形成了新古典的劳动经济学派，即认为劳动力市场上的供求力量决定了均衡的工资率水平，工资率和其他市场力量是决定劳动力资源配置的基本力量。

新古典学派的代表人物，英国著名经济学家马歇尔（A. Marshall）虽然不是一个劳动经济学家，但是他在微观经济力量及其对劳动经济问题的影响方面发表了一系列的论著。马歇尔强调市场的供求机制是形成劳动力市场运行结果的主要因素，尽管他承认制度因素在劳动问题研究中的重要作用，但是马歇尔还是将劳动问题的研究纳入到竞争的市场供求的框架中。可以毫不夸张地说，马歇尔的经济学体系为劳动经济学的发展奠定了坚实的基础。

马歇尔以后，在庇古（A. Pigou）、希克斯（J. Hicks）和道格拉斯（Paul Douglas)等著名经济学家的努力下，劳动经济学在 20 世纪 30 年代迎来了一个发展的高峰。其中，庇古的研究促进了劳动问题与经济原则的结合，推动了这一学科的形成与发展；希克斯创立了一系列关于劳动力供给和需求理论的概念，将新古典经济学分析方法应用到对劳动问题的研究中；而道格拉斯则通过一些实际的统计数据对劳动经济的基本理论进行了初步的实证研究。在第一次劳动经济学发展的高峰中，劳动经济学的学科体系基本形成，其新古典的基础概念和分析方法被运用到劳动问题的研究中。关于劳动力供给和需求的经典理论至今仍是我们学习相关理论的主要内容。

20 世纪 30 年代，席卷世界的经济大危机是影响经济理论发展的极其重要的事件。由于这次大危机，人们普遍对以往信奉"看不见的手"理论的新古典经济学提出了疑问。相应地，劳动经济研究领域中的新古典学派也逐渐丧失了其主导地位，制度学派随之兴起。但是 50 年代以后，新古典学派重新崛起。其中，以芝加哥学派为代表的经济学家扮演了极为关键的角色：弗里德曼（Milton Friedman）对市场力量在经济运行中的作用极力推崇，使得新古典学派在 50 年代以后开始复兴；而舒尔茨（T. Schultz）和贝克尔（G. Becker）在人力资本理论方面的贡献除直接推动了劳动经济学传统研究领域的发展以外，还将劳动经济学与卫生经济学、教育经济学以及其他社会科学理论相联系，并且通过一整套关于个人和家庭理性投资行为的劳动力供给理论使其与整个理论经济学紧密相连。此外，人力资本理论还为整个经济学的发展提供了新的观点，并在新古典的共同基础上把劳动经济学与一般经济理论有力地结合起来。

综合来看，新古典劳动经济学无论是在理论框架，还是在分析方法上，都和其他学派存在明显的差异。

从理论框架方面来看，新古典劳动经济学强调市场机制以及市场性因素在决定工资水平和劳动力资源配置方面的作用。为了强调市场性因素的作用，新古典劳动经济学派一般忽略经济运行中的其他非市场因素的影响，或将其视为给定的外生变量。

新古典的劳动经济理论主要由两个相互联系的理论部分组成。第一部分是关于人类行为的本质。这一学派完全接受了新古典经济学关于人类行为模式的几个基本假设，即我们在经济学基础课程中学习过的"经济人"和"理性人"假设。第二部分是关于市场的本质和市场的运行机制。新古典学派承认劳动力市场有一些不同于商品市场的特殊属性，但他们认为分析商品市场和其他要素市场的基本理论模型和方法同样适用于劳动力市场，即劳动力市场也具有高度的竞争性，存在大量的供给者和需求者，可以自由进出市场。这些假设保证了需求和供给的力量可以形成一个稳定的竞争性均衡，因而市场因素而非制度因素就成为工资率的主要决定者和劳动力资源的有效配置者。

除了分析框架以外，新古典劳动经济学继承了新古典经济学的研究方法。其基本的研究思路是，先通过模型推导建立可供检验的一般假设，继而从这些一般假设出发运用逻辑推理的方法来推断某些理论上的预测，并使用一些计量手段对其进行检验，最后得出研究的结论。这是一种先由特殊到一般、再由一般到特殊的逻辑思路。新古典劳动经济学派在方法论上的另一个鲜明特点就是使用边际分析的方法，正如我们在微观经济学中所看到的。

二、制度学派

制度学派是劳动经济研究领域内与新古典学派抗衡的另一重要力量。它产生于 20 世纪初的美国，在很大程度上是作为新古典学派的对立面而产生的。劳动经济学的制度学派的历史背景比较复杂，但是大体上经历了四个不同的阶段。

第一个阶段大约在 20 世纪 20 年代初～30 年代末，期间主要的代表人物是康芒斯（J. Commons）以及以康芒斯为首的威斯康星学派。这一阶段的制度主义经济学家认为，经济理论的核心是市场，但是新古典经济学把劳动问题引入市场机制的分析和研究，其实并没有取得什么有价值的结论，而把市场作为唯一调节机制研究劳动问题是不恰当的。因此，他们试图在经济理论中加入相关的制度性因素，以期对市场分析思路做一些补充。

第二个阶段是从 20 世纪 40～50 年代，通常被称为新制度学派。这一时期的代表人物是邓洛普（J. Dunlop）、罗斯（A. Ross）以及雷恩兹（L. Reyndds）等经济学家。与以康芒斯为代表的威斯康星学派相比，这一时期的制度经济学家更加侧重于研究劳动力市场实际软化运行的力量和现实。虽然这种研究可能会使其在理论上与新古典学派趋同，但是在方法上，新制度学派一般使用案例研究的方法，如邓洛普和罗斯等运用案例研究的方法对美国工会的经济影响进行了深入的研究。并且新制度主义经济学家通过对劳动力市场的案例研究发现，新古典学派所描述的工资率及就业水平的形成机制与劳动力市场上的实际情况相去甚远。

随着 20 世纪 60 年代芝加哥学派的发展新古典学派再度兴起，新制度主义在劳动经济学领域内的影响逐渐衰弱。但是，在产业关系的某些研究领域，新制度主义仍然有着较强的影响力。并且从 20 世纪 40 年代的康奈尔大学开始，产业关系的研究取得了飞速的发展。产业关系在继承了早期制度学派的劳动经济学的研究成果的基础上，又推动了诸如人事管理、组织行为学等新兴领域的发展。

第三个阶段是从 20 世纪 60 年代末开始。这一阶段的制度主义理论被称为"二元"的或"分割"的劳动力市场理论，其代表人物是派尔雷（M. Piore）、多林格尔（P. Doeringer）和布鲁斯通（B. Bluestone）等。与以前的新制度主义者相类似，这一阶段的经济学家强调制度性因素的影响，其中最著名的理论成果就是二元劳动力市场模型，即假定某一经济由两类劳动力市场构成，其中一类中的工作具有很高的工资水平、可靠的就业保障以及良好的晋升机会；而另一类劳动力市场中的工作则具有低微的工资、恶劣的就业环境以及较少的发展前景等。

第四个阶段始于 20 世纪 80 年代中期。这一时期的制度学派在继承本学派以往的学术传统的基础上，在威廉姆森（O. Willamson）等新制度经济学家的带领下，把旧制度学派的有限理性和新古典学派的竞争效率最大化的方法融合起来，以解释劳动力市场的制度性特征，如企业内部劳动力市场的存在和自由雇佣政策。

尽管劳动经济学的制度学派代表人物众多、理论体系较为繁杂，但是在理论基础和研究方法上，制度学派的经济学家均或多或少地表现出一些共同的特征。例如，制度学派的劳动经济学家均拒绝接受新古典学派的理性人假设，他们并不认同人们在追求经济目标时的最大化行为。相反，制度经济学家们认为人们在追求某一目标时只要达到其最低可以接受的程度就可以了。

制度学派对于劳动力市场结构和运行有着自己不同的看法。新古典学派强调竞争在劳动力市场上的作用，认为工资率和劳动力资源配置主要是由市场性因素决定的。而制度学派的观点正好与此对立，他们认为，制度性因素（如内部劳动力市场和工会等）以及社会性因素（如歧视）会分割劳动力市场，从而阻碍竞争机制的作用，并阻止劳动力在社会经济各部门之间的自由流动。制度学派还认为，市场因素在决定工资率和劳动力资源配置方面的作用和效率远远没有新古典学派所认为的那么理想。在劳动力市场的影响因素方面，制度学派与新古典学派的区别主要体现在以下三个方面：一是特别强调劳动力市场不同于一般商品市场的基本特征，而这些特征在弱化供求机制方面的作用上是不容忽视的；二是强调劳动力市场本身的不完全性，如工资刚性、劳动力的流动障碍、信息不完全等；三是强调工会、具有垄断力量的大型企业及一些风俗习惯在劳动力市场运行过程中所起的作用。

从研究方法上来看，制度学派与新古典学派之间也存在着很大的区别。制度主义经济学家尤其是旧制度学派的经济学家普遍使用案例研究和归纳法，制度主义者还认为新古典学派的基础方法——边际分析法常常歪曲人们在现实生活中的决策过程，他们认为经济活动中的决策很多是根据平均值而不是边际值来进行的。

总之，从劳动经济学的新古典学派和制度学派的比较中可以看出两者的基本分歧在于，他们在对哪种因素决定了劳动力市场运行的最终结果上有着不同的看法。新古典学派认为市场性因素决定了劳动力市场的运行结果，而制度学派则认为是制度性因素和社会性因素起到了关键的作用。并且，两个学派在理论框架和方法论上都存在着重要的区别。尽管这样，在劳动经济学的学科发展过程中，两个学派相互融合，形成了以新古典框架为基础并兼有制度分析方法的当代劳动经济学主流。

■第三节　劳动经济学与其他学科的关系

人们通常将劳动经济学与其名称相近的其他一些学科混同。因此，我们有必要将劳动经济学与人口经济学、劳动关系、人力资源管理的关系做一些交代。

一、劳动经济学与人口经济学

劳动经济学与人口经济学的关系往往容易引起误解，以致有人曾经提出应该将两者合而为一。其实，尽管劳动经济学与人口经济学有着一定的联系，即二者无非都是研究"人"的，但是，劳动经济学与人口经济学有着完全不同的研究对象和研究范围。人口经济学研究的是人口的生产与再生产的经济问题及自然人口增长的经济规律，特别是人口对物质资源消费的影响，这是它集中要研究的内容。人口经济学更多地将人作为消费者来看待，其研究范围包括 16 岁以下的非劳动力人口。劳动经济学的核心命题则是劳动力市场中的"劳动力"和"劳动"。因为只有达到法定劳动年龄的人才称之为劳动力，所以劳动经济学研究 16 岁以上的劳动人口的劳动，或者我们称之为与劳动者的"工作"有关的行为问题。劳动经济学主要研究劳动力，而不涉及非劳动力。非劳动力既包括未达到法定劳动年龄的人，也包括已达到法定劳动年龄因在校就读、健康等原因退出劳动力市场的那一部分人。用专业术语表达，就是劳动经济学将人作为生产者而非消费者来研究，它研究处于市场活动中的劳动或工作的人。

二、劳动经济学与产业关系或劳动关系

劳动经济学与产业关系或劳动关系的关系是在历史上不很清楚、目前也需要进一步澄清的问题。从历史上观察，早期的劳动经济学与产业关系或者说劳动关系有着极为密切的联系。在 20 世纪 50 年代以前，劳动经济学和劳动关系几乎被视为同一个专业领域。特别是作为劳动经济学的制度学派的部分，两者的关系尤为密切。按照 Keith Whitfield 和 George Strauss 教授的说法，在英语国家，尽管产业关系或劳动关系在某种程度上受到其他学科，特别是受到产业社会学和职业心理学的影响，但主要还是来自于劳动经济学制度学派的影响和推动。例如，我们熟悉的 19 世纪 90 年代在美国以康芒斯等学者为代表的制度经济学家，对产业关系学科的发展都有着直接的影响作用。

不过，随着时间的演进，劳动经济学与产业关系日益分离成不同的学科领域。特别是 20 世纪 60 年代以来，以新古典经济学为代表的劳动经济学家，试图

将劳动经济学与主流经济学的方法论加以结合，受这种力量的驱使，他们更多地强调劳动经济学的"经济学"方面，或者说是经济分析的方面，如人力资本和效率工资模型等。而产业关系或劳动关系学科，早期在北美更多的是强调劳动经济学的"劳动"这一方面。20世纪50年代以后，研究产业关系的学者，除了更重视吸取劳动经济学的内容，将劳动经济学作为劳动关系领域的基本理论分析之外，越来越重视与社会学、法学、组织行为学和政治科学等不同学科领域学者的互动和交流，它成为了一个跨学科的领域。在澳大利亚和英国，它甚至成为一个独立的、让学生接受训练的学科领域。在德国等其他一些欧洲大陆的国家，产业关系或劳动关系几乎不完全独立，也不属于经济科学，更多地从属于法学或社会学学科领域。

在我国，长期以来，传统的劳动经济学就是研究劳动关系的。随着经济分析学科的日益强化以及市场经济条件下劳动关系问题的大量出现，劳动经济分析对劳动关系的研究无疑会提供直接的理论支持。但毕竟劳动经济学会越来越体现出作为一门经济分析工具的价值，而劳动关系则越来越成为一个更接近研究和解决实际的劳动问题的跨学科领域。两者逐步显示出不同的发展特点和走向。

三、劳动经济学与人力资源管理

劳动经济学与人力资源管理的关系是最令人感兴趣的话题。关于这一点，应当从前苏联体制下的劳动学科谈起。传统的劳动经济学在计划经济体制下，表现出一个最大的特点，即劳动经济也是劳动管理。在前苏联学者伊万诺夫（Н. А. Иванов）的《劳动经济学》教科书中，劳动经济与人力资源管理是一回事。这本教科书主要涉及了劳动生产率、劳动定额等内容。计划经济体制下的高校的劳动经济学系(实际上也就是劳动管理系，或者说是人力资源管理系)，甚至与我们上文所谈到的劳动关系或者说产业关系学科，也混在一起。

20世纪90年代以后，在我国管理学和经济学分开、管理学成为一级学科的新的条件下，传统的企业的劳动管理(或者人力资源管理)，和劳动经济学逐渐区分开来，成为一个有着巨大的市场需求和学术发展潜力的管理学分支。从1993年中国人民大学劳动人事学院开始招收人力资源管理本科生至今，人力资源管理在劳动经济学的学科"工作母机"的呵护下，已经迅速发展起来。但是，不管在当前还是在今后，劳动经济学与人力资源管理的关系仍然密不可分，它们之间有着天然的本质的联系。特别是近年来，在北美开始出现新的变化趋势。这就是劳动经济学不仅成为人力资源管理理论的一个主要的理论基础和分析工具，而且如前所述，它已开始深入到人力资源管理体系内进行研究。劳动经济学家开始运用经济学的理论和方法来系统探讨诸如人力资源管理所面临的人员招聘、绩效考核、培训等管理流程问题。劳动经济学之所以深入到人力资源管理领域，与人力资源管理这门学科的发展面临的困境和问题相关，即人力资源管理的决策，直到现在都没有找到一个系统的学科作为其理论基础。如有的学者所指出的，在现有的人力资源管理的学科框架内，人事问题常常被看成是一些过于软化和过于人性化的问题，因而无法用一种严格的方法来进行处理。而像地位、自豪感、工作的喜悦感等工作满意度中的非货币构成要素，都是可以在经济学的框架内部加以分析的。

本章小结

劳动经济学是经济理论整体的一个基本组成部分，是当代经济学中最活跃的领域之一。从市场经济国家的历史来看，劳动经济学是伴随着劳动力市场发展成长起来的一门学问。劳动经济学是研究劳动力市场运行及其结果的经济学分支。

劳动经济学于19世纪末20世纪初逐渐萌芽和形成。在100年左右的发展历程中，逐渐形成了新古典学派和制度学派。新古典学派认为市场性因素决定了劳动力市场的运行结果，而制度学派则认为是制度性因素和社会性因素起到了关键的作用。两个学派在理论框架和方法论上都存在重要的区别。尽管这样，在劳动经济学的学科发展过程中，两个学派相互融合，形成了以新古典框架为基础并兼有制度分析方法的当代劳动经济学主流。

劳动经济学和人口经济学、产业关系以及人力资源管理等学科既有密切的联系，也有相当大的差别。

关键术语

劳动经济学；新古典学派；制度学派

案例

我国就业形势的新特点[①]

当前我国就业形势的复杂性在于，在普遍出现"民工荒"现象的同时，大学毕业生就业困难依然存在，城镇失业现象持续存在。这种看似矛盾的现象并不难理解，因为每个就业群体面临就业困难的原因并不相同。

以"民工荒"形式表现出来的劳动力短缺现象，一方面是由劳动力供给与劳动力需求之间的矛盾造成的。随着人口结构变化，劳动年龄人口的增量逐年下降。与此同时，经济快速增长继续产生对劳动力的需求，这便导致劳动力短缺。另一方面，结构性就业压力依然存在。农民工尚未成为城镇户籍居民，就业不稳定，社会保障不健全，面临周期性失业风险，仍然是劳动力市场上的脆弱人群。大学毕业生就业困难并非由市场供大于求造成，而是产生于个人就业意愿和技能与劳动力市场机会及需求之间的不匹配。至于城镇居民失业和就业困难，既有就业技能不匹配问题，也有劳动力市场调节功能不充分问题。这两个就业群体面对的劳动力市场风险主要是结构性和摩擦性的自然失业。

---

① 资料来源：蔡昉. 我国就业形势的新特点. 人民日报，2011-04-13。

以 2011 年为例，我们可对今后一段时间内城镇劳动力市场上需要关注的就业困难群体构成做出大体的数量估计：剔除在农村内部流动部分后，农民工进入城镇就业的人数约 1.46 亿；新毕业大学生约 660 万人，加上往年毕业尚未就业的 150 万人，总共超过 800 万人；按照近年来较高的登记失业率 4.3%估算，城镇失业和可能失业的人数大约 1 600 万；假设 8 000 余万灵活就业人员中有一半就业比较稳定，另外 4 000 万则属于就业困难人员。这些人群之间可能有交叉，但总体而言可以反映就业困难群体的数量和构成，即全部城镇就业人口中接近一半经常面临明显的就业困难。

可见，理解当前的就业问题需要确立两个认识。

其一，就业问题并不会因为出现劳动力短缺现象而缓解，应继续将其置于经济社会政策的优先位置，作为政府工作的重点。

其二，长期困扰我们并被作为就业政策重点的就业总量问题正逐步转化为就业结构性问题。政府需要顺应这种变化，及时转变积极就业政策的关注点和实施手段，面对不同的就业人群制定更有针对性的就业促进战略和扶助政策。根据就业形势的新特点，实施更加积极的就业政策应从以下方面考虑政策优先顺序和关注点。

在产业结构调整升级中保持经济增长对就业的吸纳能力。实施就业优先战略应体现在产业政策中，继续扩大就业是产业结构调整升级的题中应有之义。随着普通劳动者短缺现象出现，工资成本大幅度提高，东部地区产业结构将向资本密集型和技术密集型产业升级，在加大对熟练劳动力需求的同时不可避免地会减少部分传统就业岗位。劳动者素质的整体提高需要假以时日。因此，为现有劳动者创造与其人力资本相适应的就业岗位以保持就业稳定扩大，仍是产业结构调整的优先原则。东部地区产业结构调整升级应与中西部地区对劳动密集型产业的承接结合起来，防止出现比较优势真空，造成就业岗位损失。我国地域辽阔，地区间资源禀赋差异和发展差距都较大，这为产业转移提供了较大空间，也有利于保持经济增长对就业吸纳规模的相对稳定，防止出现"无就业的增长"现象。同时，在制造业升级的基础上应推动生产性服务业分离出来，使其成为新兴服务业态，为大学毕业生创造适合的就业岗位。劳动力供求关系发生一定变化，绝不意味着产业结构和产业组织不再以就业吸纳能力为基准。应从放松准入限制、提供平等的金融服务、给予税收优惠等方面加大支持力度，促进中小企业、微型企业和非公有制经济发展，发挥其扩大就业的功能。

抓住重点人群，提供更完善的公共就业服务，实施更有针对性的积极就业政策。从 20 世纪 90 年代后期开始我国政府逐步形成积极的就业政策，当时的重点是创造城镇就业岗位，帮助下岗失业职工实现再就业。随着劳动力供求关系的变化，就业政策应逐渐转变重心，面向不同就业群体提供更广泛的就业扶助。针对农民工易受宏观经济周期影响以及社会保障覆盖率低的特点，通过提高宏观经济政策对就业形势的敏感性、推进户籍制度改革、提高基本公共服务均等化程度等，提高农民工就业的稳定性和社会保障的充分性。大学毕业生就业困难主要在于其知识和技能与劳动力市场需求不匹配。因此，解决大学生就业困难应从高等教育体制、实习制度、就业培训和中介服务等方面入手，提高人力资本与劳动力市场的匹配效率。城镇就业困难人员受年龄偏大、教育程度偏低、技能老化以及求职能力弱等制约，常常遭遇结构性和摩擦性失业以及与此相关的就业困难，需要通过完善劳动力市场的配置效率和提高政府就业服务水平，降低其就业难度。

复习思考题

1. 谈谈你对劳动经济学的学科属性的认识。
2. 影响劳动力市场运行的主要因素有哪些?
3. 在劳动经济学领域内,新古典学派和制度学派的基本研究框架和研究方法有何不同?
4. 从学科的角度来看,劳动经济学和人力资源管理之间的区别与联系有哪些?
5. 谈谈你身边有哪些问题属于劳动经济学的研究范畴。

第二章

劳动力市场概论

配置劳动力并且协调就业决策的市场被称为劳动力市场。在这个市场上每天都有无数的劳动力和雇主做出关于就业、雇佣、辞职和流动等的决策。本章介绍劳动力市场的基本概念和常用术语、劳动力市场的基本功能和运行规律，以此作为以后各章节学习的铺垫和基础。

■第一节　劳动力市场的基本概念

一、劳动力市场的划分

和其他市场一样，劳动力市场也由买卖双方构成。在这里，买方是雇主，而卖方是雇员（劳动者）。雇主在劳动力市场上搜寻适合现有工作岗位的劳动者，以从事利润最大化的生产，而劳动者则在劳动力市场上搜寻适合自己的工作岗位，从而通过工作获得工资收入来满足自身和家庭的各种需要。

根据买卖双方的搜寻范围，劳动力市场可以划分为全国性市场和区域性市场。前者是指雇主和劳动者在全国范围内彼此搜寻，而后者则是指他们在某一地区范围内进行彼此搜寻。当然，随着经济全球化趋势的进一步加深，目前超越一国国境在全球范围内配置劳动力资源的国际性劳动力市场正在形成。

有些劳动力市场，特别是卖方由工会代表的劳动力市场，是在部分控制着双方交易的一系列严格规则的约束下运行的。例如，在美国，在由工会控制的建筑业和码头搬运业，雇主必须从工会职业介绍所的一份关于合格的工会成员的名单中雇用工人。在其他受工会控制的市场中，雇主对于雇用谁有选择权，但是受制于劳资协议。这种协议规定了诸如雇员短期解雇的顺序、申诉的程序、劳动报酬、晋升等。政府工作岗位及大量非工会控制的工作岗位的劳动力市场,雇主的活动也受制于那些限制管理部门权力和保证雇员公平待遇的规则。当有一系列正式的规则和程序来指导和限制企业内部的雇佣关系时,就认为存在内部劳动力市场。

在中国,人们常常根据劳动者的学历和技能将劳动力市场划分为人才市场和普通劳动力市场。在人才市场中劳动者的学历层次和技能水平都较高,如针对大学毕业生的就业市场、高级管理人员人才市场等;而在普通劳动力市场中,劳动者的学历层次和技能水平都相对较低,如在城市中常见的农民工劳动力市场。

此外,还有一些划分劳动力市场的方法,如城乡分割的二元劳动力市场等。需要强调的是,劳动力市场是雇主和劳动者彼此搜寻、配置劳动力资源的平台与工具,它不仅仅是指具体的实物场所(如劳动力市场的交易大厅)以及相关的交易设备(如电脑)等硬件条件;真正对一个国家或地区劳动力市场运行起到至关重要作用的是包括工资制度、社会保障制度、户籍管理制度甚至是风俗习惯和思想观念等在内的一系列软件条件。

二、劳动力人口的划分

一个国家或地区的总人口并不全是劳动力人口。在劳动经济学中通常使用图2-1将总人口划分为不同的群体。

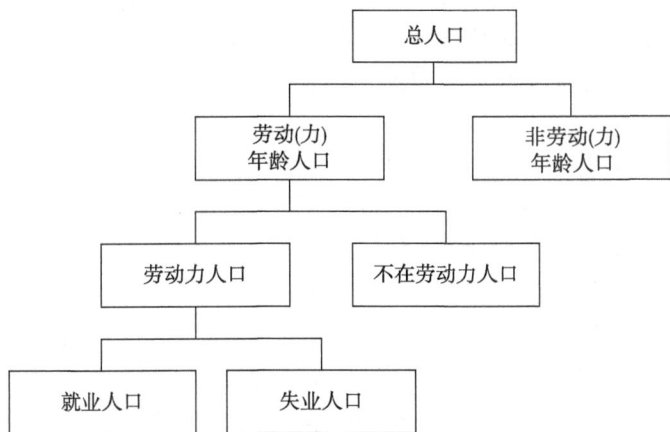

图 2-1 对劳动力人口的划分

从存量的角度来看,一个国家的总人口被划分为劳动(力)年龄人口和非劳动(力)年龄人口。世界上大多数国家将年龄在16~60周岁之间的人口定义为劳动(力)年龄人口,我国一般将16周岁作为劳动(力)年龄人口的下限,将法定的退休年龄定为男性60周岁,女性50周岁(女干部为55周岁)。而在国外,随着预期寿命的延长以及人口老龄化的加剧，退休年龄出现了延长的趋势，如许多西方发达国家现在一般把男女的退休年龄均统一规定为 65 周岁。

进一步地，劳动(力)年龄人口可以分为劳动力人口(labor force)和不在劳动力人口(not in labor force)。根据各国的统计惯例，以下六类劳动(力)年龄人口一般是不被列入劳动力人口的：①军队服役人员；②在校学生；③家务劳动者；④退休和因病退职人员以及丧失劳动能力的残疾人、服刑犯人等不能工作的人；⑤不愿意工作的人；⑥在家庭企业或家庭农场中每周工作少于 15 小时的人。在劳动(力)年龄人口中减去以上六类人员后余下的部分就是劳动(力)人口①。

劳动力人口又分为就业人口与失业人口。就业人口一般可以区分为两种情况：一种是受雇于企业或政府等公共部门；另一种是处于自我雇佣状态，即劳动者以个人或家庭为单位进行劳动。劳动力人口中除去就业的部分即为失业人口。各国关于失业的判断标准并不统一，目前广泛使用的是国际劳工组织(ILO)的界定标准：①没有工作，既不被人雇佣，也没有自我雇佣；②当前准备工作，在相应的时期内愿意被人雇佣或自我雇佣；③正在积极地寻找工作机会。以上三条标准是一般的标准，在具体操作时仍然需要进一步细化。

以上我们讨论的一组概念都是某一时点上测算的存量概念，但是劳动力市场上的各个组成部分，时时刻刻都在发生着变化并相互之间不断转化。

首先，在劳动(力)年龄人口和非劳动(力)年龄人口之间存在着相互转换。例如，每年新增的劳动力由非劳动(力)年龄人口进入劳动(力)年龄人口；同样的，每年达到国家法定退休年龄的人口又由劳动(力)年龄人口进入非劳动(力)年龄人口。

其次，劳动力人口和不在劳动力人口之间存在着转换。例如，在校大学生和现役军人均属于不在劳动力人口，但是如果大学生从学校毕业以及军人复员、退伍，则就进入劳动力人口。对于某些长期失业的人群，自信心受挫或因其他原因不愿继续寻找工作的"沮丧的劳动者"，那么从劳动力市场划分的角度，他们就由劳动力人口转化为不在劳动力人口。

此外，以上各存量之间的动态转换关系还有很多，如就业人口与失业人口之间的转换、不在劳动力人口与非劳动(力)年龄人口之间的转换等。总之，我们不仅要在存量上了解劳动力人口的划分，而且要以流量的观点看待劳动力人口的动态转换②。

---

① 陆铭.劳动经济学——当代经济体制的视角.上海：复旦大学出版社，2002；15～16。

② 对劳动力市场更详细的划分，请参见袁志刚，陆铭.隐性失业论.上海：立信会计出版社，1998；17。

三、劳动力率、劳动力参与率、失业率与自然失业率

这里我们要界定的是一组重要的比率概念。

1. 劳动力率

$$劳动力率 = \frac{劳动(力)年龄人口}{总人口} \times 100\%$$

劳动力率表示劳动(力)年龄人口占总人口的比率。显然,劳动力率由一个国家或地区的人口年龄结构所决定,劳动力率高则潜在劳动力资源丰富。通常发展中国家人口年龄结构轻,劳动力率高,而发达国家人口老龄化程度较重,劳动力率低。

中国人口的年龄结构中,劳动(力)年龄人口比重较高。根据 2000 年第五次人口普查的数据,15~64 岁人口占总人口的比重为 68.3%,而 2010 年的第六次人口普查数据进一步显示,劳动力率已经增至 74.47%。与其他一些与中国国情类似的发展中国家相比,中国的劳动力率明显较高。例如,另一人口大国印度的劳动力率为 61.5%。此外,根据世界银行的数据,与按照购买力平价计算的 GDP 位于中国前 15 位和后 15 位的 30 个国家相比,中国的劳动力率最高,其他国家的平均值为 62.2%。显然,较高的劳动力率构成了中国劳动力供给的巨大优势[①]。

2. 劳动力参与率

$$劳动力参与率 = \frac{劳动力人口}{潜在劳动力人口} \times 100\% \approx \frac{劳动力人口}{劳动(力)年龄人口} \times 100\%$$

劳动力参与率可以表示为劳动力人口在潜在劳动力人口之中的比重,它反映了一个经济中愿意就业者占适龄人口的比率。

其中,劳动力人口包括就业人口和正在积极寻找工作的失业人口。而潜在劳动力人口是指劳动(力)年龄人口减去因智力或身体原因丧失劳动能力的残疾人和服刑犯人。显然在绝大多数国家,这两部分人群并没有专门的统计,数据可得性差,而且它们在劳动年龄人口中所占的比重一般很小,因此在实际计算中,通常就以劳动(力)年龄人口作为基数来测算劳动力参与率。

3. 失业率

失业率是失业人口在劳动力人口中所占的比率,即

$$失业率 = \frac{失业人数}{劳动力人口} \times 100\% = \frac{失业人数}{失业人数+就业人数} \times 100\%$$

失业率是宏观经济的一项重要指标,在市场经济国家,失业率的波动被作为

---

① 蔡昉,都阳,王美艳. 中国劳动力市场转型与发育. 北京:商务印书馆,2005:1~2.

衡量经济周期的主要参数之一。在我国，城镇失业率自 1978 年以来总体上呈现先下降后上升、近年来保持稳定的趋势。这是因为我国的失业问题不是在市场经济的充分作用中表现出来的，而与体制转轨有着密切的关系。

4. 自然失业率

在反映失业水平方面，"自然失业率"是一个值得重视的概念。从整个经济看来，任何时候都会有一些正在寻找工作的人，经济学家把在这种情况下的失业称为自然失业。所以，经济学家对自然失业率的定义，有时被称做"充分就业状态下的失业率"，有时也被称做无加速通货膨胀下的失业率。

充分就业时为什么仍有自然失业存在？由于高度的流动性、兴趣与才能的广泛差别，无数物品和劳务的供求不断变化，会存在相当多的由于劳动力的流动、季节性的变化等原因造成的自然失业。这种失业的存在不仅是必然的，而且是必要的。因为这些劳动的后备军可以随时满足社会对劳动增加的需求，并且作为一种对就业者的"威胁"而促使就业者提高生产效率。此外，各种福利支出(如失业救济)的存在，也使得一定失业水平的存在不会对社会的安定构成危害。

第二节 劳动力市场的运行

和微观经济学中曾经学习过的产品市场一样，劳动力市场的运行也依赖于供给和需求双方的力量。可以这么说，任何劳动力市场的结果，程度不等地受制于供给和需求，按照著名经济学家马歇尔的说法，经济结果的决定既要有需求，也要有供给，正如剪刀的正常工作需要有两片刀刃一样。

在本节中，我们将介绍劳动力市场运行的最简单的模型及其含义。在第三章和第四章中，我们将放宽一些假设，使得这一模型更加符合现实情况，同时也更为复杂。不过，本节所描述的需求和供给的简单模型，提出了关于劳动力市场运行的基本见解，这些见解非常有助于理解和制定就业等相关社会政策。

一、劳动力需求

企业将各种生产要素，主要是劳动力和资本结合起来，生产出用于销售的产品和服务。总产量以及资本与劳动力的组合方式，取决于产品的需求量、一定价格水平下可以利用的资本和劳动力数量、可以获得的技术水平。很显然，企业的劳动力需求受到上述一个或几个因素变化的影响。为了讨论的方便起见，我们假定每次只有一个因素发生变化，其他因素不变。

(一)工资率变化

所谓工资率，就是单位时间内的工资收入，通常是指每小时的工资收入，而工资则是一定时间内工资率的累加。我们所关心的是，当工资变化以后，需求的劳动者数量(或总的劳动时间)是如何变化的。例如，在一个较长的时期内，某个行业的工资率发生了变化，而该行业技术水平、资本的供给、产品的价格和产品的需求都保持不变。那么，随着工资率的提高，劳动力的需求量将会发生怎样的变化呢？

一方面，较高的工资率意味着较高的成本，从而导致较高的产品价格。因为价格上升，消费者将减少购买量，因此雇主会降低产量水平。毫无疑问，在假定其他一切条件不变的情况下，产量水平的降低意味着就业水平的降低。这种生产规模缩减所导致的就业水平的下降称为规模效应。

另一方面，随着工资率的上升，雇主势必会采取更多使用资本要素而减少劳动要素的技术，以达到降低成本的目的，这样需要的就业量将会下降，这种效应称为替代效应。因为随着工资率的上升，雇主在生产过程中将使用资本来替代劳动。

工资变化对就业水平的影响，可以用每一种工资水平下劳动力的需求量来表示。表 2-1 就是这样一种需求表，该表列举的工资率与就业的关系可以通过需求曲线描绘出来。图 2-2 是根据表 2-1 的数据绘制出的需求曲线，这条曲线的斜率为负，说明工资率越高，劳动力的需求量越小。

表 2-1 某行业的劳动力需求表

工资率/(元/小时)	雇佣水平/人	工资率/(元/小时)	雇佣水平/人
3	250	6	130
4	190	7	100
5	160	8	70

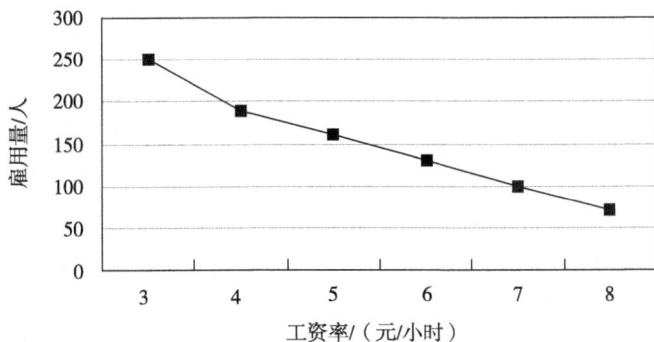

图 2-2 劳动力需求曲线

劳动力需求曲线告诉我们，假设影响需求的其他因素不变，如果工资率发生变化，劳动力的需求量将沿着需求曲线上下移动。

2. 影响需求的其他因素变化

如果影响劳动力需求的其他因素之一发生了变化，会出现什么样的情况呢？

第一，假定对某个行业的产品的需求增加。此时，无论产品价格如何，都将会有更多的产品或劳务被售出，同时假定该行业可以利用的技术、资本和劳动力供给的条件不变。随着该行业中的企业对利润最大化的追求，产量将会明显提高，规模效应在给定工资率的前提下将增加对劳动力的需求量。此外由于资本和劳动的相对价格保持不变，因而这时并不存在替代效应。

因为可以利用的技术、资本和劳动力供给的条件不变，所以无论现行的工资水平如何，产品需求的上述变化都将增加劳动力的需求量，即整个劳动力需求向右移动。如图 2-3 所示，劳动力需求从 D_1 移向 D_2，这种向右移动说明，对应于任何一种可能的工资率，工人的需求量都会增加。

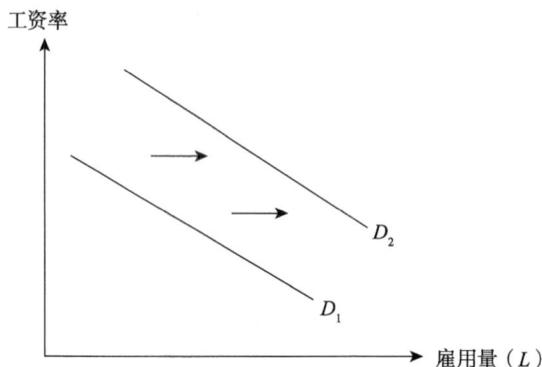

图 2-3 产品需求增加引起的劳动力需求的变化

第二，假定产品需求、技术、劳动力供给条件不变，但是资本供给的价格发生变化。分析问题的思路仍然是从规模效应和替代效应两个角度出发。首先，当资本价格下降时，生产成本势必下降，成本的下降刺激生产的扩张。在既定工资率水平下，生产的扩张一定会提高就业水平。因此，在每一种工资率水平下，资本价格下降产生的规模效应会增加对劳动力的需求，所以劳动力需求曲线向右移动。其次，当资本价格下降时，由于资本更加便宜，企业将使用资本更加密集的技术，用资本替代劳动，即生产一定量的产品，劳动力的需求量比以前减少。由于在每一种工资率水平下的劳动力需求量均减少，所以劳动力需求曲线向左移动。

可见，资本价格下降对劳动力需求产生两种相反的效应。规模效应导致劳动力需求曲线右移，替代效应导致劳动力需求曲线左移，任何一种效应都可能占优势。因此，经济理论不能准确地预测资本价格的下降将如何影响劳动力需求。同样的道理，资本价格的上升对劳动力需求的影响也具有不确定性。

上述讨论表明产品需求和资本供给的变化会引起劳动力需求曲线的移动。重要的是，要区分需求曲线的移动和沿着需求曲线的移动。劳动力需求曲线图 2-2 表明，劳动力需求是工资率的函数。如果工资率发生变化，而其他因素不变，劳动力需求沿着需求曲线变动。不过，如果其他因素之一发生变化，劳动力需求曲线将会移动，这些因素与工资率不同，不能直接通过劳动力需求曲线表示出来。因此，当它们发生变化时，就出现工资率与就业量的另一种关系，表现为需求曲线的移动。在既定工资率的条件下，如果某些因素导致劳动力需求量增加，那么曲线向右移动；如果某些因素导致劳动力需求量减少，那么需求曲线则向左移动。

必须指出的是，劳动力需求曲线有长期和短期之分，短期内，雇主难以用资本替代劳动（反之亦然），消费者面对价格的增长不会大幅度调整产品需求。消费和生产行为的全面调整需要时间。在长期内，他们对于工资或者影响劳动力需求的其他因素的变化，反应更大、更全面。

在第三章中，我们将详细说明长期和短期劳动力需求曲线的重要区别。但无论就长期还是短期而言，工资率的提高都会减少劳动力需求，只不过减少的数量不同。

二、劳动力供给

(一) 市场供给

首先考察整个市场的劳动力供给（相对于单个企业劳动力供给而言）。假定我们研究的是秘书市场。供给将随着秘书工资率的变化而发生怎样的变化呢？换句话说，秘书的供给曲线将是怎样的呢？

如果其他职业的工资率不变，秘书的工资率提高，那么会有更多的人希望成为秘书。例如，假定有 100 个大学毕业生，他们可以选择做市场销售工作，也可以选择成为一名秘书。其中一些人，即使秘书报酬丰厚，他也愿意做市场销售工作，因为他们喜欢销售工作的挑战性和社交性。另一些人，即使秘书工作的报酬相对低廉，也愿意做秘书，因为他们讨厌销售工作的压力。不过，很多人可能认为做任何工作都可以，对他们来说，决策的关键因素是这两个工作工资的高低，如果秘书的工资高于销售员的工资，则更多的人会选择秘书职业。如果销售员的工资较高，选择销售工作的人数会增加，秘书的供给将下降。

因此，如果其他职业市场的工资率不变，那么，某一个特定职业市场的劳动力供给与该市场现行工资率具有正相关的关系。也就是说，如果保持销售员的工资不变而秘书的工资率上升,由于后者劳动报酬的相对提高,会有更多的人选择这一职业,如图 2-4 所示。

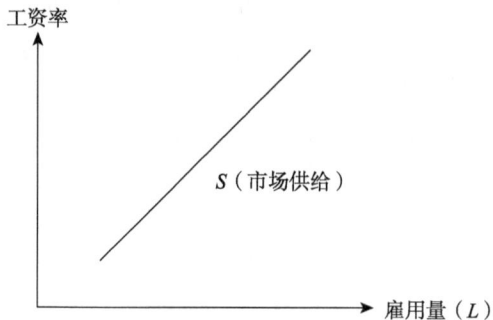

图 2-4   秘书的市场供给曲线

和需求曲线一样,每个职业市场供给曲线的描绘,是以假定其他职业市场的工资率不变为前提的。如果一个或一个以上的职业市场的工资率发生了变化,将会引起供给曲线的移动。当销售员的薪金提高时,一些人将会改变当秘书的打算,转而去做销售工作。由于销售人员工资的提高,在某一既定的秘书工资水平下,愿意当秘书的人更少。如图 2-5 所示,销售人员工资率的提高引起秘书的供给曲线向左移动。

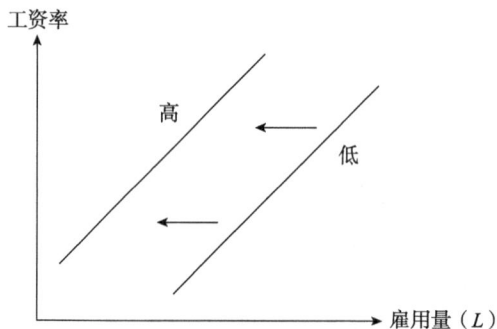

图 2-5   由于销售员工资率提高而引起的秘书供给曲线的变化

(二)对企业的供给

如果某个大学毕业生已经决定当秘书,那么接下来就要选择雇主。假定所有雇主提供的秘书工作差不多一样,这种选择就取决于劳动报酬的高低,如果某个企业支付的工资率低于其他企业,就会发现其难以吸引任何雇员,至少是难以吸引任何高质量的雇员。同样也没有哪家企业会支付高于市场工资率的工资。因为,为了吸引合乎要求的雇员,企业没有必要支付那么高的工资。因此,对企业的供给曲线是水平的，如图 2-6 所示。如果市场上其他企业支付的秘书工资率是 W_0，那么对企业的劳动力供给曲线是 S_0，如果工资率降到 W_1，对企业的劳动力供给曲线就变为 S_1。对于单个企业而言，水平的劳动力供给曲线意味着，按照现行的市场工资率，企业可以招聘到其需要的所有秘书。不过，如果支付的工资率低于现行市场工资率，对企业的秘书供给将为零。

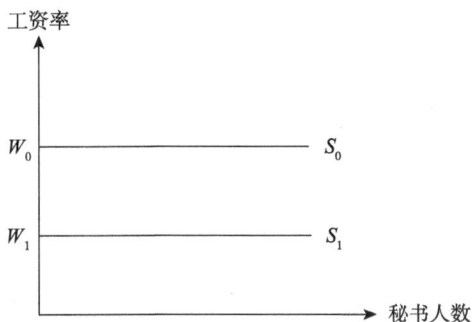

图 2-6　不同市场工资率下的秘书供给

如上所述，需要雇佣秘书的企业必须支付市场工资率，否则便失去所有的求职者。这似乎不太符合现实情况，但事实确实如此。如果某个企业提供的工作岗位除了劳动报酬水平较低以外，其他方面与另外一些企业都差不多或者说都是可比的，也许这个企业可以吸引少数合格的求职者，因为这些求职者不知道其他企业的工资率水平如何。不过，随着时间的推移，该企业工资率相对较低的信息会逐渐被求职者获得，这时企业将发现，它不得不依赖低质量的劳动力来填补工作岗位的空缺。只有它所提供的工作条件，除了工资以外在其他方面是不可比的，如更愉快的工作条件、更长的带薪休假等，才有可能以低于市场工资率的水平获得高质量的雇员。因此，假定单个企业像单个工人一样，通常都是工资的接受者，也就是说，如果他们面临的劳动力市场是竞争性的，那么支付的工资必须与市场工资率非常接近。无论单个工人还是单个企业，都不可能确定一种偏离市场工资率太远的工资水平并且希望以这种工资水平进行交易。

三、工资的决定

在理想的、完全竞争的劳动力市场上，均衡的市场工资率由供给和需求双方共同决定。

1. 均衡工资

通过以上内容，我们知道，市场需求曲线表示，假定资本价格和产品需求不变，对应于每一种工资率，雇主需要多少工人；市场供给曲线表示，假定其他职业的工资不变，对应于每一种工资率，有多少工人进入该市场。将这两条曲线在同一图形上描绘出来，就可以得到均衡的工资率水平，如图 2-7 所示。

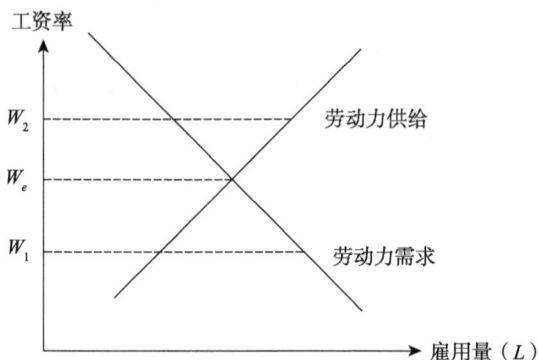

图 2-7　均衡工资率的决定

假设初始的市场工资率水平为 W_1，在这一低工资水平上，需求大于供给。因此在这一点上，雇主之间在劳动力市场上必然为争夺求职者而展开竞争，存在劳动力短缺。企业为了吸引更多的雇员，必然要增加工资，从而推动该市场整个工资水平的上升。

工资率上升后，出现两种情况：第一，更多的求职者愿意进入这一市场求职，此时供给量沿着供给曲线变动；第二，工资率上升将导致雇主的劳动力需求下降，即需求量沿着需求曲线变动。如果工资率上升到 W_2，供给将超过需求。此时，雇主需要的劳动力数量低于可以得到的数量，结果劳动力产生剩余。任何职位的空缺都有大量的求职者，雇主很快就会意识到，即使提供较低的工资率，他们仍然能够得到合格的求职者以填补职位的空缺。并且，如果能支付较低的工资，雇主会希望雇佣更多的人。一些人会乐意接受这一较低的工资；另一些人，在工资率下降以后，离开这一市场而到别处求职。因此，随着工资率从 W_2 下降，供给和需求逐渐趋于均衡。

劳动力需求与劳动力供给相等时的工资率就是均衡工资或市场出清工资。在图 2-7 中的 W_e 点，雇主所有的职位空缺都有求职者填补；同时市场中所有愿意工作的劳动者都能找到工作。在 W_e 点，既无劳动剩余也没有劳动短缺，劳动的供需双方的要求都得到了满足，此时不存在改变工资水平的因素。在 W_e 点，市场处于均衡状态，并意味着工资率将保持在 W_e 点。

均衡工资是完全竞争劳动力市场运行的最终结果。低于 W_e 的工资率不会成为市场通行的工资率，因为劳动力短缺的存在将引发雇主抬高工资；同样，高于 W_e 的工资率也不会成为市场通行的工资率，因为劳动力剩余的存在将使工资降低。因此，均衡工资 W_e 是单个雇主和雇员面临的现行工资。也就是说，市场工资率由市场决定，而市场中的每一个参与者只能接受它。

图 2-8(a)描绘了市场需求和供给，图 2-8(b)描绘了该市场中某个企业的需求和供给曲线。市场上的所有企业都支付 W_e 的工资，并且总雇用量等于每个企业的雇用量之和。

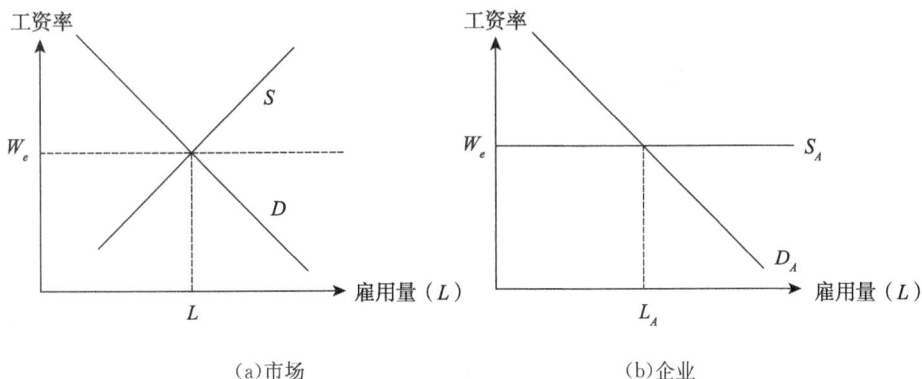

(a)市场   (b)企业

图 2-8 "市场"和"企业"层次的劳动力需求和供给

2. 均衡的破坏与调整

一旦取得均衡状态，需求和供给曲线的移动都会使原有的市场均衡遭到破坏。例如，随着政府管理经济的力度不断加强，文件处理的工作增加了，因而需要更多的秘书。在图 2-9 中，需求的增加导致需求曲线右移。这一右移表明，在任何给定的工资率下，原有的市场均衡工资(W_e)不再使供给和需求相等。如果工资率仍然是 W_e，秘书市场将出现劳动力短缺。为了吸引雇员，这种短缺将迫使雇主增加工资。最终，秘书的工资率上升到 W_e'，同时均衡的就业水平也随之提高了。同样道理，如果供给曲线发生了移动，原有的均衡状态也会受到破坏，经过调整后进而实现新的均衡。

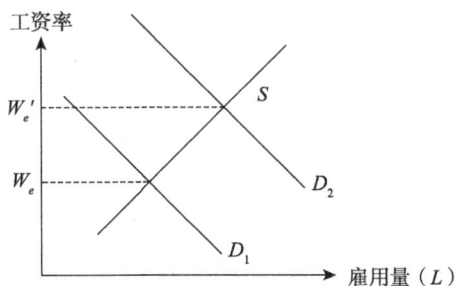

图 2-9 需求右移与劳动力市场均衡图

在很多时候，劳动力供给和需求曲线会同时出现移动，市场工资率会随之相应变动。我们以 20 世纪 70 年代初埃及出现的情况为例来做相应分析。当时由于受到沙特阿拉伯及其他海湾产油国高工资(比埃及国内工资高出六倍以上)的吸引，大约一半的埃及建筑工人离开本国前往上述海湾国家工作，同时埃及的住宅建设也正逐渐繁荣。如图 2-10 所示，劳动力供给曲线的左移与劳动力需求曲线的右移，使得埃及建筑工人的工资水平在五年之内上升了 53%。

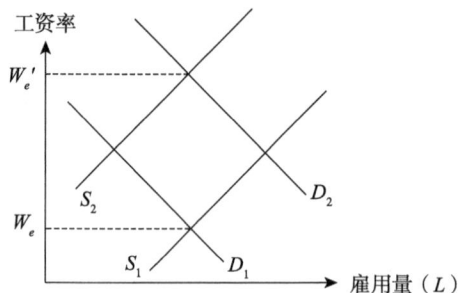

图 2-10　埃及劳动力市场的变化

此外，劳动力供给和需求的变化还会出现一些其他情况，如在某些情况下，劳动力需求和劳动力供给可能会同时增加或同时减少等，我们均可以按照以上思路，根据劳动力供给曲线和劳动力需求曲线的移动来分析原均衡状态的破坏以及新的均衡的形成。

3. 非均衡以及非市场额影响

理论上的均衡工资或市场出清工资并不意味着在实践中可以达到或可以很快达到。因为劳动不能与劳动者相分离，劳动收入是普通人购买力的最主要的来源，因此，阻碍工资率和就业随供求变化而调整的因素必然会影响到劳动力市场，其中一些阻碍因素就是经济本身运行的结果。这些因素将在后文中加以讨论。

其他阻碍调整的力量来源于一些非市场因素，如法律、风俗习惯等。在实际的政策制定过程中以及对现有政策的评估中，这些非市场因素对于劳动力供给曲线和需求曲线的移动影响也必须加以考虑。

本章小结

配置劳动力并且协调就业决策的市场被称为劳动力市场。和其他市场一样，劳动力市场也由买卖双方构成。根据买卖双方的搜寻范围，劳动力市场可以划分为全国性市场和区域性市场。从存量的角度来看，一个国家的总人口被划分为劳动（力）年龄人口和非劳动（力）年龄人口，根据个人的劳动意愿和能力，又有劳动力人口和不在劳动力人口的区分。劳动力率、劳动力参与率、失业率以及自然失业率是劳动经济学中的重要概念。

劳动力市场的正常运行依赖供给和需求两方面的力量，在一定假设条件下，市场的力量（劳动力供给和劳动力需求）不仅可以形成均衡的工资率和就业水平，而且在遭受外界冲击的情况下，在原均衡受到破坏以后，市场仍然有能力使其迅速形成新的均衡状态。

关键术语

劳动力市场；劳动力率；劳动力参与率；失业率；自然失业率；劳动力供给；劳动力需求

案例一

黑死病、马伊尔难民与劳动者工资

1348～1351 年，一场人类历史上著名的大瘟疫——黑死病席卷了包括英国在内的整个欧洲，导致大批人口死亡。据估计，在很短的时间内，英国总人口的 17%～40% 死于这场瘟疫，由此所带来的直接后果就是劳动力供给突然发生变化。由于人口大量减少，劳动力供给曲线在短期内迅速左移，在原来的工资率水平上出现了劳动力的短缺，雇主之间展开了对工人的争夺，工资率大幅度上升。

虽然目前难以获得工资增长的可靠数据，但是许多人认为，在三年的时间内工资率上升了 50%～100%。例如，1348 年打谷工人的日工资是 2.5 便士，而 1350 年是 4.5 便士；1348 年割草工人的每英亩工资是 5 便士，而 1350 年是 9 便士。无论工资的增长幅度如何，其中显然存在着劳动力的短缺和前所未有的工资增长。为了对付这种短缺，当时的英国政府发布了一份公报，命令邻近的地主之间合作使用工人，并威胁监禁那些拒绝接受瘟疫之前工资率水平的工人，但是效果非常微弱。因为劳动力短缺太严重了，市场的力量太强大了，难以抑制工资的增长。

以上黑死病与劳动者工资的案例是劳动经济学中的经典案例，它充分验证了劳动力市场的供给和需求力量共同决定了均衡的就业量和工资率。但是这一案例发生在遥远的中世纪，那么在现代的劳动力市场中有没有类似的情况呢？

由于政治原因，1980 年 5 月到 9 月之间，大约有 125 000 名古巴人获准从古巴的马伊尔港移民到美国的迈阿密，这些移民中有一半的人最后永久性地定居在迈阿密，这就使得迈阿密的劳动力人口在短短几个月时间内上升了 7%。这引起了经济学家们的注意，因为短期内迈阿密当地的劳动力需求不会发生较大幅度的改变，因此大部分经济学家预测，大量劳动力的涌入将会使得当地的工资率水平出现明显的下降。

但是事实并不像经济学家们预测的那样，在接下来的一段时间内，迈阿密劳动力市场上的工资率水平并没有发生明显的变化，那么其中的原因是什么？是不是劳动力市场中供求均衡机制不起作用了呢？

经济学家针对以上情况展开了研究，其中比较有说服力的解释有两种。

第一，低技能的马伊尔难民无法对本地的劳动力市场产生重大的影响。根据经济学家们的调查，2/3 的马伊尔难民连高中毕业的文化程度都不具备，显然他们都只能从事非技术工作，而非技术工人在迈阿密的劳动力人口中仅仅占到 30%。因此对于以技术工人为主（占70%）的劳动力市场，大量低技能劳动力的增加不会对其产生重大的影响，而最多影响到当地非技术工人的工资率而已。

第二，要考虑到劳动者预期和劳动力流动的影响。经济学家们发现，因为预期到大量古巴难民的涌入，迈阿密当地的许多劳动者做出了迁移的决策。也就是说，伴随着马伊尔难民的涌入,许多当地居民选择了离开迈阿密,到其他城市去工作,而且潜在的迁入者也因此去往其他地方,而避免迁移到迈阿密。这也在很大程度上减弱了马伊尔难民带来的影响。人口统计数据也表明,在 1980 年以后,与周边的其他地区相比,迈阿密的人口增长率要缓慢得多。

通过以上两个事件,你对学习过的劳动力市场供给、需求和均衡的理论有没有什么新的认识呢?

➤ 案例二

世界主要国家的退休年龄

俄罗斯:俄罗斯是世界上退休年龄比较低的国家之一,目前为男性 60 岁,女性 55 岁。此外约有三分之一的特殊人群可提前退休,包括有五个或五个以上孩子的母亲、高危行业职工、居住在北极圈附近的居民等。据新华社 2012 年 6 月 8 日消息,俄罗斯高层领导人表示,暂时不会提高退休年龄。

日本:根据日本法律,把女性的退休年龄定得比男性低是违法的。所以日本男女的退休年龄现在都是 60 岁。但 2013~2025 年,领取养老金的年龄将被推迟到 65 岁,因此日本的实际退休年龄又将推迟 5 岁。

德国:2012 年 1 月 1 日开始,德国退休年龄由 65 周岁逐步过渡到 67 岁。延长的两年分为 24 个月。前 12 个月,用 12 年过渡,在 2024 年实行 66 岁退休;后 12 个月,分 6 年过渡完,到 2031 年执行 67 岁退休。

美国:在美国 62 岁是最早申领退休金的年龄,越迟退休就越能领取更多的退休金。如果年收入在 4 万美元,62 岁领取养老金的话,每月能够支取 810 美元,66 岁能支取 1 238 美元,70 岁能够领取到 1 739 美元,但最迟退休年龄不得高于 70 岁。这就是所谓的"弹性退休制度"。

韩国:韩国的法定退休年龄是企业职工 55 岁,公务员 60 岁,老师 65 岁。但他们平均要工作到 71.2 岁才真正退休。根据经合组织的调查结果,只有韩国和墨西哥男性的实际退休年龄超过 70 岁。韩国女性实际退休年龄为 67.9 岁。

巴西:城市劳动者的退休年龄为男性 65 岁,女性 60 岁。农村劳动者的退休年龄为男性 60 岁,女性 55 岁。老年人在巴西享受比年轻人更多的权益,不仅政府雇员退休后可享受 100% 的退休工资,生活贫困的工人退休后也可享受 100% 的退休工资。

芬兰:芬兰是典型的北欧福利国家,居全球"最幸福国家"排行榜榜首。2005 年,芬兰将退休年龄从 60 岁提高到 63~68 岁。如果从 20 岁开始工作,52 岁退休,可领退休前工资的 45.6%,约 1 596 欧元;62 岁退休,可领退休前工资的 60%,约为 2 280 欧元;67 岁退休,可领退休前工资的 80.45%,约为 3 218 欧元。

英国:2012 年 1 月 25 日,英国就业和养老金部对外公布了最新的改革时间表。此后 10 年间,女性领取养老金的年龄每两年增加 1 岁,2020 年与男性持平为 65 岁。到 2026 年、2036 年、2046 年,领取养老金的年龄将分别提高到 66 岁、67 岁和 68 岁,每 10 年增加 1 岁。

科威特:男性和女性的法定退休年龄均为 50 岁。"富得流油"的科威特是"三高"国家:高收入、高消费、高福利。他们的福利令人瞠目:免费教育、免交水电费、免费看病住院、免收所得税,还可享受各种补贴。人均国民收入长期位居世界前 10 位。

法国：2012 年 6 月 6 日，新上任的法国奥朗德政府就推出退休制度改革新政：从 18 岁或 19 岁即开始工作，并缴纳满 41.5 年社保的劳动者可以在 60 岁退休。此前，萨科齐政府将退休年龄提高到 62 岁，遭到法国民众的抵触。

中国：当前法定的退休年龄是男职工年满 60 周岁，女干部年满 55 周岁，女工人年满 50 周岁。从事井下、高空、高温、繁重体力劳动和其他有害健康工种并在这类岗位工作达到规定年限的职工，男性年满 55 周岁、女性年满 45 周岁退休。

由于人口结构的变化和老龄化程度的提高，近期关于延长退休年龄的争论很激烈。人力资源和社会保障部有关负责人最近表示：目前，我国实际退休年龄在 53 岁左右，很多地方面临大量提前退休的情况。虽然不少地方近年出现"用工荒"，但我国作为世界上第一劳动力大国，劳动力资源总量高达 10 亿多，就业形势在今后一段时期仍将十分严峻，而不是如欧洲一些延迟退休年龄的国家那样已面临劳动力短缺。因此，像一些媒体所说的"退休年龄提高至 65 岁甚至更晚"，不会在近期立刻实施。而从长期来看，退休年龄的调整的确是大势所趋，但究竟怎么调、调整到多少，要考虑经济社会的总体变化。

复习思考题

1. 请解释劳动力率、劳动力参与率、失业率和自然失业率等概念。

2. 某市 2004 年 12 月总人口为 400 万人，其中 16 岁以下的青少年和 60 岁以上的老龄人口分别为 50 万和 60 万，16～59 岁的人口中有 200 万就业人口、20 万在校学生、10 万军人。试求该市的劳动力率、劳动力参与率和失业率(不考虑人口流动和其他特殊情况)。

3. 市场机制是如何调节劳动力资源配置的？

4. 请根据本章内容分析大学生就业难问题的成因。

第三章

劳动力需求

雇主对劳动力的需求并不是直接需求，而是间接需求，它依赖于产品市场上消费者对于最终产品和服务的需求，因此，联系要素投入和产出的生产函数分析劳动力需求具有十分重要的意义。本章主要介绍了以下几点：第一，从产品市场的角度考察劳动力需求的派生性，在此基础上讨论要素需求（劳动要素）的一般理论；第二，考察企业在完全竞争条件下的劳动力需求行为，得到企业劳动力需求的基本模型；第三，将分析的视角扩展到不完全竞争的市场结构中，因为即使企业同样具有利润最大化的目标，不同的市场结构也会导致企业劳动力需求行为的不同；第四，考察劳动力需求的弹性问题，这是简单模型的又一个拓展，它表现为数量上的变化关系；第五，将劳动力需求理论应用于政策领域，考察其实用性。

■ 第一节　劳动力需求的一般理论

一、派生需求原理

劳动是一种生产要素，对劳动的需求是在要素市场中进行的，由于生产要素市场与产品市场具有不同的属性，因此对于劳动要素的需求不同于对产品的需求。在产品市场上，需求来自消费者。消费者购买产品的目的是为了直接满足自己的各种需要。因此，对产品的需求是所谓的"直接需求"，即获得效用的需求。与此不同，在生产要素市场上，需求不是来自消费者，而是来自厂商。厂商购买生产要素不是为了满足自己的直接需要，而是为了生产和出售产品以获得收益，即满足"利润"的需求。也就是说，厂商雇佣劳动者并不能提高厂商的效用，而是增加生产的产品和服务的数量，从而增加厂商的利润。因此，厂商对生产要素的需求不是直接需求，而是一种间接需求。

另外，如果不存在消费者对产品的需求，则厂商就不可能从生产和销售中获得收益，从而也不会去购买生产要素并生产产品。因此，厂商对生产要素的需求是从消费者对产品的直接需求中派生出来的。从这个意义上说，对包括劳动在内的生产要素的需求就被称为"派生需求"或"引致需求"。

对生产要素的需求还有一个特点，就是所谓"共同性"，即企业对各种生产要素的需求具有相互依赖的特点。这个特点是由于技术上的原因，即企业在生产过程中所使用的生产要素往往不是单独发生作用的，而是要进行协同生产。单独的个人不能生产任何产品，同样仅有机器也无法进行生产。只有劳动力与机器（以及原材料等）相互结合起来才能进行生产活动。对于生产要素需求的这种共同性使得企业对于某种生产要素的需求，不仅取决于该生产要素的价格，而且也取决于其他生产要素的价格。因此，企业对生产要素的需求理论应该是关于多种生产要素共同使用的理论。但是，由于同时处理多种生产要素的需求问题将使得分析过于复杂，为了简单起见，一般的经济分析都集中于一种生产要素。本章就是对一种同质劳动要素进行分析。

二、利润最大化的生产目的

劳动力需求的主体有三个，分别是企业、政府等非营利组织和自我雇佣的劳动者自身。其中，最为重要的劳动力需求主体是企业，企业的劳动力需求也最直接地反映出经济活动的水平；政府的劳动力需求往往与政府的财政支出相关，是一个政策性很强的变量；而自我雇佣者的劳动力需求就是自身的劳动，其变化往往表现为个人劳动时间的变化，而不是政府部门的就业人数统计的变化。因此，我们在研究劳动力需求时，主要研究企业的劳动力需求行为。

企业的劳动力需求是与一定的企业目标相联系的。在市场经济体制下，我们通常用利润最大化来描述企业的生产目的。因此，劳动力需求理论的基本假设就是：厂商，即雇佣劳动力的雇主，是追求利润最大化的。

利润最大化的厂商如何对产出水平进行决策呢？正如经济学原理所指出的：如果从出售一个单位的额外产出中所获得的额外收益大于生产这一单位产出所带来的额外成本，则厂商就会将其产出扩大一个单位。只要从新增的产出中所获得的边际收益超过它的边际成本，那么利润最大化的厂商就会继续增加产出。当生产的边际成本超过边际收益的时候，厂商就会减少产出。当厂商生产的边际收益和边际成本相等时，理性的厂商将不再改变生产规模，因为此时已经实现利润最大化的生产目的。

当然，厂商只能通过改变它的生产要素量来增加或减少产出。从最一般的意义上来说，厂商是使用劳动力和资本这两种要素来进行生产。因此，利润最大化的厂商在决定要素投入量时，将遵循以下原则。

第一，如果从增加一个单位的要素投入中所获得的收入超过了费用的增加，那么就增加一个单位的这种要素投入。

第二，如果从增加一个单位的要素投入中所获得的收入低于费用的增加，那么就减少一个单位的这种要素投入。

第三，如果从增加一个单位的要素投入中所获得的收入正好等于费用的增加，那么就不应改变这种要素投入。

以上三个原则说明了利润最大化的标准，这是研究劳动力需求的最基本原则。

三、边际产量与边际收益

增加一个单位的劳动力或资本投入将会为厂商带来额外的收入，这是因为可以生产并销售出更多的产品。与此相类似，减少劳动力和资本的使用量会减少厂商的收入，因为这时可供销售的产量减少了。这样，一个单位的要素投入所导致的厂商收入变化，即边际收益产品(MRP)实际上由以下两个变量的乘积决定，即一个单位要素投入所带来的产量变化(即该生产要素的边际产量，MP)和每一产量增加所带来的收益增加(即边际收益，MR)。

1. 边际产量

一般把劳动力的边际产量(MP_L)定义为在资本投入保持不变的前提下，劳动力投入的数量变化(ΔL)所导致的实际产出变化(ΔQ)，即

$$\mathrm{MP}_L = \frac{\Delta Q}{\Delta L} \tag{3-1}$$

类似地，资本的边际产量(MP_K)也就被界定为在劳动力数量一定的情况下，资本投入的数量变化(ΔK)所导致的实际产出变化(ΔQ)，即

$$\mathrm{MP}_K = \frac{\Delta Q}{\Delta K} \tag{3-2}$$

2. 边际收益

边际产量的表达式说明，厂商只能通过增加或减少劳动力或资本的投入量来改变自己的产出水平。从新增的每一个单位产出中所获得的边际收益和厂商所处的市场结构有着密切的关系。如果厂商是在一个完全竞争市场上从事生产经营活动，根据微观经济学的理论，此时厂商对自己产品的价格并没有控制能力，那么销售每一单位产品的边际收益就等于该产品的价格(P)。但如果该厂商所生产和销售的产品与其他厂商具有一定的差异性，那么厂商在产品市场上就拥有了一定的垄断能力，并且随着差异性的增加，这种垄断力量也将不断增加。此时，厂商

面临的是向右下方倾斜的市场需求曲线，要想增加自己的销售量，就必须降低自己的产品价格。在这种情况下，产品的边际收益是低于价格的，即 $MR < P$。

由此得到劳动力的边际收益产品（MRP_L）的表达式：

$$MRP_L = MP_L \times MR \qquad (3-3)$$

在产品市场完全竞争的情况下，该表达式简化为

$$MRP_L = MP_L \times P \qquad (3-4)$$

四、新增一个单位要素投入的边际费用

当然，无论是增加劳动力要素还是资本要素的投入量，都会导致厂商的总成本增加，类似地，减少所使用的劳动力或资本数量会降低厂商的总成本。如果生产要素市场是完全竞争的，厂商只能在与其他厂商进行相互竞争的条件下购买各种要素（无论是劳动力还是资本），此时某一厂商对于要素的价格是没有控制能力的，因而必须接受市场价格。在这种情况下，一种要素的边际费用等于它的单位价格，工资率 W 就是一定时间内雇佣一个单位劳动力所必须支付的费用。

如果厂商对于他们支付给劳动者的工资率具有一定的控制能力，那么这就是在买方独家垄断的情况下雇佣劳动力，在本章的第三节中，我们将会分析哪些因素导致了买方垄断的存在，以及买方垄断对厂商的劳动力市场行为有何影响。需要提前说明的是：如果某个雇主在劳动力市场上拥有买方垄断的力量，那他就不是简单地接受劳动力市场上的工资率。由于他是唯一的雇主，因此其面临的是向右上方倾斜的市场供给曲线，因此如果想要雇佣更多的劳动力，该厂商就必须以更高的工资水平从其他劳动力市场上吸引来工人，而这将会导致劳动力使用额的边际费用（ME_L）高于工资（W）。

概括起来，利润最大化的厂商在对劳动要素的投入进行决策时的原则是：新增一个单位劳动力的边际费用（ME_L）必须等于其边际收益产品（MRP_L），而如果产品市场和要素市场处于不同的市场结构下，边际费用和边际收益产品都将表现出不同的形式。产品市场和要素市场最多有四种组合方式，如表 3-1 所示。

表 3-1　不同产品市场与要素市场的组合方式

产品市场完全竞争、要素市场完全竞争	产品市场完全竞争、要素市场完全垄断
产品市场完全垄断、要素市场完全竞争	产品市场完全垄断、要素市场完全垄断

在本章第二节和第三节中，我们将对这四种组合进行讨论。当然第一种情况即厂商所在的产品市场和要素市场均处于完全竞争状态是最基本的一种，也是分析其他三种组合的基础。

第二节 完全竞争条件下的劳动力需求

一、企业短期的劳动力需求

劳动力的需求函数反映的是企业劳动力需求量与劳动的价格之间的关系。完全竞争企业短期的劳动力需求曲线是指在其他条件不变的情况下(资本存量不变、生产技术不变等),完全竞争企业对劳动的需求量 L 与劳动的价格 W 之间的关系。

根据第一节的分析,在任何情况下,只有劳动力的投入量达到下列水平时才能实现利润最大化:劳动力使用量的一个单位的改变,所增加的边际收益产品必须等于所带来的边际费用,即

$$\text{MRP}_L = \text{ME}_L \tag{3-5}$$

在竞争性产品市场和竞争性劳动力市场的假设下,可以将表达式(3-5)改写为

$$\text{MP}_L \times P = W \tag{3-6}$$

等式(3-6)是以某种货币单位为条件对厂商利润最大化前提下的劳动力需求行为进行的描述。

此外,还可以采用另外一种表述方式,即将等式(3-6)两边同时除以产品价格 P,从而将雇佣劳动力的利润最大化条件用实物数量条件来加以表述:

$$\text{MP}_L = \frac{W}{P} \tag{3-7}$$

显然,等式(3-7)左边是实物产品数量,而等式右边的分子 W 是单位劳动力的费用,分母 P 是产品的单位价格,那么等式右边的含义就是支付给单位劳动力的费用所能够购买的产品数量。举例来说,假如某个工人每小时的工资为 10元,他所生产的产品单个售价为 2 元,因此从厂商的角度来看,他每小时必须生产 5 个单位的产品,或者说这 5 个单位的产品就是他的"实际工资"。

因而,在市场所确定的既定工资水平下,厂商都要使劳动力的雇用量达到这样一个水平,即该点上的劳动力边际产品恰好等于实际工资[等式(3-6)]。换句话说,厂商在短期内的劳动力需求是与其劳动力边际产品曲线向下的部分相重合的。

对以上结论可以这样理解,根据等式(3-7),利润最大化的前提要求厂商支付给劳动者的实物工资必须始终等于劳动者的边际产量,而边际产量和厂商的雇用量是一一对应的关系(生产函数的性状良好),所以实物工资和雇用量之间就建立起了一一对应的关系,进而厂商在短期内的劳动力需求是与其劳动力边际产品

曲线向下的部分重合的。

此外，还可以通过图形说明以上关系。如图 3-1 所示，当实际工资水平为 $(W/P)_0$ 时，厂商雇用 E_0 位雇员，厂商的劳动力需求与其劳动力边际产品曲线是相等的。现在假定某厂商最初雇佣的工人数量为 E_2，且 E_2 高于 E_0。那么在实际工资水平为 $(W/P)_0$，雇用量为 E_2 的情况下，劳动力的边际产品将低于实际工资率，从而厂商为雇用最后一个劳动力所支付的实际边际成本高于该劳动力的边际产出。其结果是，该厂商如果要增加利润就必须降低雇佣水平。类似地，如果该厂商最初雇用 E_1 位雇员，而 E_1 低于 E_0，那么在实际工资水平为 $(W/P)_0$，雇用量为 E_1 的情况下，劳动力的边际产品就会高于实际工资率，从而任一新增劳动力所带来的边际产品都将超过其边际成本。因此，厂商可以通过扩大雇用量来提高利润水平。

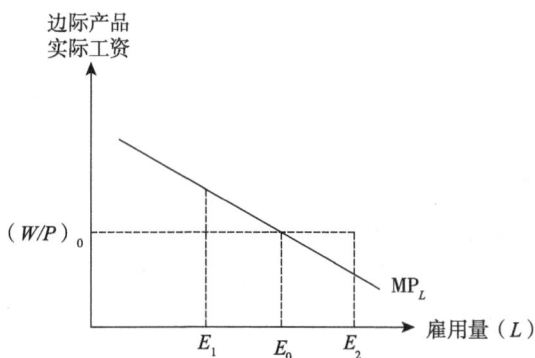

图 3-1　短期的劳动力需求（实际工资条件下）

因此，为了达到利润最大化，在实际工资率既定的情况下，厂商应该在这一点停止雇佣劳动力，即增加使用一个单位劳动力所带来的成本等于其所能够生产的产出。这种利润最大化原则有两层含义：第一，厂商应将其所使用的劳动力增加到劳动力的实际工资等于劳动力的边际产品的那一点上，而不能超过这一点；第二，利润最大化的雇佣水平出现在劳动力边际产品下降的区域内，因为边际产品 MP_L 是递减的。

图 3-1 还描述了一个基本的观点：短期的劳动力需求曲线之所以是向下倾斜的，是因为边际收益产品曲线是向下倾斜的，而边际收益产品曲线向下倾斜又是因为劳动力的边际产品是递减的。劳动力需求曲线和边际收益产品曲线实际上是一致的。

二、市场需求曲线

单个厂商的劳动力需求曲线表明了厂商在每一个工资率水平下所愿意雇用的劳动力数量。而整个市场的劳动力需求曲线则是在每一个实际工资率水平上，该劳动力市场中所有厂商的劳动力需求数量之和。

假如在某劳动力市场上有三个厂商，那么在每一既定的实际工资率水平下，A 厂商愿意雇用 12 个工人，B 厂商愿意雇用 6 个工人，而 C 厂商愿意雇用 20 个工人，那么在这一实际工资率水平下，整个市场的劳动力需求就是 38 人。

需要强调的是，由于市场需求曲线是直接从厂商需求曲线中推导(累加)出来的，因此它也是实际工资率的一个负斜率的函数，或者说，劳动力的市场需求曲线也是一条向下倾斜的曲线。因此，当实际工资下降时，现有的厂商愿意雇用的劳动力数量将上升，而且较低的实际工资使得进入这一市场的新厂商有利可图。相反，当实际工资上升时，现有厂商愿意雇用的工人数量减少，有些厂商甚至有可能因此而停止经营并退出该市场。从而劳动力的市场需求与工资水平呈现出一种负相关的关系。

三、企业长期的劳动力需求

企业长期的劳动力需求行为是在所有生产要素的投入量均可改变的情况下的劳动力需求行为。

为了长期实现利润最大化，厂商就必须同时调整劳动力和资本的投入量，以使得两种要素的边际收益产品等于它们各自的边际费用。上述企业短期劳动力需求行为的分析说明，企业要实现利润最大化，就必须满足以下两个等式的要求：

$$MP_L \times P = W \qquad \text{(利润最大化的劳动力条件和资本条件)} \qquad (3\text{-}8)$$
$$MP_K \times P = C$$

将等式(3-8)重新整理，得到

$$P = W/MP_L \qquad (3\text{-}9)$$
$$P = C/MP_K \qquad (3\text{-}10)$$

由于等式(3-9)和等式(3-10)的左边都等于相同的价格 P，于是，利润最大化的条件简化为

$$\frac{W}{MP_L} = \frac{C}{MP_K} \qquad (3\text{-}11)$$

等式 3-11 的经济含义是理解厂商长期劳动力需求行为的关键。在该等式的左边，分子是雇佣一个单位劳动力的成本，分母是增加一个单位劳动力所产生的额外产出，因此整个等式的左边就代表了运用劳动力来生产一个单位的额外产出时所带来的成本增量。类似地，该等式的右边所表示的是运用资本来生产一个单位的额外产出所带来的边际成本。所以等式(3-11)的经济含义就是要想实现利润最大化，厂商必须对其所使用的劳动力和资本同时进行调整，调整的结果必须使得运用劳动力来生产一个单位的额外产出时所带来的成本增量等于运用资本来生产一个单位的额外产出所带来的边际成本。

可以通过以下的分析加深对上述结论的理解。一个追求利润最大化的厂商，必须在任何一个给定的产出水平上，都选择成本最低的生产方式来进行生产。只要厂商仍然能够用两种要素投入中的较为便宜的那一种来扩大生产规模，那么它就不是以成本最小化的方式进行生产。例如，如果用劳动力要素来增加一个单位产出所带来的边际成本为 10 元，用资本要素来增加一个单位产出所带来的边际成本是 12 元，那么厂商就可以在保持原有生产规模的情况下降低它的成本，即将资本投入减少能够使产出降低一个单位的程度，从而节约 12 元，然后再增加一定的劳动力投入来恢复被降低的那一个单位产出，此时支出 10 元。最终，产出仍然保持在原水平，但是总成本却降低了 2 元。所以，对于利润最大化的厂商而言，它必然是在这样一点上生产，即在该点上，劳动力和资本的任何一点边际变化既不能降低成本，也不能增加利润。

根据等式(3-11)，还可以对厂商的劳动力需求行为展开进一步的讨论：假如一个厂商所面临的工资率(W)上升了，那么长期的劳动力需求会发生怎样的变化呢？

第一，工资率的上升将会打破等式(3-9)的平衡，即使在不能调整资本投入的情况下，厂商也会减少它的劳动力使用量。由于雇用量的减少，劳动力的边际产品会上升，等式可能会重新恢复平衡。

第二，由于每一个单位的资本现在只有较少的工人与之相配合，所以资本的边际产品(MP_K)将会下降，从而打破等式(3-10)的平衡。而等式(3-10)本身的不平衡又会导致厂商希望减少其资本存量。

第三，工资率 W 的上升在一开始就会破坏等式(3-11)的平衡，这意味着运用劳动力进行生产的边际成本超过了运用资本进行生产的边际成本。如果上面所提到的劳动力削减只是发生在短期中，那么随着 MP_L 相应上升和 MP_K 相应下降，等式(3-11)会逐渐恢复平衡。然而在长期中，如果运用劳动力来生产一个单位额外产出的成本超过了运用资本来生产一个单位额外产出的成本。那么厂商就会考虑用资本对劳动力进行替代了。这就意味着厂商将会用一种更为资本密集化的方式来进行生产。用资本替代劳动的做法还会导致 MP_L 上升和 MP_K 降低，从而使得等式(3-11)重新平衡。

总的来说，工资率 W 的上升会引起厂商减少所雇用的劳动力数量，厂商的利润最大化的产出水平也会有所下降。由生产规模的下降所导致的对要素(劳动力、资本)需求的减少就是典型的"规模效应"。工资率 W 的上升还会促使厂商用资本来替代劳动力，从而使得它能够继续以最低成本的方式来进行生产。生产过程中资本与劳动力组合的改变是一种典型的"替代效应"。工资率上升的规模效应和替代效应对于厂商总体资本存量的影响效果是不太确定的，但是这两种效应对于劳动力需求的影响效果是确定无疑的，那就将导致劳动力需求的减少。所以，在长期中，厂商的劳动力需求曲线是工资率的负斜率函数。

进一步地，我们来分析长期劳动力需求曲线与短期劳动力需求曲线之间的联系。如图 3-2 所示，长期劳动力需求曲线 D_L 与多个短期劳动力需求曲线 D_{S_1}、D_{S_2}、D_{S_3} 等相交。且长期劳动力需求曲线比较平坦，而短期劳动力需求曲线则较为陡峭，也就是说，长期劳动力需求曲线具有相对较大的弹性。这是两者之间重要的区别。接下来，当劳动力价格发生变化时，企业的长期劳动力需求曲线与短期劳动力需求曲线之间的关系是怎样的？

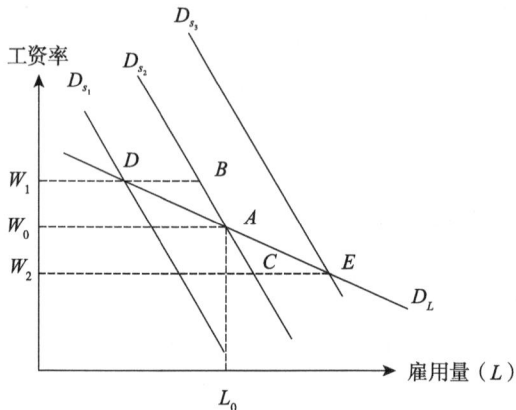

图 3-2　长期劳动力需求曲线与短期劳动力需求曲线

在图 3-2 中，假定 A 点的工资率是 W_0，在产品价格和资本价格既定的情况下，企业雇佣的劳动力数量是 L_0，此时企业处于利润最大化状态。A 点既是长期劳动力需求曲线 D_L 上的点，也是短期劳动力需求曲线 D_{S_2} 上的点。当工资率从 W_0 上升到 W_1 时，短期内企业将从短期劳动力需求曲线 D_{S_2} 上的 A 点调整到 B 点，此时企业无法调整资本存量而只能改变劳动力投入量；长期内企业将会从短期劳动力需求曲线 D_{S_2} 上的 B 点移动到 D_{S_1} 上的 D 点，原因是企业有充足的时间调整其资本存量来替代劳动。同样，当工资率从 W_0 下降到 W_2 时，短期内企业将从短期劳动力需求曲线 D_{S_2} 上的 A 点调整到 C 点，此时企业将因扩大产量而增加劳动力的投入量；长期内企业将会从短期劳动力需求曲线 D_{S_2} 上的 C 点移动到 D_{S_3} 上的 E 点，原因是企业有足够的时间调整其资本存量，用劳动要素来替代资本投入。以上两种情况下，一旦企业调整完毕，就再次处于新的短期劳动力需求曲线上。

应该注意的是，工资率变动对劳动力需求的长期调整幅度要大于短期调整。换句话说，企业的长期劳动力需求曲线总是要比作为其基础的短期劳动力需求曲线更为平坦。

第三节 不完全竞争条件下的劳动力需求

不完全竞争包括垄断、寡头和垄断竞争三种情况，为了简单起见，本节只考察垄断市场结构下企业的劳动力需求问题。根据表 3-1，企业不完全竞争条件下的劳动力需求一共分为三种：第一，产品市场上的垄断者，劳动力市场上的完全竞争者；第二，产品市场上的完全竞争者，劳动力市场上的垄断者；第三，厂商在产品市场和劳动力市场均拥有垄断力量。本节重点分析前两种，因为第三种是前两种的简单"综合"，可以由前两种情况推导出来。

一、产品市场垄断时的劳动力需求

首先分析厂商在劳动力市场上是个竞争者，而在产品市场上拥有垄断力量的情况。因为厂商是产品市场上的垄断者，所以它所面临的产品需求曲线就是向下倾斜的市场需求曲线，那么随着雇用量的增加进而产出规模扩大，它的产品价格必然下降。这时，它从所生产出来的最后一个单位产品中所获得的边际收益不再等于产品的价格(P)了。由于降低以后的价格不仅适用于最后一个单位的产品，而且适用于厂商所销售的所有产品，因此厂商的边际收益将低于产品价格。微观经济学中关于垄断厂商边际收益的公式(3-12)有助于我们理解上述说法。

$$MR = P \times (1 - \frac{1}{|e|}) \tag{3-12}$$

厂商在劳动力市场上是一个完全竞争者，这意味着它对工资率并没有控制力量，而只能接受劳动力市场上现行的工资率。在这种情况下，追求利润最大化的厂商必然将它的雇佣水平维持在劳动力的边际收益产品等于工资率的这一点上。

$$MRP_L = MR \times MP_L = ME_L = W \tag{3-13}$$

将等式(3-13)的两边同时除以产品价格 P，则可以得到

$$\frac{MR}{P} \times MP_L = \frac{W}{P} \tag{3-14}$$

由于劳动者的边际收益总是低于其产品价格，所以等式(3-14)中的系数(MP/P)总是小于 1 的。因此与所有其他条件相同但是在产品市场处于完全竞争地位的厂商相比，在产品市场上具有垄断地位厂商的劳动力需求曲线就会位于前者的左下方，如图 3-3 所示。换句话说，在其他条件相同的情况下，垄断条件下的雇佣水平要比完全竞争条件下的雇佣水平低，就像垄断条件下的产出水平低于完全竞争情况下的产出水平一样。

因此，即使产品市场上的垄断者与完全竞争者的雇佣水平不同，但是垄断者支付的工资率水平却往往和完全竞争者相同。一个在产品市场具有垄断力量的雇主在某一劳动力市场上却可能仅仅是很小的一个部分，从而在劳动力市场上仍然是一个

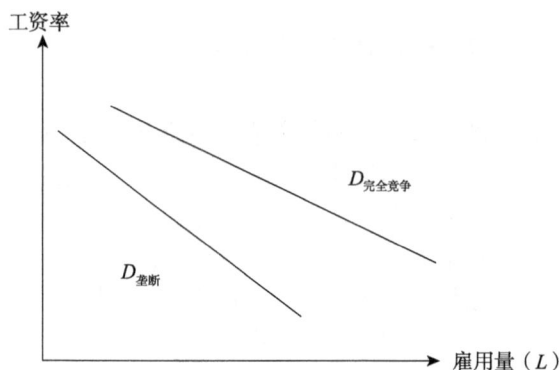

图 3-3 垄断与完全竞争条件下企业的劳动力需求曲线

价格的接受者。例如，某个城市的公交公司可能在当地是提供公共交通服务的垄断者，但是它在雇用司机的时候却必须与整个城市中所有的雇主进行竞争，如果它提供的工资率低于其他企业，那么该公交公司就很有可能雇用不到司机。

二、劳动力市场垄断时的劳动力需求

当在某个特定的劳动力市场中只存在一个劳动力购买者的时候，这个厂商就是劳动力市场上的垄断者，或者被称为买方独家垄断者。由于该厂商是这一劳动力市场上的唯一的需求者，因此它可以影响工资率。与作为工资接受者和面临水平的劳动力供给曲线的完全竞争厂商不同，劳动力市场上的垄断者面对的是市场供给曲线，为了增加劳动力的雇用量，买方独家垄断厂商必须提高工资率，因为只有这样才能从其他劳动力市场上吸引来劳动力。

因为劳动力市场上的垄断者面临的劳动力供给曲线是向上倾斜的，因此对于他们来说：雇佣劳动力的边际费用将超过工资。例如，一个完全竞争厂商目前已经雇用了 9 个工人，劳动力市场上的工资率是每天 40 元，如果该厂商雇用第 10 个工人的话，只要为之支付市场工资率即可。也就是说，雇用第 10 个工人的边际费用就是 40 元。但是如果该厂商是劳动力市场上的垄断者，情况就会有所不同，因为此时厂商是劳动力市场上唯一的雇主，面临的劳动力供给曲线是向上倾斜的，所以雇用第 10 个工人就要支付比 40 元更高的工资率(如 45 元)，关键在于厂商不仅要为第 10 个工人支付 45 元的工资率，而且也要为以前雇用的 9 个工人支付 45 元的工资率，所以雇用第 10 个工人的边际费用就是 90 元($ME_L=45+5\times9$)，显然这远远超过了每天 45 元的工资率。

可以对以上分析进行简单的数学推导。

假设厂商所支付的劳动力总成本为 E，则

$$E=Q\times W=Q\times f(Q) \tag{3-15}$$

其中，Q 为厂商的雇用量，因为厂商所面临的是市场供给曲线，所以其支付的工资水平就是雇用量的增函数，那么对等式(3-15)两边取 Q 的偏导数，就得到

$$\frac{\partial E}{\partial Q} = \mathrm{ME}_L = f(Q) + Q \cdot f'(Q) \tag{3-16}$$

等式(3-16)直观地说明了，此时劳动力的边际费用由两个部分构成：一部分是新增劳动力的工资率 $f(Q)$；另一部分则是工资率的上升所导致的对以往雇佣工人的支付增加。

总之，雇佣劳动力的边际费用超过工资率将会影响到买方独家垄断企业的劳动力市场行为。根据前面内容的学习，任何要实现利润最大化的厂商，都必须满足以下原则：

$$\mathrm{MRP}_L = \mathrm{ME}_L \tag{3-17}$$

买方独家垄断厂商的利润最大化原则可以用图 3-4 来表示。该厂商首先拥有一个正常的边际收益产品曲线（MRP_L 曲线），但是它的劳动力供给曲线却是向右上方倾斜，即买方独家垄断企业雇佣劳动力的边际费用（ME_L）要高于工资率；因此 ME_L 曲线是位于劳动力供给曲线上方的。随着边际费用的上升，厂商利润最大化的雇佣水平也就在 MRP_L 曲线和 ME_L 曲线的交点处（X 点）被确定下来了。这样，买方独家垄断厂商所愿意雇用的劳动力数量为 E_M。为了吸引 E_M 名工人到企业来工作就必须支付 W_M 的工资。所以，对于一个利润最大化的劳动力市场垄断者来说，MRP_L 是高于而不是等于工资率的。

如果图 3-4 中所描绘的市场是完全竞争的，在这一市场上每个厂商雇佣劳动力的边际收益产品都等于工资率，因此每个厂商的边际收益产品曲线也就是他们的劳动力需求曲线。在这种情况下，均衡的工资率为 W_c，而均衡的雇用量将为 E_c。显然，在买方独家垄断的劳动力市场上，工资率和雇用量都低于 W_c 和 E_c。

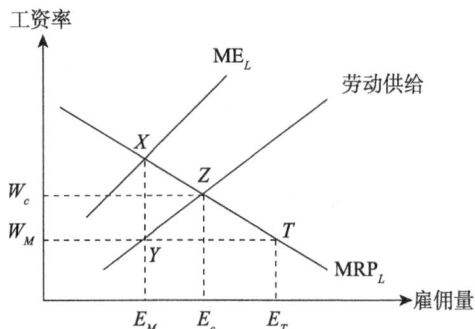

图 3-4 买方独家垄断的劳动力需求

在现实生活中，纯粹买方独家垄断的劳动力市场的例子是很难找到的。在一些偏远的城镇，如果当地仅有一两个企业的话，那么这一两个企业可能在当地的劳动力市场上就拥有很强的垄断力量。但是随着交通的发展以及劳动力的流动性逐渐增强，出现这种情况的可能性越来越小。有些经济学家认为，国外的某些特殊劳动力市场，如美国的护士市场，尤其是小城镇的注册护士市场，就部分地具有买方独家垄断的性质，因为大部分注册护士都在医院工作，而在许多小城镇中往往只有一家医院。

第四节　劳动力需求弹性

我们知道，当工资率发生变化时，劳动力的需求量会发生变化，如工资率的上升会导致劳动力需求量下降。但是，这样的分析仅仅是从定性的角度，本节将从定量的角度，分析工资率的变化到底会引起劳动力需求量发生多大的变化。

经济学通常用弹性来表示因变量对自变量变化的反应程度。在本节中，我们首先考察弹性的一般含义；其次考察劳动力需求的工资弹性；最后讨论影响劳动力需求工资弹性的因素。

一、弹性的一般含义

弹性是经济学中的一个基本概念，是定量分析的一种常用方法。一般说来，只要两个经济变量之间存在着函数关系，就可以用弹性来表示因变量对自变量变化的反应的敏感程度。一般用自变量变化的百分比所引起的因变量变化的比例来表示。弹性的一般公式如下：

弹性系数＝因变量变化的百分比/自变量变化的百分比

假定两个经济变量之间存在函数关系 $Y=f(X)$，具体的弹性公式为

$$E=\frac{\Delta Y/Y}{\Delta X/X}=\frac{\Delta Y}{\Delta X} \cdot \frac{X}{Y} \tag{3-18}$$

其中，E 为弹性系数，ΔX 和 ΔY 分别为 X 和 Y 的变动量。

如果自变量的变化量趋向无穷小，即当 ΔX 趋向于零，ΔY 也趋向于零时，可以用微分形式来表示弹性：

$$E=\lim(\frac{\Delta Y}{\Delta X} \cdot \frac{X}{Y})=\frac{dY}{dX} \cdot \frac{X}{Y} \tag{3-19}$$

需要指出的是，弹性概念是一个比值，与自变量和因变量的度量单位无关。弹性的具体数值均在$-\infty \sim +\infty$。具体来说，如果某经济变量的需求弹性 E_d 的绝对值在 $0\sim1$，说明因变量变化的百分比小于自变量变化的百分比，这样的需求曲线就缺乏弹性；如 E_d 的绝对值在 $1\sim+\infty$，需求曲线就富有弹性，因为这时因变量变化的百分比大于自变量变化的百分比；如果因变量变化的百分比等于

自变量变化的百分比，即 E_d 的绝对值等于 1，需求曲线就具有单位弹性；而如果 $E_d=0$，则说明因变量和自变量之间不存在什么函数关系，即缺乏弹性。

二、劳动力需求的工资弹性

劳动力需求的工资弹性是指当工资率变化时所引起的劳动力需求变化程度，即

$$E_d = -\frac{\Delta L/L}{\Delta W/W} = -\frac{\Delta L}{\Delta W} \cdot \frac{W}{L} \qquad (3\text{-}20)$$

其中，E_d 为劳动力需求的工资弹性，ΔL 和 ΔW 分别为劳动力需求量 L 和工资率 W 的变动量。由于劳动力需求曲线是一条向右下方倾斜的曲线，因此劳动力需求的数量和工资率的变动方向相反，即工资率上升，劳动力需求的数量下降，故劳动力需求的工资弹性为负，有时为了表达上的方便，在其前面加上一个负号，将其转换为正值。

因为劳动力需求弹性本身是一个经验问题，目前有些研究估计了技能水平相近的同质劳动力的需求弹性。正如本章第一节曾经分析过的，雇主因工资率变化而产生的对劳动力需求的反映程度可以分为两类效应，即规模效应和替代效应。这两类效应都会导致劳动力需求随工资率的变化而变化，所以经济学家们分别估计了这两类效应的弹性，并用两者之和计算劳动力需求的工资弹性，如表 3-2 所示。

表 3-2　劳动力需求的工资弹性

项目	估计的弹性
短期规模效应（英国制造业）	-0.53
替代效应	-0.45（平均值） $-0.15 \sim -0.75$（变化范围）
总体劳动力需求弹性	
英国的工厂：1984 年	-0.93
英国的煤矿业：1950～1980 年	$-1.0 \sim -1.4$

资料来源：Hamermesh D S. Labor Demand. Princeton university press，1993：94～104.

规模效应的弹性是指在资本投入不变的情况下，工资率变化一个百分点而引起的就业量变化的百分比，即没有替代效应情况下的就业量对工资率变化的反应程度。根据这一定义，因为资本存量在短期内不会发生变化，短期的劳动力需求弹性就是规模效应所导致的弹性。根据劳动经济学家对英国制造业企业的研究，短期内劳动力需求的工资弹性是-0.53。因此从制造业来看，短期劳动力需求的工资弹性很小。

替代效应的弹性是指在产出不变的情况下，工资率变化一个百分点而引起的就业量变化的百分比。这是衡量在产出不变的条件下，雇主对工资变化的反应程

度。因为替代效应容易测算，所以相关的研究很多。表 3-2 中对于替代效应弹性的研究表明，平均估计的弹性是 -0.45，多数估计值处于 $-0.15\sim-0.75$。

由于短期内规模效应和替代效应的劳动力需求弹性都接近 -0.5。所以长期劳动力需求的工资弹性就应该接近于 -1，即单位弹性。表 3-2 显示，针对英国几个行业工厂的研究表明，劳动力需求的工资弹性为 -0.93，而针对英国煤矿业的研究表明，劳动力需求的工资弹性在 $-1.0\sim-1.4$。因此，这些测算说明，如果所面临的工资率上升 10%，在其他条件不变的情况下，从长期来看，企业的雇用量将会减少 10%。

三、希克斯-马歇尔派生需求定理

希克斯-马歇尔定理归纳了影响劳动力需求的工资弹性的因素。这一定理认为，在保持其他条件不变的情况下，下列情况将使得劳动力需求曲线具有很高的工资弹性。

第一，劳动投入与其他生产要素之间的可替代性越大，则劳动力需求的工资弹性越高；

第二，对利用劳动要素所生产的最终产品的需求弹性越大，则用来生产这种产品的劳动力需求弹性越大；

第三，其他生产要素的供给弹性越大，则对这一特定要素的劳动力需求弹性也越大；

第四，劳动成本占总生产成本的比重越大，则劳动力需求的工资弹性越大。

从实证研究的角度来看，上述定理一般是正确的，其中前三条总是成立的，但最后一条在某些情况下可能不成立。

与本节第二部分的分析一样，这里仍然从规模效应与替代效应的角度对以上四种情况进行讨论。

1. 生产要素之间的替代弹性

希克斯-马歇尔第一定理指出，在其他条件相同的情况下，生产要素之间的替代性越强，则劳动力需求的工资弹性越高。当工资率上升时，企业倾向于使用相对便宜的生产要素(如资本)来替代劳动。很显然，如果生产要素之间的替代性很强，则劳动被其他要素替代的程度越高，因此劳动力需求的工资弹性将会很高。

应该注意的是，对要素之间替代性的制约不仅仅来自于技术层面，还存在一些制度性的制约因素，这些因素可能使得企业无法进行生产要素之间的替代。例如，在西方国家的劳资协议中，工会有时会强加一些特殊的保护条款来限制资本对劳动的替代。又如，政府可能会出于一些安全的考虑对某些工作规定最低的雇用量或最高的雇用量。美国纽约州就规定每个公共游泳池必须保持时刻有一名救护人员，因此就提高了对救护人员的劳动力需求。此外，还有些在短期内不可行的替代行为在长期内却是可行的。因为企业在长期内一般可以灵活地调整资本存量。例如，当游泳池救护人员的工资率上升时，城市中的游泳池数量可能会减少，同时扩大单个游泳池的规模。但是，这种调整只能在长期中发生，这也就使得长期的劳动力需求比短期更有弹性。

2. 最终产品的需求价格弹性

希克斯-马歇尔第二定理指出，如果最终产品的需求价格弹性越大，那么用来生产这种产品的劳动力需求弹性也就越大。这一定理直接来源于这样的事实：劳动力需求是一种派生需求，因此在其他条件不变的情况下，雇用量直接取决于产品生产上所需要的产出量。因此，第二定理就同规模效应而不是替代效应联系在一起。当工资率下降时，产品的成本和价格也就随之下降，从而导致产品市场的需求增加。如果该产品的需求曲线富有弹性，那么在其他条件相同的情况下，则产品价格下降所引起的总需求的上升幅度就越大。如果该产品的需求完全没有弹性，那么工资率的下降只会通过替代效应导致全行业劳动力需求的增加，此时规模效应为零。因此，某种产品的需求越富有弹性，在其他条件相同的情况下，价格的任何一点下降都将使市场提供更多的额外产品。在这种情况下，总体来说存在一个较大的产量增长效应并使劳动力需求大量地上升。应该注意的是，产品需求的价格弹性在长期往往比在短期更大，从而劳动力需求的工资弹性也是如此。这是因为，在长期中，产品市场的需求价格弹性更高。在短期中，某种产品或者没有很好的替代品，或者消费者只使用已有的耐用消费品。但是，经过一段时间的调整以后，新的替代品将会被生产出来，消费者也开始更新已经磨损的耐用消费品。

3. 其他生产要素的供给价格弹性

希克斯-马歇尔第三定理指出，如果与某一特定要素协同生产的其他生产要素的供给越有弹性，那么对这一特定要素的需求也就越富有弹性。假定劳动和资本两种要素是替代品，那么在其他情况相同的条件下，工资率的下降将会使企业在生产过程中倾向于利用劳动替代资本。假定忽略产出的规模效应，替代效应最终将会减少对资本的需求。如果行业的资本供给曲线非常富有弹性，那么资本的价格将大致保持不变，我们就可以充分观察到替代效应。然而，如果资本的供给曲线是缺乏弹性的，相同的替代弹性就会导致资本价格相对较大地下降，并且等成本曲线的斜率的变化也不会太大。这一观点同样适用于存在产量扩张的规模效应的情况。任何由工资率的下降所引起的劳动对资本的替代，都或多或少地被由产量扩张所引起的资本增加效应所抵消。如果劳动对资本的替代导致资本价格产生较大的下降，这将强化产量扩张的规模效应，并且其净效应是使得劳动力需求更加富有弹性。

4. 生产成本中劳动要素的份额

希克斯-马歇尔第四需求定理关系到劳动要素在总成本中所占的份额。如果总成本中劳动成本所占的比例越高,那么劳动力需求的工资弹性就越大。这一定理受到人们广泛的接受是因为它同产品需求的价格弹性的相关观点十分相似,而产品需求的价格弹性的相关理论认为,消费者收入中用于某种产品支出的比例越小,则消费者对这种产品的需求就越缺乏弹性。例如,劳动成本占某种产品总成本的比例最初是 20%,在其他条件不变时,如果工资率上升 10%,总成本将增加 2%。如果最初的比例不是 20%,而是 80%,那么当工资率同样上升 10% 时,总成本将增加 8%。而在后一种情况下,企业被迫将更多地提高产品价格,所以产量和劳动力需求量下降的幅度将更大。因此,劳动力需求的工资弹性与劳动成本在总成本中所占比例的关系很大。

然而,马歇尔当初提出这一观点时,没有注意到这一定理在某些条件下是不成立的。希克斯后来通过一个更加复杂的公式,证明这一命题的有效性取决于该产品需求价格弹性的范围以及各种投入之间的替代弹性。当产品的需求弹性大于各种投入之间的替代弹性时,这一命题是正确的;但如果产品的需求弹性小于各种投入之间的替代弹性,这一命题就不正确。

第五节　劳动力需求理论在政策上的运用

劳动力需求理论在实际经济生活中有着较为广泛的政策运用,其中在分析最低工资制度的就业效应方面的应用较为成功,且理论发展也较为成熟。因此本节将通过最低工资制度的经济学分析来探讨劳动力需求理论的政策运用。

最低工资制度是国际上普遍采用的一种劳动力市场规制政策,于 1894 年起源于新西兰。它对劳动者在法定工作时间或依法签订的劳动合同约定的工作时间内提供了正常劳动的前提下,用人单位所必须支付的最低劳动报酬进行了强制性的规定。其目的在于为了维护劳动者取得劳动报酬的合法权益,保障劳动者个人及其家庭成员的基本生活。

从经济学理论上说,根据传统的劳动经济学供求模型分析,把工资增加到均衡水平之上就会导致低就业。虽然较高的工资有可能提高生产率,减少旷工和跳槽的情况发生,但如果政府通过最低工资立法而强迫企业提高工资,那么生产率的提高也可能大部分被工资增长的部分所抵消。

在存在不完全信息的劳动力市场上,最低工资可能会增加就业。由于不完全的流动性,企业面对的是一条向上倾斜的劳动力供给曲线。实施最低工资制意味着增加企业的劳动力成本,这就阻碍了企业增加雇佣员工。近年来劳动经济学中许多统计研究表明,最低工资对就业所产生的影响即使是积极的,也必然是微乎其微的。

在经济学界也有一些不同的见解，比如说美国斯坦福大学的加文·莱特（Gavin Wright）教授从经济史的角度指出，最低工资在美国南方的经济转变过程中发挥了极其重要的作用。最低工资法促使南方进行了许多变革，使不少就业者从低收入行业转移到支付高工资的新兴行业上来。另外，有人认为提高最低工资的一个优点是，通过扩大低收入者的实际收益以及就业者之间的工资差别，加强了对工作努力程度的促进和激励。此外，有效的最低工资也可能提高生产率，使劳动力需求曲线右移，从而抵消最低工资可能导致的任何失业。

目前关于最低工资对就业的影响，在经济学家中间尚未取得一致性的看法，在过去的几十年里，有数百项劳动经济学的实证研究成果既没有从理论上支持最低工资制度，但也不足以从理论上完全推翻这一政策措施。在此期间内，研究方法的微小变化往往都会对研究成果产生重大影响，其中经典案例之一就是对青少年就业效应的分析（一般而论，青少年是低工资群体，最有可能受最低工资制度的影响）。

这些分析在控制了每一年份中影响青少年就业的其他变量的条件下（如可能影响青少年就业的成人失业率），来估计青少年就业如何随着实际最低工资水平变化而变化。美国经济学家曾使用1949～1994年的资料进行分析，发现最低工资对16～17岁青少年的就业率（该年龄组中的就业人数除以同一年龄组中的人口）没有影响。但是利用相同的程序分析了1954～1993年资料，结果其就业效应是负的。

另外一项研究估测了青少年就业率与总就业率之间的关系，研究结果与假设相一致，即在其他因素不变的条件下，最低工资的上升将会减少青少年的就业机会，并且强制性工资增长的幅度越大，就业降低的幅度也就越大。那么在什么条件下，最低工资制具有就业正效应呢？西方发达市场经济国家中的多项研究表明，在就业无弹性（即无论工资如何变化，对就业量都不产生影响）的情况下，最低工资的提高将有助于增加低工资工人总体的工资报酬。

那么最低工资立法是战胜或减少贫穷的有效武器吗？迄今为止的多数研究表明，这取决于有多少人受益于最低工资所带来的实际收益，并且这些人中间有多少是真正属于弱势群体的。根据美国20世纪90年代初的一项研究结果，最低工资提高所增加的工资报酬中，只有19％进入贫困家庭。因此，最低工资制经常是一种事与愿违的相当迟钝的"扶贫"工具。

这一制度在国外已经有100多年的历史，但在中国还处于起步阶段。我国《劳动法》中明确规定："国家实行最低工资保障制度。用人单位支付劳动者的工资不得低于当地最低工资标准。"我国的最低工资规定始于1993年，但直到2004年颁布新的《最低工资规定》以后，全国各省、市、自治区的最低工资制度才逐步走向规范化。

近年来，我国政府越来越重视改善民生以及调节收入分配，最低工资制度作为保障低端劳动者收入水平的基本制度，也得到了越来越多的关注。《中共中央关于制定国民经济和社会发展第十二个五年规划的建议》明确指出，"逐步提高最低工资标准，保障职工工资正常增长和支付"。此外，随着经济发展以及劳动力供需形势的变化，近年来我国许多地区出现了以"民工荒"为主要表现形式的普通劳动力短缺问题。为了应对这样的局面，各地政府往往通过提高最低工资标准来保持在劳动力市场中的竞争力。

但是，我们也应当看到，最低工资制的出发点是为了保护处于弱势地位的就业者，他们是缺乏竞争优势的劳动力供给方和低端劳动力市场中的主要储备资源。实施最低工资制应当考虑到地区差距和发展阶段的差异，而不能一概而论地大面积推行。同时我们并没有充分的理论和事实依据表明最低工资制已经有效地改善了低收入劳动者的生活水准，因此我们必须谨慎对待这一效果尚不确定的政策措施，而不能先入为主地相信，实施最低工资制就一定能够改善弱势群体的实际生活状况，提高社会的整体福利水平。

本章小结

与产品的需求不同，劳动力需求是一种派生需求。企业对劳动力的需求取决于企业使用劳动要素的基本原则，即增加一个单位劳动雇佣所增加的边际费用与这一个单位劳动所带来的边际收益应该相等。

企业在不同的市场结构下对劳动力的需求是不同的，原因是不同市场结构下使用劳动力的边际费用和边际收益不同。在完全竞争条件下，企业对劳动力的需求曲线恰好与劳动的边际收益产品曲线相重合，并且短期的劳动力需求曲线较为陡峭，而长期劳动力需求曲线则相对平坦。在不完全竞争即存在产品市场和劳动力市场垄断的情况下，厂商的劳动力需求行为将会导致较低的工资率水平以及较低的就业量。

劳动力需求的工资弹性是指当工资率变化所引起的劳动力需求变化程度，希克斯-马歇尔定理说明了影响劳动力需求的工资弹性的因素。

劳动力需求理论在实际经济生活中有着较为广泛的政策运用。其中，在分析最低工资制度的就业效应方面的应用较为成功。

关键术语

劳动力需求；边际费用；边际收益产品；规模效应；替代效应

➤ 案例一

我国尚能消化大学生就业需求①

近年来，我国高校毕业生的数量不断创下新高，加之受到金融危机影响，就业形势严

---

① 资料来源：语言文字报，2009-02-17。

峻，就业难就成了很多高校毕业生必须面对的课题。教育部原新闻发言人王旭明近日表示："从我们国家对大学生的需求来说是能消化的。目前我们国家大学生不是多了，是远远不够。"

"不存在就业市场饱和的问题"

在谈到市场能否消化目前每年600万大学生的问题时，王旭明称："国家大学在1998年实现了一次扩招，在原来的基础上增了45％的比例来扩招了这样的规模。应该说从这几年的实践来看，这些人才是我们高速发展的经济所必需的一个支柱，不能缺少他们。"

"不存在就业市场饱和的问题"，王旭明分析说，"如果大学生把择业放在一定要从事所谓白领的工作，所谓很有头脸的工作，那可能就面临找不到工作了。现在大学生是大众化教育时代的大学生，至少有50％多的大学生是属于高等职业学校毕业的，专科层次的大学生应该是以技能为主的，包括就业，应该从事以技能为主的工作。如果大学生的价值观、生活理想就定位在这一辈子稳稳当当，有个几千块钱的收入，有个基本的生活保障就够了，那也就这样。改变这种状况，从两方面说，一方面有大学设置的专业需要改进和调整的问题；另外一方面，作为大学生，不是专门为了就业而去上的大学。"

王旭明先生称："一个理想的社会，一种非常完美的状态，大学生应该是这个社会里面创业的主体，而不应该是就业的主体。大学生就业难难倒全世界，是个世界性的难题。现在发达国家大学生也没有完全成为主体，所以大学生就业难才成为世界性的难题。未来社会发展的趋势，作为受过高等教育的大学生应该成为这个社会创业创新的主体，而不是满足于几千块钱，平、安、稳的生活的主体。"

王旭明进一步表示："中国的政府是责任政府，考虑到目前的现实情况，全力采取措施来解决大学生就业的问题。大学生应该是社会的顶梁柱，应该是帮助政府解决就业问题的一支主要力量。"

"完善自身度过就业寒冬"

面对内外夹击下的就业寒冬，面对部分大学生不愿意到中小企业去谋职的现状，王旭明鼓励大学生克服"怕降格"心理，勇敢地做一次"智慧的选择"，而"适合自己的就是好工作"。"就业形势严峻，将加速大学生就业观念的一种转变。应该看到，任何一个社会都不是一个完美的社会，在不断地追求完美的社会，在存在这样或那样弊端的时候，作为大学生自身，除了呼吁，除了帮助，除了期待社会去调整、去完善之外，作为自身，我觉得是完善自己。少怨言，多充实自己，降低标准。简单地说，先择业，再就业，最后实现创业。"

王旭明称，对于就业问题的考虑在未来要"关口前移"。他解析说"就是由出口考虑就业问题变为入口就考虑就业问题，就是大学生在入大学，在进大学门的时候选择专业，包括选择学校，甚至选择老师等，可能都要和就业紧紧挂钩。在就学的四年期间，要根据自己的情况和就业紧密相结合。所以这里面有两方面因素特别要说，一方面，作为学校设置专业的时候，所谓那些长线专业，就是市场不欢迎的专业应该尽可能地调整。另外一方面，作为学生主体，自己要及时地调整，在学某些专业的时候，要把学和习结合起来，要把学和术结合起来。"

➤ 案例二

摩托罗拉南京裁员　500 员工拒签离职书①

2012 年 8 月 23 日消息，在摩托罗拉移动南京研发中心公布离职员工补偿方案后，大多员工没有签署，原因是认为南京和北京不同，员工认为补偿应该大于北京，且要关闭整个南京软件园并没有合适的理由。

8 月 13 日，摩托罗拉移动向雇员宣布，将在全球裁员 4 000 人，约占其职员总数的 20%，有 1/3 来自美国，并关闭全球 94 个分支部门中的 1/3。值得一提的是，作为全球最大的智能手机市场中国区也未能幸免。在 13 日全球宣布裁员之后，摩托罗拉移动中国区的裁员便悄然开始。

14 日上午 9 点，北京公司人事部门陆续与多个部门涉及被裁的员工进行了面对面的沟通，包括软、硬件研发部门，IT 运维部门，产品供应链部门以及云服务部门等，而这些部门人员大多都是从事相关研发工作。当天，腾讯科技第一时间独家曝光了中国区的裁员情况：中国区整体裁员人数约占全球总裁员人数的 1/4，超过 1 000 人，研发部门成为重灾区。

也在当天，摩托罗拉移动与其南京研发中心的工会(ESC)进行了沟通，说明了此次机构重组和人员裁减的背景情况以及员工安置和经济补偿方案。根据 ESC 委员反馈的意见，8 月 20 日，摩托罗拉移动中国区管理团队的代表和工会委员再一次进行了两小时的沟通协商，通报了公司根据员工反馈做出的政策调整，并于当日下午与由员工们推选出来的另外 13 位员工代表见面，详细听取了员工的意见，对此次裁员的背景情况和经济补偿方案做出了详细说明。

补偿条件主要包括："N+2"的工资补偿正常发放，补充公积金按月累计发放，年假按 300% 的小时工资数计算，MIP(摩托罗拉移动激励计划)奖金在完成 2012 年目标的情况下发放，2011 年与 2012 年的股票期权在有效期内可行权。

但就腾讯科技了解到的是，员工对于和北京一样的补偿方案并不满意。主要是因为北京和南京区域市场和人力成本问题。首先，相对于北京，南京市场较小，成本也很低，员工再换合适的工作难度较大，补偿力度也应该大一些；其次，要关闭南京软件中心，正在进行的项目将要转移到北京、上海，这让很多员工不明白缘何选择高成本的区域。

据了解，南京研发中心的员工有 500 多人，业务包括技术支撑、测试、产品。目前，北京公司的裁员工作已有 90% 的员工选择了离职，并且已经有部分人离开了公司，寻找其他就业机会，而摩托罗拉移动方面则允许被裁员工可以在公司一直待到 9 月 20 日。

复习思考题

1. 什么是派生需求？请举一例说明。
2. 试比较劳动力需求在短期和长期有何不同？
3. 影响劳动力需求的因素有哪些？
4. 什么是希克斯-马歇尔派生需求定理？
5. 你赞成在劳动力市场上实行最低工资制度吗？请运用所学知识进行分析。

---

① 资料来源：http://www.enet.com.cn/article，2012-08-23。

第四章

劳动力供给

劳动力供给的研究主要是围绕着劳动者(雇员)的行为展开的,即分析和讨论劳动力供给行为的各个方面。本章首先介绍一些有关劳动力参与率和工作时间的基本情况。其次从个体角度出发研究劳动者如何做出自己的工作决策:是否参与工作?工作多长时间?这一部分是劳动力供给理论中的经典内容。第三节分析家庭劳动力供给决策,这也是近几十年来劳动力供给理论的前沿与热点。最后是有关劳动力供给理论的应用。

第一节 劳动力供给行为的变迁与影响因素

在劳动经济学中,劳动力供给被定义为劳动者提供的劳动数量和质量。关于劳动力供给的质量将在第五章人力资本投资中进行详细讨论,本章主要分析劳动力供给的数量问题,即分析在一定时期内某一经济体中的劳动者为市场提供的劳动时间的数量。根据定义,一个经济体中的劳动力供给量可以用以下公式来表示:

$$劳动总时数 = 总人口 \times 劳动力率 \times 劳动力参与率 \times 劳动时间 \qquad (4-1)$$

正常情况下,总人口和劳动力率均属于人口学因素,一般比较稳定,不会出现较大的变动。因此在等式(4-1)中,真正对劳动力供给产生重要影响的变量是劳动力参与率和劳动时间。因此本节主要介绍近一个世纪以来,劳动力参与率和劳动时间的变化趋势及其影响因素。

一、劳动力参与率和工作时间的变迁

根据定义,当一个人积极地寻找工作时才能被看做劳动力。如第二章所述,

劳动力参与率是指就业人口和正在寻找工作的失业人口占劳动力人口的比例。因此，劳动力参与率是衡量一个经济体中愿意从事市场工作并取得劳动报酬的人口的一个重要统计指标。

近一个世纪以来，劳动力市场上最明显的变化是大量的妇女参与市场工作，因而所导致的妇女劳动力参与率的大幅度上升，表 4-1 显示了近几十年来西方市场经济国家中的这种变化。显然，1999 年西方国家女性的劳动力参与率一般都已经达到 75％以上，而且比 20 世纪 60 年代平均高出 30 个百分点，就算在德国、日本等由于传统的历史文化因素导致女性劳动力参与率较低的国家，也出现了近20 个百分点的上升。

表 4-1　一些国家妇女的劳动力参与率(单位：％)

年份 国家	1965	1973	1983	1999
加拿大	33.9	44	65.1	78.2
法国	42.8	54.1	67	78.4
德国	46.1	50.5	58.3	75.7
日本	—	53	59.5	66.4
瑞典	56	68.9	87	85.7
美国	45.1	52	67.1	76.8

资料来源：伊兰伯格 R G，史密斯 R S. 现代劳动经济学. 潘功胜，刘昕译. 北京：中国人民大学出版社，2007

一般认为，出现以上现象的原因主要有两个方面：一是第二次世界大战以来，全世界妇女解放运动风起云涌，争取女性平等的就业权利与就业机会显然是提高妇女地位的最基本要素；二是随着社会经济的发展和人类文明进步程度的提高，妇女的受教育程度也在不断提高，这就直接导致了女性参与市场工作的能力的增强，也从客观上提高了妇女的劳动力参与率。

劳动力参与率变动的第二个主要特点是男性劳动力的参与率一直在下降(表 4-2)，特别是青少年和老年人口数量的下降更为明显。实际上，下降幅度最大的是 65 岁以上的老年人口群体：从 1900 年的 68.3％下降到 1999 年的16.9％。青少年劳动力参与率的下降主要是因为现代经济增长对劳动力的素质提出了更高的要求，同时由于教育尤其是高等教育的发展使得青少年花费更多的时间留在学校中接受教育；而老年人参与率下降的主要原因则是因为随着社会的进步，社会保障制度尤其是养老保险制度为老年人的晚年生活提供了更加全面有力的保障。另外，45～64 岁年龄段的男性劳动力参与率在近 100 年来也出现了较大幅度的下降，但是 25～44 岁所谓"黄金年龄"的男性劳动力参与率的下降幅度很小。总体来说，与 20 世纪初相比，现在男性开始工作较晚，但是退休却较早。

表 4-2　男性的劳动力参与率（单位：%）

年代 \ 年龄段	16~19 岁	20~24 岁	25~44 岁	45~64 岁	65 岁以上
1900	61.1	91.7	96.3	93.3	68.3
1920	52.6	90.9	97.1	93.8	60.1
1940	34.4	88	95	88.7	41.5
1960	38.1	86.1	95.2	89	30.6
1980	—	85.9	95.4	82.2	19.1
1994	—	85.5	93.9	80.6	17.2
1999	—	81.9	93.0	80.7	16.9

资料来源：伊兰伯格 R G，史密斯 R S. 现代劳动经济学. 潘功胜，刘昕译. 北京：中国人民大学出版社，2007

至于工作时间，近一个世纪以来，劳动者的工作时间也已经大幅度缩短。例如，在 20 世纪初，美国制造业的生产工人在经济繁荣时期，每周的工作时间是 55 个小时，而目前同样在经济繁荣时期，每周的工作时间却只有 38 个小时。每周工作时间的下降一般都发生在第二次世界大战以后，1948 年以后基本上没有发生什么变化。近年来，西欧的一些国家虽然在酝酿继续缩短工作时间，德国等国家已经开始尝试每周四天半工作制，但在目前还不是普遍现象，然而工作时间的缩短却是世界各国的发展趋势。

二、影响劳动力供给的因素

影响劳动力供给的因素很多，下面从人口学、经济发展和社会制度三个方面对此加以分析。

1. 人口学因素

人口因素对一个经济体劳动力供给的影响主要体现在人口总规模和人口自然结构两个方面。

在其他条件不变的情况下，一个经济体的人口总规模越大，则劳动力供给越充分。但是，人口规模的形成与改变不是在短期内可以实现的。较高的人口增长率会引起劳动力供给总量的增加，但是必须要经过一个较长的时间过程。这是因为，新出生的人口只有经过一定的时间才能达到劳动力年龄（在中国是 16 岁），成为真正意义上的劳动力。由于一个经济体中的人口规模对劳动力供给在短期内不会很快产生影响，因此存在所谓的"滞后效应"，换句话说，人口规模只在长期起作用。

人口的自然结构对劳动力供给的影响主要体现在三个方面：其一是人口的性别结构。男女的劳动力参与率往往不同，因此人口的性别结构将会间接影响到一个经济体中的劳动力供给。其二是人口的年龄结构。由于劳动力是根据年龄来划分的，甚至可以说，人口的年龄结构直接决定了等式(4-1)中的劳动力率，因此不同年龄结构的经济体中就会有不同的劳动力供给状况。其三是人口中民族结构的影响。由于民族传统以及劳动力市场歧视等各种原因，不同民族的劳动力供给状况往往有所不同。例如，根据著名经济学家弗里德曼的研究，美国中年黑人男子的劳动力参与率在 1948 年是 94.5%，而在 1976 年下降到 83.4%，与此相对应，同年龄组的白人男子的劳动力参与率仅从 1948 年的 95.9% 下降到 92.5%。又如，中国也是一个多民族国家，而中国的少数民族劳动力参与率也明显低于汉族的劳动力参与率[①]。

2. 经济发展因素

首先是劳动者的工作偏好对劳动力供给的影响。它通过劳动者对工作和闲暇的不同选择来影响劳动力供给。不同的劳动者对于工作取得的收入和闲暇休息之间的态度是不同的，这种不同的偏好将通过工资率变化所产生的收入效应与替代效应影响到劳动者的劳动力供给行为。本章第二节将对此做详细的分析。

其次是经济的周期性波动对劳动力供给的影响。在经济快速增长时，资本的投资需求增大，从而导致对劳动力的需求量增大，市场经济运行的结果将导致劳动力供给的增加。当经济处于萧条时期，资本的投资量减少，劳动的需求水平下降，市场运行的结果又会导致劳动力供给的减少。

3. 社会制度因素

对劳动力供给影响最为深远的社会制度就是经济体中的劳动制度。劳动制度一般都规定了劳动时间与休假期限，如工作周、工作小时数、节假日的安排等，这些安排对劳动力供给具有很大的影响。不同的国家由于社会传统和经济发展水平不同而具有不同的节假日安排，在美国等发达国家一般都有定期休假制度，这种制度规定工作时间达到一定年限，并符合相关要求的工人，除了正常休假以外，每隔五年还可以享受一次为期三个月的带薪休假。但是，大多数发展中国家，如中国的绝大多数企业都没有这样的相关的制度。

一个经济体的工资制度也是影响劳动力供给的重要制度性因素。不同的工资制度对于工作激励和工作效率的影响是不言而喻的。

总之，影响劳动力供给的因素是多方面的。当我们分析某一具体劳动者或者某一国家总的劳动力供给行为时，只有结合以上三个方面的因素加以综合分析，才能得到比较准确的结论。

■第二节　劳动时间的决定：个体视角

劳动力供给可以从不同的角度加以分析。传统的视角是以个人为分析单位，

---

①　曾湘泉. 劳动经济学. 上海：复旦大学出版社，2003：77。

即分析个体劳动者如何做出是否工作、如何确定工作时间等决策。而劳动力供给理论近几十年来的发展把研究视角拓展到家庭，重点研究家庭劳动力供给决策以及相关的家庭内部分工理论。本节及第三节分别讨论以上两个方面的内容。

本节主要利用一个简单模型来考察劳动者怎样决定工作时间，并推导个人劳动力供给曲线，并以此为基础推导市场的劳动力供给曲线。

一、工作与闲暇

一个劳动者的劳动力供给决策实际上就是对时间利用方式的选择。时间的利用一般有两种方式：一是用于闲暇活动；二是用于工作。工作又可以分为两类：一是在家庭中工作，如照看小孩、缝纫甚至是种植粮食等家庭生产；二是从事可以获取报酬的市场工作，并用从工作中获得的报酬用于购买食物、住房和家政服务等。

从事有报酬的市场工作和从事家庭工作均属于工作，家庭工作虽然不能直接取得货币报酬，但是劳动者自己从事家庭工作就意味着可以节省从市场上购买这些产品和服务的货币支出，所以在本节中我们暂时忽略市场工作和家庭工作之间的区别。

此外，如果说人们用于吃饭、睡觉以及其他维持基本生命活动的时间是由自然规律所决定的话，那么剩下的可以自由支配的时间就可以划分为工作和闲暇。而且时间一旦被用于闲暇就不能再被用于工作。在绝大多数劳动经济学分析中，经济学家们均假设一个劳动者每天用于吃饭、睡觉以及其他维持基本生命活动的时间是 8 个小时，因此可以自由支配的时间就是 16 个小时，劳动力供给理论就着眼于这 16 个小时如何分配为工作和闲暇。

二、劳动者的偏好

一般说来，某人对任何商品的需求主要由以下三个方面的因素决定，即商品的市场价格（或机会成本）、某人所拥有的财富水平、某人的偏好。显然，劳动者对于闲暇的需求同样是由以上三个方面的因素决定的。

偏好代表了消费者对某种商品相对于其他商品的心理愿望程度。偏好从性质上说属于主观的东西，受到许多与个人性格、经济地位甚至风俗习惯等因素的影响。虽然因人而异，但是经济学家们证明了人们在某个时间内对于他们所需求的商品和服务具有排序的能力，并尽可能地使用尽量少的商品去交换其他商品，这也就是微观经济学中的序数效用论。根据序数效用论，经济学中常用的描述效用的分析工具就是无差异曲线。

假定消费者必须在以下两种商品之间进行排序和选择：闲暇和工作。这两者都可以为消费者带来心理满足，即效用。其中，闲暇可以直接带来效用，而从工作中获得收入，进而收入可以通过购买商品和服务间接为消费者带来效用。由于两者都能使消费者获得效用满足，因而它们在某种程度上就可以相互替代。如果消费者放弃一部分收入，如缩短工作时间，那么闲暇时间的增加可以替代由于收入降低所导致的效用减少，从而保持原来的总效用水平不变。事实上，消费者常常有着不同的闲暇与工作(收入)组合，这些组合可以给他们带来相同的满足程度。将这些组合以图形的形式绘制出来，就得到了工作与闲暇之间的无差异曲线，如图 4-1 所示。

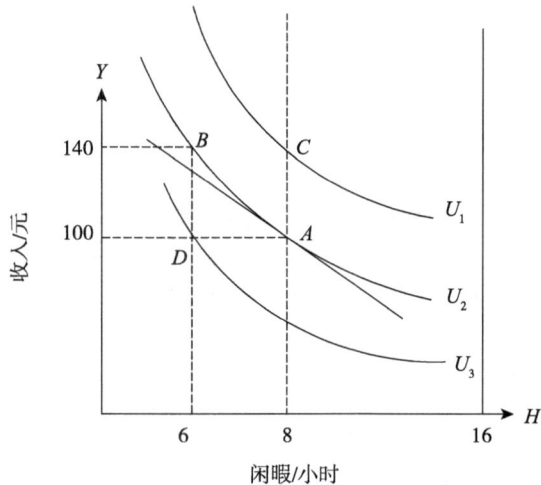

图 4-1 工作与闲暇的无差异曲线

图 4-1 中的横轴 H 表示闲暇时间，纵轴 Y 表示收入水平。假定劳动者每天能够用来工作和闲暇的时间总量共有 16 个小时，点 A 为某一闲暇和收入的组合点，则点 A 意味着该劳动者的闲暇和工作的组合是：工作 8 个小时获取 100 元的收入，同时有 8 个小时的闲暇时间。此时的效用水平为 U_2，而 C 点由于提供了更高的收入和闲暇，因此，将会导致更高的效用水平(U_1)，所以劳动者也更加偏好 C 点。

无差异曲线是指能够给劳动者带来相同满足程度或效用水平的所有闲暇和收入组合点的轨迹。图 4-1 中 U_1、U_2、U_3 就代表了三种不同的效用水平。无差异曲线的切线斜率反映的是闲暇和收入之间的边际替代率。它衡量的是劳动者愿意用一定收入交换一个单位闲暇的比例。而递减的边际替代率意味着劳动者愿意用递增的收入来交换等量的闲暇递减。反之则相反。闲暇与收入之间的边际替代率通常用下式表示：

$$\mathrm{MRS}_{\mathrm{HY}} = -\frac{\Delta Y}{\Delta H} \tag{4-2}$$

或

$$\lim MRS_{HY} = -\frac{dY}{dH} \qquad (4\text{-}3)$$

不同的消费者或劳动者之间的偏好是不同的，这些偏好上的差异一般来自三个方面。

第一，个人性格上的差异。如图 4-2 所示，劳动者 A 可能从个人天性上来看就是一个喜欢工作的人，不需要多少收入上的补偿就可以使他增加工作时间，而劳动者 B 可能是一个喜欢轻松悠闲的人，因此他更看重闲暇的价值。有时候，我们把 A 称为工作偏好型的劳动者，而把 B 称为闲暇偏好型的劳动者。

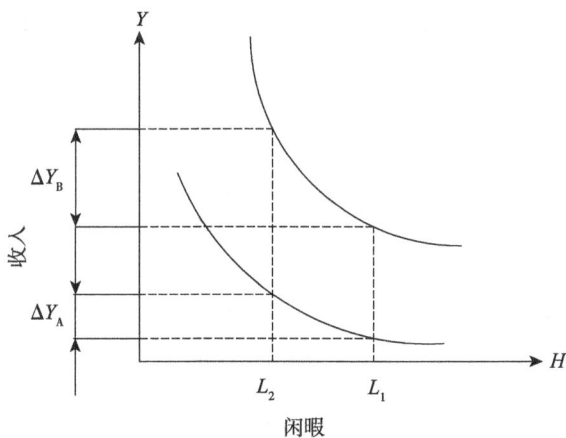

图 4-2　不同偏好的劳动者

第二，劳动者所从事的工作类型。无差异曲线的负斜率说明工作具有负的效用，也就是说，当某个人接受工作时，必须要给予其某种性质的补偿，即支付其一定的报酬。而与工作相联系的负效用的大小与该劳动者所从事的工作类型密切相关。同样以图 4-2 为例，对于劳动者 B 而言，他可能从事的是一项令人不太满意的工作，对于劳动者 A 而言，他从事的可能是一项令人愉快的工作。由于劳动者 B 从事等量劳动所获得负效用较大，因此在相等的时间内他希望获得更高的收入以对此进行补偿，这使得劳动者 B 的无差异曲线相对于 A 更加陡峭。

第三，闲暇的相对价值不同。如果劳动者 B 利用闲暇的价值大于劳动者 A，也会使得 B 的无差异曲线比 A 更加陡峭。

三、工资、收入与预算约束

在没有外在约束的情况下，消费者都希望获得数量无限多的商品和服务，从而争取达到位置无限高的无差异曲线。但是消费者对于商品和服务的需求不仅受到偏好的影响，也受到价格和收入水平等经济因素的制约，即消费者只能在自己的预算约束范围内追求最高的效用水平。因此，在考察闲暇需求时，不仅要考虑劳动者的偏好，而且要研究其预算约束和闲暇的价格(或机会成本)。

闲暇的成本通常是不明显的，因为它通常并不表现为直接的货币支出。例如在冬天，我们可以在草坪上晒1个小时的太阳而无需支付任何费用，但是如果从机会成本角度考虑，这1个小时的时间却存在着实质性的成本，因为晒1个小时的太阳意味着放弃了1个小时的工作，也就放弃了1个小时工作的收入。所以1个小时闲暇的机会成本就等于1个小时内的工资收入，即工资率。工资率越高，闲暇的机会成本或者说闲暇的价格也就越高。

工资率与工作时间的乘积就是工作收入。工资率、工作时间和总收入就构成了所谓的预算约束。它表明在既定的市场工资率水平下，单个劳动者所能提供的收入和工作时间的各种组合，如图 4-3 所示。

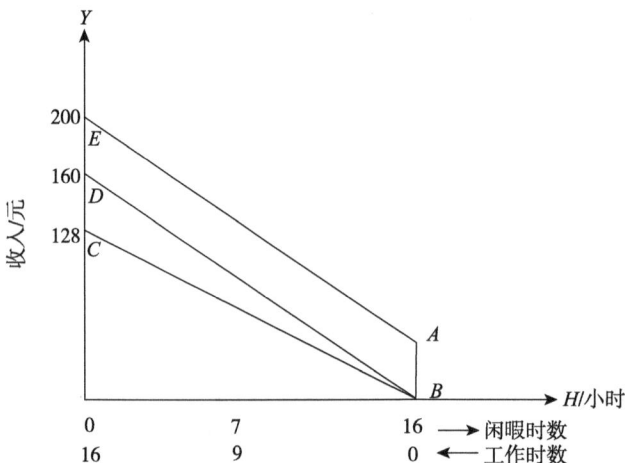

图 4-3　劳动者的预算约束线

在图 4-3 中，横轴 H 表示时间，纵轴 Y 表示收入。需要注意的是，这里横轴既代表闲暇时间又表示工作的时间，只不过两者的坐标原点不同，闲暇时间是从左到右标示，而工作时间是从右到左标示。因为两者之和是 16 小时，所以当闲暇时间为零时，工作时间就是 16 小时，如果闲暇时间是 7 小时，工作时间就是 9 小时($16-7=9$)。

在没有其他收入来源的情况下，如果劳动者的工作时间为零(闲暇为 16 个小时)，那么其总收入就是零，即图 4-3 中的 B 点。如果每小时工资率为 8 元人民币，劳动者每天工作 16 个小时，则总收入为 128 元人民币，即图 4-3 中的 C 点。而直线 BC 就代表了可能的收入和工作时间的各种组合，也就是所谓的预算约束线。

预算约束线有以下几个重要性质。

第一，预算线的斜率为负表明随着闲暇的增加收入会下降。

第二，预算线斜率的绝对值等于工资率。在图 4-3 中，*BC* 线斜率的绝对值为 8，即工资率为每小时 8 元。

第三，当工资率变化时，预算约束线也随之变化。当工资率上升时，预算线绕着 *B* 点向上旋转，将变得更加陡峭；当工资率下降时，预算线将绕着 *B* 点向下旋转，将变得更加平坦。

第四，非劳动收入的存在，将使得预算线向上平移。假定工资率是每小时 10 元人民币，在没有非劳动收入时，预算线为直线 *BD*，如果由于某种原因，劳动者每天可以额外获得 40 元的非劳动收入，则预算约束线由 *BD* 平移至 *AE*。这也就意味着，在任一工作时间上，劳动者所拥有的财富水平都将提高 40 元人民币。

四、均衡的工作时间

偏好、工资率和收入共同决定了劳动者的工作时间。在本节的第二部分，我们用无差异曲线描述了劳动者的偏好；在第三部分用预算约束线代表了工资率和收入水平。接下来我们将两者放入同一坐标系当中，以便研究劳动者均衡工作时间的决定，如图 4-4 所示。

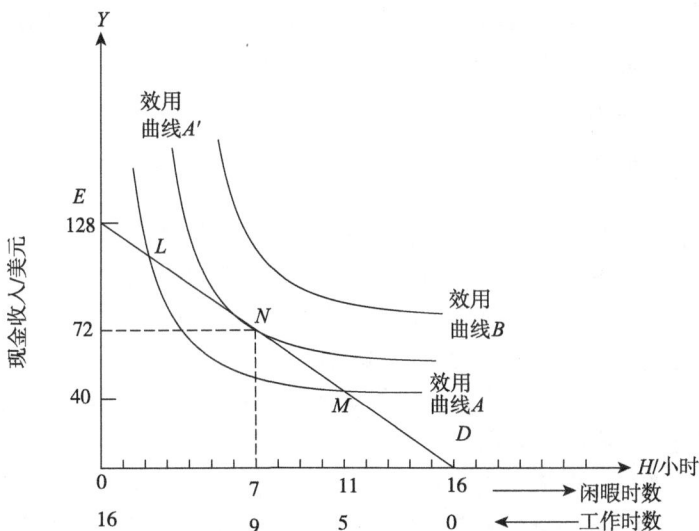

图 4-4 均衡的工作时间

根据经济学的基本假设，理性的劳动者追求效用最大化。也就是说，在一定的工资率和收入水平等预算约束下，劳动者要尽可能地达到位置最高的无差异曲线。

就图 4-4 而言，效用曲线 *B* 上的任意一点都是该劳动者所无法达到的，因为整条 *B* 曲线均位于预算线 *DE* 的上方；相反，*L* 点和 *M* 点是可以达到的，但劳动者却没有实现效用最大化。通过效用曲线 *A* 的不断向外移动，劳动者可以达到更高的效用水平，一直到 N 点为止。在 N 点上，无差异曲线 A′，恰好与预算线 DE 相切。因此 N 点是效用最大化的组合点，在该点，劳动者均衡的工作时间是 9 个小时，闲暇时间是 7 个小时，总收入为 72 美元。

在均衡点 N，预算线的斜率(绝对值)等于无差异曲线的斜率。由于无差异曲线的斜率就是边际替代率，预算线的斜率等于工资率。所以，均衡的工作时间由以下条件确定：

$$MRS_{HY} = W \tag{4-4}$$

等式(4-4)的经济含义有助于增加对均衡条件的理解。预算线的斜率衡量的是工资率，即工作一个小时所获得的报酬。无差异曲线的斜率衡量的是边际替代率，即劳动者对于每小时闲暇时间价值的主观感受。为了使效用最大化，劳动者的决策原则显然是：如果工作一个小时所获得的收入超过了从心理上感受的每小时闲暇的价值，劳动者将继续工作；而如果工作一个小时所获得的收入小于从心理上感受的每小时闲暇的价值，劳动者将放弃工作，享受闲暇。只有当两者相等时，劳动者的效用达到最大化。

五、收入效应与替代效应

预算线和无差异曲线的切点就是决定劳动时间的均衡点，也是劳动者的效用最大化点，它确定了最优的工作时间。接下来考察在非劳动收入和工资率变化时劳动时间的相应变化。

(一)收入效应

劳动者获得的非劳动收入对其劳动力供给行为的影响即纯粹的收入效应如图 4-5 所示。在没有非劳动收入的情况下，劳动者的预算线为 DE，均衡点为 N 点，工资率是每小时 8 美元，均衡的工作时间为每天 9 小时，总收入为 72 美元，获得 A′ 的效用水平。假如该劳动者由于某种原因，也许是获得了一笔遗产，也许是获得了一笔补贴，总之平均每天获得 36 美元的非劳动收入，那么他的劳动力供给行为会发生怎样的变化呢？

由于劳动者的工资率没有发生变化，因此预算线的斜率保持不变。而每天 36 美元的非劳动收入将导致预算线向上平移 36 美元，均衡点由 N 移动到 P 点。显然在新的均衡点上，劳动者的工作时间由 9 小时下降到 8 小时，总的收入水平是 100 美元(8×8+36＝100)，闲暇时间由 7 小时上升到 8 小时，由于工作时间的减少和闲暇时间的增加，劳动者获得更高的效用水平 B。

由非劳动收入的变化所导致的工作时间的变化引出了劳动力供给理论的一个重要概念，即收入效应。所谓收入效应，是指在工资率(W)保持不变的情况下非劳动收入的变化(ΔH)所导致的工作时间(ΔY)的变动。因为闲暇是正常商品，所

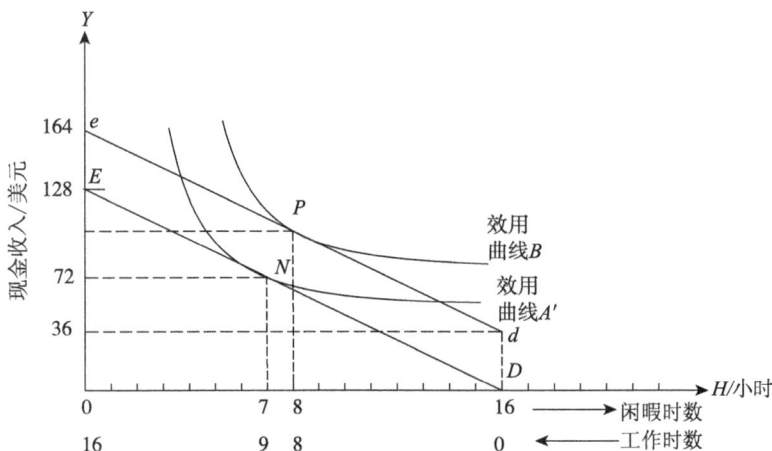

图 4-5 劳动力供给中的收入效应

以收入效应为负效应，即非劳动收入的增加将导致工作时间的减少，即

$$收入效应 = \frac{\Delta H}{\Delta Y} < 0 \qquad (4\text{-}5)$$

纯粹的收入效应在现实生活中偶尔是可以观察到的。美国经济学家罗森
(H. Rosen)等曾经对获得遗产的人的劳动力供给行为展开过研究，他们把 1982～
1983 年获得遗产的人分为两个小组，即获得小额遗产的小组(平均 7 700 美元)和
获得巨额遗产的小组(平均 346 200 美元)。经济学家们研究了在接下来的两年
中，这两个小组的劳动力供给行为的变化。因为此时工资率并没有发生变化，所
以观察到的是纯粹的收入效应——获得遗产尤其是获得巨额遗产的小组的劳动参
与率明显降低，这和以上对收入效应的论述是一致的。

（二）替代效应

在图 4-6 中，假定初始工资率为每小时 8 美元，预算线为 AB，显然初始均衡
点为 N_1，工作时间是 8 小时，总收入为 64 美元。但是在其他条件不变的情况下，
如果工资率由每小时 8 美元上升到 12 美元，该劳动者的工作时间将会如何变化呢？

由于工资率上升，所以预算线的斜率将发生变化，会变得更加陡峭，预算线
由 AB 旋转至 AC，新的均衡点将位于新的预算线(AC)与最高位置无差异曲线的
切点，即均衡点由 N_1 变动为 N_2。显然，劳动者均衡的工作时间由 8 小时上升到
11 个小时，总收入水平也由 64 美元上升到 132 美元，即工资率的上升将导致工
作时间的上升。

从理论上说，工资率的变化对闲暇需求的变化将产生两个方面的影响。

第一，工资率的上升意味着如果劳动者保持以前的工作时间，将会带来总收
入的增加，总收入的增加将产生收入效应，而收入效应又将刺激劳动者增加对闲

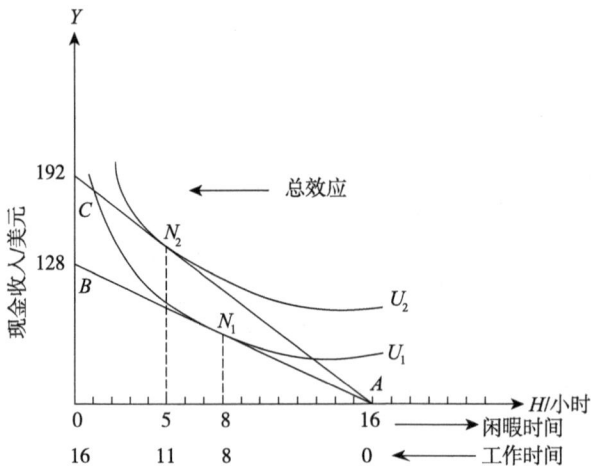

图 4-6　工资率变化与工作时间的变化

暇的需求并降低工作时间。

第二，和第一点相反，工资率的上升同时意味着闲暇的机会成本(价格)的上升。而基本的需求理论告诉我们，闲暇的价格上升将会导致人们对其需求的减少，即劳动者将增加自己的工作时间，这就是所谓的替代效应。替代效应是指在其他条件不变的情况下，尤其是在保持劳动者的收入水平不变的前提下，工资率的改变(即闲暇价格的改变)所导致的工作时间的变化。

替代效应的实质是指当闲暇的价格上升时，劳动者将会用更多的工作去替代相对昂贵的闲暇。因此和收入效应相反，替代效应必然是正效应，即

$$替代效应 = \frac{\Delta H}{\Delta W} > 0 \tag{4-6}$$

和纯粹的收入效应不同，纯粹的替代效应在现实生活中很难观察到。因为随着工资率的变化，劳动者的收入水平往往随之变化，而这既会带来替代效应，同时也会导致收入效应。例如，当工资率上升时，一方面劳动者的收入水平会更高，因此劳动者愿意购买更多的闲暇和较少的工作，并以此来获取更高的效用水平；另一方面，更高的工资率也意味着闲暇的成本变得更高，这又会导致劳动者减少闲暇而增加工作时间。那么，工资率的上升最终带来的总效应究竟是劳动时间的增加还是减少呢？这依赖于收入效应和替代效应的联合作用。

六、劳动力供给曲线

(一)收入效应和替代效应的联合作用

图 4-7(a)中，随着工资率由每小时 8 美元上升到 12 美元，均衡点由 N_1 移动

到 N_2，所能获得的最高效用水平由 U_1 上升到 U_2，相应的工作时间由 8 小时增加到 11 小时，这就是工资率上升所导致工作时间变化的总效应。

图 4-7(b)将收入效应分解出来。图中的虚线是一条补偿性预算线，暂不考虑工资率的变化，假设完全是由收入的上升导致效用水平的提高，因此原预算线 AB 向上平移直到与效用曲线 U_2 相切为止，即平移到图 4-7(b)中的虚线位置，均衡点也由 N_1 移动到 N_3，均衡的工作时间由 8 小时下降到 7 小时。因为工资率没有变化，闲暇的相对价格也就没有改变，所以不存在替代效应。图 4-7(b)中工作时间(1 个小时)的减少就是纯粹的收入效应。

通过图 4-7(c)考察工资率上升所带来的替代效应。在图 4-7(b)的基础上，由于工资率的上升，从而闲暇的相对价格变得更加昂贵了，因此劳动者考虑用工作来替代闲暇。因为闲暇的相对价格上升了，此时预算线[图 4-7(c)中的虚线]将发生转动，我们在此采取的是希克斯的处理方法，认为既然假设收入水平不变，那么劳动者所能够达到的最高效用水平就应该保持不变，所以预算线在发生旋转的过程中始终和效用曲线 U_2 保持相切，当旋转到斜率等于 -9 时(新的工资率)，就得到了最终的预算线 AC。均衡点由 N_3 移动到 N_2，工作时间由 7 小时上升到 11 小时，这一上升(4 个小时)完全是由闲暇的相对价格变化引起的，因此就是完全的替代效应。

总的来说，在图 4-7 中，工资率上升带来的收入效应导致工作时间减少 1 个小时，而这种上升带来的替代效应又导致工作时间增加 4 个小时，因此工资率上升所带来的总效应就是工作时间增加 3 个小时，即总效应为正效应。

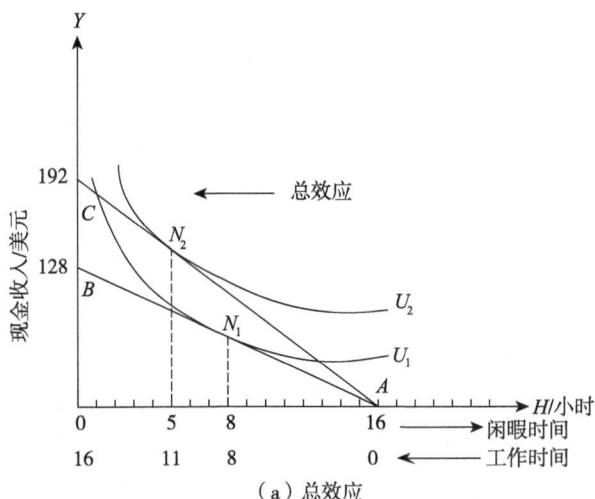

（a）总效应

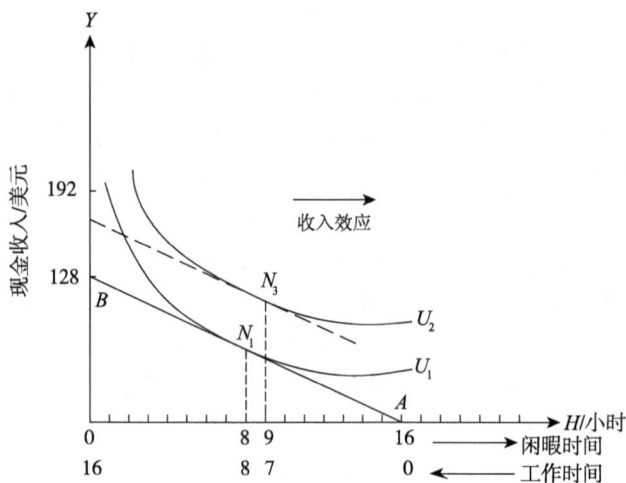

（b）收入效应

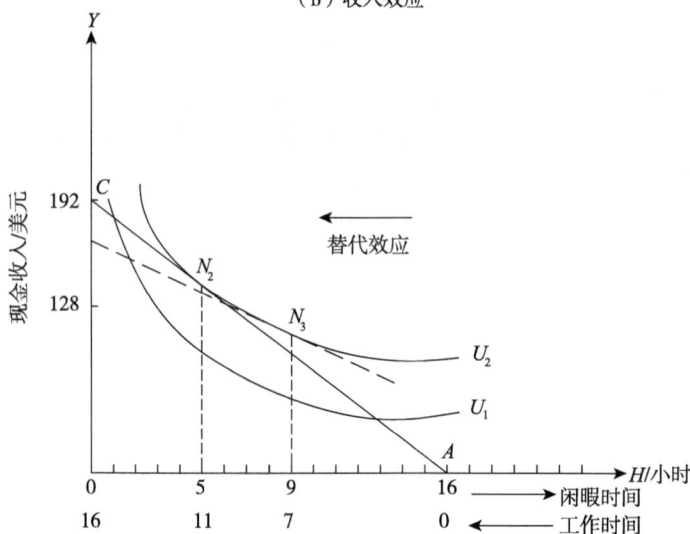

（c）替代效应

图 4-7　收入效应、替代效应与工作时间的变化

（二）个人劳动力供给曲线

虽然在图 4-7 中观察到的工资率上升的总效应是正效应。但是从理论上来说，由于每个劳动者的无差异曲线不同，所以对于某一个劳动者而言，其工资率上升的总效应为负效应（即收入效应大于替代效应），或者为零（即收入效应的大小等于替代效应）的可能性是完全存在的。但是由于考虑到闲暇是正常商品，所以在一般情况下，我们认为其价格上升（即工资率上升）的替代效应大于收入效

应，即总效应为正效应，此时劳动者的工作时间随着工资率的上升而上升，如图4-8所示。

尽管在实证研究中发现的工资率上升的总效应一般都是正效应，但是经济学家们也都认为劳动力供给曲线很可能既有正斜率的部分，也有负斜率的部分，即所谓的"后弯的劳动力供给曲线"（图4-9），这种曲线在工资率较低的时候有正的斜率，在工资率较高的时候斜率却为负值。这种后弯的劳动力供给曲线的假定就是：在工资率较低的时候，劳动者希望额外增加收入的愿望很强烈，以至于替代效应超过收入效应；而当工资率超过一定水平（如图4-9中的 W_0）以后，劳动者的收入水平已经足够高了，以至于他对于工资率的上升所采取的反应是购买更多的闲暇而减少工作时间，即收入效应超过了替代效应。

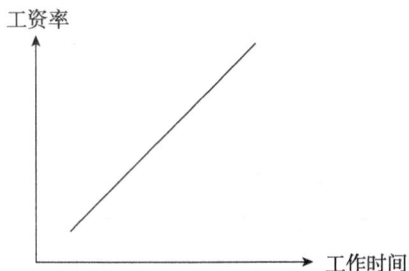

图 4-8　个人劳动力供给曲线　　　　图 4-9　后弯的劳动力供给曲线

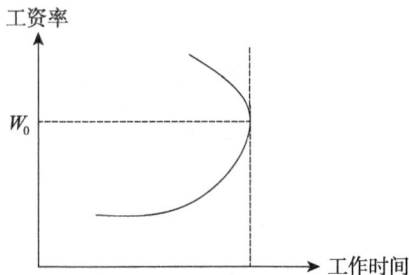

虽然劳动力供给曲线存在后弯的可能性，但是在一般情况下，工资率足够高，以至于达到 W_0 的可能性是非常小的。所以在通常的情况下，劳动力供给曲线的后弯段并不会出现。因此，为了简单起见，我们在绝大多数情况下，仍认为个人的劳动力供给曲线是一条正斜率曲线（图4-8）。

（三）市场劳动力供给曲线

将所有单个劳动力者的劳动力供给曲线相加，就得到整个市场的劳动力供给曲线。因为单个劳动者的劳动力供给曲线是向右上方倾斜的，所以作为其加总的市场供给曲线也是向右上方倾斜的。也就是说，总的市场劳动力供给一般是随着工资率的上升而增加的。应该注意的是，以上结论是在完全竞争的市场结构下得到的。因为在完全竞争的市场结构下，劳动者可以自由地进出劳动力市场，此时价格可以灵活地发挥其调节机制的作用。

市场的劳动力供给曲线向右上方倾斜，劳动力需求曲线向右下方倾斜，两条曲线相交就可以决定均衡的工资率和就业量。图4-10中，劳动力需求曲线 D 和劳动力供给曲线 S 的交点 N 就是劳动力市场的均衡点。由该均衡点决定的工资率为 W_0，就业率为 L_0。

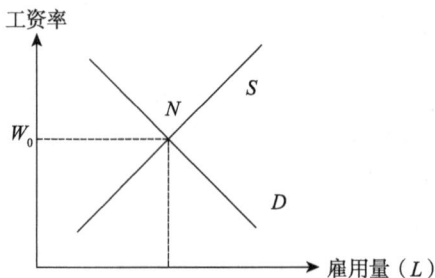

图 4-10　工资率和就业量

第三节　劳动时间的决定：家庭视角[①]

本章第二节主要研究了单个劳动者劳动力供给行为的简单模型。但是自 20 世纪 50～60 年代以来，经济学家意识到以上简单模型存在着两个方面的不足。

首先，该模型忽略了家庭背景。因为在多数情况下，劳动力供给的决策通常是家庭成员(一般是丈夫和妻子)联合做出的，家庭成员并不是独立地做出各自的劳动力供给决策，而是联合做出决策以获得整个家庭的效用最大化。因此，简单模型一个需要改进的地方就是应该将家庭成员之间在劳动力供给方面的相互影响考虑进去，以拓宽理论的适用范围。

其次，该模型实际上没有完全分析人们对时间资源使用上的分配决策。人们的时间除了用于工作和闲暇以外，还要参与家庭劳动。换句话说，人们将时间用于三种不同的用途，即市场工作(直接获得收入)、家庭工作(或非市场工作)、闲暇。这三种时间配置方式在现代社会中已经变得日益普遍。因此，要对人们的劳动力供给行为做出恰当的解释，除了考虑市场工作和闲暇以外，还必须将家庭工作纳入到分析框架中。

从以上两个方面出发，本节考察家庭的内部分工以及家庭的联合劳动力供给决策。

家庭的内部分工理论建立在加里·贝克尔(G. Becker)的新家庭经济学的基础上。新家庭经济学开始于对家庭经济作用的重新解释。经济学的传统看法认为，生产活动只能在企业内部进行；而新家庭经济学认为，家庭其实有着双重作用，它既是生产者，又是消费者。家庭实际上从事着大量的生产活动，家庭花费时间并结合其他一些要素投入来生产家庭商品，如婴儿护理、打扫卫生、买菜做饭等，这些家庭商品虽然不能带来直接的收入，但是却能够直接为家庭带来效

---

① 　关于家庭劳动力供给决策的详细论述，可以参见伊兰伯格 R G，史密斯 R S. 现代劳动经济学：理论与公共政策．第六版．潘功胜，刘昕译．北京：中国人民大学出版社，1999；196～214。

用，所以从这个意义上来看，家庭本身就是一个专业化的、生产自身效用的小型企业。既然要从事家庭工作和市场工作两种类型的工作，那么在家庭成员之间就要进行内部的分工，就像在企业和社会中存在劳动分工一样。

家庭背景对个人劳动力供给决策的影响方面的研究主要来源于贝克尔、兰开斯特(T. Lancaster)和穆斯(J. Muth)等学者在 20 世纪 60 年代所发表的一系列论文。特别是贝克尔 1965 年发表的《时间资源配置理论》一文明确地指出：家庭是劳动力供给的基本决策单位。

家庭成员配置自己的时间资源的方式有三种，即市场工作、非市场工作(家务工作等)和闲暇。家庭配置资源的目的是追求整个家庭的效用最大化，而不仅仅是某个家庭成员的效用最大化。其时间配置的组合受到市场工资率、家庭非劳动收入以及该家庭可以利用的时间总量等变量的约束。在研究家庭联合劳动决策的过程中，收入效应和替代效应仍是最基本的分析工具。

第一，非劳动收入的变化对家庭时间配置的影响。和本章第二节一样，闲暇仍被假定为正常商品，既然如此，家庭非劳动收入的增加将会导致纯粹的收入效应，所有家庭成员的劳动时间均会下降。例如，家庭获得数额较大的遗产或者意外收入，可能会导致丈夫减少加班时间或者妻子和子女退出劳动力市场，当然这并不表示所有家庭成员的工作时间是同比例下降的。

第二，某个家庭成员市场工资率的变化对所有家庭成员的工作时间的影响。家庭成员的工资率的变化不仅影响自己的劳动力供给决策(就像本章第二节所讨论的那样)，而且影响到其他家庭成员(如图 4-2 中 B)的劳动力供给决策，影响的渠道有三个：一是图 4-2 中成员 A 的工资率(W_A)变化将导致工作时间(H_A)的正的替代效应；二是 W_A 的变化也将通过负的收入效应部分地抵消替代效应从而影响 H_A；三是所谓"交叉替代效应"，这一效应在个人的劳动力供给决策模型中是无法看到的，它衡量了家庭成员 A 工资率的变化对家庭成员 B 的影响大小。

为了更加具体地讨论这一问题，假定一个代表家庭中只有丈夫和妻子。最初丈夫从事全日制工作，而妻子在家里做家务(非市场工作)，后来由于经济增长，市场的工资率水平上升了。那么这种上升对家庭的时间配置的影响是怎样的呢？

就妻子而言，工资率的上升提高了其从事家庭工作和闲暇的机会成本，从而增加了她从事市场工作的愿望。然而，只有当市场工资率上升到超过妻子的保留工资时，她才有可能离开家庭进入劳动力市场寻找工作。

而一旦妻子进入劳动力市场，工资率的进一步上升就会产生收入效应和替代效应。工资率的上升将导致更高的收入，而负的收入效应将使其减少工作时间而增加闲暇；但是工资率的上升也会提高非市场工作的时间价值，导致正的替代效应，使得妻子增加工作时间而减少家庭工作和闲暇时间。由于闲暇是正常商品，所以工资率上升一般将导致工作时间的增加，即替代效应大于收入效应(绝对值)。

在家庭联合劳动力供给决策中，妻子工资率的上升不仅对自己，还将对丈夫的劳动力供给产生收入效应。因为当妻子进入劳动力市场以后，不仅妻子的收入上升，而且可以给家庭带来一笔额外的收入，这对于丈夫来说相当于一笔意外的收入，因此会对丈夫的劳动力供给行为产生负的收入效应。假设丈夫的工资率仍然不变，妻子更高的收入等于增加了丈夫的非劳动收入，导致丈夫的闲暇需求上升，从而减少自己的市场工作时间和家庭工作时间。这一结论反过来依然成立：丈夫的收入增加，给家庭提供的收入越多，妻子参与劳动力市场的可能性就越低。日常的观察与这一结论也是一致的：对于已婚妇女而言，丈夫的收入水平越高，她们的劳动力参与率就越低。

最后，妻子工资率的增加也将导致对其丈夫劳动力供给的交叉替代效应。交叉替代效应是指在家庭收入保持不变的情况下，家庭成员 A 的工资率变化所引起的家庭成员 B 的工作时间的变化。

交叉替代效应的符号可能为正，也可能为负。就像商品 X 的价格上升将导致消费者对 Y 商品的需求数量发生变化一样，妻子闲暇价格的上升将导致丈夫市场工作时间的变化，这种变化将独立于家庭收入的任何变化。在商品需求理论中，商品 X 的价格上升对 Y 商品需求量的影响取决于这两种商品之间是替代关系还是互补关系。在劳动力供给理论中的情况与此相类似，保持家庭收入不变，妻子工资率的上升，导致其工作更多的时间。如果妻子和丈夫的市场工作时间是相互替代的，这可能会导致负的交叉替代效应；然而，如果妻子的市场工作时间和丈夫的市场工作时间是互补的，当妻子的市场工作时间延长时，丈夫也将增加自己的劳动力供给，此时交叉替代效应为正。

在理论上还不能预测交叉替代效应为正还是为负。但是在已经进行的实证研究中，经济学家们发现情况是变化的：对于没有孩子的家庭而言，交叉替代效应为零；而对于有孩子的家庭而言，交叉替代效应为负，也就是说在保持家庭收入不变的情况下，丈夫(或妻子)的工资率和劳动力供给增加将会导致其他家庭成员市场工作时间的减少。

总之，家庭联合劳动力供给模型描述了现实的家庭中，某个成员工资率和收入的变化不仅与该成员自身工作时间的变化有关，而且与其他家庭成员的工作时间的变化也存在着复杂的关系。

■ 第四节　劳动力供给理论的运用

劳动力供给曲线的推导，收入效应、替代效应和家庭生产理论，不仅可以用来分析各种劳动力市场政策，而且也可以让我们加深对某些劳动力市场行为的理解。本节从两个方面探讨劳动力供给理论的实际运用：一方面利用个人的劳动力供给理论分析我国的最低生活保障制度对劳动力供给行为的影响；另一方面从家庭生产的视角核算一下日常家务劳动的市场价值。

一、最低生活保障制度与劳动力供给

从 1993 年上海市在国内率先推出"城市居民最低生活保障线制度"算起，中国城市最低生活保障制度（简称低保制度）已经有接近二十年的历史了。截至 2011 年年底，全国共有城市低保对象 1 145.7 万户、2 276.8 万人，农村低保对象 2 672.8 万户、5 305.7 万人；当年各级财政共支出城市低保资金 659.9 亿元，农村低保资金 667.7 亿元。毫无疑问，作为一项普遍、有效的社会政策，城市低保制度经过不断改进、完善和规范化建设，在解决部分群众的生活困难、保持社会稳定方面，发挥了积极作用。

与此同时，由于低保制度自身的特点，也带来一系列的问题，其中最为突出的就是所谓"养懒汉"问题。目前在低保制度的实施过程中，各地民政部门普遍反映，每年纳入低保的保障对象很多，但因为收入提高而退出低保的很少；更为严重的是，低保人口出现了日益年轻化的现象，且有相当一部分人员不愿意接受有关部门安排的就业工作。那么，为什么很多有劳动能力的低保对象不愿意参加工作获得更高的收入呢？他们真的就是懒汉吗？现结合我国的低保制度来研究他们的劳动力供给行为。

我国的低保制度采取的是差额补偿制度，以南京市为例，2012 年南京市的最低生活标准是月人均 540 元，以一个三口之家为例，其家庭的最低生活标准应该是 1 620 元（540×3＝1 620），如果这个家庭中没有就业人口，即工资收入为零，则每个月可以从相关部门领取 1 620 元低保金；假如这个家庭中的父亲找到了工作，每天工作 8 个小时，月工资为 1 400 元，则根据差额补偿制度，这个家庭每月只能领取低保金 220 元（1 620－1 400＝220），此时家庭的月总收入维持在 1 620 元不变，即只要家庭成员的工资收入低于最低生活标准，那么实际总收入保持不变，此时劳动者通过劳动获得的收入增加将因低保金的相应减少而完全抵消。

图 4-11 中，在没有低保制度以前，某劳动者的预算线是 AB，显然效用最大化点为 N，均衡的工作时间为 8 小时，而收入水平为 E_0，该劳动者可以达到 U_1 的效用水平。

在引入低保制度以后，该劳动者的预算线发生了变化。为了简化起见，我们假定最低生活保障标准恰好为 E_0。此时如果劳动者每天工作 8 小时以下，根据差额补偿制的基本特点，其总收入水平将维持在 E_0 不变，即 CN 段；只有每天工作 8 小时以上，总收入水平才会超过 E_0，即 BN 段。所以在差额补偿的低保制度下，劳动者的预算线变为 CNB 的折线。

既然预算线发生了改变，效用最大化的均衡点也将随之移动。很显然，在

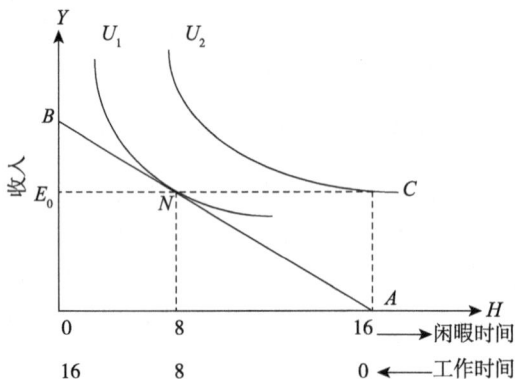

图 4-11　低保对象的劳动力供给行为

CNB 预算线的情况下，该劳动者可以达到位置更高的无差异曲线，即 U_2 效用水平，且 $U_2 > U_1$。此时均衡点也由 N 点移动到 C 点，劳动者的工作时间减少到零，总收入水平等于低保金，即 E_0。

　　根据以上的分析，我们可以理解：在差额补偿的最低生活保障制度下，低保对象减少自己的劳动力供给时间其实是一种理性的反应，因为这样可以使他们获得更高的效用水平。

　　国家出台低保制度的初衷是维持每一个社会成员的基本生活能力。但是根据图 4-11 和以上的分析，这样的制度安排必然带来低保对象减少劳动力供给的负面效应，而政策制定者可以考虑采取一些相关的措施来减少这些负面效应。

　　首先，最低生活标准必须适度，以满足最基本的生活需求为目的。因为低保标准越高，则意味着预算线 CNB 中的 CN 段上移，显然这将进一步降低低保对象的工作激励。

　　其次，思想政治工作的必要性。我们知道，均衡点由预算线和无差异曲线共同决定。无差异曲线反映的是劳动者的偏好情况，劳动者的性格和人生态度是决定其偏好的重要因素。而通过必要的思想政治工作可以使劳动者树立正确的劳动观念，破除他们"等、靠、要"的消极思想，从而无差异曲线将变得相对平坦，效用最大化的均衡点也将随之左移，均衡的工作时间将会增加。

　　最后，考虑对差额补偿制度进行某些改进。低保对象之所以减少工作时间，很大程度上是因为工资收入的增加将完全被低保金的减少所替代。而对于差额补偿制度做相应的改进将会提高劳动者的工作积极性。

二、家庭工作的市场价值

　　在现代的社会性别分工中，男性多数从事可以直接获得收入的市场工作，而女性一般从事无法直接获得货币报酬的家庭工作。很多时候，人们总是忽略家庭工作的市场价值。但是，在某些特殊的情况下，如国外在夫妻双方离婚而进行的财产分割中，往往需要确定女性所从事的家庭工作的市场价值。

目前常用的对家庭工作进行估价的方法主要有三种。

第一，市场价格法。衡量家务劳动（做饭、照顾孩子等）的货币价值的一个主要方法就是：估算一下在市场上购买这些劳务将花费多少钱。这种方法非常简单明了，但是也存在一些问题，如很多家庭往往并不从市场上购买家务劳动，原因是他们认为这些劳动太昂贵了，甚至可能物超所值。因此，运用市场价格法可能会高估家庭工作的价值。

第二，机会成本法。另一种常用的估算方法就是，如果某位女性原来从事的是市场工作，那么她的家庭工作的价值就是所放弃的市场工作的价值，即她原来的工资率。这种估算方法也存在一些问题，比较突出的是，每个女性原来从事市场工作的工资率并不相等，有时甚至会差异很大，在机会成本法的估算下，会导致不同的人从事同样的家庭工作，但是价值却相差很大。

第三，自我雇佣法。这种方法的要点是：把家务劳动者看做是一个自我雇佣的人。如果边际家庭生产率（MHP）超过其市场工资（W），那么此人将更多地从事家庭工作。如果边际家庭生产率小于其市场工资，那么其将减少家庭工作的时间。换言之，如果 $W>$MHP，个人将全部从事市场工作；而如果 $W<$MHP，则个人将全部从事家庭工作。但如果一个人部分时间在家中从事家庭工作，部分时间从事市场工作，那么可以认为此时 $W=$MHP。因此，根据非全日制工人的情况，可以获得家庭边际生产率的估计值。由这个估计值，可以得到家庭工作的市场价值。

以上三种方法中，前两种尽管在理论上并不完善，但是计算起来较为方便。一些经济学家运用市场价格法和机会成本法，估计出的全日制家庭工作的年价值如表 4-3 所示。

表 4-3　全日制家庭工作的年价值（根据 2000 年的美元价值）

组别	市场价格法	机会成本法
有 2~5 岁的孩子	26 092	23 172
最小的孩子 6~14 岁	23 481	19 999
没有孩子	18 940	18 812

资料来源：伊兰伯格 R G，史密斯 R S. 现代劳动经济学：理论与公共政策. 第八版. 刘昕译. 北京：中国人民大学出版社，2007

本章小结

劳动力供给是指在一定时间内劳动者为市场提供的工作时间。一个经济体中劳动力供给量主要由人口总数、劳动力率、劳动力参与率和劳动时间等几个方面的因素共同决定。劳动力供给受到人口、经济和社会三大方面因素的影响。

对个人劳动力供给问题的研究通常被转化为对劳动者闲暇需求的研究。劳动力供给理论认为，和对普通商品的需求一样，劳动者对闲暇的需求也由闲暇的价格、个人的财富以及个人的偏好等三个方面的因素决定。以此为分析框架，可以建立个人闲暇需求（工作时间）的简单模型。非劳动收入和工资率等因素的改变对劳动力供给行为的影响具有收入效应或替代效应。在其他条件保持不变的前提下，无论个人还是市场的劳动力供给量均与工资率呈正相关关系。

家庭联合劳动力供给模型描述了现实的家庭中，某个成员工资率和收入的变化不仅与该成员自身工作时间的变化有关，而且与其他家庭成员的工作时间的变化也存在着复杂的关系。家庭成员在劳动力供给决策时是相互影响的。

劳动力供给曲线的推导，收入效应、替代效应和家庭生产理论，不仅可以用来分析各种劳动力市场政策，而且也可以让我们加深对某些劳动力市场行为的理解。

🔍 关键术语

劳动力供给；收入效应；替代效应；后弯的劳动力供给曲线；联合劳动力供给

➤ 案例一

富士康在郑州大规模招工致当地企业加薪留人①

自 2010 年 8 月 2 日富士康科技集团富泰华精密电子（郑州）有限公司第一条生产线开工以来，富士康在郑州人力资源市场大规模招聘员工，不仅引发当地具有一定管理工作经验的人才"跳槽潮"，使本地企业不得不加薪留人，同时吸引大批人才由"东南飞"改为回巢中原。专家学者认为，富士康内迁带来的人力资源市场冲击波对改变人才流向有积极意义。

河南省人才交流中心主任徐俊才告诉记者："从 7 月 22 日以来，富士康每周四、六在这里开设两个展位招聘各类管理人员，场场爆满。8 月 14 日专场招聘会应聘者超万人，应聘者队伍长达一公里。每逢富士康招聘日，人才交流中心都要派出 10～20 人维持现场秩序。"

面对如此踊跃的应聘者，富士康一位负责招聘的主管说，充分感到河南人力资源大省的特色，这使富士康有充分的人才挑选余地。他介绍，富士康郑州公司厂区 2011 年年底达产后，用工规模在 15 万人以上，除普通员工以外，中高层管理人员就需要数千人。目前，富士康在郑州招聘的重点是各类管理人员，包括工程技术人员、技术管理人员、生产课长、质量管理、报关员等各类管理人员。对应聘者要求侧重于相关工作经历和工作经验，及协调沟通能力，对学历、年龄等并没有严格限定，中专以上学历即可。

据记者观察，到富士康应聘的，绝大多数是二三十岁的年轻面孔，80 后是主力。而其中既有尚未就业的大中专毕业生，也有不少人已有工作，希望有更理想的岗位。既有来自河南省各地的，也有从沿海返回家乡来应聘的。

富士康高薪揽才 搅动"一池春水"

富士康的福利待遇很有吸引力。富士康发布的招聘公告称："除提供业界具竞争力的薪资待遇外，还拥有留才奖金、配股、配房等留才激励计划。同时为员工提供良好的发展平台及晋升管道。"富士康负责招聘的人员介绍，"业界具竞争力的薪资待遇"是指，与目前深圳厂区

---

① 资料来源：中国新闻网，2010-08-29。

的工资水平一致。

在富士康招聘现场，记者采访了很多应聘者，很多人看中了富士康的良好待遇，也有人看中的是大企业规范的管理。

应聘者中，已在河南或郑州本地企业工作，准备跳槽到富士康的人员也不在少数。一位在郑州一家服装加工企业营销岗位工作的姓邓的先生热切期待自己能进入富士康。他说："富士康的薪酬待遇与郑州的企业相比还是比较高的，三金有保障，如果干得好，进入中高端管理层，还有机会拿年薪。富士康部门经理的年薪10万～20万元。"

与富士康同时在河南省人才交流中心设台招聘管理人员的几家郑州本地企业，门前冷落。一家电子企业一个上午只收到3份咨询者的简历。这家企业负责招聘的工作人员拿着本企业的招聘条件和待遇与富士康作比较："富士康一来，明显抬高了郑州用工的门槛。原来郑州招一名普工，管吃管住800元，而富士康是1200元起步；管理人员现在得涨到1600元以上了，技术人员基础工资没2000元恐怕招不到人了。"

"富士康大规模招揽人才，势必在郑州引起一波'跳槽潮'，拉动郑州本土企业被迫提薪留人。这对企业和员工，对人力资源市场的健康发展都不是件坏事。"河南财经政法大学教授史璞认为，虽然富士康在员工管理方面仍存在不足，曾发生过十几跳事件，但是，与内地企业相比，富士康在企业管理、员工待遇等方面仍有许多值得学习和借鉴的地方。

富士康内迁"东南飞的孔雀"纷纷回巢

不仅对郑州本地人才市场形成冲击波，富士康内迁中原，还引得"东南飞的孔雀"纷纷回巢。

在富士康招聘现场采访发现，应聘者中有不少人曾在富士康集团工作过，还有些是在长三角、珠三角地区工作的河南籍人员，专程赶回老家来应聘。

一位家在河南周口的应聘者刘斌告诉记者，他原来在深圳一家电子公司工作过三年，做过班组长。富士康是大企业，待遇有保障，管理规范，如果能在富士康工作，还能兼顾家里的老人。

河南省就业促进办的负责人介绍，作为人力资源大省，多年来，河南向省外输出的劳动力超过1000万，其中大多数"东南飞"向珠三角和长三角等地。近两年，随着制造业向内地转移加速，"孔雀东南飞"的增长速度在减缓。富士康作为全球最大的代工企业，河南籍员工占五分之一，富士康在郑州建厂，首先吸引了河南籍员工"回巢"，至少可以使15万河南籍员工结束"候鸟"生活。

专门研究过劳动力转移与区域经济发展的河南财经政法大学校长李小建认为，薪水的吸引力对求职者来说是第一位的。富士康这样的劳动密集型巨型企业内迁，带来的一个巨大效应就是改变大批劳动力迁徙走向。这对河南这样的流动人口占全国十分之一的省份具有非常现实的意义。

➤ 案例二

不想工作就要"吃低保"，难了①

"居民申请低保要通过社区听证会的论证。"重庆自2009年9月起实施了新的《重庆市低保

---

① 资料来源：工人日报，2009-12-04。

申请审批操作规程》，利用听证会方式论证低保申请，使钻空子吃低保的人大大减少，让真正的困难群体得到照顾。

在重庆江北区五里店街道，11月30日刚刚举行过一次社区低保听证会，一位31岁、研究生学历的申请者最终未能通过。该市民的申请理由是"没有工作，身体有病"。但参与听证的社区工作人员问："为什么先后3次给你介绍工作，都不愿意去应聘？"对方一时无语，最后称说"介绍的工作专业都不对口"。最终，听证会成员投票否决了他的低保申请。

据重庆五里店街道党委副书记蒋宗国介绍，在听证会上，申请低保的居民中最受关注的是18~60岁有劳动能力的人群。申请人要逐一介绍家庭收入及水、电、气、电话费等生活开支等；随后由听证会成员提问，申请者须如实回答；最后由具有投票表决权的听证会成员投票。听证会成员则由居委会干部、居民代表、社区民警、人大代表、政协委员组成，普通居民可参加旁听。

"低保申请听证制度作用十分明显。"五里店街道作为试点单位，从2008年年底就在辖区内的10个社区试行了低保申请听证制度，每季度集中对递交低保申请的居民实施听证，到目前已拒绝了17人的低保申请。如今在听证会的"威慑"作用下，很多心存侥幸想钻空子的人断了念头，递交申请的人数明显下降。农转非人口较多的万丰社区以前平均每月有20份申请，如今减少了一半左右，有的社区更是减少了四分之三。

为了使听证会切实做到公开、公正，听证会数日后还将公示通过者与未通过者的名单。江津区一位经营小副食店的低保申请者，丈夫瘫痪，女儿患智力障碍。她在半年多时间里每月向居委会提交低保申请，但由于所经营的副食店固定收入超过规定，她的申请均被驳回。前不久召开听证会，她拿出丈夫的一沓沓药费单，向参会代表和群众陈诉：小副食店月收入不超过500元，但丈夫每月的药费远远超过这个数，家里半个月都吃不上一次肉。为了享受低保金和低保优惠医疗政策，她甚至准备关掉副食店。她的一番话深深打动了听证会成员，一次性通过了她的低保申请。然而，当名单公示后，却有群众揭发她的一个儿子是镇政府机关干部。低保科查明情况属实后，撤销了她的低保资格。

复习思考题

1. 影响劳动力供给的因素有哪些？
2. 请分析工资率上升对单个劳动者的劳动力供给决策有何影响？
3. 家庭联合劳动力供给模型和单个劳动者的劳动力供给模型有何异同？
4. 举一例说明纯粹的收入效应对劳动力供给行为的影响。
5. 你认为应如何对最低生活保障制度进行改进，以减少或消除其负面影响？

第五章

人力资本投资

在前文的讨论中，我们假定劳动力是同质的，在劳动力市场上可以互相替代。但实际上，劳动者之间存在着许多方面的差异，这些差异很大程度上源于获得知识技术和接受训练程度的差别，是人力资本投资的结果。本章论述了人力资本的特征和类型，介绍了人力资本投资的形式和基本模型，对教育投资和在职培训进行了经济分析。

■ 第一节　人力资本概述

一、人力资本的含义

人力资本是一种非物质资本，一种与物质资本相对应的资本形式，它是指体现在劳动者身上的、能为其带来收入的能力，它是通过投资形成的，在一定时期主要表现为劳动者所拥有的知识、技能、智力和健康状况。人力资本是其内在因素——劳动力和其外在因素——投资的统一体，存在于人体内的劳动力是其内核和自然基础，投资是其外在约束。人力资本不是指人本身，而是指一个人所具有的知识、技能、智力和健康等要素，这些要素是一种具有经济价值的生产能力，它不是人先天拥有的，而是后天通过投入一定的成本而取得的。

人们之所以把人的知识、技能、智力、健康等要素当做一种资本，是因为同物质资本一样，人的知识、技能、智力、健康等要素的形成和维持都需要花费一定的成本；这些费用支出是放弃眼前的消费，为了将来获得收益；这些要素具有稀缺性和生产性，它可以提高生产效率，增加国民财富，提高个人收入水平。

人力资本也有数量和质量的规定。我们通常根据社会或一个组织中的劳动力人数来确定其人力资本的数量规模。我们也可以根据劳动者个人能力和素质来确定其所具有的人力资本的质量。

二、人力资本的特征

与物质资本相比,人力资本具有自己的特性。

(1)人力资本是寓寄在劳动者身上的一种生产能力。人是人力资本的天然载体,表现为人力资本的知识、技能、智力、工作经验与熟练程度所形成的生产能力均寓寄在活生生的劳动者的身上,以劳动者的生命存在和良好的健康状况为基础,劳动者的生命消亡,人力资本也随之消失。

(2)人力资本的所有权不能转让或继承。因为人力资本与其所有者是不可分割的,所以由所有者的知识、技能、智力、经验、健康等表现出来的生产能力就永远寓寄在其所有者身上,无法转让或被他人继承。

以上两个特点,决定了人力资本的价值不能像物质资本那样可以静态地以货币来计量,而只能在动态中即人力资本的使用中,通过对劳动者的工作绩效的评价加以确定。

(3)人力资本具有时效性。这是因为,一方面人力资本会随人自身时间的有限性而流逝,如不及时利用就会造成浪费;另一方面在科技发展、更新越来越快的新时代,人力资本必须随时代的发展不断更新,否则就会贬值甚至失效。

(4)人力资本具有累积性。物质资本的不断使用会出现有形或无形磨损而失去效能,而人力资本随着使用次数的增加,不仅不会被消耗,反而会不断累积增加。因为,构成人力资本的知识、技能、经验、熟练程度等要素都有随使用的增加而不断提高的特性,只要及时更新必要的知识和技能,人力资本的使用过程就是人力资本不断增加累积的过程。

(5)人力资本具有无限的潜在的创造性。构成人力资本的诸要素是人能够成为生产者(劳动者)的根本性要素,劳动者探索世界、发现财富、创造财富,都是对这些要素的运用。从这个意义上说,人的创造能力就是寓寄于人体中的人力资本的特质。因此,人力资本是一种最具活力的资本,对社会发展具有无限的潜在的创造性的推动作用。

(6)人力资本具有收益的迟效性、递增性、长期性和多方面性的特点。所谓收益的迟效性,是指人力资本的投资不是当时投资当时就能获益,而是要通过一定时期的学习,在劳动者的知识、技能、工作经验不断积累提高,达到一定的水平和标准后,才能发挥生产性作用,产生收益。所谓收益的递增性,是指人力资本使用所带来的收益呈不断增加的趋势,这是由人力资本具有累积性和富于创造性决定的。所谓收益的长期性，是指人力资本一旦发挥效能，就会在相当长的时期内不断取得收益，对于劳动者个人来说，甚至是终身受益，而且，人力资本具有创造性的特质，如做出科技发明和创新成果，其为社会带来的收益往往超出一个人的有生之年，延续更长的时间。所谓收益的多方面性，是指人力资本的运用不仅会带来经济收益的提高，还会带来社会、文化等多方面的收益。

三、人力资本的类型

既然人力资本表现为劳动者拥有的知识、技术、智力、经验、熟练程度等能力，那么不同的劳动者因其知识、技术、智力、经验、熟练程度等方面存在着差异，使人力资本具有层次性。西奥多·舒尔茨曾划分了五类具有经济价值的人类能力，即学习能力、完成有意义工作的能力、进行各类文艺体育活动的能力、创造力、应付非均衡的能力，以此作为人力资本分类的标准。如果从企业的角度去考察人力资本，我们可以把人力资本分为四个层次，即技能型人力资本、技术型人力资本、管理型人力资本和经营型人力资本。

技能型人力资本是指具有某种操作知识和技能，能通过这些知识和技能的合理应用，完成特定体力活动的人力资本，如各类操作人员；技术型人力资本是指具有某方面特殊知识和专长，能在特定领域运用这些知识和专长进行创新活动的人力资本，如各类技术人员；管理型人力资本是指具有较广的知识面，能组织、指导、协调他人从事某些活动的人力资本，如各类管理人员；经营型人力资本是指具有广博的知识和学习创新能力，能通过判断对各类资源进行优化配置的人力资本，如各类经理人员和企业家。

四、人力资本理论的形成和发展

人力资本的思想，在经济学创立之初就已经出现。18 世纪，亚当·斯密在《国富论》一书中，就对人力投资做出过分析，他写到："学习是一种才能，需受教育，需进学校，需做学徒，所费不少，这样费去的资本，好像已经实现并固定在学习者的身上。这些才能，对于他个人自然是财产的一部分，对于他所属的社会，也是财产的一部分。工人增进的熟练程度，可以和便利劳动、节省劳动的机器和工具同样看做是社会上的固定资本。学习的时候，固然要花一笔费用，但这种费用，可以得到偿还，赚取利润。"显然，斯密把通过受教育所获得的才能纳入了资本的范畴，认为对人力投资会影响个人收入。1890 年，阿弗里德·马歇尔在《经济学原理》一书中强调：所有资本中最有价值的是对人本身的投资。他把对人的投资看做是在学校教育和家庭培养上的总投资，把对孩子的抚养和早期教育看做是父母的投资，认为这类投资具有经济价值和经济效应。可见，马歇尔已经意识到人力资本概念的存在。

人力资本理论的发展是在 20 世纪 50、60 年代。当时的一些经济现象引起经济学界的关注，如美国出现了经济总产出增长率大于资本积累率与劳动力增长率之和的情况；德日两个"二战"战败国在实物资本饱受战争破坏、国内自然资源匮乏的条件下经济迅速崛起；而一些发展中国家实行以资本积累为导向的工业化战略，却未取得预期成效，等等。这些经济现象都是传统的经济增长理论难以解释的，被称为"现代经济增长之谜"。经济学家们在研究这些谜团的过程中发现：产生这些问题的原因在于相对于物质资本而言，人力资本在经济增长中发挥了更大的作用。在人力资本理论的发展过程中，经济学家西奥多·舒尔茨、加里·贝克尔、雅各布·明塞尔是做出过杰出贡献的典型代表，他们从不同的方面、不同的角度阐述了人力资本投资对个人收入的影响和对经济发展的促进作用，以及影响科技发展的各种因素、教育的意义和教育投资等问题，推动了人力资本理论的发展，奠定了当代人力资本理论的基础。他们的主要贡献有以下几点。

(1)西奥多·舒尔茨。其代表作是《人力资本投资》。舒尔茨在 1960 年美国经济学会年会上发表了《人力资本投资》的演说，系统、深刻地论述了人力资本理论，开创了人力资本研究的新领域，被称为"人力资本理论之父"。舒尔茨的人力资本理论的基本观点可归纳如下：①有技能的人的资源是所有资源中最为重要的资源；②人力资本投资是效益最佳、回报率最高的投资；③教育投资是人力资本投资的主要部分，教育对经济发展有重要影响；④人力资本理论是经济学的重大问题。由于在人力资本理论上做出的卓越贡献，舒尔茨荣获了 1979 年度的诺贝尔经济学奖。

(2)加里·贝克尔。其代表作是《人力资本》、《家庭经济分析》。贝克尔的最大贡献在于构造了人力资本理论的微观经济基础，并使之数学化。他把人力资本观点发展为确定劳动收入分配的一般理论，为人力资本理论创造了一个一般可用的分析架构。他的人力资本思想在其《人力资本》一书中得到体现，主要有：①提出了人力资本投资的目的既要考虑将来的收益，也要考虑现在的收益；②强调在职培训是人力资本投资的重要内容；③提出了人力资本投资收益率计算公式；④提出了年龄—收入曲线；⑤说明了高等教育收益率，比较了不同教育等级之间的收益率差别；⑥提出信息的收集也是人力资本的内容，具有经济价值。贝克尔还把人力资本研究框架引入家庭经济分析，把许多家庭行为看成与人力资本有关。他是 1992 年度诺贝尔经济学奖的获得者。

(3)雅各布·明塞尔。其主要贡献是用人力资本解释个人收入的差别。他发现收入之间存在差别的原因在于人力资本的质和量上存在差别。

此外，在人力资本理论体系的完善发展中，加尔布雷斯、爱德华·丹尼森、罗默、卢卡斯等经济学家也都做出过贡献。

第二节　人力资本投资的基本模型

一、人力资本投资的主要形式

人力资本的形成，不是无代价的，是要消耗一定量的金钱和其他稀缺资源的，即它要依靠投资来达到。贝克尔认为，通过增加人的资源而影响未来的货币和物质收入的各种活动，叫做人力资本投资，即人力资本投资是指通过对人的投资，增强人的生产与收入能力的一切活动。一般来说，劳动力素质结构中的知识存量、技能状况、生理与心理健康状况构成人力资本的实体。所以，凡是有利于形成和增强劳动力素质结构的行为、费用，以及有利于改善和提高人力资本利用效率的行为、费用，都属于人力资本投资的范畴。

通常，人力资本投资有以下几种主要形式。

1. 各级正规教育

教育投资是人力资本投资中最重要的形式，包括学前教育和小学、中学、大学等正规教育的费用支出。不论投资主体是政府还是社会团体、劳动者个人及其家庭，其用于普通教育的费用均属于人力资本投资。初等教育和中等教育的目标是培养和发展人的一般认识能力，为以后的其他教育打好基础；高等教育是专业性教育，其主要任务是传授、探索和发展社会已有的文化科学成就，解决对自然、社会、思维发展规律的认识。通过普通教育投资，形成和增加了人力资本的知识存量，表现为人力资本构成中的"普通教育程度"，用学历来反映人力资本的存量。我们可以依据劳动者接受学校教育的年限、劳动者的学历构成，去判断、比较一个国家或地区、家庭、劳动者个人在某一时期的人力资本存量。

2. 职业技术培训

职业技术培训投资一般是指人们在接受完正规教育后，为获得并发展从事某种职业所需要的知识、技能和技巧所发生的投资支出。职业技术培训的主要目的是直接训练和发展人的任职能力，因此，职业技术培训投资侧重于人力资本构成中的职业、专业知识与技能存量，其表现是人力资本中的专业技术等级。通过了解职业技术培训规模和人力资源的专业技术等级结构状况，就可以比较方便地对一国或一地区一定时期人力资本的规模进行比较和鉴别。

3. 健康保健

用于健康保健、增进体质的费用也是人力资本投资的主要形式之一，包括劳动者营养、衣着、住房、医疗保健和自我照管、锻炼、娱乐等所需的费用。健康保健人力资本的水平可以用"健康时间"，或者由工作、消费和闲暇活动的"无病时间"来衡量。这方面的投资效果主要表现为人口预期寿命的提高和死亡率的降低。作为人力资本的载体,人们的健康状况和平均寿命是各种人力资本借以发挥作用的基础,人们平均寿命的高低直接决定着各种形式投资的作用和这些人力资本存量的价值。健康状况的改善和平均寿命的提高,意味着劳动者生产力的提高,人们将有更多的时间和更充沛的精力、体力从事生产活动,也减少了因生病而造成的工时损失。这些对社会的经济发展具有极其重要的作用,因此许多国家把医疗保健投资定为一项基本国策,家庭个人也日益重视保健投资,它将成为消费支出的重要组成部分。

4. 劳动力流动

劳动力流动包括国内流动和国际流动。国内流动是指劳动力资源在国内空间中的迁移;国际流动指人力资源在国际间的迁移。劳动力流动费用本身并不能直接形成或增加人力资本存量,但是,通过劳动力的合理流动,在宏观上可以实现人力资本的优化配置,调整人力资本分布上的稀缺程度;在微观上可以使个人的人力资本得到最有效率的使用,进而提高个人的收入水平。所以,它是实现人力资本价值和增值的必要条件。目前,劳动力在国际间的流动日益频繁,由于跨国流动者大多数是受过较高教育者,他们身上凝聚着较高的资本存量,因此,对流出国来说,是人力资本的流失,对流入国来说,是人力资本的增加。对发展中国家来说,如何减少人才外流、吸引境外人才,是当前面临的一个重要的现实问题。

此外,为获取劳动力市场的工资和职业信息,企业招聘雇员所花的费用也可以视为人力资本投资。

二、人力资本投资的主体

人力资本投资的主体具有多元性的特征,不同性质的投资主体在投资行为、投资方式上有各自的特点。

1. 个人

个人是人力资本最主要的投资者,也往往是所有人力资本投资形式的投资者。个人进行人力资本投资的最终目的是追求效用或效益的最大化,以提高自己及家人的生活质量。一般而言,个人可以从人力资本投资中获得经济和非经济两方面的收益。经济收益包括职业选择、收入提高、保障提升、职位升迁、就业机会和消费效用增加等。非经济收益主要包括精神与心理上的满足、社会地位的提高、生活环境的改善、婚姻上的优势等。个人的人力资本投资,一般受两方面条件的约束。一方面受个人投资资源的约束,如收入水平和时间;另一方面受市场供给条件的约束,如教育和职业训练的供给状况。其实际水平最终取决于人力资本投资市场的条件。个人人力资本投资者投资的总收益取决于工作生命的长度,其收益的实现程度取决于人力资本市场的供求状况。

2. 企业

通常，企业所需要的人力资本，可以通过两个途径获得：一是企业直接从人力市场上购买或租用；二是自己进行人力资本投资。这种投资主要集中于在职培训上，其获得的人力资本往往更符合企业的特殊需要。企业进行人力资本投资的目的是追求利润最大化。由于企业既是人力资本的投资者，又是人力资本的需求者，所以企业进行人力资本投资的选择更注重实际需求，侧重于在职技术培训。一个人经过在职技术培训可以大大地提高生产效率，为企业带来更多的利润。然而，如果受训者脱离了该企业，则企业就将蒙受经济损失。所以，一般的、通用的技术培训多数不再由企业来承担，而是由社会专门机构去承担。即使在企业内部进行一般技术的培训，其投资成本往往是通过降低受训者在训期间的工资水平转嫁到受训者身上的。

3. 政府和社会团体

政府和社会团体也是人力资本最主要的投资者之一。它们对人力资本的投资领域几乎是全方位的。政府进行人力资本投资是为了提高全体国民素质，进而带来一系列积极的社会效益，是为了最大限度地开发本国的人力资源和改善本国个人收入的分配状况等。

三、人力资本投资的基本模型

无论不同的投资主体投资侧重点如何不同，它们的决策模式是基本类似的，即人们要对当前时期付出的成本与将来能够得到的收益进行比较，以决定是否进行投资。只有当未来预期的投资收益超过当前的投资成本时，投资才有吸引力。由于货币具有时间价值，即现在的一元钱价值要大于将来的一元钱价值，所以比较时必须将未来的收益值按某一贴现率折现。

一般来说，有两种方法可以用来评估人力资本投资决策。

1. 净现值法

净现值法就是把未来收益与成本按预定的贴现率进行折现后，比较两者的差额，如果差额为非负值，以追求终身效用最大化为目标的投资主体，就愿意继续投资；如果差额为负值，则投资就终止。

首先，计算投资预期收益现值。设某项人力资本投资在未来 t 年内可以为投资者带来收益 B_1，B_2，…，B_t，贴现率为 r，t 年内折现的收益为 PV，则

$$\text{PV} = \frac{B_1}{(1+r)^1} + \frac{B_2}{(1+r)^2} + \cdots + \frac{B_t}{(1+r)^t} = \sum_{i=1}^{t} \frac{B_i}{(1+r)^i} \ (i = 1, 2, \cdots, t)$$

其次，计算投资预期成本现值。设某项人力资本投资的成本为 C，在 n 年内

完成，每年的投资成本为 C_1，C_2，$\cdots$，C_n，贴现率也为 r，n 年内投资成本的现值为 PVC，则

$$PVC = \frac{C_1}{(1+r)^1} + \frac{C_2}{(1+r)^2} + \cdots + \frac{C_n}{(1+r)^n} = \sum_{j=1}^{n} \frac{C_j}{(1+r)^j} (j=1,2,\cdots,n)$$

最后，比较收益与成本的净现值。设净现值为 Q，则

$$Q = \sum_{i=1}^{t} \frac{B_i}{(1+r)^i} - \sum_{j=1}^{n} \frac{C_j}{(1+r)^j} \geqslant 0$$

可见，人力资本投资的原则是使净现值为非负值。

2. 内部收益率法

内部收益率是个人所能接受的最低贴现率，它应大于或至少等于其他投资的报酬率。它要回答的问题是：要使投资有利可图，贴现率应该有多大？人们在计算这种内部收益率时，首先通过使收益的现值与成本的现值相等，即根据 $\sum_{i=1}^{t} \frac{B_i}{(1+r)^i} = \sum_{j=1}^{n} \frac{C_j}{(1+r)^j}$ 求出内部收益率 r，然后再将该内部收益率与其他投资的报酬率加以比较。如果人力资本投资的内部收益率 r 大于其他投资的报酬率，则该人力资本投资就是有利可图的。

第三节　教育投资的经济分析

一、教育投资的成本与收益

教育是人力资本投资的重要形式。在一般情况下，人们在接受完法定义务教育之后，将面临多种选择，最基本的选择就是对就业与继续上学的权衡。是立即进入劳动力市场寻找就业机会，还是接受更高层次的学校教育如上大学等进行人力资本投资，取决于人们对若干因素的考虑，其中最重要的是经济因素，即对各种形式的成本与收益进行比较。

教育投资从投资主体来看，可以分为宏观教育投资和微观教育投资。宏观教育投资是指一个国家的政府和其他部门、团体、组织花费在国民教育上的支出，包括校舍建设、教学设备购置、教职员工的工资、图书资料购置等。微观教育投资是指家庭或个人花费在教育上的支出。以下，我们只从微观教育投资的角度，以高中毕业生选择参加工作还是上大学为例，分析教育投资的成本与收益。

1. 成本

大学教育投资的总成本包括货币成本和非货币成本。货币成本由两部分组成，即直接成本与间接成本。直接成本是指接受大学教育直接发生的各种费用，包括学杂费、书本费等。日常生活费用一般不列入教育投资的直接成本，因为这

些费用无论个人是否上大学都是要支出的，但直接成本中应当包括那些因为上大学而额外增加的生活费用。

间接成本又称机会成本，是指因上大学无法去工作而放弃的收入。显然，个人投资大学教育的机会成本是无法精确测量的，一般我们用假设个人不接受大学教育而直接参加工作可能得到的平均收入来估算教育的机会成本。统计结果表明，高等教育的这种机会成本约占个人教育投资成本的 50% 以上。

大学教育投资的非货币成本一般是指由于上大学而承受的心理成本。读书是一件很辛苦的事，必须付出极大的努力，为了获得学历或学位要承受一定程度的紧张和压力，这对一些人来说是一种相当大的负效用，而有些人会视学习为一种享受，会以此能获得新知识而感到愉悦和满足。显然，大学教育的非货币成本的大小取决于个人的主观感受和评价，很难进行量化。所以，我们在后面的分析中将略去对非货币成本的分析。直接成本和间接成本分布在整个大学学习期间，是一个预期值。

2. 收益

大学教育投资的总收益也包括经济收益和非经济收益。经济收益是从终生收入来看，上大学的人一生得到的收入超出没有上大学的人一生相应年份得到的收入的部分。表现为家庭或个人货币收入增加、福利状况改善、生活质量提高等。这种收入的超出部分是建立在对未来预期的基础上的，它是一个预期值。这种预期是以已经发生的事实为基础的，我们可以用统计的方法来估算这个预期值。如果我们用 n 表示工作年限，W_t^1 表示大学毕业后个人未来第 t 年的货币收入，W_t^0 表示没有上大学的个人同期的收入水平，在影响收入的其他条件相同的情况下，这个预期值的现值为 $\sum_{t=1}^{n} \dfrac{W_t^1 - W_t^0}{(1+r)^t}$。

非经济收益包括大学学历给个人带来的社会地位或声誉的提高，知识面的扩展使个人的生活兴趣更加广泛、精神生活更加充实等。由于非经济收益很难准确计量，我们在后面的分析中也将略去对它的分析。

二、教育投资的决策

判断教育投资的规模多大为合理，必须考虑投资的成本和收益以及特定的约束条件。以下我们以 18 岁高中毕业生是否继续求学为例，进行教育投资决策分析。如果单纯从上大学能不能为他在将来的工作中带来更多的收入的角度来看，理性的决策应该是对上大学的成本与收益进行比较，估算出未来预期收入的增加值。

假设大学教育的学制为 4 年，毕业后立即参加工作，一直工作到 60 岁。设 W_t^0 为高中毕业生在年龄 t 时的年收入，W_t^1 为大学毕业生在年龄 t 时的年收入，

PV_a 为大学毕业生比高中毕业生多获得的收益的现值，则有

$$PV_a = \sum_{t=22}^{60} \frac{W_t^1 - W_t^0}{(1+r)^{t-21}} \qquad (r \text{ 为贴现率})$$

又设 C_t 为该生接受大学教育 4 年中，年龄为 t 时的年教育投资成本，包括直接成本和机会成本(社会成本忽略不计)，PV_c 为成本现值，则有

$$PV_c = \sum_{t=18}^{21} \frac{C_t}{(1+r)^{t-17}}$$

令收益现值与成本现值相等，求出内部收益率 r。即

$$\sum_{t=22}^{60} \frac{W_t^1 - W_t^0}{(1+r)^{t-21}} = \sum_{18}^{21} \frac{C_t}{(1+r)^{t-17}}$$

另设 S 为其他投资报酬率或个人的时间内生偏好率即个人对时间或货币用于投资或消费的偏好程度。由于个人的时间内生偏好率是因人而异的，因此，在比较 r 与 S 时，要具体情况具体分析。一般来说，当 $r>S$ 时，个人会选择大学教育投资；当 $r=S$ 时，有人会感到满意，从而决定投资大学教育，另外一些人会感到不满意，而选择其他消费；若 $r<S$，个人将不会进行大学教育投资。教育投资的决策模型可用收入流曲线表示，如图 5-1 所示。

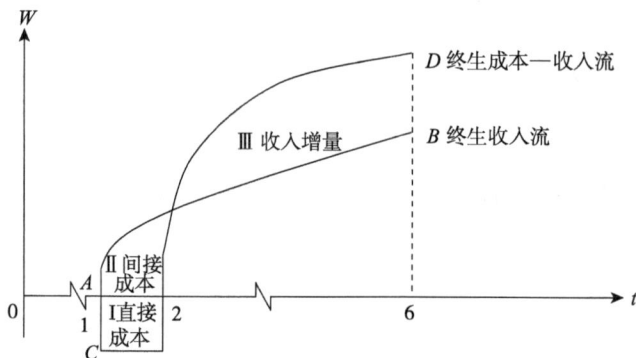

图 5-1　教育投资分析模型

在图 5-1 中，横轴为年龄 t，纵轴为年工资收入 W，曲线 AB 代表 18 岁高中毕业后不上大学，立即工作的终生收入流曲线；曲线 CD 代表高中毕业后先上大学，待大学毕业后工作的成本—收入流曲线。区域I代表上大学期间支出的直接成本，区域II代表上大学期间所放弃的收入，即间接成本或机会成本。区域I与区域II的面积之和，为上大学的个人的总成本或总投资。区域III代表大学毕业后参加工作直到60 岁退休止可获得的收入增量，它等于接受大学教育与未接受大学教育的收入流的差额。若按某一贴现率 r 贴现，在现值的基础上，当(I+II)=III时，r 即为投资报酬率。若 S 给定，从成本—收益的角度判断，只有当III≥(I+II)时，人们才会选择大学教育投资。

从以上分析中，我们可以得出以下结论。

(1)在其他条件不变时，若上大学的总成本降低，就会刺激大学教育投资的增加，反之，上大学的总成本上升，对大学教育的需求会下降。例如，在经济衰退时，因高中毕业生找工作困难，或即使找到工作所能得到的收入较少，从而降低了其上大学的机会成本，这就可能激发其去上大学。

(2)在其他条件不变时，若大学毕业生与无大学学历劳动者之间平均工资报酬的差距越大，就越能促使更多的人去接受大学教育，反之，则会抑制大学教育投资，即收入增量流的规模对教育投资决策有重要影响。

(3)年龄是影响教育投资决策的重要因素。由于与年长者相比，年轻人未来的工作时间长，从而其总收益的现值更大，所以年轻人更愿意接受进一步教育，即收入增量流的长度对教育投资决策也会产生影响。

三、教育投资的评估

（一）个人教育投资的评估

个人决定进行大学教育投资，不仅要收回自己的投资成本，还要取得高报酬，那么他的愿望能否实现呢？根据美国学者的研究资料表明，该国高等教育投资的私人收益率，从1959年以来大多保持在10％～15％，它已经相当甚至稍高于物质资本投资的收益率。然而，需要指出的是，在评估教育的收益时，有一些因素可能会使教育的收益被高估或低估。这些因素主要涉及能力与学校教育的关系、心理收益、能力与择业的关系等。

首先，人的能力与学校教育有一定的联系，但不能得出受过同等教育的人具有同等能力的结论。事实上，不同的人即使受了同等教育，他们之间依然存在着能力上的差异。精明强干的人往往越有可能获得更多的学校教育，即使他们没有获得更多的教育，他们的生产率也可能比其他人高。当现实生活中能力与学校教育在获得高报酬时都能发挥作用，而能力指标又不能被观察时，人们就有可能将高报酬归于高学历，这时，教育投资的收益就可能被高估。其次，人们从事某项工作所获得的报酬应由经济收益和心理收益构成，心理收益就是人们从事某些工作能给他带来愉悦的感受，如果在评估教育投资收益时，忽略了人的心理收益，那么教育收益就可能被低估。最后，能力与职业的选择存在着多种可能性。例如，某人上大学就是为了毕业后从事教师职业，然而种种因素使他只能从事教辅工作，从而报酬较低；同理，一个没有读大学的人自修完成了从事教师职业所需的各项课程，他获得的报酬可能没有大学毕业生的报酬高，这些情况表明，既可能存在低估那些决定上大学的人的教育收益，也可能存在高估那些不上大学的人放弃的教育收益。

(二)文凭的信号功能

高等教育的学历文凭具有一种发现哪些人具有高生产效率的信号功能。这在企业招聘员工的场合作用特别明显。在企业招聘员工时,雇主一般不可能完全知道求职人员的实际生产效率。雇主所能观察到的是一些与求职者的生产效率有关的特征,如年龄、性别、工作经验和受教育水平等,这时,按教育文凭的信号功能假说,求职者的受教育水平对企业决定录用员工具有重要影响。其道理可以简述如下:

假设雇主面对两类求职人员,一类人员的生产率为1,另一类人员的生产率为2,雇主不能甄别这两类人,这时,雇主只好假定所有人员的平均生产率为1.5,用1.5的工资水平雇用员工。如果雇主有一种手段可以排除生产率为1的人仅雇用生产率为2的人,企业利润就会增加,雇主就会去使用这种手段。市场上所有的企业都这样做,结果就是,生产率为2的人的工资为2,生产率为1的人的工资为1。教育年限可以起到这种甄别作用。

如果雇主认为 e^* 年的教育可以作为甄别手段,那么等于或高于 e^* 年教育的人员得到的工资率为2,而低于 e^* 年教育的人员得到的工资率为1,见图5-2。

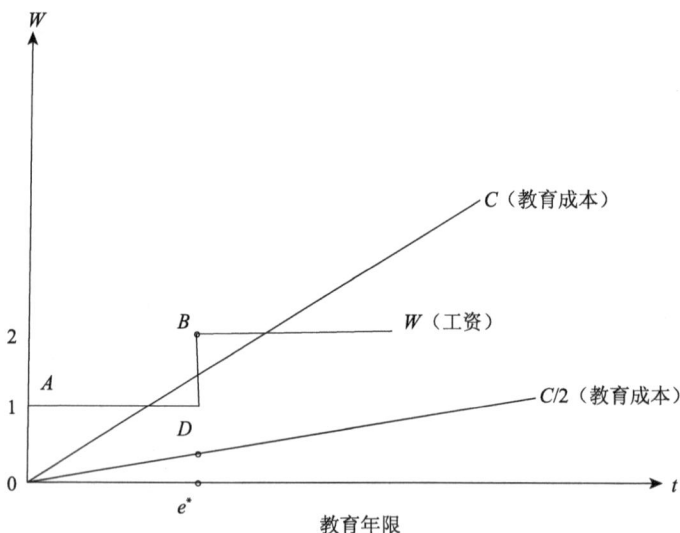

图5-2 教育信息的收益和成本

得到 e^* 年的教育是要付出成本的,对于不同的人来说,心理成本的差异是巨大的,而且,付出的心理成本与个人的生产效率往往是有关的,即不同的个人具备相同的生产效率,其付出的教育成本是不同的。如果那些善于学习、能用较低的成本达到一定教育水平的人员,就是在工作中更有效率的人员,那么,教育年限的信号功能就能体现出来。图 5-2 中有两条教育成本线，其中，低生产率者因不善于学习，其教育成本曲线为 C，高生产率者因善于学习，其教育成本曲线为 $C/2$。在这种情况下，人们的选择一定是：工资报酬的贴现值与其教育成本之间差距最大的值，这对他最有利。因而，对于教育成本为 C、工资率为 1 的人来说，教育年限为 0 时的差距最大；而对于教育成本为 $C/2$、工资率为 2 的人来说，教育年限为 e^* 时的差距最大。可见，只有教育成本为 $C/2$ 的人，才会选择接受 e^* 年的教育。这样，e^* 就成为市场上甄别劳动力质量的信息标志。

这是一种运用群体特征的信息来甄别、筛选求职人员的方法。其优点是，使用这种方法挑选人，企业可以大幅度降低雇佣成本。弊病是，由于统计结果存在一定的置信区间，统计数据表示的群体状况，并不一定表明群体内所有的个体都符合群体特征，即可能存在有些有学历的人并无相应的能力，而有些有能力的人并无学历的情况。这些情况都会使劳动力市场的供求双方遭受损失。

第四节　在职培训的经济分析

正规的学校教育仅仅是人力资本积累和技能发展的一部分。正规学校教育之后，另一种意义的人力资本投资——在职培训开始了。在职培训一般是指对已在企业中从事有酬劳动的劳动者进行的职业技术培训。广义的在职培训还包括"在干中学"。随着现代科技和生产发展对人力资源质量的要求的日益提高，在职培训已越来越受到重视。

一、在职培训的成本与收益

1. 成本

在职培训的成本因培训的性质、内容、种类等不同而不同。在职培训的成本主要包括直接成本和机会成本。直接成本包括受训者在培训期间的工资和举办培训活动所需支付的其他直接费用，如聘请培训师的费用、租用培训场地和设备的费用。机会成本主要有两部分：①企业因受训员工参加培训而导致受训者的生产率下降给企业带来的工时和其他应得收入的损失，以及因利用有经验的员工和生产设备从事培训活动而给企业正常经营造成的损失，这是企业实施培训的机会成本。②受训员工因参加培训而减少的收入，以及参与培训所付出的时间和精力损失，这是受训者参加培训的机会成本。

2. 收益

在职培训的直接结果是促使受训者劳动熟练程度、劳动技能、劳动所需知识等人力资本存量的增加，在职培训的最终收益是企业员工的劳动生产率得到提高。

对企业而言，其收益表现为能提高市场竞争力，获得更多的利润。假设员工在培训前的边际产品价值为 VMP_a，培训后的边际产品价值为 VMP_b，那么，培训的收益就是 $VMP_b - VMP_a$，当然，雇主还必须把培训收益与成本折成现值进行比较，即 $\sum_{i=1}^{n} \frac{VMP_{bi} - VMP_{ai}}{(1+r)^i} > C$，$(i=1, 2, \cdots, n)$。由于培训的收益不是一次性收回的，所以只要员工培训后继续留在该企业服务，收益就存在。

对受训者而言，其收益表现为收入和福利的增加，以及择业能力的提高。不过，受训者的不同年龄段对其收益会产生重要影响，因为不同年龄段的人接受培训的个人成本和收益有很大的差异。年龄处于学习阶段的年轻人，学习能力强，心理压力小，耗费成本少，而受训后的工作时间长，即获得较大收益的时间长，培训的总收益就越大，这样，他就能获得较高的净收益。相比之下，年龄越大的受训者，一方面因自身学习能力的减弱会增大成本；另一方面，受训后工作时间较短，收益部分也相应减少，这样，年龄较大者的收益率就较低，甚至会发生收益不能弥补成本的情况。

二、普通培训与特殊培训

在职培训有两种基本类型：普通培训和特殊培训。普通培训是指员工通过培训获得的职业技术知识、技能适用于多个企业。特殊培训是指员工通过培训获得的职业知识、技能只对提供培训的企业有用。两类培训的区别主要体现在概念上，因为现实中多数培训是两方面兼而有之，只是培训内容有所侧重。理论上对两类培训进行区分的原因在于培训的成本和收益在不同的类型下是不同的。企业在培训问题上，需要做出两方面的决策：一是投资多少用于培训；二是如果投资于培训，那么如何才能收回投资，这主要涉及怎样设计培训期间和培训后员工的工资。下面就来探讨如何收回投资，即如何设计培训期间和培训后员工的工资问题。

（一）普通培训的成本收益分析

普通培训的特性即员工通过培训获得的技能具有通用性，决定了培训后员工既可以为本企业服务，也可以到其他企业去谋职，并获得一个与其技能相称的较高的工资率。那么，培训成本由谁来支付呢？

假设员工在接受培训前，其边际劳动产品价值为 VMP_1，按照边际劳动产品价值（VMP）等于工资率（W）的原则，该员工的工资应为 W_1。经过一段时间培训后，该员工的边际劳动产品价值提高为 VMP_2，相应的应付工资为 W_2。如果培训前和培训期间，企业按照 W_1 水平支付工资，培训后企业按照 W_2 水平支付工资，则培训成本全部由企业承担，没有任何收益。如果企业为了弥补培训成本，在培训后支付给员工的工资率小于 VMP_2，则受训员工就会离开所在企业，流向愿意支付 W_2 的企业。可见，如果其他就业条件相同，培训后，企业要留住员工，支付的工资必须等于 VMP_2。因此，企业一般不愿意为员工提供适用性很强的普通培训，这一类培训任务大多交给各类职业技术学校来完成，学习者以付费的方式承担培训成本。

假定现在企业为员工提供普通培训，那么，合理的办法应该是由受训员工承担培训成本并享受其收益。不过在形式上，受训员工对成本的承担，不采取直接支付的方式，而是以受训职工在培训期间接受一个低于 W_1 水平的工资的方式，间接地支付培训成本，见图 5-3。

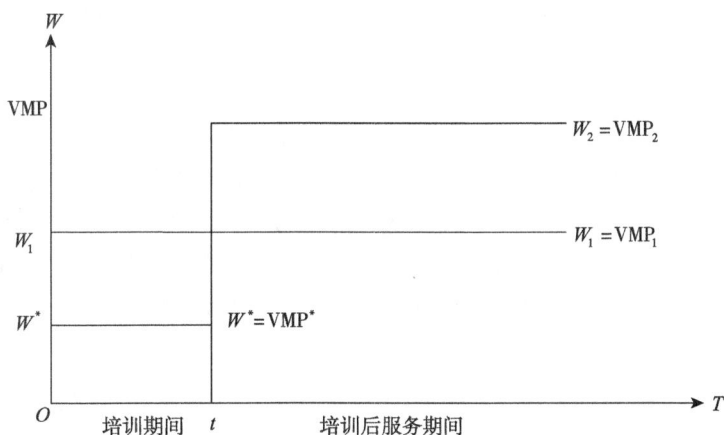

图 5-3 普通培训的成本与收益

图中纵轴为工资率 W 和边际劳动产品价值 VMP；横轴为员工在受训企业的服务时间，其中 Ot 是员工接受普通培训的时间，tT 是培训后的服务期，也是培训投资收益的回报时间。没有接受培训员工的工资率为 W_1，如果员工在企业服务期间 Ot 内始终未接受培训，其工资水平就是 W_1 线，如果员工接受企业安排的普通培训，在培训期 Ot 内，受训员工的边际劳动产品价值为 VMP^*，其工资率为 W^*，低于 W_1，(W_1-W^*) 的差额部分为培训成本，这是由员工个人承担的培训成本。培训完后的服务期间 tT 内，员工的边际劳动产品价值提高到 VMP_2，因而雇主支付给员工的工资率为 W_2，高于 W_1，(W_2-W_1) 的差额部分为培训的收益。

（二）特殊培训的成本收益分析

由于特殊培训的特性是员工接受培训所获得的技能只能在本企业发挥作用，对其他企业没有价值，因此，如果受训后的员工要离开本企业，他们很少或几乎没有有价值的东西可到劳动力市场上出售，即他们到其他企业任职所获得工资率与接受培训前没有什么差别。所以，员工不愿意为特殊培训支付费用。那么，这种特殊培训的成本由谁来承担呢？

如果员工在培训后能留在企业服务很长时间，那么，下面的成本—收益结构安排是可行的。如果员工的工资率为 W_1，雇主可以在培训期间和服务期间支付给员工的工资率均为 W_1，在这种情况下，特殊培训的成本全部由企业来承担，收益也全归企业。如图 5-3 所示，在 Ot 培训期间，企业支付的工资高于受训员工的 VMP^*，这高于的部分相当于特殊培训的成本；在 tT 服务期间，企业支付的工资低于受训员工的 VMP_2，从而补偿了培训成本。如果员工在培训结束后，或在一个较短的服务期后离职，流动到其他企业以 W_1 的工资率就业，这种流动不会使员工受损，但对提供培训的企业来说，特殊培训的成本将得不到补偿，这对企业是很不利的，必须寻找新的办法来解决。

目前企业在处理特殊培训的成本收益关系时，通常有两种办法：一是劳动关系双方达成共识，签订长期劳动合同；二是调整特殊培训的成本—收益结构。尽管在实际经济生活中不少企业采取了第一种办法，但现实的困难是，因受到诸多制度因素的干扰，契约一般不能完全保证投资利润的实现。第二种办法往往更可行，即在培训期间，企业和员工双方分摊培训费用，共担风险，在培训后的雇佣服务期间，双方分享培训收益。这种办法可用图 5-4 来说明。

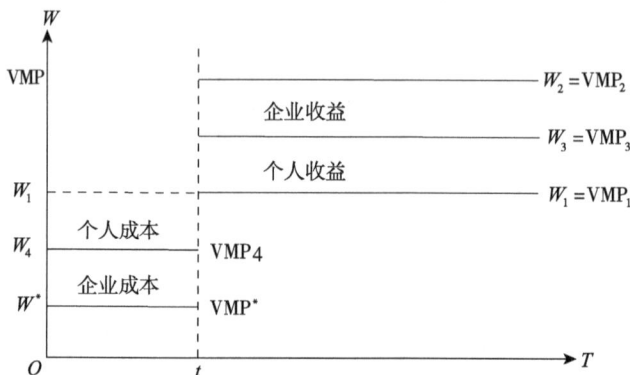

图 5-4　特殊培训的成本与收益

图 5-4 中的符号意义同图 5-3。在培训期间可以向员工支付 W_4 的工资，尽管按照 $VMP=W$ 原则，员工只能拿 W^* 的工资。W_4-W^* 的差额部分就是企业承担的培训成本，W_1-W_4 的差额部分就是员工个人承担的培训成本。在雇佣服务期间可以向员工支付 W_3 的工资，W_3-W_1 的差额部分是员工个人预期的培训收益，W_2-W_3 的差额部分是企业预期的培训收益。企业和员工可以分别对各自的成本与收益进行比较，如果净收益为正，则在经济上就是合理可行的。通常企业可以用离职率、解雇率等指标来加以验证。一般而言，经特殊培训的员工的辞职率要低于普通培训员工的辞职率，因为受训员工承担了一部分培训成本，而且由

此得到的特殊技能还不为其他企业所需要，而不能享有预期的培训收益。同样，企业也不愿意解雇此类员工，因为他们的离去会给企业带来损失。至于双方各自承担多少成本和分享多少收益，可通过双方协商来解决。上述分析表明，这种成本—收益结构有利于在企业与雇员之间建立起长期的劳动关系。

综合以上的分析，可以得出，在职培训具有以下特性。

(1)普通培训与特殊培训都涉及成本和收益。在普通培训下，个人既负担成本又在以后获得收益；在特殊培训下，成本和收益由提供训练的企业和获得训练的员工分享。

(2)在两种情况下，个人对训练成本的支付都是通过在培训期间接受一个比市场均衡工资低的工资来进行的，这种成本是接受培训的机会成本。

(3)在需要特殊训练的工作中，人们所得到的工资率，在训练期间大于其VMP，其后则少于其VMP；在需要普通训练的工作中，人们所得到的工资率始终等于其VMP，其VMP会随训练时间的增加而上升。

(4)在职培训的投资存在风险。这种风险就是人力资本投资的收益存在不确定性，投资不总能带来丰厚的回报，甚至会亏本。

在职培训还有许多问题值得考虑，如随年龄与经验上升的"学习曲线"会因知识的贬值和陈旧而影响其上升趋势；人们在职业选择和在职培训决策时不仅会考虑经济收益，还会考虑许多非货币因素；员工的生产力不仅决定于其能力，还决定于其动机；等等。

第五节　中国的人力资本投资

一、教育投资的现状

近年来，随着中国政府提出"实施科教兴国发展战略"，明确"大力发展教育和科技事业，把经济发展切实转到依靠科技进步和提高劳动者素质的轨道上来"的发展思路，增加教育投资以增加我国人力资本存量和提高人力资本质量，已成为我国各级政府工作的一个重要内容。

财政部的相关数据表明，2001～2010年，我国公共财政教育投入从约2 700亿元增加到约14 200亿元，年均增长20.2%，高于同期财政收入的年均增长幅度。2001～2010年，我国财政教育支出(指财政性教育经费支出中的公共财政预算部分)占财政支出的比重从14.3%提高到15.8%，教育已成为我国公共财政的第一大支出。这一比例虽略低于美国，但高于法国、日本、德国等许多发达国家(各国财政支出口径略有差异，但总体上具有可比性)。

第六次全国人口普查的公报显示，与2000年的"第五次全国人口普查"相比，每 10 万人中具有大学文化程度的由 3 611 人上升为 8 930 人,具有高中文化程度的由 11 146 人上升为 14 032 人;具有初中文化程度的由 33 961 人上升为 38 788 人;具有小学文化程度的由 35 701 人下降为 26 779 人。文盲率(15 岁及以上不识字的人口占总人口的比重)为 4.08%,比 2000 年人口普查的 6.72% 下降 2.64 个百分点。此外,《2011 年全国教育事业发展统计公报》数据显示,我国小学学龄儿童净入学率达到了 99.79%;初中阶段毛入学率 100.1%;初中毕业生升学率 88.62%,全国各类高等教育总规模达到 3 167 万人,高等教育毛入学率达到 26.9%。

但是,如果将我国的教育发展水平进行国际比较就会发现,我国的教育依然存在不少问题,其中既有总量方面的问题,也有结构方面的问题。总量方面的问题主要表现在,我国劳动力接受教育的整体水平和国家对教育的投资数量还偏低。虽然我国初中、高中、大学的入学率在不断上升,但是我国适龄青年中大学生人数比重只有 4%,比欠发达的低收入国家的平均水平还低约一个百分点。按照美国社会学家英格尔斯提出的社会现代化指标来看,目前我国的状况仅为现代化标准的 32%。另外,我国国民受教育的年限明显偏低。据 2009 年的统计,我国 15 岁以上人口平均受教育年限为 8.5 年,而那些发达国家和新兴工业化国家人均受教育年限一般在 11～14 年,其中加拿大为 17 年,澳大利亚、新西兰、英国为 16 年,美国、法国、德国等为 15 年。形象地说,我国劳动力平均受教育水平为初中毕业,而发达国家已基本达到大学水平。虽然我国的高等教育入学率在 2011 年年底达到 26.9%,完成了从"精英"教育到"平民"教育阶段的转变,而早在 1996 年,发达国家的平均高等教育入学率已达到 54.75%,其中加拿大为 90%,美国为 81%,澳大利亚为 76%,法国为 52%,德国为 45%,意大利和日本为 43%,我国与发达国家的差距是明显的[1]。

我国政府教育投资占国内生产总值(GDP)的比重也是偏低的。虽然改革开放以来,我国各级政府大幅增加了对教育的投入,但是,我国财政性教育经费占 GDP 的比重一直在 3% 左右徘徊,远低于同期世界 4.4% 的平均水平,始终没有落实《中国教育改革和发展纲要》提出的 2000 年达到 4% 的目标。可见在财政资金的安排上,教育经费支出还没有被放在优先的位置上。由于与物质资本投资相比,教育投资的收益具有迟滞性和间接性,且不易测定和考核,现存的政绩考核机制和追求本地区、本部门经济利益的倾向,都将导致各级政府对教育大量投资的意愿不足。

教育的结构问题主要表现是职业技术教育发展滞后,地区、城乡教育投资水平不平衡和教育所提供的劳动力供给与实际的劳动力需求有所脱节。职业技术教育对经济增长的推动作用已被现代经济的发展过程反复证实,以至于有西方学者

---

[1]　中国科学院可持续发展战略研究组.2001 年中国可持续发展战略报告.北京:中国财政出版社,2001。

认为，对一个国家发展来说，一个健全的中等教育和职业教育体系，是一个比高等教育还要关键的因素。对于我们这样一个劳动力数量非常丰富，技术水平相对较低的国家，发展职业技术教育应该是十分迫切的，应该得到重视。然而现实情况是我国中等职业教育的发展不仅没有有效壮大，反而处于萎缩之中。以 2011 年为例，当年全国中等职业教育（包括普通中等专业学校、职业高中、技工学校和成人中等专业学校）共有学校 13 093 所，比上年减少 779 所；招生 813.87 万人，比上年减少 56.55 万人，占高中阶段教育招生总数的 48.89%；在校生 2 205.33 万人，比上年减少 33.17 万人，占高中阶段教育在校生总数的 47.06%。造成这一问题的主要原因是，社会上还存在较严重的鄙视职业技术教育的观念，职业技术教育资金投入不足，办学条件较差，办学机制不灵活，支持职业技术教育发展的服务体系较薄弱，专业设置、专业结构与社会需要结合得不够紧密等。

地区、城乡教育投资水平的差异是造成地区、城乡之间教育发展不平衡，差距扩大的重要原因之一。随着城乡基本公共服务均等化的推进，财政尤其是中央财政逐步向农村基础教育倾斜。农村义务教育经费保障机制改革逐步将农村义务教育全面纳入公共财政保障范围，建立了中央和地方分项目、按比例分担的机制，农村基础教育发展进入了新的阶段。然而城乡基础教育的差距却依然存在，同时表现出新的特点，以各级教育生均公共财政预算公用经费支出增长情况为例，2010 年全国普通小学为 929.89 元，比上年的 743.70 元增长 25.04%。其中，农村普通小学为 862.08 元，比上年的 690.56 元增长 24.84%；全国普通初中为 1 414.33 元，比上年的 1 161.98 元增长 21.72%。其中，农村普通初中为 1 348.43元，比上年的 1 121.12 元增长 20.28%。虽然农村基础教育投入增速明显，但是结合全国的平均基础教育投入水平和增速来看，城乡还存在差距，而且城市基础教育投入增速仍然高于农村。

教育尤其是基础教育资源投入的根本来源是公共财政支出，这与地方经济发展水平密切相关，因此经济发达的地区公共财政基础教育投入绝对数量远远超过经济落后地区，从而导致地区间教育投入的巨大差距。例如，2009 年全国普通小学生均教育经费支出平均为 4 171.54 元，最高为上海 17 340.39 元，最低为贵州 2 271.10 元，相差 6.64 倍；同样，普通初中生均教育经费支出也相差 6.62 倍。上述数据反映了地区间基础教育投入差距，这种量上的绝对差距会造成教育发展质量上的差距。发达地区教育投入与经济发展相协调，落后地区教育投入只能维持低水平运作，不能为地区经济发展提供潜在的支持，财政教育投入的良性循环始终无法建立。

教育结构的另一个问题是教育所提供的劳动力与实际的劳动力需求发生脱节。这主要是我国僵化的教育体制造成的一个后果。这种体制使我国学校的专业设置、教学内容、教育方式等较严重地滞后于社会经济发展的需要，它使我国在多种专业人才缺乏的条件下，同时出现部分专业人才过剩的结构性问题，导致人力资本利用效率不高；它还会使教育投资形成的人力资本在知识运用、对知识进步的适应等能力上存在缺陷。

二、企业人力资本投资的现状

目前，中国的企业总体上对人力资本投资的重要性认识不足。不少企业片面地认为职工教育是社会行为，把职业培训看做是一种负担。即使对职业培训的重要性有所认识的企业，也大多停留在"说起来重要，做起来次要，忙起来不要"的状态。与此相应，我国的现状是，企业人力资本投资严重不足，随企业所属的行业、经济性质和地区的不同而存在较大差别。

(1)企业职工技术培训在我国很不普及。统计数据显示，只有14.6%的企业建立了技能培训制度；11.1%的企业按照国家规定提取和使用了职业培训经费；16.7%的职工参加过岗位培训班的学习。可见，目前我国绝大多数企业和职工与职工培训无缘。即使是职业培训实施比例最高的外商投资企业，其比例也没有超过25%。

(2)企业职工培训在不同产业之间发展不平衡。一般情况是，第二产业的企业职工培训做得比第三产业好。其原因主要是，近年来我国第二产业发展很快，技术、工艺改造和更新的加快，使企业对员工的素质要求更高，职业技术培训已成为企业取得竞争优势的一个要素；同时，产业的发展也为企业的培训提供更多的经费。相比之下，第三产业还没有相似的环境。

(3)企业职工培训在不同的经济类型企业间存在明显的差别。据调查，目前国内企业职工培训实施状况的排序依次是外商投资企业、股份制企业、国有企业、集体企业、联营企业以及港、澳、台投资企业和私营个体企业。显然，我国企业培训的主要受益者是外商投资企业、股份制企业和国有企业的部分职工，其他类型企业的职工只能得到极有限的培训，甚至根本没有培训机会。造成这种状态的原因，可能是企业的生产规模、技术构成、管理制度和组织架构等因素的影响。例如，外商投资企业和股份制企业在规范化管理、促进职工长期就业和持续学习等方面比其他类型企业更加重视，措施更加有力，这两类企业职工的就业最稳定，学习积极性最高。所以，培训成本最低，培训收益最高，企业的培训投资也最高。而一些国有企业存在着大量"富余"人员，效益不好，它们经常考虑的必然是如何减员，而不是如何促进职工长期就业。

(4)企业职工培训在地区间存在显著差异，中西部地区尤其薄弱。就地区情况看，东部地区的企业职工培训状况要好于全国平均水平，更好于中西部地区；东部地区内各城市间的发展差异要高于中部地区和西部地区。造成地区间存在显著差异的原因，既有产业结构方面的，也有企业经济类型结构方面的和市场化竞争方面的。随着我国改革开放的不断深化和市场经济体制的不断完善，企业职工培训的状况会逐步好转。

此外，目前企业职业技术培训中存在的培训缺乏系统设计、追求表面形式、手法落后单一、急功近利、缺少长期意识等问题，也影响了其健康、顺利的发展。

三、卫生保健事业发展状况

进入 21 世纪以来，中国政府高度重视医疗卫生事业，努力探索中国特色医疗卫生发展道路，整体卫生事业加快发展，覆盖城乡的医疗卫生服务体系基本形成，疾病防治能力不断增强，医疗保障覆盖人口逐步扩大，人民群众健康水平显著提高。总的来看，卫生保健事业取得了以下五个方面重要进展①。

(1)居民健康状况不断改善。人均期望寿命从 2000 年的 71.4 岁提高到 2010 年的 74.8 岁。孕产妇死亡率从 2002 年的 51.3/10 万下降到 2011 年的 26.1/10 万。婴儿死亡率从 2002 年的 29.2‰下降到 2011 年的 12.1‰，5 岁以下儿童死亡率从 2002 年的 34.9‰下降到 2011 年的 15.6‰，实现联合国千年发展目标进展顺利。

(2)卫生资源持续增长。2011 年年底，全国医疗卫生机构达 95.4 万个，其中，医院 2.2 万个、基层医疗卫生机构 91.8 万个。每千人口医疗卫生机构床位数 3.81 张、执业(助理)医师 1.82 人、注册护士数 1.66 人，每万人口专业公共卫生机构人员 4.73 人。

(3)医疗卫生服务利用明显增加。全国医疗机构诊疗人次由 2002 年的 21.45 亿人次增加到 2011 年的 62.7 亿人次；住院人数由 2002 年的 5 991 万人增加到 2011 年的 1.5 亿人。2011 年，中国居民平均就诊 4.6 次，每百居民住院 11.3 人，病床使用率 88.5%，平均住院日为 10.3 天。2011 年，15 分钟内可到达医疗机构住户比例为 83.3%，其中农村地区达到 80.8%。

(4)城乡以及地区间卫生发展差距逐步缩小。2003 年，中国城乡居民基本医疗保障覆盖率分别为 55% 和 21%，2011 年分别增至 89% 和 97%，发生了重要变化。城乡居民健康指标差距逐步缩小，孕产妇死亡率城乡之比由 2005 年的 1：2.15 缩小为 2010 年的 1：1.01；婴儿死亡率城乡差距从 7.2 个千分点下降到 5.9 个千分点。农村住院分娩率西部与东部地区的差异由 2003 年的 34 个百分点下降到 2010 年的 2 个百分点。

(5)卫生总费用发生结构性变化。2002 年中国卫生总费用中个人卫生支出比重高达 57.7%，政府预算卫生支出和社会卫生支出分别占 15.7% 和 26.6%。

---

① 卫生部. 中国医疗卫生事业发展状况，2012-08-17。

2011 年个人卫生支出的比重下降到 34.9％，政府预算和社会卫生支出的比重分别提高到 30.4％和 34.7％。政府卫生支出由 2008 年的 3 593.94 亿元增加到 2011 年的 7 378.95 亿元，年均增速为 21.68％，明显快于同期卫生总费用和财政支出的年均增速。

本章小结

人力资本是一种与物质资本相对应的非物质资本，它是指体现在劳动者身上的、能为其带来收入的能力，它是通过投资形成的，在一定时期主要表现为劳动者所拥有的知识、技能、智力和健康状况。人力资本是寓寄在劳动者身上的一种生产能力，其所有权不能转让或继承，有无限的潜在的创造性，具有时效性、累积性、收益的迟效性、递增性、长期性和多方面性等特点。人力资本投资的主要形式，包括各级正规教育、职业技术培训、健康保健和劳动力流动。评估人力资本投资决策的两种方法是净现值法和内部收益率法。

教育是人力资本投资的重要形式。大学教育投资的总成本包括货币成本和非货币成本。大学教育投资的总收益包括经济收益和非经济收益。判断教育投资的规模多大为合理，必须考虑投资的成本和收益以及特定的约束条件。理性的决策应该是对上大学的成本与收益进行比较，估算出未来预期收入的增加值。

在职培训一般是指对已在企业中从事有酬劳动的劳动者进行的职业技术培训。在职培训有两种基本类型，即普通培训和特殊培训。普通培训下，个人既负担成本又在以后获得收益；特殊培训下，成本和收益由提供训练的企业和获得训练的员工分担和分享。

中国的人力资本发展水平与发达国家相比有较大的差距，存在人力资本存量不足、人力资本结构失衡、人力资本的利用效率低下等问题。必须加大人力资本投资，调整投资结构，加强人力资本投资的制度建设。

关键术语

人力资本；人力资本投资；正规教育；职业技术培训；健康保健；净现值；教育的机会成本；普通培训；特殊培训；

➢ 案例一

人力资本、天赋能力及义务教育[①]

上学是由于提高了生产力而增加了工资呢，还是仅仅由于高能力的人往往更能上学因而表面上似乎提高了生产力而增加了工资呢？这个问题对判断教育的各种理论和评价可供选择的教育政策都是重要的。

如果经济学家可以像实验科学家那样进行受控制的试验，回答这个问题就容易多了。我们可以从学龄人口中选择一些试验对象，然后随机地把他们分为不同集团。我们可以要求每个集团有不同的上学时间。通过比较各集团教育程度差别和以后的工资差别，我们就可以说

[①]　格里高利·曼昆. 经济学原理(下册). 梁小民译. 北京：北京大学出版社，1999；29。

明教育实际上是不是提高了生产率。由于各集团是随机选择的，我们可以确信，工资差别不是由于天赋能力的差别。虽然进行这种试验看来是困难的，但美国的法律正巧提供了十分类似的自然试验。法律要求所有美国学生上学，但各州的法律差别也很大。一些州允许学生在16 岁时退学，而另一些州要求一直上学到 17 岁或 18 岁。此外，法律也一直在变动。例如，在 1970～1980 年，怀俄明州把就学年龄从 17 岁降到 16 岁，而华盛顿州把就学年龄从 16 岁提高到 18 岁。这种不同州和不同时期的情况差异提供了研究义务教育影响的资料。即使在一个州内，义务教育法对不同人也有不同影响。学生在不同年龄开始上学，这取决于他们出生在一年的哪个月。但只要达到最低法定年龄，所有学生都可以退学，并不要求他们上完 1 学年。因此，那些开始上学年龄较小的人比开始上学年龄较大的人上学时间要多一点。一个州内学生之间的这种不同也提供了研究义务教育影响的一种方法。

劳动经济学家乔苏亚·安格瑞斯特（Joshua Angrist）和艾伦·克鲁格（Alan Krueger）用这种自然试验研究正规教育和工资之间的关系。由于每个学生义务教育的时间长短取决于他所居住的州和出生月份，而不取决于天赋能力，所以，把教育提高生产率的影响和能力信号影响分开是可能的。根据安格瑞斯特和克鲁格的研究，那些上完更多学的学生以后赚到的收入比那些上学短的学生高得多。这种发现表明，正如人力资本理论所说明的那样，教育提高了工人的生产率。

虽然确定义务教育的收益是有用的，但它本身并没有告诉我们，这些法律是否可取。政策判断要求更全面的成本与收益分析。至少我们需要比较正规教育的收益与机会成本——学生退学可以赚到的工资。此外，要求学生在学校上学还会对社会其他方面有外部效应。一方面，义务教育会减少犯罪率，因为退学的年轻人是进行犯罪的高危险群体。另一方面，那些仅仅由于法律要求而不得不呆在学校的年轻人会干扰那些更有心接受教育的其他学生的学习。

➤ 案例二

12 年未签劳动合同 飞行员申请辞职引纠纷①

因申请辞职遭单位拒绝，飞行员郭文杰为此将中国民用航空飞行校验中心告上仲裁机构。近日，因不服该裁决，郭文杰和民航校验中心双双向法院提起诉讼。

2008 年 8 月，中央机关及所属事业单位人事争议仲裁委员会对郭文杰与民航校验中心的劳动争议做出裁决，裁决校验中心为郭文杰办理辞职手续，同时裁决郭文杰支付单位培训费人民币 25 218 元和美元 34 795.8 元。因不服该裁决，郭文杰和校验中心双双向法院提起诉讼。

9 月 2 日，飞行员郭文杰向朝阳法院提起诉讼，要求撤销仲裁裁决的第三项即支付校验中心培训费用的内容，同时在继续要求与单位解除劳动关系的基础上，另提出了要求单位给付加班费 391 250.25 元、疗养费 23 万元和经济补偿金 208 666.8 元的诉讼请求。

郭文杰在起诉书中称，1996 年 9 月自己从通用航空公司太原飞行大队调入中国民航飞行校验中心工作，在做飞行员的 12 年间，中国民航飞行校验中心从未与其签订过劳动合同，同时，郭文杰还指出，根据相关规定，空勤人员应每年进行一次为期 25～30 天的健康疗养。然

① 资料来源：刘妍．中国法院网讯．http：//www. chinacourt. org/public/detail. php？ id＝323881，2008-10-06。

而，12 年间他只疗养过一次，且时间仅为 15 天。同时，他指出，依据民航总局飞行标准司的相关规定，在任何连续的 7 个日历日内，被安排一次或一次以上执勤期的机组成员，应安排一个至少连续 48 小时的休息期。但是，其所在单位飞行校验中心则自行规定飞行员每天均可安排飞行任务。飞行校验中心的行为严重侵犯了飞行员健康疗养和休假的权利。

为此，今年 3 月 26 日，郭文杰提出了辞职，飞行校验中心未同意其辞职申请。郭文杰称，其后其劳动人事档案等相关手续被中国民航飞行校验中心扣留。他在起诉书中指出，因辞职后单位不予办理相关手续的移交，使其无法另谋工作并取得生活来源，他认为单位应赔偿为此给其造成的工资损失，他按照自己辞职前 12 个月的平均工资标准，即每月 17 388.9 元索赔工资损失。

郭文杰认为，培训是为了迎合单位的需要，而不是掌握专业飞行技能的必须。而对于复训费，郭文杰认为，依属于用人单位对职工进行的职业培训。同时，由于单位不能提供相关费用的财务票据，因此不同意支付培训费用。

9 月 8 日，中国民用航空飞行校验中心也因不服仲裁裁决，将郭文杰告上朝阳法院，该中心表示不同意办理郭文杰的调离手续，且认可仲裁裁决确定的补偿数额。目前，该两起案件正在进一步审理中。

复习思考题

1. 什么是人力资本？其特点是什么？
2. 人力资本投资的形式有哪些？
3. 怎样进行微观教育投资的决策分析？
4. 在职培训有哪些类型？其成本与收益如何估算？
5. 简述健康投资的性质、费用和效益。
6. 试析当前我国人力资本投资的现状、问题，并提出改善和解决的对策。

第六章

劳动力流动

　　劳动力在不同的地理区域和不同的工作岗位之间的流动，是劳动力在寻找工作过程中的基本现象，在市场经济中起着非常重要的作用。劳动力流动可以促使人力资源与物质资源之间的组合不断优化，使潜在的经济资源转变为现实的生产力，为人力资本在微观层次上的优化配置和宏观层次上的有效利用创造条件。本章主要讨论劳动力流动的类型和动因、劳动力流动的成本收益及劳动力流动的经济效应等。

■第一节　劳动力流动的类型和动因

一、劳动力流动的概念和类型

（一）劳动力流动的概念

　　劳动力流动一般是指劳动者相对于劳动力市场条件的差别，在地区之间、行业之间、产业之间、职业之间和岗位之间的自愿选择和迁移。

　　劳动力流动本质上是劳动力的自主选择行为。因此，对劳动力流动的研究有两个基本假设前提：①劳动力流动是劳动力为了实现自己的利益而自愿迁移的行为。所以，它不包括由雇主造成的流动，如失业导致的劳动力工作岗位的变化。②劳动力市场上，劳动力有流动的自由选择性，而雇主只有选择性而无流动性，因为，虽然劳动力的流动往往由资本的运动所支配，但资本在一定时期内总是固定的。

在现代社会，劳动者在不同工作、不同职业、不同地域之间的流动，是经济生活中的一个常见现象，在市场经济中起着非常重要的作用，它促进了自愿交换的实现。社会依靠劳动者在雇主之间的自由流动来进行劳动力的配置，这种劳动力配置方式可以使劳动者通过流动预期得到更高的收入，选择更好或更稳定的职业，同时使消费者的满足达到最大化。

劳动力流动是一个比人口流动有着更严格限制的题目。劳动力流动不包括随父母迁移的儿童和退休人员在退休时或退休后的流动。因为，退休人员的流动和在职人员的流动受不同的原因支配，退休人员经常流动到气候宜人和那些生活费用低的地方，这样能够增大他们退休金的实际价值，从社会保障中得到更多的收益。

劳动力流动在很大程度上受到劳动力市场化程度的影响。在改革开放前，我国政府通过特定的工资制度和社会保障制度，以及严格的行政控制手段，对劳动力流动进行严格的控制，因而，个人的职业流动率非常低。调查数据显示，20 世纪 80 年代前，北京、无锡、珠海三个城市的职工从事一份工作以后，约需 15～20 年才有一次工作变动，这一间隔时间在 80 年代缩短为 10 年，90 年代进一步缩短为 5 年左右。这表明，随着我国改革开放的进行和社会主义市场经济体制的确立，人们的流动频率已大大加快了。但是，必须看到，与美国、日本等发达市场经济国家相比，目前我国的职业流动率仍然很低，专家研究发现，我国现行的户籍制度、人事档案制度和社会保障制度等仍对人们的职业流动构成一种障碍，所以在我国建立起完善的劳动力市场制度，为人们自由地流动提供条件，仍是一项十分艰巨的任务[①]。

（二）劳动力流动的类型

以劳动力流动的地域和职业特征为依据，可以将劳动力流动分为以下几大类型。

（1）工作岗位之间的流动。这种类型的流动是指劳动力依然从事原来的职业，居住地也不发生变动，只是从一个单位换到另一个单位，或者从单位内的一个工作岗位换到另一个工作岗位。例如，某企业的销售经理流动到另一个企业担任销售主管，银行职员从银行内的一个部门流动到另一个部门从事同样的工作等。这种流动是劳动者实现地位变迁的一种主要方式，它对于激发劳动者的工作积极性有重要的意义。

（2）职业之间的流动。这种类型的流动是指劳动力的居住地未发生变动，但

---

① "中国城镇劳动力流动"课题组 . 中国劳动力市场建设与劳动力流动 . 管理世界，2002，（3）：75～79。

职业发生了变化。它既包括类似职业的变动，如会计人员转职做统计，也包括不同职业之间的流动，如由从教转为经商。它往往是劳动力由于自己或外界的原因主动地转换职业，如劳动者在发现了更适合自己的工作或职业后，会最终流向自己更喜爱的职业。这类职业变动多数发生在年轻人身上，在西方国家，此类变动的劳动者70%在35岁以下。

（3）地域之间的流动。这种类型的流动是指劳动力的职业没有变化，但在地区之间或国家之间进行了流动。例如，一位在跨国公司工作的部门经理，从一个国家或地区流动到另一个国家或地区工作。

（4）地域和职业之间同时发生的流动。据统计，在所有的劳动力流动中，此类流动要占30%[①]。例如，一位农民到城市的工厂当了一名操作工，一位科技人员到外国去经商，等等。

下面，我们主要分析第三、四类的劳动力流动的动因。

二、劳动力流动的动因

（一）劳动力流动的根本动因

从劳动力流动的微观动机分析，劳动力流动的根本动因在于劳动者的个人期望值与个人实现值之间存在的差距。劳动者的个人期望值是指劳动者根据自己的价值观念，对自己在社会中的价值的主观判断。这种期望值或者体现为实现自己的爱好，或者体现为提高自己的事业成就，或者体现为谋求个人的收入提高等。劳动者的个人实现值是指在特定条件下，劳动者在社会中实际实现的价值。在现实社会中，由于工作单位内外各种因素的影响以及个人主观的原因，使一部分人力资本价值无法发挥出来，这是一种潜在价值。由于这种潜在价值的存在，使个人的期望值通常不能完全实现，即劳动者在社会中实现的价值只是期望值的一部分，两者的差额就是潜在价值。如果我们用 V 表示个人实现值，用 V_0 表示个人期望值，用 V_x 表示潜在价值，我们就得到以下公式：

$$V = V_0 - V_x$$

当 V_x 趋向于无限小时，即 V 与 V_0 非常接近时，劳动者的工作意愿稳定，能够在本职工作内进行卓有成效的劳动；当 V_x 趋向于增大时，即 V 与 V_0 之间存在差额，并不断扩大时，劳动者的工作意愿就会日趋不稳定，改变现状实现流动迁移的愿望会日益强烈，即朝着劳动者主观价值实现值大的方向流动。这是从个人意愿的角度来分析的。现实的流动还要取决于流动结果的诱因有多大，以及流动成功的把握性有多大。

---

① 张德远. 西方劳动经济学. 上海：上海财经大学出版社，1999：171。

（二）劳动力流动的经济动因分析

对劳动力流动的研究表明，70％～80％的人的流动是由于经济原因，大约30％的人是纯粹为了改变职业和工作。显然，劳动力流动最直接、最主要的动因在于增加经济收益。这种动因是通过以下几种因素发挥作用的。

（1）区域间劳动力供求的不平衡。劳动力资源和劳动力供给需求状况在各国或各地区之间有很大差别，影响劳动力资源供求的不仅有各个地域的自然因素，如人口的绝对密度及数量，还有各个地域的社会经济因素，如不同国家或地区的经济发展水平和速度。在经济发展较快的国家或地区，人口的自然增长往往赶不上生产对劳动力需求的增长，于是会出现劳动力短缺、就业相对容易的情况，这就会对那些劳动人口相对过剩地区的劳动力产生吸引力，导致这些地区劳动力的流入。经济统计表明，劳动力的地域流动是从经济发展较慢的地区或国家流向经济高速增长的地区或国家。

（2）经济发展水平的差异。经济发展水平决定着劳动力的供求。例如，在发达地区，农业过剩人口的释放已经接近完毕，剩余劳动力在工业化过程中被逐步吸收，庞大的经济规模与巨大的劳动力市场、劳动力吸收能力同时存在，其创造的就业机会远远高于不发达地区，劳动力自然从工业化程度低的地区流向工业化程度较高的地区。也就是说，人们会从工资报酬机会相对较差的地区向工资报酬机会较好的地区迁移。

（3）不同国家和地区间同质劳动力的工资差别。由于存在着同一质量的劳动力在不同的国家或地区的工资水平不同的情况，造成了劳动力在国际或地区间的迁移——从低工资地区向高工资地区的流动。劳动力向高工资国家或地区的短期流入以储蓄为目的，这时，最重要的是比较工资差额，而劳动时间的长短、生活水平的高低则相对不重要。因为流入的劳动人口并不把工资收入的主要部分用在当地消费，他们一般与当地的消费水平关系不密切。当然，对于长期移居的劳动人口来说，生活水平(即实际工资)就具有决定性意义。此外，一般来说，与发达国家或地区相比，不发达国家或地区的工资报酬分配结构较为平均，这就意味着人力资本投资的收益在这些国家或地区要比在发达国家或地区的少。于是，这些国家或地区的部分劳动者就会产生流动的愿望，以求在新的国家或地区获得最大的人力资本投资收益。所以，经常发生劳动力由不发达国家或地区向发达国家或地区短期流动甚至移民的现象。

（4）经济周期引起的波动。一般在经济高涨时，企业开工率高，对劳动力需求大，就业机会多，工资较高，这样的劳动力市场对外来工人既有吸引力又有一定的容量，所以将会吸引较多的劳动力流入。反之经济衰退时，劳动力市场急剧收缩，失业率大幅上升，工人不得不接受较低的工资，此时，不仅劳动力流入会暂时停止，而且会发生劳动力外流和外来工人的倒流。当发生局部性危机、战争、灾害时，会造成经济大波动，同样会对劳动力的地域流动产生深刻影响。此外，劳动力市场周期对劳动力流动也会产生重要影响。当劳动力市场较为宽松时，工人的辞职率趋于上升，劳动力流动趋于增加；当劳动力市场较为紧张时，工人的辞职率趋于下降，劳动力流动趋于减少。

（5）强化工作匹配的意愿。从单个劳动者的角度来看，人力资本理论认为，变换工作是一种有成本的交易，这种交易只有在预期收益相对较高的情况下，才会被当事人自愿采用。因此，工作变动被员工看成是改善自身福利的手段之一。从更为全局的角度来看，劳动力的流动是在执行一种有用的社会功能——使得员工与那些对他们的技能评价最高的雇主匹配起来的功能。每个员工都有区别于他人的技术和兴趣，从雇主的角度来看，不同的雇主对各种技术和其他各种员工的特征有着不同的需求，这种需求是下列几个变量的函数：消费者对相关产品的偏好、可能的生产技术、雇主的管理实践。由于雇员与雇主最初拥有的有关对方的信息是不完全的，而且取得相关信息的成本也比较高，因此，一个雇员与一位雇主最初达成的"匹配"往往不是最优的，也不会始终保持在最优的水平上。这样在最初的匹配达成之后，发生的劳动力流动，在改善雇员在某段时间内的工作匹配状况方面起重要作用。雇主们希望解雇那些实际生产率比雇用他们时预期的生产率低的雇员；从员工方面看，如果其具备的素质足以使他们能够在别的地方提出更高的工资要求（假如这是因为他们在那里具有更高的生产率），那么他们会希望离开现在的雇主。这样，通过流动，经过一个试用过程后，就能逐步接近雇员与雇主达到良好匹配的目标。所以，如果员工与雇主之间的匹配出现问题，他们的雇佣关系就会解除，流动就会出现；如果两者之间达成了良好的匹配关系，则这种雇佣关系就能延续。

（6）跨地区或跨国界的资本流动。当一个企业成为大公司或跨国公司以后，就要跨地区或者在国外建立分支机构，这些分支机构除了雇用当地的雇员外，总要带去一批母公司或母国的员工，以承担管理和培训等工作。这就是随资本外流而引起的劳动力流动。

第二节 劳动力流动的成本收益分析与决策

一、劳动力流动的成本和收益

劳动力流动，不仅是人力资源在区域或职业间的转移，而且是人力资本在地区或职业间的流动。作为人力资本的流动也要比较成本与收益。

1. 劳动力流动的成本

劳动力要实现就业转换，完成劳动力流动，必然要付出一定的代价，形成劳动力流动的成本。一般来说，劳动者在流动决策中比较重视的成本有以下几种。

(1)直接转移成本。这是劳动者为了实现流动直接支付的费用。以国际劳动力流动为例，其主要包括劳动者获取流动信息的费用、流出地与流入地之间的交通费用、在流入地的安家费用等。影响该项费用的主要因素有流出地与流入地的距离、流入地的物价水平。

(2)机会成本。这主要是指劳动者在流动期间，因放弃从事原有工作而失去原有工作可能获得的收入及其附带的福利，还包括可能发生的资历和养老金的损失。机会成本是流动成本的重要部分，其大小直接影响着劳动者的流动决策。

(3)心理成本。这是指劳动者离开原来熟悉的工作、生活环境，离开亲朋好友，所付出的精神上的代价。它不是实际支出的费用，而是流动者主观心理上的一种感受，一种效用负值。虽然心理成本很难直接衡量，但它确实是一个影响劳动力流动决策的很重要的非经济因素。心理成本因人而异，它与社会文化、人的年龄有密切的联系。

劳动力流动所花费的成本是对人力资本的一项重要投资，其目的是为了获得流动后的长期收益。

2. 劳动力流动的收益

劳动者流动的目的是为了追求更大的效用。劳动力流动的收益主要有以下几种。

(1)直接的收益。这是指劳动力流动后，新的工作岗位给劳动者带来的预期收入。这种直接收益是影响劳动力流动的重要指标，是劳动力流动收益的主要部分。

(2)间接的收益。一般指由新的工作环境所提供的各种便利所引致的劳动者部分开支的节省。例如，迁入地齐全的公共服务设施、较多的社会福利和较完备的社会保障体系等，都可能为劳动者提供间接的收益。

(3)心理收益。它泛指流动带来的非经济性效用，如新职业所提供的良好的工作生活环境、新工作所带来的社会地位的提高、与亲人团聚所带来的欢乐等，都可能使流动者在精神上获得更大的满足，增加心理收益。

以上三方面是劳动力流动可能带来的收益。实际上，劳动力流动是一种有风险的经济行为，因此，作为一个理性的决策者必然要考虑风险因素的存在。如果设劳动力能够实现就业转移的概率为 $P(0 \leqslant P \leqslant 1)$，劳动力流动可能的收益为 R，劳动力流动的预期收益为 B，则 $B = R \times P$。在劳动力流动的决策中，这个预期收益有较高的参考价值。

二、劳动力流动的决策

在劳动力流动既引致流动的成本，又产生流动的收益的条件下，从劳动力流动决策的微观主体来看，必然要通过对流动产生的收益与支出的成本进行比较，然后决定流动与否。只有当流动预期增加的收入现值超过流动成本现值，劳动力才会选择更换工作，或地理上迁移，或两者兼而有之；反之，人们就不会决定进行这种变动。对此，可以用以下公式来加以分析：

$$净收益现值 = \sum_{t=1}^{n} \frac{B_t^1 - B_t^0}{(1+r)^t} - C$$

其中，B_t^1 为在 t 年从新工作中获得的效用；B_t^0 为在 t 年从原来工作中获得的效用；n 为预期新工作的年限；r 为贴现率；C 为在流动中所产生的效用损失（直接成本、机会成本和心理成本）；$\sum$ 为加总符号，在这里表示从第 1 年到第 n 年中每一年净收益贴现值的加总。

根据以上公式，如果某人的净收益现值大于 0，则意味着预期收益大于由劳动力流动带来的货币和心理的综合成本，此人将会流动；如果某人的净收益现值小于 0，则该人将不会流动。在其他条件不变的情况下，两种工作之间的效用差（$B_t^1 - B_t^0$）越大，净现值就越大，就越有可能流动。

三、影响劳动力流动决策的因素

一个人是否要在劳动力市场流动，以及如何寻找最适合他的劳动市场，这是要通过对个人自身条件、所处的内在环境和外在因素进行评估后，再做出决策的。这些因素主要有以下几个方面。

1. 年龄

研究表明，在谁会迁移的问题上，年龄是最重要的因素。有关统计资料显示，劳动力跨地区流动的高峰人群是年龄在 20～24 岁的年轻劳动者；年龄为 32 岁的劳动者的流动率只有前者的 50%，42 岁以上劳动者的流动率约为 32 岁人员的 25%[①]，即年龄越大，流动的意愿越弱，流动的行为越少。为什么迁移主要是年轻人的选择和行为？其原因在于以下两方面。

（1）与年长者相比，年轻人回收投资的年限更长。对一个年轻人来说，虽然流动后的相对工资差别可能小一些，在劳动力流动成本相同的条件下，由于他能工作很长的时间，所以其终身收益十分巨大。正如人力资本理论指出的，从一项投资中获得收益的时间越长，这些收益的价值就越大。

（2）与年长者相比，年轻人的流动成本更低。首先，年轻人流动的心理成本

---

① 张抗私，周鹏，姜广东．当代劳动经济学．北京：经济科学出版社，2000：275。

更低。一个刚刚步入成人阶段的年轻人无论在社会交往的广度、深度上，还是在对周围环境的留恋上都不及年长者。所以，流动在这方面给年轻人造成的心理损失(即心理成本)就相对小一些。其次，年轻人的工作年限较短、收入水平较低，所以，养老金这样的机会成本较少，对其吸引力往往较小。

2. 家庭

劳动力流动成本会随家庭规模的扩大而成倍增加。在年龄、学历相同的情况下，已婚劳动力比单身劳动力更不易流动，当已婚劳动力的配偶已有了满意的工作或工作收入较高时，他们的流动就更加困难，当配偶双方都有较高工资时，就更不愿意举家流动了。此外，家庭中的子女对劳动力的流动也是一个限制因素，他们往往会把预期的货币收益与流动的心理成本相比较，如果后者太大，就不愿意流动。

许多经验研究发现：未婚比已婚容易流动；妻子就业阻碍流动；妻子就业时间越长，家庭越不易流动；有学龄儿童的家庭不易流动。

3. 教育

教育是同一年龄群体内部影响流动性大小的重要因素。统计结果显示，最有可能提高流动性的是那些接受了大学及其以上教育的劳动者。这是因为教育程度较高的人，他们的劳动市场范围比较大，他们较擅长获取及处理劳动力市场信息。此外，他们中的多数在接受教育期间都有过流动的经历，因此在新的机会来临时，再次离开家乡的心理成本一般就比较小，容易决定再次流动。

一般的情况是，在其他条件不变的情况下，学历越高，越有可能流动。

4. 流动的距离

劳动力流动的可能性与迁移的距离呈反方向变动。迁移距离的远近对劳动力流动产生的这种影响，主要通过以下两个途径起作用。

(1)通过劳动就业信息获得的难易影响劳动力流动。距离越远，可能流动的劳动者获得工作机会的信息越有限，而了解家乡附近的就业前景比距离远的地方要容易得多，而且费用也要低得多。

(2)通过流动成本的高低影响劳动力流动。流动的实际距离越远，流动费用及流动后探亲访友的交通费用都会越大，流动的心理成本也会越高，相比之下，人们更愿意进行近距离的迁移。

所以，一般而言，人们远距离的迁移倾向比较小，主要倾向是在居住地附近寻找工作。一些资料表明，我国一般劳动力的迁移流动情况是流动人数随距离的延长而减少(它特别表现在农村劳动力向城市的经常性流动中)。然而，高智力的劳动力流动有时却出现远距离流动人数反而增加的现象。这表明，在我国不同素质的劳动力对流动距离的敏感程度是不一样的。这也说明，不同地区的经济结构对雇员的素质结构有不同的要求。

5. 职业与技术等级

职业也是影响劳动力流动性大小的重要因素之一。职业流动是劳动力市场上劳动力供给的调整和劳动者的职业选择过程。职业流动性的高低可用职业流动率的大小来表示。职业流动率是指某年中改变职业的就业人数与总就业人数之比。一般而言，流动率与技术等级成反比，技术水平越高，流动率越低。专业人员和管理人员的流动性要比熟练工人的流动性小得多。然而，有些人技术性很强（如工匠），也有相当大流动性，因为他们的工作是季节性和短期性的，他们为了保持这种技术以及较高的薪金，而不得不经常变换雇主和地区。总体上看，专业技术人员和管理人员的流动率要低于体力劳动者的流动率。

从劳动力供给方面看，专业技术特长的形成需要长期的教育和训练，劳动者投入了大量的人力资本，改变职业可能连人力资本的投资都无法收回，更不用谈"获利"了。从劳动力需求来看，社会对专业技术人员的需求量很大，较高的报酬和较高的职业稳定性等明显的职业优越性，使劳动力一般不愿意放弃自己的专业，因而专业流动率低。但专业技术人员的地区流动率可能会比较高，这是由于与体力劳动者相比，专业技术人员的家乡观念更淡薄些，他们更注重自身的发展，而且专业人员的技术越来越专门化，往往在本地的劳动力市场不一定能找到需要服务的雇主，而在其他地区却有需要。这样，专业技术人员为了寻找更好的工作岗位而跨地区流动的比率就比体力劳动者高一些。另外，向远距离的地方迁移，需要一笔数目可观的费用，这往往是低收入的体力劳动者难以承受的，只有高收入的专业技术人员才有能力进行这种长距离的迁移。

劳动力流动还要受劳动力市场总体因素的影响。如果从这个角度考察，劳动力市场能否留住人或吸引别的劳动力市场的人力资源，还要受制于诸如劳动力市场的人口数、就业成长率、失业人口数、失业率、都市化程度、产业结构形态、所得水准和环境品质等众多因素。

第三节　劳动力流动的经济效应及评价

一、劳动力流动的经济效应

劳动力流动是工业革命以来社会生产过程技术基础不断变革的客观要求。劳动力流动本身发挥着合理配置人力资源、提高劳动力市场的活力与效率、推动区域经济乃至整个社会经济的增长等效应。

1. 促进人力资源的合理配置

现代工业生产技术基础发生的变革使劳动力的职能、劳动就业分布、劳动过程的社会结合不断发生变化,大量的资本和劳动力从一个生产部门转移到另一个生产部门,从而使包括劳动岗位变换、职业变动在内的劳动力流动成为一种经常发生的事情。劳动力市场通过各种方式维护、推动劳动力流动,在满足生产技术基础变革客观要求的同时,也使自身结构和机制得到改善。

劳动力流动对劳动力市场的运行和劳动力资源的合理利用有着重要的影响。工作职位是雇主与雇员匹配过程的结果,而劳动力流动使匹配过程得以正常展开,即流动具有劳动者选择职业、企业选择雇员的内在特性,所以,劳动力流动可以促使劳动者和职位趋于合理搭配,从而实现劳动力资源的充分利用。如果限制劳动力流动,就会使匹配过程受阻,这就可能造成人力资源的浪费。

2. 提高劳动力市场的活力和效率

劳动力流动使职业、岗位具有竞争性,这既促进了劳动力素质的提高,从而改善了劳动者的地位,也形成了劳动者之间的竞争压力,这在很大程度上提高了劳动力市场的活力与效率。

劳动力的自由流动和迁移是劳动力市场机制得以发挥作用的重要条件,是完全竞争市场的内在要求。在完全竞争市场中,企业对劳动力的需求取决于工资率和劳动力边际生产率,劳动力的供给则取决于工资率、收入与闲暇的偏好、对职业的非货币特征的评价和就业机会的多寡。当某一企业、产业或地区对劳动力的需求降低时,工资率就会下降,劳动者就业就会减少;在其他因素不变的条件下,各种劳动的工资率的变化反映了劳动力在各种活动中的相对稀缺性的变化,这种变化会引导劳动力的重新配置。重新配置劳动力的形式就是劳动力从较低工资的岗位向较高工资的岗位不受限制地流动。这种劳动力的自由迁移和流动会消除由结构性问题造成的各种劳动力的“短缺”或“剩余”,使劳动力市场“出清”,同时促成劳动者的工资率等于劳动力边际生产率这一法则的实现。总之,劳动力的自由流动使市场机制充分发挥了作用。

3. 促进经济增长和社会产出最大化

劳动力通过流动使劳动者从衰落的产业、部门和地区流向发展迅速的产业、部门和地区,能使不同产业、部门和地区(全国或世界)按照经济发展的需要配置劳动力,促进经济增长。劳动力流动对区域经济、国际经济产生了深刻影响。

如图 6-1 所示。设有 A、B 两个地区(或国家),A 地区(国家)工资高,B 地区(国家)工资低,横轴为劳动力供给,轴的长度 $O_A O_B$ 代表两个地区(国家)劳动力的总量;A 地区(国家)劳动力供给量从 O_A 点向右取值,B 地区(国家)劳动力供给量自 O_B 向左取值。纵轴为两个地区(国家)各自的工资率 W_A 和 W_B,以及两个地区(国家)各自总的劳动的边际产品价值 $\sum \text{VMP}_A$ 和 $\sum \text{VMP}_B$。劳动的边际产品价值表示，在生产技术、资金数量不变时，每增加一单位劳动力投入所增加的产品价值。

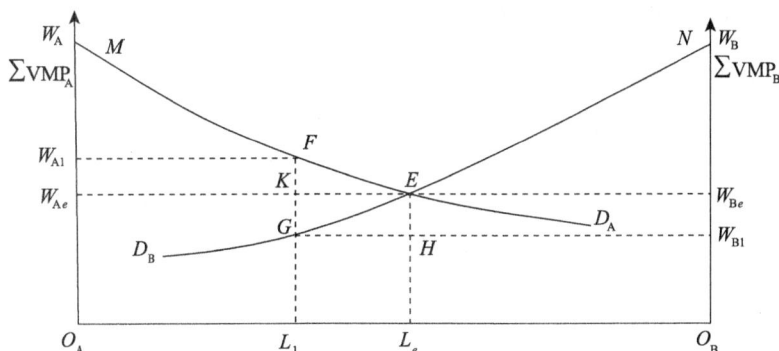

图 6-1　劳动力地区(国际)流动模型

根据新古典经济学理论，工资、劳动的边际产品价值与企业增减雇员之间的关系为：在工资低于劳动的边际产品价值时，企业增加雇员总是有利的，但随着雇员人数的增加，劳动边际产品的价值会下降，利益将在实际工资与劳动的边际产品价值趋于一致时消失，这时企业将不再增加雇员；当实际工资高于劳动的边际产品价值时，企业将裁减雇员，直至工资与劳动的边际产品价值相等。所以，图 6-1 中，曲线 VMP_A 和 VMP_B 也是 A、B 两地的实际工资曲线 D_A 与 D_B，在这两条曲线上，假设各自的劳动力供给分别为 O_AL_1 和 O_BL_1，则两地的工资水平分别为 W_{A1} 和 W_{B1}，显然，$W_{A1}<W_{B1}$，所以 B 地的劳动力将向 A 地流动，随着这一过程的展开，B 地劳动力供给将减少，而 A 地劳动力供给会增加，这种状况会持续到 A 地与 B 地的工资水平相等为止。这时，两地的劳动力供给分别为 O_AL_e 和 O_BL_e，工资率为 $W_{Ae}=W_{Be}$。

分析上述劳动力跨地域流动，可以发现它会产生以下经济效应。

(1)可以使劳动力流入地区的劳动产品总价值增加(如图 6-1 中，A 地区的劳动产品总价值由 O_AMFL_1 增加到 O_AMEL_e)，使劳动力流出地区的劳动产品总价值减少(如图 6-1 中，B 地区的劳动产品总价值由 O_BNGL_1 减少到 O_BNEL_e)，但一地区增加的数额要大于另一地区减少的数额(如图 6-1 中，净增加值为 EFG)，即劳动力流动会提高社会总产出。

(2)可以使两地区的工资水平趋于一致(如图 6-1 中，$W_{Ae}=W_{Be}$)。

(3)综合来看，两地区的总收入增加了 EFG。这个增加的收入如何在 A、B 两地分配，还要取决于 $EHGK$(流动劳动力的收入)怎样在两地之间分配，也就是取决于该收入汇回劳动力流出地的比率。

二、劳动力流动的评价

(一)劳动力流动的负面效应

劳动力流动并非只有正面效应,它对雇主、雇员和整个经济也可能产生负面的影响。当一个企业内出现由缺乏经验的新雇员取代有经验的离职雇员时,雇主就要支付培训费用,并在相当一段时间内承担新工人生产效率低下所带来的损失。对雇员来说,流动可能导致失业(虽然并非所有的流动都会带来失业,但失业却总是与劳动力一定形式的流动有关),流动需要支付大量的经济费用、承受心理负担。所以,劳动力流动是有代价的劳动力市场机制。

劳动力市场需要适度的劳动力流动来保障经济运行效率。但即使在具有高度流动性的发达国家,这个目标的实现程度往往大大低于经济学家的论证和预期。因为,第一,劳动力流动中常有源于劳动力非自愿(如被解雇或辞退)的因素;第二,劳动者本身对工作的评价在很大程度上影响着劳动者的流动,因此,劳动力市场上可能出现一方面存在较高的失业率,另一方面又有若干工作岗位无人问津,即造成失业与岗位空缺并存的现象;第三,劳动者不能掌握劳动力市场需求的完全信息,它也限制了劳动力的流动及其流动的合理性;第四,劳动力选择职位和工作范围的有限性也限制了劳动力流动的频率及其合理性。

因此,我们可以得出这样的结论:通过劳动力流动以实现劳动力市场上人力资源的合理利用具有相对性,即使存在一个自由运行的劳动力市场,也不能完全解决劳动力资源的合理配置问题。

(二)对劳动力流动的态度

劳动力市场的结果是具有自由选择权的劳动者和对劳动力具有需求的雇主双方的行为共同决定的。如果雇员为了得到更高的工资或因其他方面的原因而主动辞职,这是自动离职,这种离职是由雇员的行为造成的;而由雇主的行为导致的离职被称为非自愿离职或解雇。尽管在实际中,我们很难区分劳动力的流动是雇员的"自愿流动"还是由雇主造成的"非自愿流动",但从理论上看,只要雇员不是在信息非常闭塞的情况下,其自愿流动的结果一般都能提高该雇员对工作的整体满意程度。统计数据表明,多数年轻人离职后的工资增长幅度要比其继续留在原岗位工作快。因此,从劳动者的角度来看,其去留的决策都是对现在工作的企业与其他可能去的企业的收益进行比较的结果,只要流动能为自己带来正效用,劳动者就会趋于流动。

雇主通常对雇员的自愿辞职持反对态度。在高度竞争的市场条件下,频繁的流动使雇主难以做好或承受对新雇员进行的特殊培训。因为频繁流动直接带来的是频繁地对雇员进行培训，它会导致雇员工作期间所支出的每小时固定成本的上涨。在大型企业中，其生产过程高度机械化，一个生产单位的产量与其他生产单位的产量密切相关，其顺利运行需要可靠、稳定的员工，人员经常变动有可能给高度关联的生产过程带来极大的损失，因此大企业往往倾向于建立内部劳动力市场来调节。

在经济学家看来，如果有更好的机会能够吸引雇员，那么对原来的雇主而言，没有适当的措施要留住雇员是不可能的，他必须提高雇员的工资。由于市场供求机制的存在，那种担心工资的竞相螺旋上升会损害雇主的利益和妨碍工业进步的观点是不成立的。所以，雇主对雇员寻求高工资和更好职业的经济动机应当予以默认，这对劳动力市场是极为重要的。显然，经济学家对劳动力自愿流动持比较宽容的态度。

（三）对移民的经济效应的评价

关于移民的经济效应，有两种基本观点，一种观点认为移民从当地居民手中夺走了工作，另一种观点认为移民所从事的工作都是当地人不愿意干的重体力劳动。这两种观点都过于简单，现在我们在考虑劳动力需求曲线和劳动力供给曲线斜率大小的情况下，以重体力劳动力市场为例，对移民问题进行分析（图 6-2）。

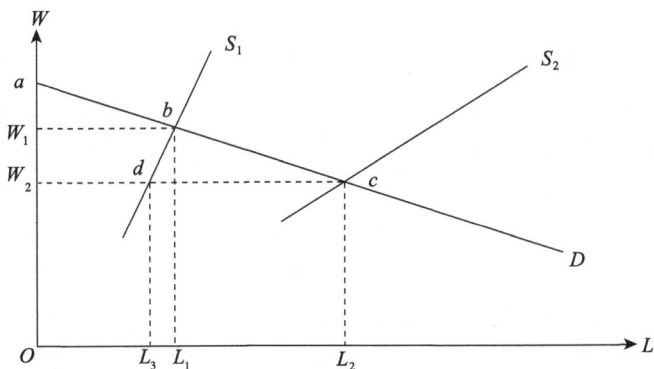

图 6-2　重体力劳动者的需求与供给

在图 6-2 中，横轴为劳动力人数 L，纵轴为工资率 W。S_1 为国内劳动力供给曲线，S_2 为劳动力总供给（包括非法移民）曲线，D 为劳动力需求曲线。

在没有移民的情况下，当地公民在这一劳动力市场上可以得到相对高的工资 W_1，并有 L_1 个公民被雇用。假设有移民进入这一市场，则劳动力供给曲线将会向外移，还因为移民对重体力劳动工资上涨的反应比当地公民更敏感，因而供给曲线可能变得更平坦，工资将下降到 W_2，就业量将上升到 L_2。显然，在市场工资为 W_2 时，有更多的移民比当地公民更愿意从事这些工作，只有 L_3 个当地公民愿意在这样低的工资水平上从事这类工作，L_2-L_3 的劳动力供给是由移民来承担。如果没有移民，将会有 L_1 个当地公民在工资率 W_1 上被雇用从事重体力劳动。虽然，高工资率使得使用这种劳动力生产的产品或服务的价格也较高，但工作职位没有空缺。只有在 W_2 低工资水平下，才会出现当地公民的"短缺"，在工资率为 W_1 时，不存在劳动力的短缺现象。

如果将那些从事重体力劳动的外来移民驱逐出境，是否能为本地公民创造出同样数量的工作岗位呢？答案显然是否定的。如果从事重体力劳动的 L_2-L_3 名外国人被驱逐，并且不让所有的移民进入这一市场，那么，在这一市场就业的本地人将从 L_3 上升到 L_1，工资率也会从 W_2 上升到 W_1，而 L_2-L_1 个工作岗位却因驱逐外国人所导致的工资率上升而被抵减掉了。所以，尽管驱逐移民会使当地人的就业量和工资水平都同时有所提高，但可以肯定的是，它并不会使当地就业以 $1:1$ 的比例增加。不过，在一种条件下，驱逐移民可以使当地人的就业按 $1:1$ 的比例增加，这就是当地政府的最低工资立法使劳动力过剩。

上述分析表明，大量移民流入对于接受国的工人来说会产生一定的冲击，但移民不是以 $1:1$ 的比例减少当地人的工作机会。进一步的分析将发现，对接受国，移民的流入可以产生以下经济效应：第一，"廉价"劳动力的移入使消费这类劳动的消费者受益，因为随着工资的减少和就业的增加，由这类劳动力生产的产品和服务会出现数量增加和价格下降；第二，使重体力劳动的雇主受益，从图 6-2 可以看到，雇主的利润可以从 W_1ab 上升到 W_2ac，资本报酬提高会引致投资增加和吸引更多人成为雇主；第三，移民在接受国的各种消费以及消费需求的增加会为接受国的其他人创造就业机会，那些与非技术移民不存在密切替代关系的接受国雇员将会从中受益。

移民流入对当地公民的总收入是否有影响呢？如果移民的工资等于其边际产品(MP)的价值，并且没有来自本地纳税者的津贴，那么当地公民的总收入将由于迁入移民而增加。许多接受移民的国家都有一些向符合条件的移民提供某些福利的政府项目，这些项目一般都是从各种税收中获得相应的经费来源。如果移民所支付的税收足以弥补他们从这类政府项目中获得的福利，那么移民的进入就不会对当地人的总收入造成影响。而有些政府项目(如国防)，其费用并不因为移民的存在而增加，而移民所交纳的税收则有助于减少当地公民承受此类项目费用的负担。当然，如果移民是使用政府项目程度相对较高的人，并且他们所交纳的税收不足以弥补他们所得到的福利的价值，那么移民所带来的财政负担就有可能削弱当地人的总收入。

对于非法移民，有研究表明，他们比合法移民更有可能增加当地人的收入。其原因是：①非法移民的主要目的是寻找工作，几乎没有出于家庭团聚的目的，因此他们会增加当地产品和服务的生产。②非法移民一般没有资格申请当地政府为低收入阶层提供的福利项目。③非法移民主观上都希望"躲开"政府，而事实上他们仍不可避免地要交纳大多数税收，如工资税、销售税等，因此他们有可能会给当地人带来总收入的改善，至少不会使当地人的收益受到损害；当然，非法移民会从迁移中获得利益①。

第四节　中国的劳动力流动

一、20 世纪 50～80 年代初我国劳动力流动概况

近代中国是一个半殖民地半封建社会，生产力水平很低，经济十分落后，基本上处于一元的传统农业经济阶段。直至新中国成立前夕，在整个国民经济中，传统农业仍居于支配和主导地位，城市经济弱小，工业水平极低。1949 年，在全国总人口中，乡村总人口占 89.4％。新中国成立后，特别是从 1953 年开始，我国开展了以实现工业化为目标的大规模的现代化建设。

为了尽快建立起比较完整的工业体系和国民经济体系，从 20 世纪 50～80 年代初，我国实行了计划经济，在人口管理上，我国实行严格的城乡分割的户籍管理制度，国家政策限制农村居民迁入城市，因此，这一时期我国的人口迁移和劳动力流动是在政府有组织、有计划的安排下展开的。这一时期，上规模的人口迁移和劳动力流动主要有以下几类。

(1)移民支援新开发的工业基地建设。为了实现合理的工业布局，国家在内地新建了一批工矿业基地，进行了大规模的交通运输建设，为适应这一形势的需要，政府主要从东部沿海人口密集地区抽调了大批工人、干部、科技人员及其家属，支援重点开发地区和建设地区(主要是东北、西北和西南地区)，人数累计达几百万人。

(2)移民垦荒、支援边疆建设。为了建设新的农、林、牧业基地，开发边疆，巩固国防，政府有计划地组织东部沿海地区向地广人稀的边疆地区移民，迁移了大批城镇青年、复员转业军人及城镇失业闲散人员。

(3)大中专毕业生分配就业。20 世纪 50～60 年代每年平均有十几万至几十万名大中专毕业生走上工作岗位，其中除一部分回各自的省、市、自治区安排工作外，有相当部分在国家的号召和政府的安排下，分配到重点建设地区、边远山区和文化落后地区去工作。

(4)兴修大型水库库区居民的迁移。新中国兴修了数千座大中型水库，水库

---

① 以上对移民的经济效应的分析，用来对目前我国进城的农村劳动力进行分析，在方法上，也是基本适用的。

淹没地区的居民要迁移，在政府的安排下，一部分就地安置，一部分需迁往其他省区。

(5)压缩城市人口规模而引起的劳动力流动。20世纪50年代末60年代初经济困难时期约有2 000万新进城的劳动力被动员离城返乡；"文革"中几千万城镇知识青年上山下乡等。

这一时期我国人口迁移和劳动力流动的基本特点体现为以下几个方面。

第一，人口迁移和劳动力流动主要是在政府的计划安排下有组织地进行的，自发流动的数量很少。如前所述，上规模的人口迁移和劳动力流动都是在政府的控制或安排下展开的。即使是因私人原因实现的劳动力异地流动或同区域内(城市内)的不同企业、岗位之间的流动，也都要通过政府相关劳动管理部门的计划安排、核准后，才能实施。

第二，人口迁移和劳动力流动的方向主要是，经济较发达地区向落后地区、人口稠密地区向稀疏地区、城镇向农村流动。

第三，人口迁移和劳动力流动的总体规模较小，频率也较低。据统计，从1954～1984年，跨越乡镇及城市办理迁移手续的迁移人口为5.94亿人，平均每年在1 900万左右。

从城乡关系看，这一时期我国的农村人口和劳动力不能随意流向城市，处于相对封闭凝固的状态；城市人口增长缓慢，人口和劳动力流动数量较少，城市化进程基本处于停滞状态。

二、20世纪80年代以来，我国劳动力流动的现状及问题

20世纪70年代末80年代初，我国的社会经济体制开始发生重大变革，由传统的计划经济向现代市场经济转变，实行改革开放。从此开始，社会资源的配置逐步由市场机制发挥基础性作用。劳动力流动是市场配置劳动力的基础性条件，因此，自20世纪80年代初开始，我国的人口迁移和劳动力流动日趋活跃，流动规模日趋扩大。随着1984年国家开始实施"严格控制大城市规模，合理发展中小城市，积极发展小城镇"的战略方针，政府放松了对农民进入城市，尤其是中小城市的控制，推出了允许农民进入小城镇落户的政策，当年全国的流动人口就达2 000多万，此后，我国流动人口数量呈逐年增加的趋势。

目前，我国劳动力流动主要有四大流向：其一是农村、小城镇向大中城市流动；其二是内地城市向沿海发达城市流动；其三是传统部门向高新技术部门和新产业开发区流动；其四是技术雄厚的部门和单位流向技术薄弱的部门和单位或技术雄厚部门、单位之间的流动。随着我国对外开放的扩大，劳动力国际间流动的规模也在不断扩大。当前，我国国际之间劳动力流动的类型主要为我国的劳务出口和从国外引进优秀的专业人才。随着我国科技和教育事业的不断进步，我国的

国际间劳动力和人才流动的格局会发生变化，引进和输出的形式会丰富多样。

这一时期的人口迁移和劳动力流动与改革开放前的显著区别是：其一，流动的方式主要是自发的，流动人口外出的主要目的是追求收入最大化。可以说，我国城乡和地区之间巨大的收入差距导致了目前劳动力的大规模流动。其二，大量农村劳动力流向城市，形成了所谓的农民工现象。这与我国劳动力的城乡分布状况和城乡经济发展的差异直接相关。据统计，1985 年乡村总人口占全国总人口的 63.4%，乡村劳动力还占社会总劳动力的 74.32%，农业人均产值仅为工业人均产值的 20.33%，农民人均纯收入仅为工业职工平均工资的 34.34%，农村中存在着大量的剩余劳动力，在政府的经济发展方针转变、城乡分割的管制政策放松和主要由市场机制配置劳动力的条件下，大量农村劳动力流向城镇就是必然的选择。

30 多年的实践表明，大量农村劳动力流向城镇，对我国城市经济和社会的发展产生了重要影响：他们给城市提供了大量廉价劳动力，缓解了城市部分行业劳动力的供需矛盾，促进了城市的第三产业和城市周边地区各行业的发展，改善了城市的经济结构，方便了城市居民的生活，增加了城市的收入，为城市经济体制改革的深化和城乡的思想、文化交流以及城市文化的多元发展创造了条件，推动了城市化进程的较快发展。

受国内外诸多因素的影响，我国农民工队伍的发展具有一定波动性，在时间上则表现为较强的阶段性，不同阶段的流动方式也不同。尽管不同部门对外出就业农民工数量的调查、估算结果有一定差异，但基本上反映出了我国农民工数量较快增长的趋势。

根据相关调查结果，我国外出就业农民工数量从 1983 年的约 200 万人增加到 2006 年的 1.32 亿人，2011 年进一步增至 2.53 亿人。其中，20 世纪 80 年代农民工数量年均增长 50% 左右；90 年代初期到中期农民工数量年均增长 15% 左右；进人 21 世纪后，农民工数量年均增长 6% 左右。此外，农民工的流动方式在 30 年内也发生了明显的变化，上世纪 80 年代主要是以本地乡镇企业就业为主，90 年代主要是以跨地区就业为主。因此，可以将改革开放以来我国农民工的流动分为三个阶段：第一阶段，20 世纪 80 年代初期到 80 年代末期，以就地转移为主的阶段；第二阶段，20 世纪年代 90 初期到 21 世纪初期，为大规模跨地区流动阶段；第三阶段，21 世纪初期至今，为稳定增长阶段。

目前，农民工已经占据了流入地各类"脏、险、苦、累"工作岗位的绝大多数和制造业、服务业工作岗位的大多数，其就业领域已经从最初的临时性岗位、补充性岗位向各个行业、各类岗位扩张，就业形式的稳定性得到显著提升。

关于农民工的就业行业分布，不同部门的调查数据有一定差异，但都反映了以下主要特征：一是以制造业和建筑业为主。第二次全国农业普查结果显示，外出从业农民工中,从事第一产业的占 2.8%,从事第二产业的占 56.7%,从事第三产业的占 40.5%。第二产业内部,从事制造业的占 35.7%,从事建筑业的占 20.5%。二是从事制造业的农民工比重最高,但就业增长开始放缓,建筑业就业比重稳中有降,服务业就业比重稳中有升。农业部 2008 年的调查表明,农民工中从事工业和建筑业的比重,分别比 2004 年下降了 3.0 和 2.6 个百分点,而从事商业饮食服务业的比重比 2007 年上升了 5.6 个百分点。三是外向型制造业和城市服务业的就业比重逐步上升。在制造业内部,逐步向电子电器业、制衣制鞋业、机械制造业等外向度较高的行业集中。在服务业内部,逐步向住宿、餐饮、娱乐、文化、教育、体育等城市服务业集中[1]。

总之,自改革开放以来,我国劳动力流动的规模正日益扩大,它已经对我国的社会经济结构的变革产生重要影响,给我国社会经济发展带来了巨大的活力。劳动力从低生产率、低收入的部门和区域向高生产率、高收入的部门和区域转移,使我国经济实现了多年的高速增长。据有关调查估计,目前我国每年外出做工的劳动者积累的收入总额可能已达数千亿元。同时,劳动力流动对于提高农民的生活水平、缩小城乡差距、合理配置劳动力资源、促进社会公平和进步都起着积极作用。

由于我国东部地区现有基础较好,社会经济综合实力较强,仍然会成为国内外投资的重点,在市场经济规律的作用下,我国劳动力的流向在未来 20 年内将会依然维持由中西部农业省份流向东部地区的基本格局。

在市场经济条件下,保持一定数量的劳动力流动是正常的,它保证了人力资源在合适的岗位上更好地发挥才干,从世界各国的情况看,10% 左右的劳动力流动通常不会对经济的良性发展产生危害,而且明显地具有提高劳动者工作热情、扩散技术技能、改变分工过细和增进生产效率的功能。近年来,我国农村劳动力流向城市对经济发展起到的积极作用,已基本证明了这一点。但在认识劳动力流动对社会经济和企业生产所起到的巨大推动作用的同时,也必须认识到劳动力流动过程中存在的种种问题和障碍,主要表现为以下几方面。

(1)农村进城劳动力与城市剩余劳动力之间争夺就业岗位的冲突。在专业技术较强的岗位,前者的竞争力依然较弱;在城市劳动力不愿干的重活、累活、脏活岗位,两者的竞争也不激烈;但在专业技术要求不高的一般操作岗位,外来民工有比较工资低廉的竞争优势。

(2)流出农村社会体系的农村劳动力,在难以被城市社会接纳时,容易成为社会管理体系中最薄弱的环节。特别当他们寻找工作的努力失败后,很容易演变为"游民",成为社会不安定因素。

---

①   国务院发展研究中心课题组.中国农民工现状及其发展趋势总报告.改革,2009,(2):9.

（3）户籍障碍。这是目前影响农村劳动力向城市流动的主要制度性障碍，其他如医疗、教育、劳动用工等制度障碍大都由此派生。

（4）信息障碍。劳动力市场的供求信息直接影响劳动力的流向和流量，影响劳动力资源的配置。目前我国尚未建立系统的劳动力供求信息发布机制，再加上农村劳动力获取和分析信息的能力较弱，由此容易产生"盲流"，大大提高了流动成本。

（5）成本障碍。劳动力市场中流动成本偏高不仅直接影响到参与流动的劳动力个人的收益，还影响到全国统一开放的劳动力市场的形成。人口迁移理论认为，对成本和收益的考虑是决定人们是否迁移的基本动因，也是个人寻求利益最大化及成本最小化的合理决策的过程。目前，由于我国劳动力市场尚不完善，加之具体的制度和管理体制存在的缺陷，使劳动力流动成本居高不下。这方面的问题主要包括以下几点。

第一，就业成本偏高。目前我国农村劳动力外出就业，一方面须办理外出务工证明等一系列证明文件，需支付一定的费用，在流入地要办理暂住证，交纳治安管理费、卫生费等名目繁多的费用；另一方面外来劳动者的收入（包括显性和隐性）一般要低于有本地户籍的同类劳动者，从而造成就业成本偏高。

第二，生存成本偏高。外来劳动者的生存成本偏高，主要表现在：一是生存费用高，如昂贵的房租花去他们相当部分的收入。二是生活质量低，如为了减少居住等方面的支出，有的外来劳动者将居住水平压低到极差的近乎非人道的状态。三是生存负担重。最突出的是有些地区对外来劳动者子女的教育收费高出本地居民许多，致使不少外来劳动者子女处于失学、半失学状态。

第三，交通成本偏高。其主要是，一方面外来劳动者职业一般不稳定，工作流动性大，致使交通费用增加；另一方面表现为春节期间返乡探亲费用高，如往往要承受节日运价上涨或"黑市票"的经济压力。

第四，心理成本偏高。由于体制的限制，大量流动的外来劳动力无法实现真正意义上的迁移，难以真正融入当地社会并享有当地居民的同等待遇，由于社会习俗和传统排外观念的影响，他们不得不承受很大的心理压力。同时又要减少闲暇以及与家人亲友的团聚和感情交流，心理上忍受孤独。长期处于流动之中，使他们缺乏安全感，影响他们对社会和人生的态度，容易导致冲突，甚至诱发犯罪，其社会成本极其高昂。

第五，风险成本偏高。外来劳动力既缺少流出地的土地和亲朋给予的基本保障，又缺少流入地的社会保障体系和社区组织等的基本保障，其失业风险增大。此外，其伤病风险和劳动过程风险也在增大。他们一般生活条件差，大多从事脏、苦、险、累的劳动，劳动条件差，劳动时间长，其生理上受伤害的几率高；他们还面临频繁的工伤事故和时有发生的拖欠、克扣工资的问题等，这些都加大了风险发生的可能。

三、改善我国劳动力流动管理机制

劳动力资源在市场价格机制作用下自由流动从而达到优化配置，这是经济学关于实现劳动力资源有效配置的基本原理，也是社会主义市场经济体制下"市场在资源配置中起基础作用"的内在机制。由于现实中存在着一些非市场因素的干扰，使劳动力流动呈现出许多非理性状态，还制约了劳动力市场的培育和发展。

当前，改善我国劳动力流动管理机制，首先应从降低偏高的劳动力流动成本下手。因为，偏高的流动成本不利于人力资源的市场化配置；不利于农村劳动力的彻底转移，从而阻碍城市化、工业化和现代化的推进；不利于劳动者在平等竞争的氛围中充分发挥才华，造成人力资源浪费等一系列妨碍社会经济发展的后果。为此，应从以下方面采取措施。

首先，应树立劳动力流动是一种投资行为的观念。按照人力资本理论，劳动力在区域间的流动是一种投资。它是市场经济条件下资源优化配置的必然现象，是社会经济保持活力的一个要素。因此，政府应加强职业信息系统和中介机构的建设以减少流动的盲目性，并通过减免不必要的收费来降低劳动力流动的成本支出。个人作为流动的主体，不仅要比较现期收入与预期收入，还要考虑流动成本可能发生的变动，遵循收入最大化、成本最小化原则，降低流动成本，实现有序流动。

其次，要强化对劳动者流动的激励，用财政援助的办法推动劳动者的流动。政府应在有过剩劳动力的地区，采取诸如发放迁居津贴、工资优惠等措施鼓励过剩劳动力流动起来，通过税费优惠、财政贴息等措施鼓励企业到劳动力过剩地区投资，创造就业岗位，通过这些办法，把财政援助与发展地方经济、增加劳动力就业结合起来。

再次，健全社会保障制度。健全的社会保障体系是消除流动后劳动者后顾之忧、保障其基本权利的基础，当前在我国要着力逐步解决好以下问题：要扩大社保的覆盖面，逐步将流动的劳动者全部纳入社保体系；要建立覆盖全国各地和各行业的社会保障体系，使劳动者无论流动到哪里都能及时方便地得到保障；在现行户籍制度没有突破性变革的条件下，要考虑在流动人口中，先推行工伤、医疗保险，然后再将其逐步推广到其他领域，为最终实现本地户籍人口与流动劳动力人口公平地享有社会保障打好基础。

最后，要完善法律法规。改善劳动力流动机制的关键在于公平立法、依法管理。政府应严格按《劳动法》、《劳动合同法》实施劳动管理；抓紧与上述法律配套的社会保障、促进就业、劳动保护、最低工资标准、新的户籍管理办法等一系列法规建设，从立法的角度保障参与流动的劳动者享有平等的权利；要加大执法力度，依法保护流动的劳动者的合法权益，制止各种乱收费、乱摊派导致流动成本上升的现象；要尽快制定全国统一规范的劳动力流动管理制度，在全国范围内做到有法可依、依法管理，切实剔除那些不合法、不合规的费用，切实降低劳动力流动成本，按市场规律配置劳动力资源。

此外，还应加快户籍管理制度改革；加快城市化发展进程；加强城市管理和社区建设；转变观念，废除传统的对本地居民劳动权利保护，对外来劳动力、农村进城劳动力歧视的劳动力市场政策，推行"新""老"居民同享有"市民待遇"的公平的就业政策。这样，我国的劳动力流动就能更有效率，更符合社会经济发展的需要，真正起到合理配置劳动力资源，激活社会经济的作用。

本章小结

劳动力流动是市场经济条件下的一个重要的社会、经济现象，是一种重要的人力资本投资。劳动力流动是指劳动者因劳动力市场条件的差别，在地区、行业、产业、职业和岗位之间的自愿选择和迁移。劳动力流动的根本动因在于劳动者的个人期望值与个人实现值之间存在的差距；最直接、最主要的动因在于增加经济收益。

对于理性的劳动者来说，劳动力流动必须对其流动的成本与收益进行比较，只有当流动预期增加的收入现值超过流动成本现值时，才会决定流动。年龄、家庭、教育、流动距离、职业与技术等级是影响劳动力流动决策的主要因素。

劳动力流动有利于人力资源的合理配置，有利于提高劳动力市场的活力与效率，有利于推动区域经济乃至整个社会经济的增长。当然，劳动力流动也有一定的负面影响。"移民"对流入地(国)的劳动力的就业和工资的影响，并不都是负面的。

当前，中国的劳动力流动规模正在不断扩大，为社会经济发展带来了活力，对合理配置劳动力资源，促进社会公平和进步起着积极作用。当然，中国的劳动力流动还存在不少问题，有待于不断改革和完善。

关键术语

劳动力流动；职业之间流动；地域之间流动；劳动力流动成本；劳动力流动收益

➤ 案例

2011年我国农民工调查监测报告①

一、农民工总体规模

（一）农民工数量继续增长，总量达 25 278 万人

据抽样调查结果推算，2011 年全国农民工总量达到 25 278 万人，比上年增加 1 055 万人，增长 4.4%。其中，外出农民工 15 863 万人，增加 528 万人，增长 3.4%。住户中外出农民工 12 584 万人，比上年增加 320 万人，增长 2.6%；举家外出农民工 3 279 万人，增加 208 万人，

---

① 资料来源于国家统计局网站，内容有删减。

增长 6.8%。本地农民工 9 415 万人，增加 527 万人，增长 5.9%（表 6-1）。

表 6-1 农民工数量（单位：万人）

类别	2008 年	2009 年	2010 年	2011 年
农民工总量	22 542	22 978	24 223	25 278
1. 外出农民工	14 041	14 533	15 335	15 863
(1)住户中外出农民工	11 182	11 567	12 264	12 584
(2)举家外出农民工	2 859	2 966	3 071	3 279
2. 本地农民工	8 501	8 445	8 888	9 415

（二）中西部地区农民工人数增长快于东部地区

从输出地看，东部地区农民工 10 790 万人，比上年增加 323 万人，增长 3.1%，东部地区农民工占农民工总量的 42.7%；中部地区农民工 7 942 万人，比上年增加 323 万人，增长 4.2%，中部地区农民工占农民工总量的 31.4%；西部地区农民工 6 546 万人，比上年增加 409 万人，增长 6.7%，西部地区农民工占农民工总量的 25.9%。

二、农民工流向及就业地域分布

（一）在中西部地区务工的农民工增长较快

从农民工的就业地区来看，2011 年在东部地区务工的农民工 16 537 万人，比上年增加 324 万人，增长 2.0%，占农民工总量的 65.4%，比上年降低 1.5 个百分点；在中部地区务工的农民工 4 438 万人，比上年增加 334 万人，增长 8.1%，占农民工总量的 17.6%，比上年提高 0.7 个百分点；在西部地区务工的农民工 4 215 万人，比上年增加 370 万人，增长 9.6%，占农民工总量的 16.7%，比上年提高 0.8 个百分点。分省看，就业地区主要分布在广东、浙江、江苏、山东等省，这 4 个省吸纳的农民工占到全国农民工总数的近一半。

（二）在长三角和珠三角地区务工的农民工比重继续下降

在长三角地区务工的农民工为 5 828 万人，比上年增加 18 万人，增长 0.3%，在珠三角地区务工的农民工为 5 072 万人，比上年增加 7.4 万人，增长 0.1%，在长三角和珠三角地区务工的农民工增加数量和增幅均明显低于上年水平。在长三角和珠三角地区务工的农民工分别占全国农民工的 23.1% 和 20.1%，分别比上年下降 0.9 和 0.8 个百分点。随着中西部地区的快速发展，东中西部地区农民工工资水平趋同，长三角和珠三角地区对农民工的就业吸引力在逐步下降（图 6-3）。

（三）跨省外出的农民工数量减少，农民工以跨省外出为主的格局改变

在外出农民工中，在省内务工的农民工 8 390 万人，比上年增加 772 万人，增长 10.1%，占外出农民工总量的 52.9%；在省外务工的农民工 7 473 万人，比上年减少 244 万人，下降 3.2%，占外出农民工总量的 47.1%。在省内务工的比重比上年上升 3.2 个百分点。2011 年，去省外务工人数减少，改变了多年来跨省外出农民工比重大于省内务工比重的格局。

（四）外出农民工仍主要流向地级以上大中城市

从外出农民工就业的地点看，在直辖市务工的占 10.3%，在省会城市务工的占 20.5%，在地级市务工的占 33.9%，在地级以上大中城市务工的农民工比上年提高 1.7 个百分点。

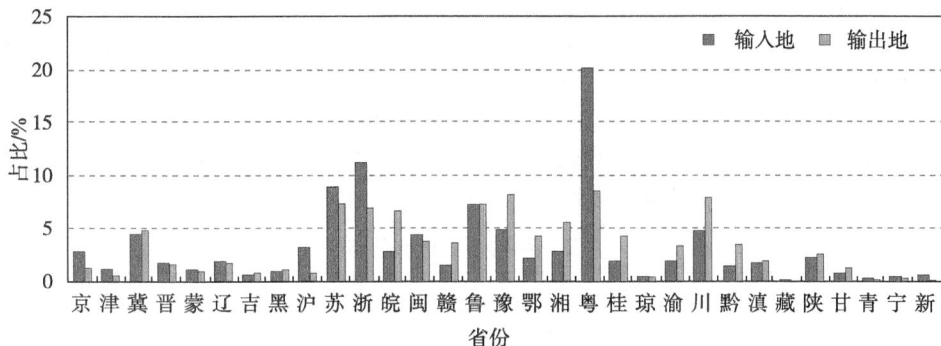

图 6-3　2011 年农民在输入地与输出地的分布

三、农民工性别、年龄和受教育状况

(一)农民工以男性为主，年长农民工比重逐年增加

分性别看，男性农民工占 65.9%，女性占 34.1%；分年龄段看，农民工以青壮年为主，16～20 岁占 6.3%，21～30 岁占 32.7%，31～40 岁占 22.7%，41～50 岁占 24.0%，50 岁以上的农民工占 14.3%。调查资料显示，40 岁以上农民工所占比重逐年上升，由 2008 年的 30.0%上升到 2011 年的 38.3%，三年中农民工平均年龄也由 34 岁上升到 36 岁。尽管每年农村新增劳动力主要会加入到农民工的行列中，但农民工年龄结构的变化，也说明农民工的"无限供给"状况在改变。

(二)年龄和家庭对农民工的空间流动有很大的影响

农民工中已婚者占 73.4%。其中，本地农民工已婚者占 90.2%，远高于外出农民工已婚者 58.2%的比例，这主要是由于本地农民工平均年龄高出外出农民工 12 岁，本地农民工中 40 岁以上的占 60.4%，而外出农民工 40 岁以上仅占 18.2%。这反映了已婚、年纪较大的农民工更倾向于就近就地转移，大龄农民工不仅外出缺少竞争力，而且需要照顾家庭，这使得他们的外出积极性减弱。

(三)农民工以初中文化程度为主，青年农民工和外出农民工文化程度相对较高

在农民工中，文盲占 1.5%，小学文化程度占 14.4%，初中文化程度占 61.1%，高中文化程度占 13.2%，中专及以上文化程度占 9.8%。外出农民工和年轻农民工中初中及以上文化程度分别占 88.4%和 93.8%。外出农民工的受教育水平明显高于本地农民工，青年农民工的受教育水平最高，也是最具潜力的农民工群体。

(四)没有参加过任何技能培训的农民工占多数

在农民工中，接受过农业技术培训的占 10.5%，接受过非农职业技能培训的占 26.2%，既没有参加农业技术培训也没有参加非农职业技能培训的农民工占 68.8%。青年农民工接受非农职业技能培训的比例要高于年长的农民工；与此相反，年长的农民工接受农业技术培训的比例要高于青年农民工，年龄层次越高，接受农业技术培训的比例也越低，这说明青年农民工正逐渐丧失从事农业生产的技能。

四、农民工就业情况

(一)农民工从业仍以制造业、建筑业和服务业为主，从事建筑业的比重明显提高

在农民工中，从事制造业的比重最大，占 36.0%，其次是建筑业占 17.7%，服务业占 12.2%，批发零售业占 10.1%，交通运输仓储和邮政业占 6.6%，住宿餐饮业占 5.3%。从近几年调查数据看，变化较明显的是建筑业，农民工从事建筑业的比重在逐年递增，从 2008 年的 13.8% 上升到 17.7%，从事制造业的比重则趋于下降(表 6-2)。

表 6-2　农民工从事的主要行业分布(单位:%)

行业	2008 年	2009 年	2010 年	2011 年
制造业	37.2	36.1	36.7	36.0
建筑业	13.8	15.2	16.1	17.7
交通运输、仓储和邮政业	6.4	6.8	6.9	6.6
批发零售业	9.0	10.0	10.0	10.1
住宿餐饮业	5.5	6.0	6.0	5.3
居民服务和其他服务业	12.2	12.7	12.7	12.2

(二)在东部地区务工的农民工以制造业为主，但比重下降

从农民工的从业地区看，在东部地区务工的农民工以从事制造业为主，占 44.8%，比上年下降 1.4 个百分点，中、西部地区制造业比重分别为 23.0% 和 15.4%，比上年上升 0.6 和 0.4 个百分点。随着我国产业结构升级、劳动密集产业从东部向中西部转移，农民工在不同地区就业结构将继续发生变化。

(三)受雇人员的增长快于自营人员的增长，自营比重下降

在外出农民工中，受雇人员占 94.8%，自营人员占 5.2%；在本地农民工中，受雇人员占 71.9%，自营人员占 28.1%。自营人员主要从事批发零售业，占 39.2%；其次是从事交通运输业仓储和邮政业，占 17.8%。近几年，外出农民工和本地农民工中自营人员所占比重均呈下降趋势。2011 年，本地受雇人员和外出受雇人员分别比上年增长 9.4% 和 4.4%，本地自营和外出自营分别比上年减少 2.1% 和 11.8%。

(四)农民工就业稳定性随年龄增长逐步提高

在外出农民工中，初次外出的平均年龄为 26.7 岁。从事现职的平均时间为 2.7 年，从事现职累计不满 1 年的占 22.7%，1～2 年的占 43.1%，3～5 年的占 20.9%，5 年以上的占 13.3%。从不同年龄组来看，16～20 岁年龄组中从事现职 5 年以上的占 1.3%，21～30 岁的占 7.6%，31～40 岁的占 22.3%，41～50 岁的占 24.5%，50 岁以上的占 21.9%，说明随着年龄的增长，就业的稳定性也提高。从从事的工作种类看，企业管理人员、个体经营人员、专业技术人员现职累计时间在 5 年以上的比重要明显高于服务业人员和生产、运输设备操作人员。

五、农民工收入情况

(一)农民工收入增长较快，东部地区和中、西部地区农民工收入差距缩小

2011 年，外出农民工月均收入 2 049 元，比上年增加 359 元，增长 21.2%。分地区看，在东部地区务工的农民工月均收入 2 053 元，比上年增加 357 元，增长 21.0%；在中部地区务

工的农民工月均收入 2 006 元，比上年增加 374 元，增长 22.9%；在西部地区务工的农民工月均收入 1 990 元，比上年增加 347 元，增长 21.1%。近两年外出农民工的收入增速加快，中、西部地区的增幅高于东部地区，东部和中、西部地区的收入差距缩小。

（二）本地农民工与外出农民工之间、受雇人员和自营人员之间的收入差异明显

在外出农民工中，受雇人员月均收入 2 015 元，比上年增加 360 元，增长 21.8%；自营人员月均收入 2 684 元，比上年增加 458 元，增长 20.6%，受雇人员比自营人员收入低 669 元。对比本地务工与外出务工的收入情况，在本地受雇的农民工月均收入比外出受雇的低 261 元。调查数据显示，外出农民工收入高于本地农民工的收入，自营人员的收入高于受雇人员的收入。

（三）在大中城市务工的农民工收入水平相对较高

从外出农民工的从业地点看，在直辖市务工的农民工月均收入 2 302 元，在省会城市务工的农民工月均收入 2 041 元，在地级市、县级市和建制镇务工的农民工月均收入分别为 2 011 元、1 982 元和 1 961 元。从不同地区务工收入的增幅来看，在直辖市务工的收入增幅要快于平均水平。

（四）不同行业收入水平差别较大，交通运输仓储和邮政业、建筑业和制造业收入增幅高于平均水平

从外出农民工从事的主要行业看，收入水平较高的是交通运输仓储邮政业和建筑业的农民工，月均收入分别为 2 485 元和 2 382 元；收入较低的分别是住宿餐饮业、服务业和制造业的农民工，月均收入分别为 1 807 元、1 826 元和 1 920 元。从收入增幅看，增幅高于各行业平均水平的是交通运输仓储邮政业、建筑业和制造业，住宿餐饮业、服务业和批发零售业收入增幅低于平均水平。

复习思考题

1. 试述劳动力流动的动因。
2. 怎样进行劳动力流动的决策？
3. 影响劳动力流动的主要因素有哪些？它们是怎样影响劳动力流动的？
4. 试析劳动力流动的经济效应，以及"移民"对劳动力市场的经济影响。
5. 如何看待我国劳动力流动的现状？改善我国劳动力流动机制应采取哪些对策？

第七章

工　资

　　工资(wage)在人们的经济生活中占有十分重要的地位。工资作为重要的经济杠杆，一方面它决定于劳动力市场的供给和需求等诸多因素，另一方面它也引导整个社会劳动力资源配置，引导和改变着企业的生产、交换和分配行为，以及个人对职业的选择、人力资本的投资及流动等行为，对企业生产发展和提高经济效益具有重要的激励与调节作用。本章首先阐明工资的本质和职能，其次介绍主要的工资理论，并对工资水平及其影响因素及工资差别进行了分析，最后讨论了企业薪酬制度设计与员工激励问题。

■ 第一节　工资概述

一、工资的分类与本质

　　根据均衡价格理论，土地、劳动、资本是三种最重要的生产要素。生产要素的所有者通过提供生产要素服务而得到各自的报酬，分别对应为地租、工资、利润。工资就是劳动要素的所有者，向用人单位或个人让渡了劳动要素的使用权后所获取的报酬。

　　（一）工资的分类

　　(1)实物工资与货币工资。实物工资是用人单位以实物形态计算和支付给劳动者的劳动报酬；货币工资是用人单位以货币形态计算和支付给劳动者的劳动报酬。

以实物支付工资盛行于市场经济不发达的时期，现代社会一般都以货币支付工资。

（2）名义工资与实际工资。未经价格指数修正过的货币工资称为名义工资；经过价格指数修正过的货币工资称为实际工资，用以表明货币工资的实际购买能力，它较名义工资更能确切地反映员工的工资水平和生活质量。

（3）广义工资与狭义工资。广义工资是指劳动者因从事劳动而获得的所有报酬收入，包括固定工资、奖金、津贴以及其他货币的，或者是非货币的福利收入。狭义的工资是指员工因从事雇佣劳动而获得的仅仅限于固定货币报酬收入的部分，不包括奖金、津贴，更不包括其他福利性收入。狭义工资对于薪酬设计有着重要的意义，因为就不同的部分而言，不同类型和不同职位的员工，其结构有所不同，在一个组织中如何借助薪酬结构设计影响员工的行为，是薪酬设计的一个关键问题。

（二）工资的本质

工资是雇佣劳动的报酬，这一表达强调了工资与"雇佣"的本质联系。作为现代意义上的雇佣劳动的货币报酬形式，工资的产生和发展是工业革命以后的事情。

传统的农业社会本质上是以家庭自营生产为特征的社会经济形态，没有雇佣劳动，至于以工资为形式的雇佣劳动的报酬形态也无从谈起。工业革命导致了分工，导致了工厂制度的产生，导致了劳动者与资本和土地等生产资料的分离。雇佣劳动成为工业革命后产生的一种社会经济现象，作为给被雇用者支付的劳动报酬方式，便产生了货币工资的需求。

值得提及的是，与工资相关的另一个概念是薪水（salary）。无论在英文或中文的表达中，工资和薪水都有着重要的联系，同时也有着重要的区别。从两者的联系来讲，工资和薪水都是雇佣劳动的报酬形式，但两者又存在着不同。一般而言，对以工作品质要求为主的报酬支付称之为薪水；而以工作数量要求为主的报酬支付称之为工资。换言之，劳心者的收入为薪水，而劳力者的收入为工资。如果说在工业化的初期和中期，工资和薪水的区别还有存在的价值，那么到了工业化的后期，特别是到了后工业化社会和信息经济社会，工作的本质差别日趋缩小。传统的以薪水为报酬来源的白领阶层，由于大规模的普及使用和操作计算机，工作也不乏传统所理解的"体力劳动"，同时以往劳心者的薪水常较劳力者的工资为高，而现在有许多劳力者的工资等于甚至高于劳心者的薪水，因此两者的区别已逐渐模糊。

二、工资的职能

1. 补偿职能

劳动者在劳动过程中体力和脑力的消耗必须得到补偿，这样劳动力再生产才能得到保证，劳动才能继续。同时在知识经济时代的今天，劳动者需要不断提高自身的科学文化素质，进行人力资本投资。这些人力资本投资的费用也必须得到补偿。在市场经济条件下，以上两方面的补偿不可能完全由社会来承担，有相当大的部分由个人通过自身所提供的劳动报酬来承担。

2. 激励职能

劳动者工资的多少决定了他们的生活水平、社会地位和社会需求的满足程度。为了获得更多的工资，劳动者就必须尽可能多地提供数量多、质量高的劳动。把工资的多少与劳动者的劳动好坏、技术高低、成果多少紧密地联系起来，这样能充分发挥其激励作用，促使劳动者积极劳动，努力提高自身的素质，提高劳动效率。

3. 调节职能

工资作为劳动力的价格信号，调节着劳动力的供求和劳动力的流向。工资的调节职能主要表现在两个方面：一是劳动力的合理配置；二是劳动力素质结构的合理调整。通过工资的调节，可以实现劳动力资源的优化配置，也调节着人们对职业和工种的社会评价，调节着人们择业的愿望和就业流向。

4. 效益职能

工资的投入是资本投入的特定形式，是活劳动这一生产要素的货币表现。工资能够增值，给雇主带来经济效益，因此雇主愿意以工资的形式来进行投资，从中获利。所以，从雇主的眼光来看，工资具有效益职能，是他投资的动力。

■第二节　工资理论的产生和发展

一、工资决定理论

（一）维持生存工资理论

在18世纪和19世纪早期，产生了一种工资理论，即非技术人员的工资应该等同或略高于能够维持生存的水平，被称之为"维持生存"工资理论，又称"糊口工资理论"或"最低工资理论"。这一理论最初由威廉·配第（William Petty）提出，他把工资与生活资料的价值联系起来，提出了工资是维持工人生活所必需的生活资料的价值观点。这一见解，后来就成了古典经济学派关于一般工资的理论基础。18世纪初的法国经济学家魁奈（Francois Quesnay）和杜尔哥（Anne Robert Jacques Turgot）以及后来的大卫·李嘉图、拉萨尔（Ferdinand Lassalle）在此基础上有所发展，分别提出了"工资铁则"和"工资铁律"。"工资铁则"是李嘉图提出的。他认为工资是由工人为维持其自身及家属的生存所必需的生活资料的价值决定的，工资始终等于工人必要的生活资料的价值，这是一个铁的规则。德国的拉萨尔在此基础上提出了"工资铁律"。他认为平均工资始终在一国人民维持生存和延续后代所必要的生活水平上上下波动，当工资高于平均工资，人口势必增加，出现劳动力供过于求，以致出现失业和工资水平下降；工资低于平均工资，工人生活贫困，人口生育减少，结果劳动力短缺、工资上升。所以工资总是保持在维持劳动者生存的水平上。

根据"维持生计"工资理论，员工的最低工资不取决于企业或雇主的主观意愿，而是市场竞争的结果。员工和雇主作为劳动力市场上利益对立的双方，在劳动力供大于求的情况下，受追求利益最大化动机的驱使，雇主必然产生将员工工资压到最低水平的主观意向，但不能无限压低，因为客观上存在一个最低工资限度，这就是维持员工及其家属的最低生活水平。低于这个水平，不但劳动力的再生产将无法进行，而且雇主的经营活动也难以为继。

（二）工资基金理论

工资基金论发端于马尔萨斯（Thomas Robert Malthus）的"维持劳动基金论"。在此基础上穆勒（James Mill）和约翰·斯图亚特·穆勒（John Stuart Mill）提出了"工资基金论"。该理论的主要观点是，工资取决于三个要素，即雇员数、雇用员工的资本、工资成本与其他成本间的比例。工资数量和水平由总资本及其比例决定，工资是资本的函数。

在任何国家，短期内作为用于工资的基金都有限度。这种基金是资本中的一部分，资本的其余部分要用于固定资产折旧，扩大再生产投资和支付管理费用。工资基金在所有职工中进行分配，因此职工的工资总和不能超过工资基金的数量。如果某些部门由于工会组织的活动或经济状况的影响，提高了该部门职工的工资，从而使他们在全部工资基金中占到较大的比例，其结果必然是其他部门职工的工资将会由此下降。这种理论还意味着，只有在资本增加或就业人数减少的条件下，职工的一般工资水平才有可能上升。

穆勒的工资基金理论即使在他所处的时代也受到了来自各方的非议，以至于后来他自己也放弃了最初的观点。之后，英国经济学家纳索·西尼尔于1850年对工资基金理论进行了修改，其主要理论贡献是在将货币工资与实际工资加以区分的基础上，否定了工资标准决定于总资本中用于支付雇员的总金额的观点，认为它应该是现行产品中分给雇员的份额。根据这一假设，工资基金的数量决定于两个因素：一是雇员直接或间接生产他们需要的商品的生产效率；二是生产这些商品直接或间接雇用的员工数。西尼尔的理论最有价值之处是指出了雇员工资增长与劳动生产力之间的关系，强调在较长时期内，投入生产的资本数量和质量以及劳动力质量的增长，都会促进实际工资水平的增长。西尼尔关于雇员工资与其劳动生产力之间关系的理论，对雇员工资的决定提供了重要参照。

这种理论的问题是，用于支付工资的费用在特定的时间内有一个确定的比例这一点并不真实。劳动力数量一成不变也只能是一种设想。实际中工资基金所占比例和劳动力数量都在发生波动。统计资料也显示出工资在国民收入中所占份额不断发生着微小的变化。各个国家都能创造实际工资显著增加的条件，这种增加并不是由于提高了工资基金在国民收入中的比例，而是资本增加大大快于人口增加，并且有效地利用资本，提高了劳动生产率的结果。

（三）边际生产力工资理论

边际生产力工资理论是 20 世纪初广泛流行的一种理论。德国经济学家 J. H. 屠能(Johann Heinrich von Thünen)于 1826 年把边际生产力运用于生产和分配，1890 年 A. 马歇尔(Alfred Marshall)在《经济学原理》、1899 年美国经济学家 J. B. 克拉克(John Bates Clark)在《财富的分配》中加以系统论述，形成了边际生产力工资理论。克拉克以雇主追求利润最大化为前提，用边际分析方法，分析了边际生产力递减规律，得出了工资取决于工人的边际生产力的结论。他认为，厂商利润最大化的原则是边际成本等于边际收益，因此，劳动的边际成本等于劳动边际收益就是劳动的最佳雇佣点。如果增加工人所增加的收益(劳动边际收益)小于付给他的工资(劳动边际成本)，雇主就不雇佣或裁减工人；如果增加的收益大于付给他的工资，雇主就会增加雇佣工人；只有在工人所增加的收益等于付给他的工资时，雇主才既不增加雇佣工人也不减少雇佣工人。因此，工资水平是由劳动边际成本等于劳动边际收益决定的。他指出，工资规律是：边际工人的收入等于自己的边际产品，而所有同等能力的工人则与有相同能力的边际工人的收入相等；前者决定工资的自然标准，后者决定工资的市场标准。

这种理论的前提是存在着一个自由竞争的环境，人们对需求和供给的相互作用无法限制，劳动力可以自由流动。在这种完善的竞争条件下，所有劳动者都能够就业。在失业人员寻找工作的压力下，工资水平将不断下降，直到所有劳动者都找到工作为止。但实际经济生活中，劳动力市场并非如此，无论是雇主还是员工，他们的竞争条件都不完善，充分竞争是一种理想的状态。现实中的市场不是完全竞争的，劳动力也不是自由流动的，换言之，劳动力市场上存在着垄断价格。在垄断存在的情况下，一些企业要雇用更多的劳动力，就必须付给较高的工资，否则就无法达到它所需要的员工数量。例如，在西方劳动力市场上，经常存在着雇主垄断的情况，也存在着由工会垄断劳动力供给的情况。在这些情况下，工资并不一定决定于劳动力的边际生产力，而是在一个较长时间内，围绕着劳动力的边际生产力摆动。短期内，工资可能高于、低于或等于劳动力市场上劳动力的边际生产力水平。

（四）均衡价格理论

均衡价格理论是指工资水平决定于劳动力供求双方在市场竞争中形成的均衡价格的理论。克拉克的劳动边际生产力理论只从劳动力需求方面解释了工资的决定，没有反映劳动力供给方面对工资的决定作用，所以被认为是不全面的。英国著名经济学家马歇尔从劳动力供给与需求两方面来说明工资的决定，提出了工资水平是由劳动要素的均衡价格决定的理论。

根据均衡价格理论，工资是由完全竞争市场上的劳动力需求与劳动力供给两种力量共同决定的。从需求方面，劳动力的需求价格取决于劳动力的边际生产力，厂商愿意支付的工资水平，是由劳动力的边际生产力决定的。从供给方面，劳动力的供给包括两类：一类是实际成本，即维持劳动者及其家庭生活必需的生活资料的费用以及培养教育劳动者的费用；另一类是心理成本，即以牺牲闲暇的享受为代价的劳动会给劳动者心理带来负效用。劳动力的价格——工资，至少应能补偿劳动力供给的上述两类成本。

均衡价格工资就是由劳动力的需求价格与劳动力的供给价格达到均衡时所决定的工资水平，也即是由劳动力的需求曲线与供给曲线的交点决定的。根据均衡价格工资理论，当劳动力需求大于劳动力供给时，工资会上升，从而劳动力供给会增加，最终导致工资回到均衡价格水平；当劳动力需求小于供给时，工资会下降，从而劳动力供给会减少，工资又会回到均衡价格水平上。

均衡价格理论较好地说明了完全竞争市场上工资的决定问题，但对不完全竞争市场上的工资决定缺乏说服力。

（五）集体谈判工资理论

集体谈判工资理论，又称"集体交涉工资理论"。它是指工资水平由劳资双方的谈判力量决定。早在18世纪，亚当·斯密等经济学家就注意过集体谈判对工资决定的影响，19世纪末20世纪初，英国的庇古（A. Pigou）和美国的克拉克等经济学家对此也做过研究。第二次世界大战以后，随着工会力量的强大，工会在工资决定中的作用日益突出，集体谈判工资理论也得以完善。

这一理论认为，工资率存在着一个上限和下限，实际工资率在上、下界限之间变动。雇主对员工的需求程度及职工需要通过就业以挣得工资来满足生活需要的迫切程度，都会对工资率产生影响。因此，实际工资率的确定将取决于劳资谈判双方的力量对比。在双方讨价还价的过程中，雇主所能支付的最高工资可以大致地估算出来，它取决于企业的经济实力、竞争能力和由于劳动费用增长过高而使企业从事经营活动所要承担的风险。雇主所需支付的最低工资同样也可以估算出来。它取决于职工对于降低生活标准的承受能力，取决于工会的力量以及可以用做罢工工资的基金数量。这些基金可以在职工举行罢工时用做职工的生活费用开支。

工会通常采取增加对劳动力的需求、减少劳动力供给和游说最低工资立法等措施来提高工资。这样就使市场上存在着两种垄断：一种是劳动者组成工会对劳动力供给的垄断；另一种是厂商联合组织(雇主联合会)对劳动力需求的垄断，所以工资水平是劳资谈判力量抗衡的结果(工会的抵制工资曲线与厂商的让步工资曲线的交点)。集体谈判工资理论又被说成是工会起作用下的工资决定理论，但是在现实中，工资水平的确定并不完全取决于劳资谈判的力量，它还受工会力量的强弱、经济周期等因素的影响。

(六)购买力工资理论

购买力工资理论认为，企业发达的条件是市场存在有大量需求，以使企业能以适当价格出售产品，从而获得足够的利润。职工和他们的家庭成员也是企业产品的消费者。如果职工工资和购买力高，需求则强烈，生产规模的高水平就可以持续；反之，如果工资和购买力低，生产规模将相应地萎缩，失业就会出现。

与上述其他工资理论一样，这种理论在有些情况下也会失去作用。提高工资能够带来生产的增长是理想状态，否则，增加的购买力将会带来物价上涨，除非购买力的增加部分都用于储蓄。购买力理论对需求不足的失业，可以做出一定的解释。但如果失业是由于资本缺乏，就像在工业落后的发展中国家的情况，这种理论则不适用。在那些本国经济主要依赖于国际贸易的国家，采用这种理论也要特别小心。因为，增加工资会强化对进口商品的需求，同时也抬高了出口商品的价格。如果不能通过提高劳动生产率补偿这种影响，增长工资就会降低这些国家在国际市场的竞争地位。在那些已经面临巨大国际收支逆差的国家，工资水平迅速提高可能会导致严重的后果。

二、工资差别理论

(一)职业工资差别理论

从理论上讲，在完全竞争的市场条件下，企业间和企业内部的工资水平应该趋于相等，因为劳动者能够自由选择工资不低于他人的职业，工资水平也会通过竞争随着雇员职业和劳动职位的转换而实现均衡。但现实的情况却并非如此，企业内部、外部的工资普遍存在着差别，这种经济现象很早就引起了经济学家的注意。

亚当·斯密就是工资差别理论的重要创始人。他认为，造成不同职业和雇员之间工资差别的原因主要有两大类：一类是由不同的"职业性质"造成的，另一类是工资政策造成的。按亚当·斯密的观点，各种不同性质的职业从五个方面造成工资差别：①劳动者心理感受不同。有的职业可以令人愉快，而有的职业则使人感到厌烦。亚当·斯密写到："所有职业中最令人生厌的莫过于死刑执行者了，按所完成的工作量来计算，其所得远远超过任何通常的行业。"②职业技能掌握难易程度不同。有的职业技能很容易学习和掌握，有的则难以掌握。③职业安全程度不同。④担负的责任不同。⑤成功的可能性不同。那些使劳动者不愉快、学习成本高、不安全、责任重大、失败风险率高的职业，要付给高工资；反之，则付给低工资，由此造成了不同职业之间的工资差别。

亚当·斯密还揭示了工资政策与工资差别之间的关系，指出政府不适当的工资政策会扭曲劳动力市场上的供求关系，如限制职业间竞争、阻碍劳动力的自由流动等，这些行为都会导致不合理的工资差别。

（二）人力资本工资差别理论

20世纪60年代以后人力资本理论产生和发展起来。人力资本理论可以用来说明由人力资本投资的回报或补偿所形成的工资差别。可以从三个方面进行解释。

第一，人力资本投资的回报和补偿。在其他因素不变的情况下，人力资本投资是造成劳动者收入差异的主要原因，不同劳动者人力资本投资不同，其文化知识和技能含量也会不同，含量低者竞争力低，工资收入也必然低于含量高者。人们在进行人力资本投资时，总是期望能在未来获取高于人力资本投资额的回报，否则，没有人愿意进行人力资本投资。

第二，异质型人力资本劳动者的贡献大于同质型人力资本劳动者的贡献。一般而言，一个人的人力资本异质性越强，其劳动生产率和边际产品价值也越高，他应得到的工资就较高；反之，一个人的人力资本异质性越低，其劳动生产率和边际产品价值也越低，他应得到的工资就较低。工资差别正是内在人力资本属性及其价值差异的外在表现。

第三，社会经济发展对劳动力的需求是高素质、低数量。伴随着知识经济时代的来临，在世界各国的劳动力市场上，高素质劳动者日益供不应求，相反，低素质劳动者日益供过于求。人力资本的这种供求关系决定了不同雇员的工资差别，也就是社会对异质型人力资本的需求高于对同质型人力资本的需求这一倾向，更加大了不同属性人力资本所有者的工资差别。

人力资本理论的建立，给予体力与脑力劳动者两者之间收入差距一种较为科学的解释，表明两者差距的缩小主要是个人和社会重视教育和技术培训的结果，是员工技术素质提高的表现。此外，该理论也可以用来解释雇主对雇员的在职培训行为及其培训后的工资决定问题。

三、效率工资理论

效率工资理论是20世纪70年代末提出，80年代发展起来的一种理论。自它产生以来，就受到广泛的关注，被看做是当代宏观经济学最有发展前景的领域之一。该理论产生的直接背景是以往的理论都不能很好地解释经济面临总供给或总需求的冲击时，就业剧烈波动而工资却呈黏性这一经济现象。新古典经济学对这个问题的答案是代表就业者利益的工会反对工资下降，并利用自己的垄断力量阻止劳动市场的均衡。这一答案当然不能令人满意。而旧凯恩斯主义经济学假定工资完全刚性，该假定既与实际不符，又缺乏微观基础，因而受到新古典宏观经济学和其他经济理论的责难。效率工资理论主要从信息不对称、劳动力流动和社会伦理等的角度出发，认为雇主给雇员支付高于市场出清水平以上的工资是为了激励员工努力工作，有效劳动单位成本(工资、福利、培训费用)下降，工作效率得到提高，因此是雇主的理性选择。原因主要有以下三个方面。

第一，提高工资可以解决对雇员的激励问题，消除他们的偷懒行为。雇主关于雇员努力程度的信息通常是极为不足的，而且对这些工人进行监督或监视通常又要花费很高的成本。在这种情况下，就出现了雇员们偷懒的可能性。对员工来说，在一定的工资水平下之所以付出一定的努力是因为存在失业的威胁，而在不同的工资水平下，一个员工逃避工作义务，即偷懒的程度与解雇的代价是成反比的。为了提高因偷懒而被解雇的代价，给员工支付高于其他企业的工资。更高的工资提高了工作的相对价值，同时也增加了一旦偷懒被发现而被资方解雇的成本。更高的偷懒的机会成本(或价格)将会减少偷懒的发生。工人工作效率的提高将比工资更快地增加，劳动力需求曲线就会向右移动，单位有效劳动的工资成本也下降了。

同时，当所有公司都支付"高于平均水平"的工资时，平均工资提高了，就会产生非出清的劳动市场，即在劳动市场实现均衡时，将会永久性地存在失业。

在某些情形下，工资的增加将会提高工人的效率和劳动力需求。如图 7-1 所示，这里我们假设企业将工资率由 W_1 提高到 W_2，这使得劳动力需求曲线由原来的 D_{L1} 向右移到 D_{L2}，同时企业也实现了单位有效劳动的工资成本的最小化。虽然 W_2 也是一种均衡工资，但它却不是市场出清的工资，此时存在 bc 的劳动力供给过剩。这会使工人们意识到，偷懒将有可能使他们失去这份报酬相对优厚的工作，并最终成为数量为 bc 的失业工人中的一员。这样，潜在的失业威胁将使得工人们贡献出全部的努力，而偷懒现象也就得到有效抑制。

第二，提高工资可以避免劳动力市场中的逆向选择效应，筛选到企业所需的优秀人才。由于劳动力市场为典型的信息不对称市场，雇主对工作申请者的生产率特征具不完全信息，被雇人员将试图把那些传递关于其自身素质的信息的各种标志提供给潜在的雇主；由于招聘和辞退员工是有成本的，所以雇主试图避免在雇用员工之后才发现其是应该辞退的生产率低下的人员这种不经济的情况出现。要解决这一问题的一种方法是雇主通过同行薪酬调查后，以高于同行的薪酬水

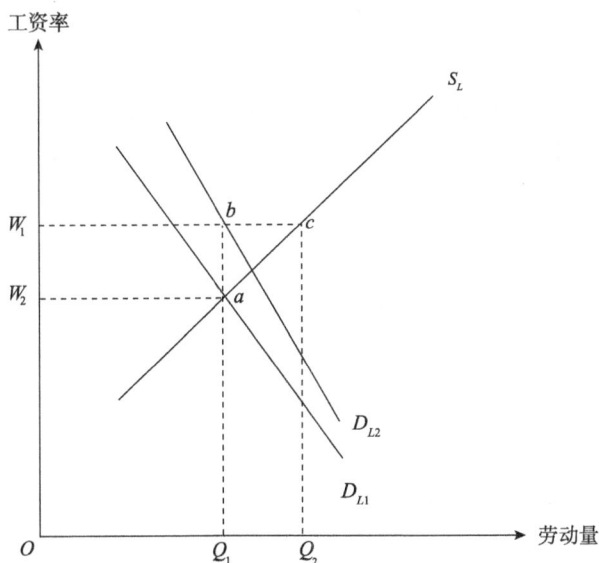

图 7-1 效率工资模型

平，向人力资源市场发送一个信号，这样的薪酬能吸引生产率高的优秀人员，任何低于效率工资还愿意工作的人将被视为潜在的"劣等品"而不被聘用。同样，雇主为了留住人才，也可能会提供高于现行水平的薪酬，那些在本企业个人生产率高于现行工资的员工，将会向高工资的企业求职。

第三，提高工资可以降低劳动更新率，提高熟练工人的比重。劳动更新率是指由新工人替代辞职工人的比率。劳动更新率的增加对工资影响不大，但解雇老雇员需要支付赔偿费、安置费等成本，而雇佣新工人又需要花费广告甄选、培训等费用，从而导致总劳动成本的增加；同时，由于工人通常"边干边学"，新工人远不如老工人更加熟练。因此，对雇主而言，这种劳动更新通常是他们所不愿看到的。高于市场出清水平的工资会增加工人辞职的成本，因而会降低辞职的可能性。更低的劳动更新率意味着熟练工人的比重增加，而这将会提高工人的平均劳动效率，从而最终使劳动力需求曲线向右移动。

第三节　工资水平

一、工资水平的概念

工资水平是指某一特定时期、某一特定范围(国家、地区、部门、企业)内员工平均工资的高低程度。可用数学表达式描述为

$$工资水平 = \frac{员工工资总额}{员工总人数}$$

由于工资可以表现为货币工资和实际工资，所以工资水平也就有货币工资(名义工资)水平和实际工资水平的区分。所谓货币工资水平是以货币工资数额表示并计算出平均工资；而实际工资水平，则是用实际工资数额表示并计算出的平均工资，用公式表示为

$$实际工资水平 = \frac{货币工资水平}{同期物价指数}$$

由上面两个数学表达式可以清楚看到，影响工资水平的三个基本要素是员工工资总额、员工总人数、物价水平。工资总额越大，工资水平就越高，两者成正比关系；而员工人数越多，物价水平越高，工资水平就越低，员工人数和物价水平与工资水平成反比关系。

二、影响工资水平的主要因素

(一)影响宏观工资水平的主要因素

1. 国民经济发展水平

按照生产决定分配和消费的经济学理论，可供分配的收入和消费水平的高低最终取决于社会提供的可供消费的产品数量的多少。离开了这点，工资就没有了来源，工资水平的高低也就无从谈起。目前，反映国民经济发展水平的重要指标之一是人均GDP，即一个国家在一定时期内，平均每一国民所生产和拥有的最终产品与劳务量。一个国家或地区的工资水平与人均GDP成同方向变化，即人均GDP增加，工资水平提高；反之，工资水平则降低。由此可见，国民经济发展水平的差异是造成不同国家、不同地区工资水平差别的重要原因。

2. 国民收入中积累和消费的比例

国民收入通常分为两部分，一部分是积累基金，另一部分是消费基金。两者在国民收入分配中的比例影响着工资水平的变动。在一个国家(或地区)的任何一个既定时期内，国民收入的总量一旦形成，就是一个定值。因此，积累基金和消费基金是此长彼消的关系。积累基金增加，消费基金就相应减少，这样工资水平很难提高；消费基金增加，积累基金减少，虽然能提高当前的工资水平，但不利于长期工资水平的提高。

3. 社会劳动生产率

社会劳动生产率是指一个国家或地区社会劳动者在单位时间内人均创造价值量的多少。它代表了一个国家或一个地区的财富创造能力，代表了一个国家或一个地区的经济发展水平。对一个国家而言，社会劳动生产率高，创造的社会财富

就多，劳动者的工资水平也就高；反之，社会劳动生产率低，创造的社会财富就少，劳动者的工资水平也就低。所以，只有社会劳动生产率能够持续、稳定地增长，并且能够超过劳动人口的增长，才有可能使全体社会劳动者的工资水平得到真正的提高。

4. 实际在业职工人数

在工资总额一定的情况下，在业职工人数越多，则工资水平就越低；反之，在业职工人数越少，则工资水平也就越高，两者成反比关系。而在业职工人数的多少又取决于一个国家的人口增长状况、劳动适龄人口和就业率（或失业率）的高低。

5. 物价变动

在物价上涨的情况下，名义工资不变或者变动幅度小于价格上涨情况，实际工资水平就会下降；而在物价不断下降的情况下，即使货币工资不变，实际工资水平也会提高。物价高，实际工资就低；物价低，实际工资就会提高。

6. 劳动力市场的供求

在市场经济的条件下，劳动力的供给与商品相类似，以稀为贵。例如，我国目前大量缺乏合格的职业经理人，有的优秀的职业经理人的报酬年薪高达千万，而普通的劳动力在我国呈现供过于求的状况，导致他们的工资相当地低。又如，我国当前各地普遍技术工人的工资上升，与高级技术工人的短缺也有很大的关系。

（二）影响微观工资水平的主要因素

1. 生活费用或者物价水平

物价水平，尤其是员工生活费用价格水平的变动，对员工工资水平有着重要影响。当货币工资水平不变，或增长的幅度小于物价增长的幅度时，物价的上涨将会导致员工实际工资水平的下降。为了保证员工实际生活水平不受或少受物价影响，企业也必须考虑增加员工的工资或其他的补助。另外，现代大多数国家都有最低工资制度，以保证员工及其家庭能够获得维持生活费用的收入。

2. 企业经济效益

企业经济效益在市场经济条件下，是决定企业员工工资水平及其变动最重要的因素。能够影响企业经济效益的诸多因素，同时也是决定工资水平高低的重要因素。一般来讲，劳动生产率高，劳动力素质高，就意味着员工在单位时间内能够创造更多的财富，企业的效益就会好，其工资水平也应高；劳动生产率低，劳动力素质差，就意味着员工在单位时间内创造财富少，企业效益就会差，工资水平也低。如果企业所负担的工资，超过其负担能力，则企业不是停业就是破产解体。

3. 行业的工资水平

企业所属行业的工资水平，对于员工工资的制定有相当大的影响作用。行业工资水平的变化主要取决于行业产品的市场需求和行业劳动生产率两个因素。当产品需求上升时，或行业劳动生产率上升时，工资水平可以在企业收益上升的幅度内提高。顺从这种大环境的要求确定工资，是现代企业提出的薪酬具有外部竞争力的必然要求。只有当员工的工资水平具有外部竞争力，才能更好地吸纳、维系和激励优秀的人才，提高本企业的劳动生产率。

4. 附加福利

附加福利是另外一种职工乐意接受的报酬或福利，它包括法定节日和年度休假期间职工的报酬、社会保险费用、企业补充保险或提供的住房或住房补贴等。例如，在我国，在政府部门工作的公务员、在事业单位和大型国有企业工作的正式职工，往往都有这方面的附加福利。而在非上述部门工作的员工则很少，甚至根本就没有这种附加福利。为了增加组织的人才竞争力，维持劳动力之稳定，所以，往往我们看到，后者的工资较前者为高，以弥补附加福利的欠缺。

5. 职务高低与权力大小

对于权责重的人给予较高的工资，实际上是因为权责重的人其决定和判断的正误对于组织生产的产品或提供的服务的品质、市场、信誉与效益有决定性的影响。正因为如此，在以职位为基础的薪酬制度设计中，国际上使用的海氏(Hay)等几种不同的工作评价方法，都包含有"问题产生的后果"这一指标。实践中，可以大量地观察到CEO的工资大大高于一般员工的事实。其原因在于，它试图补偿管理者在生产和经营过程中所做出的正确判断和决定。这部分高出的工资成为建立管理者职责严格的工具。

6. 技术和训练水平

以人力资本为出发点的工资理论，已经系统和深刻地解释了为什么技术和训练高的人，应拿较高的工资。这就是说，这部分较高的工资包含有人力资本投资回报的成分。工作评价中的知识要素的选择，和国际上20世纪70年代以来流行的技能工资制度，都充分体现了这一要求。

7. 年龄和工龄

按理说工龄并不体现劳动者的劳动能力，更不能体现劳动者的劳动成果，但实际的情况是，工龄常在工资中起作用。其原因有以下几点。

第一，补偿员工过去的贡献。一般来说，员工年龄越大工龄越长，理论上讲，他对一个组织过去劳动的贡献就越大，为了给予这部分贡献以补偿，就需要增大其目前的工资收入。

第二，平滑年龄收入曲线。如果按照现实劳动贡献的情况观察，较高年龄段后，员工所提供的现实劳动成果或者工作业绩将会下降，体力劳动者尤为如此。如图 7-2 所示，如果不按照工作绩效或劳动成果曲线建立分配标准，那将出现工资制度与工作表现脱节的分配曲线 B，对员工工作激励不利。如果完全按照工作业绩曲线，那将会出现部分员工工资会随年龄增大而下降，即曲线 A。这种年龄收入曲线也一般并不为员工所接受。为此，随年龄和工龄增大，人们的工资会有所提高，但提高的幅度是适当的平滑，即类似曲线 C。

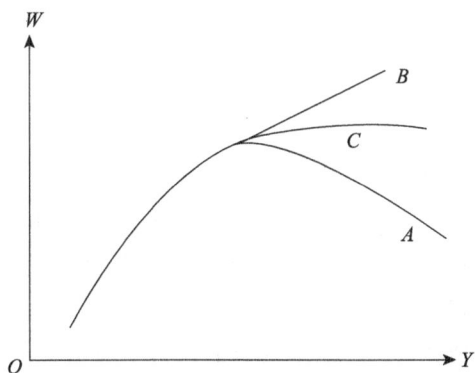

图 7-2 三种年龄收入分配曲线

第三，减少劳动力流动。一些企业为减少员工"跳槽"频繁的现象，保持员工队伍稳定，实施了工龄工资政策。例如，在本公司工作一年，便增加一年的工龄津贴。由此，增加了员工离开本公司的代价，使得频繁的跳槽给员工造成较高的机会成本和一定的经济损失。

虽然，年龄和工龄在工资分配中起作用的情况在世界各国普遍存在，但程度不同。随着知识经济的到来，知识陈旧周期的缩短，年龄和工龄在不断弱化，知识和能力的作用在不断强化。即使推行现代的基于工作评价基础上的职位工资制度，工龄和年龄的作用都在淡化。

三、工资水平控制

从宏观经济管理的角度对工资水平进行的控制，主要包括三个方面的内容：一是通过建立最低工资制度等方式，对最低工资水平进行控制；二是通过个人或企业累进税制，对最高工资水平进行控制；三是通过收入政策对社会工资总水平进行控制。这三方面尽管都是工资水平控制的重要措施，也是宏观工资管理的重要内容，但是，它们的功能和作用完全不同，在不同的社会经济条件下，它们的实施方法、反应和效果差别也很大。

（一）最低工资水平控制

最低工资（minimum wages）是指国家为保证维持劳动力再生产的最低需要，以一定立法程序规定的，用人单位对在正常劳动时间内履行正常劳动义务后的劳动者必须支付的最低限度的劳动报酬额。最低工资制度是市场经济发展到一定阶段的产物，19世纪末20世纪初产生于新西兰等国。20世纪20年代，英国、法国、美国、加拿大、瑞士等发达国家也先后实行了最低工资制度。实行最低工资制最初的目的旨在消灭"血汗工资制"和保护妇女、童工利益。第二次世界大战以后，西欧一些国家和日本也陆续建立了此项制度。目前，最低工资制度已在包括众多发展中国家在内的世界大多数国家普遍推行。从实施范围上看，该制度已从最初仅限于苦、脏、累、险行业，扩展到几乎所有的国民经济部门与行业。

一般而言，最低工资制度的重要作用表现在以下几个方面。

第一，对于低收入阶层或收入不稳定的劳动者，能够起到一定的保护作用。特别是对一些国家中的非熟练工人以及没有工会组织保护的工人，能够保障其个人及家庭成员的基本需要，维持劳动力的再生产。

第二，最低工资制度是国家调节经济活动、干预收入分配、体现社会公平的一个重要手段，通过对每一个劳动者提供一份有保障的收入，维持社会政治与经济秩序的稳定。

第三，减少社会贫困现象，削弱通货膨胀的消极影响，有利于保证生产的高效率和社会购买力，从而对发展经济起积极的影响作用。

第四，制约平均工资的变化。一方面，由于最低工资率是依法强制推行的企业工资最低标准，对总体工资水平有一个基础性的作用；另一方面，企业平均工资的提高，又必然引起最低工资的变动。根据国际上的经验，最低工资标准的确定和调整与平均工资的关系十分密切。如果最低工资标准确定得恰当，随着经济的发展，最低工资与平均工资的关系将逐渐稳定下来。西方工业化国家的最低工资通常为平均工资的40%～60%。

最低工资制度的一个重要特征是具有强制性，有国家法规的保障。最低工资立法最早出现在新西兰1884年制定的《产业仲裁法》中。我国于1993年11月颁布实施了《企业最低工资规定》，适用于我国境内的各种经济类型的企业，以及在其中领取报酬的劳动者。2004年1月出台了《最低工资规定》，标志着中国正式在劳动力市场上引入最低工资制度。该规定指出，"省、自治区、直辖市范围内的不同行政区域可以有不同的最低工资标准"，并且，"最低工资标准应该至少每两年调整一次"。最低工资制度的目的在于为低收入劳动者提供基本的生活保障，保证劳动者的劳动所得能够满足其与家庭成员的基本生活需要，促进社会公平，同时被视为缩小收入差距的途径之一。近年来，中央政府提出要提高国民收入分配中劳动报酬和居民收入所占的比例，各地政府开始竞相提高当地最低工资标准，2011年各地最低工资标准上调幅度大多在20%～30%。

最低工资标准的确定是推行最低工资制度的关键。确定最低工资标准时通常需要综合考虑以下几个方面的因素，即劳动者本人及平均赡养人口的最低生活费用、社会平均工资水平、工人的消费结构及其变动趋向、社会劳动生产力平均水平和预期发展水平、市场消费品物价指数及其变动趋向、就业状况以及经济发展水平、其他有关的影响或比较因素等。此外，最低工资标准应该高于当地社会救济金和失业保险金标准，还应考虑当地其他人员的相对生活水平及提高劳动者素质所必需的培训费用等。

世界上通行的最低工资标准的制定有两种方式，一种是由国家立法机构直接用立法程序制定最低工资法，用以确立最低工资并加以调整；另一种是由国家立法机构确定最低工资标准的原则、办法，授权有关主管行政部门来制定最低工资的标准，即政府或劳工部以命令、条例、规定的形式颁布实行。我国采用的是第二种方式。最低工资制度的执行情况一般由各级劳动行政部门负责检查与监督（各级工会也有权监督），如发现违规问题及时向仲裁机构诉讼。

最低工资必须依据工资水平、物价状况和经济发展水平等因素进行正常的调整，否则其功能就会丧失。国外最低工资的调整方式有三种：①定期经常性调整，如每年调整一次；②适时性调整，即根据不同经济情况选择最佳调整时间；③工资指数化，即最低工资随物价和一般工资水平的变化而变动。

各国对最低工资实行的范围规定各不相同，概括起来大体有四种：①制定统一最低工资标准，在全国范围所有行业推行（如加拿大、日本、西班牙、荷兰、葡萄牙等）。②在不同行业规定不同的最低工资标准（如法国、比利时等）。③只在某些部门中实行最低工资限额，而且不同产业的最低工资标准不同（如英国、爱尔兰等）。④不实行最低工资制度，或者仅仅对极少数工种的工人实行有针对性的最低工资保护。

（二）最高工资水平控制

最高工资水平的控制包含两种含义：一是对社会集团的最高工资水平的控制，二是对个人最高工资水平的控制。

通常认为，在市场经济条件下，社会集团的最高工资不超过劳动的边际生产率；在计划经济条件下，不超过积累的最低限额。

对于个人的最高工资控制，在中央计划经济条件下，是通过等级工资制度中的最高工资标准来控制的。等级工资标准中最高工资的确定考虑了劳动复杂程度、精细程度和责任大小程度的区别。在工业化市场经济国家，通行的原则是放开分配，控制收入。因此从宏观分配政策上没有对个人最高工资收入的限制，但是通过累进的工资税、遗产税和其他个人所得税，对于高额收入征收高比例的税收。公共财政政策的基本原则是根据负担能力决定税率，谁收入多，谁就多纳税。通常收入最高的劳动者，是一些具有特殊劳动能力和劳动条件的人，这一部分劳动力供给基本上没有弹性，高赋税不会影响其劳动积极性。

（三）工资总水平控制与收入政策

收入政策（income policy）就是政府通过非强制性或强制性手段控制工资总水平的政策。尽管收入政策的具体内容还包括政府对物价的干预和控制等，但是，总的说来，收入政策主要是一项针对工资的政府宏观经济政策。

收入政策的具体形式有以下四类，它们的强硬程度不同，适用的范围和条件也有差别。

第一，权威性劝说政策，即针对某种具体的物价与工资形势，由政府出面进行权威性的劝说，或者施加压力来扭转局势。多数学者强调收入政策的非强制性意义。多数国家的政府也总是希望通过争取社会各界的自愿合作来推行收入政策。通常采取的方式是在全国定期举行最高级的政府、雇主和工会三方联席座谈，就经济形势、政府经济政策和社会政策方向等问题交换看法。这些座谈并不一定要求就工资和物价问题做出决定，甚至连指导性意见也不提出，其目的只是希望通过相互交换看法，达到互相了解，并影响各自的行为。有时通过这种形式也可能达成一些口头或书面的"共同行动"协议。

第二，工资—物价指导线或者指路标政策，即由政府根据长期劳动生产率增长趋势来确定工资与物价的增长标准，并要求把工资—物价增长率限制在全社会劳动生产率平均增长的幅度以内。对政府确定的指导线的实施贯彻，原则上不采取法律强制执行的方式，也不采取直接干涉方式，仍然只是通过权威性的劝说或者施加压力的方法。

第三，补偿或税收性收入政策，即以政府税收作为处罚奖励手段来限制工资增长。如果工资增长率保持在政府规定的界限以下，则以减少个人和公司所得税作为奖励；如果工资增长率超出了政府所规定的界限，则以增加公司所得税作为惩罚。例如，芬兰政府在1974年就工资增长幅度与社会各界达成协议，规定工资总水平增长幅度要经过2年以上时间才能达到20％；与此同时，政府将以降低所得税，提高养老金、家庭补贴和其他福利作为回报。荷兰、爱尔兰和英国政府也曾与各方达成过类似协定。

第四，工资—物价管制或冻结政策。在上述限制工资总水平增长的各种自愿方式失效后，即由政府颁布法令对工资和物价实行管制，甚至暂时加以冻结。此时任何超过规定界限的工资增长，都将受到法律制裁。强制范围可以针对一切部门和职工，也可以只针对一些重要经济部门。控制条款可以是控制工资增幅、增量或者冻结工资。控制条款可以由政府单独做出，也可以由政府和各界协商确定。西方各主要国家都曾在不同阶段推行过这种政策，其中以尼克松总统在1971年冻结工资—物价90天最为有名。

第四节　工资差别

一、工资差别与劳动差别

工资差别，是指劳动要素供给者之间在要素服务收入数量方面的差异和相互关系。

经济学家和社会学家发现，人们不仅关心工资水平(工资的绝对量)，也很关心自己与他人的工资差别(工资的相对量)，而且关注后者往往甚于前者。一方面，随着社会的进步，人们总是力求缩小甚至消除社会成员的收入差距；另一方面，为了激发员工的劳动热情，现实的工资又不得不拉开差距，工资对劳动具有激励功能。因此，在可预见的将来，收入差异有其存在的合理性，无法消除，而且工资差别的存在对于社会经济的发展具有积极意义。

工资差别从本质上说是因为劳动引起的，归根结底取决于劳动差别。人类的具体劳动千差万别，但从总的方面看，这些差别可以分为两大类，一类是不同种的劳动差别，另一类是不同质的劳动差别。

不同种的劳动差别，是劳动的生产性差别。生产不同种类的产品，满足人类的多种多样的需要，是劳动的重要职能。由此也导致劳动自身分为不同的种类。不同种类的劳动，具有不同的自然和技术特征，它们不能互相等同或代替。而且，随着生产的发展和人类需要的扩大，不同种的劳动差别不但不会消失，而且还会不断增加。这种劳动的生产性差别无法相互比较，不能说哪一种劳动重要，哪一种劳动不重要。

不同质的劳动差别是劳动作为同一生理意义(体力和脑力)的活动在质量上表现出来的差别。这种差别是随着劳动分工的发展而发展起来的，然而，这种差别又受制约于一定的社会经济形态。随着社会的发展，这种差别由小到大，逐步达到顶点。以后，又随着社会的继续进步，随着人所赖以生存的社会经济文化条件差异的不断缩小和人的能力差异的缩小，劳动的这种差别也会不断缩小，甚至最后消亡。我们现在尚处于这个渐变的过程中。不同质的劳动仍然是今天劳动者的最重要的差别。

不同种的劳动差别对于劳动者收入的影响，往往不完全在于劳动本身，而表现在与这种劳动种类相关的自然或社会条件上。不同质的劳动差别对劳动者收入的影响，则总是集中表现在与这种劳动质量相关的劳动者的能力本身上。在现实的劳动活动中，劳动的生产性差别和劳动的社会性差别通常是交织在一起的。这就是说，两个不同的劳动者，他们之间的劳动差别很可能既是不同种的，又是不同质的。他们的收入差异也由这两者共同决定。

二、产业(企业)间工资差别

从理论上说，引起不同产业间的工资差别的主要原因有以下几点。

1. 熟练劳动力所占的比重

有些产业高技能职业工种、熟练工种比重大，工资就高些；有些产业高技能职业工种、熟练工种比重小，工资就低些。例如，建筑行业中熟练技工，如电工、木工、泥瓦工等占的比例较大，因此工资水平应较高；而零售贸易的工资水平应较低，因为其多数员工属于非熟练技工。

2. 产业所处的地理位置

由于长期经济发展的历史原因，有一些地区的平均工资水平较高，另一些地区的平均工资水平较低。这样，高工资地区的产业其工资水平受环境条件影响相对也会较高。产业特点很可能先天决定产业的地理位置，如造船业、航运业一般都在沿江沿海地带。反过来，地理位置又会影响产业的工资。

3. 产业有机构成

产业有机构成也就是技术装备程度的高低也影响工资高低。一般地说，有机构成高的产业，工资也高。这是因为：①技术装备程度决定了每一个工人占有的资本量大小，人均资本占有量高，从而劳动生产率高，工资水平就高。②有机构成高的产业，工资占总成本的份额小，工资变动对总成本的影响小，因此提高工资的可能性就大(如石化炼油、汽车制造、钢铁业等工资高，而纺织、服装业工资较低)。③有机构成高的企业，资本转移比较困难，对资本投资的要求高，限制了新企业加入这一产业，这就会造成垄断性的收益和利润。

4. 产业工会化程度

产业工会化程度高，工资就高；工会化程度低，工资就低。在西方，许多产业容易建立工会，也有建立工会的传统，而另一些企业不容易建立工会，或者没有建立工会的传统。这就影响到不同产业的工资水平。但是，工会的作用不能过分夸大，使之绝对化，因为工资最终取决于经济状况与市场工资率。

上述产业工资差别的原因是从产业本身的特点来分析的。此外，政府的经济政策、职业特点以及劳动者个人素质的差异等也是影响产业工资差别的重要因素。

三、补偿性工资差别

1. 人力资本投资的补偿性工资差别

人力资本理论指出，人们对人力资本进行投资是要取得回报的，劳动者进行了教育费用等的投资后，在工资上就应有所回报。因此，不同职业之间工资就会有差别，甚至在同一职业中的不同劳动者，其工资也可能会有差别（如有的国家、有的部门在决定劳动者的初始工资时，不同学历者工资不同）。

劳动的性质或职业不同，人力资本存量（知识存量、技能存量、健康存量）的要求亦不相同，不同职业所需的技能成本差异，会造成不同职业工资的差别。也就是说，教育投资的差别带来补偿性工资差别，某些职业的高工资只是对长期教育和培训所做投资的一种收益。

2. 效用均等化的补偿性工资差别

所谓"效用均等化的补偿性工资差别"，指的是相同的劳动者，即知识和技能并无质的差别的劳动者，在从事工作条件和社会环境不同的劳动时，他们的工资所产生的差别。差别产生的原因，主要是为了"补偿"一些人在工作条件和社会环境方面所处的不利地位。由于他们所处的这种地位，使他们不得不承受更多的生理和心理方面的压力，承受了更高的"劳动的负效应"，也就是劳动引起的劳累、紧张、枯燥、疲倦、痛苦和危险的感觉或处境。从一定意义上说，这也意味着他们比那些没有处于同样地位的人付出了更多的劳动，需要在工资中给予补偿；否则，就雇用不到劳动者。

劳动经济学把引起补偿性工资差异的职业特征称为职业的非货币特征或职业的非工资因素。这种非货币特征揭示，人们在考虑职业时并不仅仅只考虑金钱这一个因素，如果对金钱以外的因素，包括劳动的负效用、闲暇的价值、社会地位和社会心理因素等都加以考虑，在自由选择的条件下，人们并不是一定选择工资报酬最高的职业岗位。

效用均等化的补偿性工资差别需要满足一定的必要条件。

第一，劳动或工作条件与工作效率有关，且劳动者必须关心这些条件（劳动环境）。如果工作条件不影响工作效率，也不会给劳动者的劳动支出产生生理或心理负担，或劳动者对这些条件无所谓，则无须用工资差别予以补偿。

第二，改善或创造新的劳动条件需要付出很大的代价。如果企业能够付出较小的成本消除或改善恶劣的工作条件，则企业不愿付出补偿性工资。问题的关键是改善劳动条件的成本与补偿性工资成本的权衡。如果前者大于后者，企业将选择工资补偿；如果无法根本改善劳动条件（如矿山井下、高空、深水作业等劳动条件），则必须付出补偿性工资。

第三，劳动者追求效用最大化，而不是收入最大化，否则就会导致最终工资均等化而不是均衡差别。

第四，劳动力自由流动，有一系列可供选择的工作机会，而且在劳动力市场中存在竞争和有较充分的劳动工资信息。

第五，补偿性工资亦受到劳动力供求关系的影响。某些劳动条件在一些人看来是不好的，但可能对另一些人则没有什么影响，如果对某类劳动、某种职业的需求较小，但有较充分的劳动力供给时，则无须付出补偿性工资，如某些高空作业或水下作业。但是当需求较大，而劳动力供给较稀缺时，就必须支付较高的补偿性工资。

四、竞争性工资差别

效用均等化的补偿性工资差异揭示了由于工作条件和社会环境原因导致的收入差异。然而，在实际生活中，我们可以看到，并非工资报酬高的职业都是劳动条件差、社会地位低的职业。恰恰相反，工作条件好，职业的社会评价、社会声望高，工作内容丰富且富于创造性劳动的职业，往往具有相对高的工资收入。因此，单纯用补偿性工资差异不能解释现实生活中的一切工资收入差别。大量的工资差别现象具有非补偿性特点。

经济学界一般认为，劳动力市场中，劳动者之间的竞争，是形成工资差别的另一个重要原因；竞争性工资差异是最重要的一种非补偿性工资差异。竞争性工资差别，是指在劳动力和生产资料可以自由流动的完全竞争的条件下，劳动者之间工资收入的差异。在劳动者所处的外部环境和市场机会都完全一致的情况下，劳动者之间仍会存在劳动效率差异，这导致了劳动者的劳动成果或贡献会有差别。劳动效率高者应该获取较高的工资，劳动效率低者只能得到较低的工资。显然，这类工资差别主要由劳动者本身的劳动力质量差异，或者说劳动能力结构的差异引起的。在实际生产活动中，劳动者质量的差异一方面表现为不同质的劳动者在人力资本存量上的差异，另一方面表现为个人勤奋、努力程度的差异。前者可用人力资本投资的补偿性工资差别进行解释，而后者只能通过竞争因素来说明。

竞争性工资差异理论认为，竞争既导致了不同质的劳动者产生工资收入差异，也导致了不同质劳动者之间的流动。在自由竞争的市场环境中，由于人们总是追求更高的工资收入，那些需要较高人力资本存量、具有较高工资额的劳动职业可能吸引更多的高素质的劳动力，促使低素质劳动者进行更多的人力资本投资，由低能力结构的劳动力市场向高能力结构的劳动力市场流动。竞争促进了社会劳动力质量的不断提高，同时也通过影响劳动力供求关系使各个职业的工资水平受到劳动力供求关系的约束，避免了工资水平的无节制增长。

五、垄断性工资差别

垄断性工资差别，是非补偿性工资差别，同时也是非竞争性工资差别。它是由某种制度性因素或劳动者自然特征所引致的、劳动力供求特殊矛盾决定的某些职业劳动者处于垄断地位而形成的工资差别。

具体而言，垄断性工资收入发生在以下两种情况下。

1. 制度性因素造成的垄断性工资差别

某种职业、行业或某些地区所需要的劳动力出现短缺，但由于制度性因素的限制（如行业工会、产业工会、国家行政权力甚至社会经济体制的限制），使其他劳动者无法转入这个职业，劳动力供求运动中的竞争程度受到抑制，从而使劳动力短缺的职业、行业、地区的劳动者处于垄断地位，获得垄断性收入。例如，中国城乡之间、国有垄断性行业与一般行业之间、沿海与内陆之间就存在着行政管理体制、经济体制方面的障碍，从而产生了制度性垄断工资差别。

垄断性工资差别的制度性因素的成因，一般都可以归结到生产力水平的低下和市场发育的不全。因此，通过发展生产力和健全劳动市场机制，创造条件消除造成阻碍劳动力流动的外部因素，就可以逐步消除这种垄断性工资收入。

2. 劳动者自然特征引致的垄断性工资差别

某种职业、行业或地区所需要的劳动力出现稀缺，但是，由于这种劳动力质量的自然特征，使得对其补充供给很难实现，或者很难马上实现，从而使劳动力短缺的职业、行业、地区的劳动者处于垄断地位，获得垄断性收入。

人力资本投资理论可以部分解释这类工资差别：当掌握某种特殊知识或技能的劳动力出现短缺时，其他劳动者无法在短期内掌握这种职业或行业的特殊技能，从而使原有的劳动者保持垄断地位，获得较高的工资；但随着时间的延展，其他劳动者在高工资的刺激下会进行人力资本投资，掌握这个职业或行业所需的知识或技能，从而最终劳动力的供求达到平衡，缩小或消除垄断性工资差别。

但是，在现实中，一些劳动者的能力结构的某些特征，是不能或无法用人力资本投资行为进行解释的。这类劳动力的供给，几乎不具有弹性，当这种职业的劳动力的供给出现稀缺时，在需求的作用下，这类劳动者的工资就会急剧上涨，获得垄断性工资收入。如图7-3所示，与横轴垂直的曲线为具有特殊能力结构特征的劳动力供给曲线，由其劳动力特殊的能力结构所决定，其供给没有弹性，在需求增加的作用下，其工资也急剧上升。显然，这类劳动者的工资收入不是由其自身的价值所决定，而是由劳动力市场对其需求决定。对他们的需求越是增长，其垄断性的工资差别就越大。

这种垄断性工资收入，也可以叫做租金性工资收入，因为这种垄断性工资收入中，含有很高的"租金"成分。租金（rent）一词从土地的租金派生而来。现代经

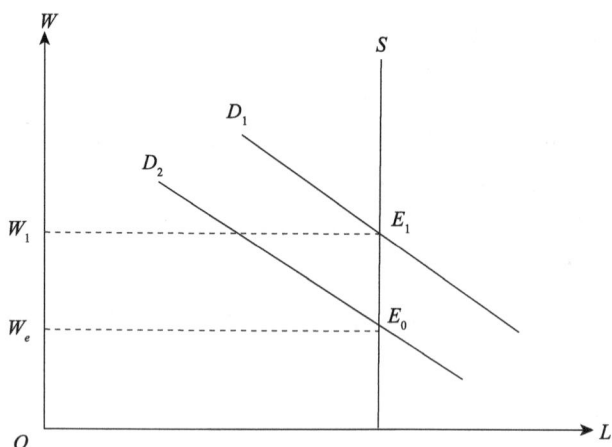

图 7-3　垄断性工资差别

济学理论认为，在现代生产力条件下，土地供给几乎是无弹性的，因此，为使用土地而付出的价格(地租)，不是取决于土地本身的实际价值，而是取决于市场对它的需求。劳动力市场中对某些具有特殊天赋的劳动者的需要同样存在这种现象。这些劳动者的供给也几乎是无弹性的，因此，为使用他们而付出的工资，也像地租一样，不是取决于他们本身的生产或再生产的费用，而是取决于社会对他们的需求。

租金性工资收入的例子最典型的是演艺界和体育界"明星"的收入。文体"明星"具有他人不易或不能具有的才能，而这些才能通常不是花费大量培训费用就一定能够获取的，他们的供给几乎完全没有"弹性"，同时，他们又受到社会大众的欢迎，对他们的市场需要常常是极其巨大的。因此，他们的工资很可能高到令人不可思议的地步。

按照现代经济学的观点，这种垄断性的工资仍然属于符合现代经济规范的收入，其存在具有合理性，社会不应当简单地禁止这一部分特殊劳动者获得高额收入，否则对社会、对民众，包括对文化体育本身的发展都没有好处。正确的对策是由政府部门对这一类垄断性工资收入课以远超过普通个人的重税并强化管理。这样，一方面可以缩小社会的贫富差距，实现社会公平，同时也不会影响具有特殊才能的劳动者的劳动积极性，从而给社会创造更多的精神财富和物质财富。

同时我们还应注意，这类工资差别也具有补偿性因素在内。原因在于，这类垄断性工资收入仍具有不稳定特征。在其能力结构的功能的高峰时期，工资收入很高；但由于劳动力生命周期的原因，能力结构的特殊功能一旦丧失，工资很快就大幅度地降低。由于这类特殊职业的风险性，也需要相应的高工资来补偿。

■第五节 薪酬制度设计与员工激励

一、厂商与员工之间的委托—代理关系

在前文的讨论中,我们有一个基本的假说,即员工作为一个劳动力进入企业,他的生产率是给定的,工资自然等于他的边际生产率。实际上,这一假说存在问题。人不同于机器,人的生产率是一个浮动的区间,而不是一个恒定的量。决定一个劳动力生产率是处于区间的下端还是上端的,是组织对员工的激励措施。

因此,在组织内部,如何通过薪酬制度的科学设计,以及通过制定有竞争力的薪酬水平,调动职工的劳动积极性,促进企业生产经营水平和经济效益的不断提高,也是现代劳动经济学理论关注的重点。

我们首先考察一下厂商和员工关系的本质。

在市场经济的条件下,厂商和员工的关系可以被视为是一种委托和代理的合同关系。厂商是委托人,他通过提供工作合同,委托员工来帮助自己实现他所希望完成的工作目标和任务。而员工是代理人,他通过签订和接受合同上所规定的条款内容,按照厂商的要求,通过生产产品和劳务来为厂商带来利润。

在此处,厂商或委托人的目标是利润,雇员帮助厂商赚取利润,而厂商则以支付工资作为工人付出劳动的回报。这样,委托人(厂商)和代理人(员工)之间的雇佣关系实际上就建立在互惠互利的基础之上,这种关系能够使厂商和工人都从中获益。

但是委托人与代理人分享共同的利益,并不意味着他们的利益就是完全一致的。在以合同或契约为纽带的劳动关系当中,厂商和员工各自追求的目标实际上是不同的,当两者的目标出现冲突的时候,就会产生委托人—代理人问题。

厂商希望最大化其利润,而工人则希望最大化其效用。厂商要想实现利润的最大化,就要求雇员按照合同规定在全部工作时间内都努力工作;否则,产出就会减少,成本也会升高。但在很多情形下,如果委托人不能完全监督代理人的行为,代理人就会为增加自身的效用而倾向于不会像委托人期望的那样努力。具体地说,工人可通过擅自进行工间休息或消极怠工等偷懒行为增加其效用,而且如果这种行为未被厂方发现,工人就不会因惩罚而受到损失。显然,工人的这些行为是与利润最大化目标直接冲突的。那些疏于职守、逃避工作的工人达到的总效用比那些始终努力工作的工人达到的效用要多。解决这一问题的关键是建立和实行一套激励性的薪酬制度。

二、薪酬制度设计

（一）计时工资制

计时工资制是按照由职工的技术熟练程度、劳动繁重程度，或是由此确定的劳动者技术等级，以及岗位或职务等级等因素预先确定的工资标准，并根据其实际有效工作时间来计量与支付工资的形式。它是最基本的工资形式之一。计时工资制可用以下公式表示：

$$W = S \cdot T$$

其中，W 为计时工资额，S 为劳动者单位时间工资标准，T 为劳动者有效工作时间。

根据核算周期的差别，计时工资制又可分为小时工资、日工资、周工资、月工资、年工资。

计时工资有以下四个特点。

第一，在实行计时工资制的条件下，劳动者的工资取决于本人的工资标准和有效工作时间，易于企业预算人工成本。

第二，测量要素稳定，标准固定统一，内容和形式简便易掌握，便于计算，易于管理，而且具有相对的稳定性。

第三，劳动者工资差异主要在于劳动者技术水平或岗位（职务）的标准，因此实行这一形式必然有利于促进职工努力提高技术、业务水平，提高自身劳动能力质量。

第四，计时工资制以既定的工资标准和工作时间来计量与支付劳动报酬，职工由此可以得到较为稳定的收入，可专心提高产品质量，不至于粗制滥造。

正是由于计时工资制有上述特点，而且几乎各种劳动均可以用劳动时间作为尺度进行计量，因此它得到了广泛的应用。然而，不可否认，计时工资制也有一些缺点，如由于计时制是一种过程管理，只有严密的监督，才可能避免工作与报酬不一致，缺少激励作用；单位产品的人工成本难以确定；为保持工作效率，需要多设监督人员，增加支出；贡献大的和贡献小的不同人员，获取同等报酬不大合理；职工的工资等级与工资标准确定以后，就具有相对的稳定性，无法随职工的能力与生产状况的改变而及时调整等。

为了正确实施计时工资制，应该注意以下几点。

第一，制定科学合理的技术、业务、岗位标准与相适应的工资标准。这是顺利实行计时工资制的前提。只有这样，才能使职工之间不同的劳动量及相应的不同劳动报酬量能得到体现，正确地贯彻按劳分配的原则。

第二，实行有定额的计时工资制。只有完成工作时间内的劳动定额，才能按事前规定的标准计发工资。

第三，建立严格的技术、业务、职务考核和升降制度，鼓励劳动者努力提高技术业务水平，使劳动者的能力、贡献及报酬能够有机地结合起来。

第四，建立健全考勤制度，对员工实际工作时间进行严格的监督统计，确保按工作时间支付工资的合理性。

第五，计时工资制要与奖励相结合，使职工在工作时间内完成定额劳动之外的超额劳动成果能得到补偿和奖励。

（二）计件工资制

计件工资制是按照劳动者生产合格产品的数量，以及预先规定的计件单价来计算劳动者的劳动量并支付劳动报酬的工资形式。在具体实施过程中，企业可以根据自己的特点选择具体的计件工资制实施方式。目前，在我国比较多地采用的有以下几种。

(1)无限计件工资制和有限计件工资制。无限计件工资制又称直接无限计件工资制，是指不论员工完成或超额完成劳动定额多少，都按同一计件单价计发工资。有限计件工资制，又称直接有限计件工资制，是指对员工在单位时间内的工作量加以限制，即在一定时间内必须达到多少产量或不能超过多少产量才能发给计件工资。

(2)分阶段计件工资制和差额单价计件工资制。分阶段计件工资制又称超额计件工资制或计时计件混合工资制。这种工资形式，是将职工的产品(或工作量)分成定额内及定额外两部分，分别计发工资。其中，定额内的工作量按计时工资标准发放，定额外的工作量按计件工资发放。差额单价计件工资制又称累计计件工资制，是将工人产量分成计件单价不同的几个部分，以一定的差额比例规定不同的计件单价，分别计算计件工资额，然后再计算出其计件工资总额。

(3)全收入计件工资制。它与其他形式的计件工资的区别，是将除工资性津贴和补贴等以外的全部工资总额都以计件工资的形式分配，而不是仅把其中的某些部分采用计件工资的方式。

(4)间接计件工资制。间接计件工资是指对一些辅助工人的计件工作量不能直接反映，要通过被辅助对象的工作量来间接反映，并据以计发工资的形式。

(5)最终产品计件工资制。这是一种集体计件的计件工资形式。它并非根据生产集体中某个职工在产品生产的某个阶段单纯计算工资额，而是根据该生产集体完成的最终产品数量和预先确定的计件单价计算工资总额，然后在生产集体内部进行分配。

与其他工资形式相比，计件工资的特点和作用表现在以下几个方面。

第一，充分地体现按劳分配的原则。将劳动报酬与劳动成果直接、紧密地联系在一起，能够直接和准确地反映劳动者的数量和质量。

第二，便于工资管理。对劳动成果和劳动报酬的计算和分配程序简化、透明公正，减少人们在工资分配差距上的矛盾。

第三，实行计件工资制对工人具有强烈的物质激励作用，将会大大调动他们的生产积极性。因此计件工资充分发挥了工资的效率激励职能。

计件工资适合于一些生产过程持续稳定，实行大批量生产的工作。这些工作可以保证员工对生产工艺的掌握，也可以使劳动定额、计件单价等条件相对稳定。如果是试验性生产或小批量生产，品种多变，则不利于计件工资的全面管理。

（三）奖金

奖金是工资支付的补充形式之一，是对员工超额劳动或者增收节支的一种报酬形式。同计时工资制、计件工资制及其他工资形式相比，奖金制度具有以下特点。

（1）针对性。一般来说，工资要综合反映出职工在生产经营活动中的表现，而奖金可以只对员工某一方面的特殊贡献给予奖励，而不考虑其他方面的因素。

（2）灵活性。作为劳动报酬的基本形式，工资具有相对稳定性，但是奖金则可以根据工作的实际需要而灵活运用，奖励的对象、条件、规模、周期等都可以随时调整，以达到预期目标。

（3）及时性。奖金可以随时对职工的超额劳动进行补偿，及时发放，对员工加以激励或约束，更有利于贯彻实施按劳分配的原则。

（4）荣誉性。奖金不仅是一种物质鼓励，同时也是一种精神鼓励，是职工因工作成绩优异而获得的荣誉。通过奖金这一手段的正确运用，可以提高企业的凝聚力。

奖金收入主要取决于个人和团队的绩效。

1. 个人绩效

有些奖金取决于上级对下属的绩效评估，如果一个工人得到很高的评价，他就将获得一份奖金。在另外一些情形下，奖金政策则以可计量的产出为依据。尽管奖金可能会提高个人的努力程度，但这也有可能使个人行为违反雇主的总体目标。例如，一个篮球运动员可能因较多的助攻而获奖，那么，即便是在无人防守的情况下，他也可能选择传球而非直接投篮得分。另外，如果一个雇员的奖金取决于上司的评价，他就可能把过多的时间用于取悦这个上司。结果，这个雇员就只能够将较少的时间和精力用于开发新的产品创意，而这种创意或许可以在以后给企业带来大量的利润。

2. 团队绩效

对上述问题的另外一种解决办法是根据团队绩效来发放个人奖金。这里的团队可以是真正的团队，如职业运动队，也可以是企业的部门科室，或者就是整个企业本身。一旦团队目标确立，每一个团队成员的奖金就将取决于整个团队的目标能否实现。在美国的企业中，大多数奖金计划都建立在集体而非个人对产出和利润的贡献基础之上。

但是，团队奖金也有一个严重的缺陷，那就是它可能会导致免费搭乘问题。随着团队规模的逐渐变大，每个工人的努力程度对团体目标的实现越来越显得无足轻重。因此，当团队的人员数量特别大的时候，偷懒的现象就有可能发生了。团队奖金的做法究竟能不能提高生产效率，最终取决于免费搭乘问题的严重程度。

对于企业高层经理这个相对较小的群体，团队奖金制度可能更为有效一些。

（四）津贴

津贴是指对员工在特殊劳动条件下，以及特定条件下工作时所付出的额外劳动消耗、额外生活费用以及对职工生理或心理带来的损害进行的物质补偿，也可以把它看做是对特殊劳动条件下的超常劳动消耗所付出的报酬，是一种工资支付的重要辅助和补充形式。

同工资和奖金比，津贴具有一些显著的特点。

第一，它不与劳动者劳动的数量和质量发生直接联系。其发放的主要依据是劳动环境与条件的优劣。

第二，它是一种补充性的分配形式，仅仅起到保证员工健康，并调节不同劳动环境下劳动者收入差别的作用。

第三，各种津贴都有特定的服务(补偿)目标，具有单一性或针对性特点，其条件、范围、对象、标准非常具体。一旦发放津贴的条件发生变化，津贴也应随之变化，甚至终止。

第四，津贴具有均等分配的特点，即在同一劳动环境下工作的员工，不论其贡献大小均享受同等的津贴标准。

津贴的种类很多，从性质上可分为以下三类。

(1)岗位性津贴。为补偿劳动负效用而引起的生理和心理的损失而设立的津贴，如高温津贴、有毒有害津贴、野外津贴、矿山井下津贴、夜班津贴等。

(2)地区性津贴。为补偿职工在某些特殊的自然地理条件下工作，付出较多的身体消耗或较高的生活费用支出而设立的津贴，如海岛津贴、高寒山区津贴、边远地区津贴、特区津贴等。

(3)生活保证性津贴。为保障职工实际工资收入不受外界因素影响，补偿其生活费用的额外开支而设立的津贴，如出差津贴、副食价格补贴等。

（五）利润分享制

20世纪70年代以来，发达国家在分享经济、经济民主、人民资本主义的理论指导下，劳动报酬形式发生了深刻的变化。一些国家的企业广泛流行利润分享、市场价值分享、所有权分享和管理权分享等劳动报酬形式。本章主要介绍其中的利润分享制。

企业利润分享(利润分红)制是指企业所有者和企业职工共同分享企业利润的一种纯收入分配模式。实行利润分享制的企业，定期按照一定的比例将企业利润分配给职工。在20世纪80年代，这种形式的报酬开始增加，当时在一些基础工业如汽车和主要的金属行业，工人开始接受利润分享来代替工资增长。对大公司的高层经理而言，这种利润分享的做法也正变得越来越普遍。据美国劳工统计局的资料，这种利润分享多是延期支付的，雇员们可以在将来的某个时间，比如说退休时获得这部分报酬。

这种收入分配模式的特点是，企业职工只参加企业利润的分享，不承担企业的亏损和经营风险，企业根据盈利状况决定是否进行利润分享、利润分享的比例和分配方法。利润分享的实现形式有以下几种。

(1)递延式利润分享。以法国为例，依据法规，实行的递延式利润分享有如下特点：一是作为向个人分配基数的工资，不能超过作为缴纳社会保险费的最高工资的四倍，实际分配给每个劳动者的份额不能超过这个最高工资额的一半；二是利润分享与劳动者储蓄捆在一起，分享的利润通过"利润分享特殊基金"保存起来，劳动者在五年保留期限之内不能提取(除非经特殊准许)；三是利润分享得益于向企业与劳动者平等提供的税收优惠。分配给劳动者的那部分利润既不用缴纳社会保险费，也不用缴税，而是在公司纳税过程中将其从应税利润中扣除。

(2)直接现金式利润分享。直接现金式利润分享的突出特点是以现金形式支付给受益者，但要征收所得税。如果公司同时实行劳动者储蓄计划，劳动者可以将得到的分享收入纳入储蓄计划，在储蓄五年期后不必缴税。

(3)股票分配式利润分享。按一定标准以股票形式进行分配，但分配的必须是本公司或母公司股票，而且股票还必须由信托机构管理一段时期。在信托机构的保留期满之后，劳动者可以要求其出售记在自己名下的股票或由自己保留。但是，劳动者得到这笔资金之后，应按原始票面额的一定比例缴纳所得税。股票被保管的时间越长，计征所得税的部分越少。由公司转入信托机构账上用来购买股票的利润分享资金可以免征公司税。如果信托机构购买了企业新发行的股票，资金就又流回原公司，所以这种利润分享方式对公司和劳动者都很有吸引力。

除了上述三种形式外，有的国家的企业还实行在年终从利润中拨出一部分以退休基金等形式按一定标准发给职工，这同样可以使职工对企业的利润更加关心。

　　我国当前正在实施国有企业改革，其改革的实质就是调整产权结构，实施战略性改组。不仅表现在国有经济收缩战线，加强重点，优化国有经济的布局结构；而且表现在通过国有经济的战略性改组，要在除特殊行业外的多数国有企业中建立多元化的股权结构，将国有独资企业变成国有控股、国有参股企业，大量引入非国有的其他股东，同时要将大量通过金融中介形成的居民对国有企业的债权转化为居民直接持有或通过金融中介机构间接持有的股权。所以利润分享制对我国国有企业改革具有重大的理论及实践意义。

　　首先，利润分享制使得社会主义劳动者的主人翁地位得到进一步的增强。在实行利润分享制的企业中，劳动者不仅期望工资部分能得到保证，而且还期望由于企业的良好经营，其所分享利润部分的扩大与增加。从而可以使劳动者形成以厂为家，参与企业管理，关注企业发展的主人翁意识。同时，劳动者在企业中经济地位的提高，不仅可以增强企业的凝聚力，而且有利于充分调动劳动者积极性、主动性和创造性。

　　其次，利润分享制有着内在的激励机制，有利于刺激生产、降低成本、增加利润。在分享制企业中，由于资本所有者与劳动者的利益都同企业利润紧密相连，因此，利润目标就成了分享制企业所追求的最主要的目标。

　　最后，利润分享制有着内在的利益制约机制，有利于国有资产的保值增值。在我国当前体制转轨时期，国有资产流失的情况十分严重。利润分享制是解决国有资产流失问题的一个较好的办法。在分享制下，劳动者的利益与资本所有者的利益是趋于一致的，两者之间就形成了利益趋同机制，由此形成企业内部的利益制约与监督。利益制约及内部监督的进行不仅可以使资产流失的问题得到解决，而且资本的保值增值问题也可以相应地得到解决。

本章小结

　　工资是劳动要素的所有者，向用人单位或个人让渡了劳动要素的使用权后所获取的报酬。工资具有补偿、激励、调节、效益等职能。

　　在经济学发展历史上，关于工资的研究形成了一系列理论，包括工资决定理论(维持生存工资理论、工资基金理论、边际生产力工资理论、均衡价格理论、集体谈判工资理论、购买力工资理论)，工资差别理论(职业工资差别理论、人力资本工资差别理论)，效率工资理论等。

　　工资水平是指某一特定时期、某一特定范围内员工平均工资的高低程度。影响工资水平的主要因素既有宏观方面的，包括国民经济发展水平、国民收入中积累和消费的比例、社会劳动生产率、实际在业职工人数、物价变动、劳动力市场的供求等，也有微观方面的，包括生活费用或者物价水平、企业经济效益、行业的工资水平、附加福利、职务高低与权力大小、技术和训练水平、年龄和工龄。

　　从宏观经济管理的角度对工资水平进行的控制，包括三个方面：一是通过建立最低工资制度等方式，对最低工资水平进行控制；二是通过个人或企业累进税制，对最高工资水平进行控制；三是通过收入政策对社会工资总水平进行控制。这三方面的功能和作用不同，实施方法、反应和效果差别也很大。

工资差别是指劳动要素供给者之间在要素服务收入数量方面的差异和相互关系。工资差别主要有产业(企业)间工资差别、补偿性工资差别、竞争性工资差别、垄断性工资差别。

薪酬制度的设计主要有计时工资制、计件工资制、奖金、津贴、利润分享等，合理的薪酬制度可以有效地激励员工。

关键术语

工资；名义工资；实际工资；最低工资制度；工资差别；补偿性工资理论；竞争性工资差别；计时工资制；计件工资制；奖金；津贴；利润分享

➤ 案例一

有中国特色的最低工资标准①

截至 2012 年"五一"劳动节，已有北京、上海、四川、江西等 14 个省、市、自治区上调最低工资标准。调整后的最低工资标准，深圳市在全国 31 个省、市、自治区中最高，达到 1500 元。

最低工资标准，从它诞生起就一直遭到相信市场的经济学家反对。在自由的劳动力市场上，人们可以根据自己的技能水平索要工资，如果他们索要的工资低于他们实际创造的价值，企业有利可图，那么技能低、年老、体弱之人也可通过低工资就业。如果高于他们实际创造价值的最低工资标准被强制执行，企业必须付给他们的工资就多过这些人所创造的，企业就宁可不雇用这些人，停止生产以避免亏损。劳动价值低于最低工资的人将可能完全没有机会被聘用，岗位价值低于最低工资的工作机会也将不会再出现，造成所谓的"制度性的失业"，而最低工资标准这种价格下限在经济学上存在着绝对的社会福利损失。

至于通过规定最低工资，把支付低工资的劳动密集型企业淘汰掉，"强迫"企业转型升级，就更是荒谬之谈。第一，产业升级是资本积累、劳动力素质上升、技术发展、创新、制度的共同作用，通过提高企业成本的办法绝不可能实现产业升级。第二，最低工资法淘汰的是低素质劳动力，而充分的就业是整个社会和谐的一个重要方面。

实际上，这不仅是理论上，而且也是实际经济中的现象。根据香港《文汇报》的报道，香港最低工资制度实施一年，全港雇员整体工资获上调 8.5%，低薪则更加明显，清洁、保安等行业加薪近 25%。但工会也指出，最低工资法案的负面效应也显现出来，雇主调升薪金之余，对雇员的要求相应增加，以致高龄等弱势雇员被裁。

最低工资法虽然有这些负面效应，不过我们并非生存在完美的市场经济的假设中，而生存在现实的环境中，所以，最低工资标准并不是毫无可取之处。

首先，我们具有人的价值观，并非纯粹的经济理性动物，不但会研究"国民财富的性质和原因"，也会仰望星空寻求"道德与情操"。从这个意义而言，最低工资标准体现了一种价值

---

① 资料来源：刘远举. 有中国特色的最低工资标准. 时代周报网，2012-05-03。

观，即每一个工作的人，都应该体面地活着。不能提供体面生活的劳动岗位是不人道的，即使这个岗位创造的价值很低。所以最低工资法案在全球多个自由市场国家都存在，美国、英国、法国、德国等老牌资本主义国家均有最低工资标准。

其次，从现实经济政策考虑，最低工资标准和社会保障标准必然是关联的。为了价值观，我们放弃"不劳者不得食"的理念，实施普遍的社会保障；那么，即使没有最低工资标准，社会保障标准必然成为实际上的最低工资标准。所以，制定最低工资标准必然和社会保障标准拉开差距，随社保标准而水涨船高，否则就会造成养懒人的局面。

更有趣的是，我们不仅生活在现实的经济环境中，我们还生活在中国的现实的经济环境中，于是，最低工资标准也就有了中国特色。

由于真正的工会等可以帮助员工寻求工资协商的机构被实际上取消了，员工，特别是底层员工很难集聚起来和资方协商工资，所以在中国，最低工资标准可以看做是一种政府代表的集体协商，必然对于中国劳动者缺失的议价权是个正面的补偿，从这个意义上而言，这是一种对不完善、缺乏法制的市场的补充。

必须指出的是，在制定最低工资标准的过程中，全程由政府主导，企业的声音很小。这就会造成政府的目标成为主要考虑。最低工资标准反映了一地的经济发展，为了凸显地区经济的发展，最低工资标准的高低、增速快慢就成了地方官员考虑的重点。他们倾听的不是地方企业的呼声，而是自己当政的地区工资标准在全国排什么位置、今年排位多少、超过了多少兄弟省市。最低工资标准的上调也就变成了一种竞争，尚缺乏公开透明的依据。在这个机制作用下，各地最低工资标准会在一定程度上超过当地企业实际所能承担的。

不过，同其他所有政策一样，中国式特色的最低工资标准自会有中国式特色的"上有政策、下有对策"来化解。在基层劳动监管部门的默认下，实际上，别说对于最低工资标准，即使对于劳动法，都有大量的灰色空间存在。超时加班、各种岗位罚款都可以轻易化解最低工资标准，更不用说很多地方甚至劳动合同都不用签。这些劳动法、社会保障标准之中的灰色现象，在北上广等大城市中也有存在，至于中国其他的法治环境更差的地区，就更为普遍了。因而，最低工资标准造成的社会福利损失被这种执法不严的灰色空间抵消，进而一部分社会福利就转化为执法官员寻租的空间。所以，真正提高劳动者福利的办法，还是在于加强单个劳动者的权利，提高他们依法协商自己个体工资的能力。

➤ 案例二

中国行业收入差距扩大至15倍，跃居世界之首[①]

一、我国劳动报酬比重变动情况

近20年来，企业普通职工的实际劳动报酬占GDP的比重是大幅度下降了。

根据省际收入法GDP构成数据，我国劳动者报酬占GDP的比重1990年为53.4%，1995年为52.8%，2000年为51.4%，2006年为40.61%，2007年为39.74%。2000～2007年，劳动报酬占比下降了11.66个百分点。

---

① 宋晓梧．完善市场经济体系，提高初次分配比重．经济参考报，2011-02-09，A6版。

2007 年，我国包括农业主收入在内的劳动报酬占比 39.74%，同期美国劳动报酬占比为 55.81%，英国为 54.5%，瑞士为 62.4%，德国为 48.8%，南非为 68.25%。2006 年，韩国劳动报酬占比为 45.4%，俄罗斯为 44.55%，巴西为 40.91%，印度为 28.07%。在与其他国家进行比较时，要看到大多数国家的情况，不能因为可以找出比我国劳动报酬比重更低的国家就来论证我国劳动报酬比重不低。我们要建设的是社会主义市场经济，理应比其他国家更好地维护劳动者的利益，学习国外好的经验。

劳动报酬总量占 GDP 的比重下降，还不足以说明普通职工收入的变动状况。如果与 20 世纪 90 年代初期相比，还应考虑劳动报酬的结构性变化：一是 20 世纪 90 年代初机关事业单位与企业工资差别不大，企业经营者与普通职工工资差别不大，且那时企业职工基本不缴纳社会保障费；二是 1998 年以来机关事业单位多次增长工资，而企业中经营职位和一般职位间收入差距目前普遍在 20 倍以上；三是 20 世纪 90 年代中后期以来国有行政性垄断行业职工工资增长过快，行业平均工资差距从 2 倍左右扩大到 6 倍以上；四是目前企业职工工资总额中还包括要缴纳约占基本工资 10% 的养老、医疗、失业保险费。可以断定，近 20 年来，企业普通职工的实际劳动报酬占 GDP 的比重是大幅度下降了。

二、正确界定政府在提高劳动报酬占比中的作用

进一步完善收入分配、劳动保护方面的法律法规并严格执行，完善劳动仲裁和法律援助机制，为劳动者获得合法收入提供法律保障，是政府在一次分配中不可推卸的责任。

认真分析近年来一次分配的现状就不难发现，劳动报酬过低的情况，在很大程度上正是劳动力资源配置转型不到位，劳动力市场运行不规范，市场机制没有充分、合理发挥作用的结果。

第一，初次分配中农民工工资长期被过分压低。从事同样的工作，城市职工比农民工工资高一倍甚至两倍。

2008 年，广州、深圳、杭州、南京、东莞、上海、无锡、苏州、宁波九个长三角、珠三角城市，出口加工企业中农民工平均工资与当地城市职工平均工资相比，很少有超过 40% 的，差别最大的是东莞，城镇职工平均工资每月 3 293 元，农民工是 971 元，不到城镇职工的 30%。

第二，初次分配中行业收入差距过大。根据去年统计局公布的数据，中国证券业的工资水平比职工平均工资高 6 倍左右，收入最高和最低行业的差距达 11 倍。人力资源和社会保障部工资研究所发布的最新数据显示，这一差距又扩大到 15 倍。如果把证券业归到金融业一并计算，行业差距也高达 6 倍。

从目前的资料看，中国行业收入差距已跃居世界之首，已经超过巴西。如此巨大的行业收入差距是市场竞争的结果吗？显然在很大程度上是由于市场准入方面的行政限制造成的。国家发改委就业和收入分配司编辑出版的《中国居民收入分配年度报告(2008)》分析认为，行政性垄断行业的收入有三分之一是靠各类特许经营权获得的。

第三，初次分配中工资集体谈判机制不健全。在供大于求的条件下，一般劳动力价格会被压低，工资水平相对较低有其部分合理性。但是，现代劳动力市场中的工资水平不仅受到供求关系的影响，还要受到劳资集体谈判的影响。我国至今尚未形成完善、有效的集体谈判机制。2010 年南海本田罢工事件中，当地工会公开站在雇主一边，要求工人立即复工并与罢

工工人发生冲突，被学者称为"世界劳工史上的奇闻"。由于缺乏有序、有效的集体谈判机制，我国企业内的劳资纠纷多以无序方式展开，其中集体争议案件大幅度上升，已成为影响社会稳定的重大因素。

第四，规范初次分配的劳动法律法规不落实。例如，在最低工资、最低劳动条件确定等方面，政府虽然有相关规定，却疏于执行和监管。一些调查材料显示，像强制超时加班、泛用学生工、非法使用童工、私了工伤事故、无视劳动保护条件等违法违规的事情经常发生，许多已有的劳动法律、法规及有关规定得不到落实。拖欠工资，特别是拖欠农民工工资至今时有所闻。一些地方政府领导为追求任期内的 GDP 增长，过分强调招商引资，对严重违犯劳动法律法规的现象疏于监管，也压低了一次分配中的劳动报酬。因此，进一步完善收入分配、劳动保护方面的法律法规并严格执行，完善劳动仲裁和法律援助机制，为劳动者获得合法收入提供法律保障，是政府在一次分配中不可推卸的责任。

以上提到的四个方面说明，提高劳动报酬在一次分配中的比重，政府可以有所作为，而且必须有所作为，但主要不是依靠层层落实行政指令的方式去作为，而是要在完善社会主义市场经济体系上下功夫，加快城乡统一劳动力市场的建设，加大行政性垄断行业的改革，健全集体协商机制，健全劳动法律法规并严格执行，充分发挥市场配置劳动力资源的基础性作用。

复习思考题

1. 如何理解工资的一系列职能？

2. 工资理论是如何发展的？维持生存工资、边际生产力工资等工资理论的主要内容包括哪些？

3. 工资差别理论的主要内容有哪些？

4. 影响宏观工资水平和微观工资水平的主要因素分别有哪些？

5. 如何实施最低工资水平和最高工资水平控制？

6. 如何进行薪酬设计以建立员工激励机制？

第八章

就业与失业

就业与失业属于劳动经济学宏观领域的问题，通常用来反映一国宏观经济的运行状况。在社会经济发展过程中，失业问题一直受到人们的普遍关注。西方工业化国家将经济增长率、通货膨胀率、失业率和国际收支平衡作为监控宏观经济运行的四个主要指标。我国也从 1996 年起将失业率作为国民经济和社会发展计划的主要宏观调控指标之一。因此，研究就业、失业问题具有重要意义。本章首先说明就业的概念及其影响因素，接着分析失业的类型、成因及失业与通货膨胀的关系，最后讨论我国的就业、失业问题。

■ 第一节　就业

一、就业的概念

就业是指达到法定劳动年龄并具有劳动能力的劳动者，从事一定的社会劳动并取得劳动报酬的经济活动。虽然对"就业"的界定有多种表述，但总的看来，就业具有以下几个基本特征：第一，就业主体是达到法定年龄的具有劳动能力的人；第二，就业主体所从事的劳动必须得到社会的承认；第三，这种劳动必须是有报酬的。

根据第 13 届国际劳工统计大会通过的决议，就业者被界定为在参照期内从事任何一种工作以获取薪酬或利润(或实物报酬)的人，或者在此期间因生病、休假或产业争议等理由而暂脱离工作岗位的人员。该决议还规定，凡在家庭企业或农场从事无薪酬工作至少每天 1 小时以上的人员，应被包括在就业统计中。部分国家关于就业人员的定义与上述标准有一定的差异，如在美国，一般认为有劳动能力并且愿意从事劳动的人，从事有报酬或经营收入的工作就是就业。

提高就业水平是宏观经济管理的基本目标，为此，世界各国都提出了"充分就业"的发展目标。"充分就业"这一概念始于凯恩斯的代表作《就业、利息与货币通论》，按凯恩斯的定义，充分就业就是"在某一工资水平下，所有愿意接受这种工资的人都能得到工作"，他把失业分为"自愿性失业"和"非自愿性失业"两类，只要解决了"非自愿性失业"问题，充分就业就实现了。

二、就业结构

在社会分工的大背景下，劳动总是在一定的部门、行业、地区中进行。所谓就业结构，是指社会劳动力在国民经济各部门、各行业、各地区的分布、构成和联系。作为经济结构的体现之一，合理的就业结构即劳动力的优化配置，是产出最大、效益最高的保障，就业结构还在一定程度上影响着经济结构的其他方面（如产业结构等）。就业结构不但具有重要的经济意义，而且具有重要的社会意义。就业是民生之本，努力使每个劳动者各得其所，是保障个人生活、维护社会稳定的必要条件。

（一）就业的产业结构

产业结构与就业结构关系十分密切。按照国际惯例，国民经济整体上可以分为三大产业，即农业、工业和建筑业、服务业。英国经济学家科林·克拉克在威廉·配第的基础上，深入分析就业人口在三大产业中分布的变动趋势后，得出了关于产业结构与劳动力分布关系的演变规律，即配第—克拉克定理。随着经济发展和人均国民收入的提高，劳动力首先由第一产业向第二产业转移，当人均国民收入进一步提高时，劳动力再由第二产业向第三产业转移。世界各国特别是发达国家产业结构与就业结构变动的实践证明了这一定理。从中国的情况看，到 2011 年年底，全国就业人员 76 420 万人，其中城镇就业人员 35 914 万人。所有就业人员中，第一产业就业人员占 34.8%；第二产业占 29.5%；第三产业占 35.7%，第三产业就业人员首次超过第一产业，成为吸纳就业的第一主体(图 8-1)。

（二）就业的城乡结构

就业的城乡结构是指劳动力在城市和乡村的分布情况。随着工业化和城市化的推进，劳动力等生产要素在产业上不断从第一产业向第二、三产业转移，相应地在空间上不断从乡村向城市转移。以我国江苏省为例，改革开放前，农民基本以从事农业为主，就业结构变动较小。据统计，1949～1977 年，江苏省农村劳动力累计向城镇和非农产业转移仅为 141.65 万人，年均转移 5.06 万人。改革开

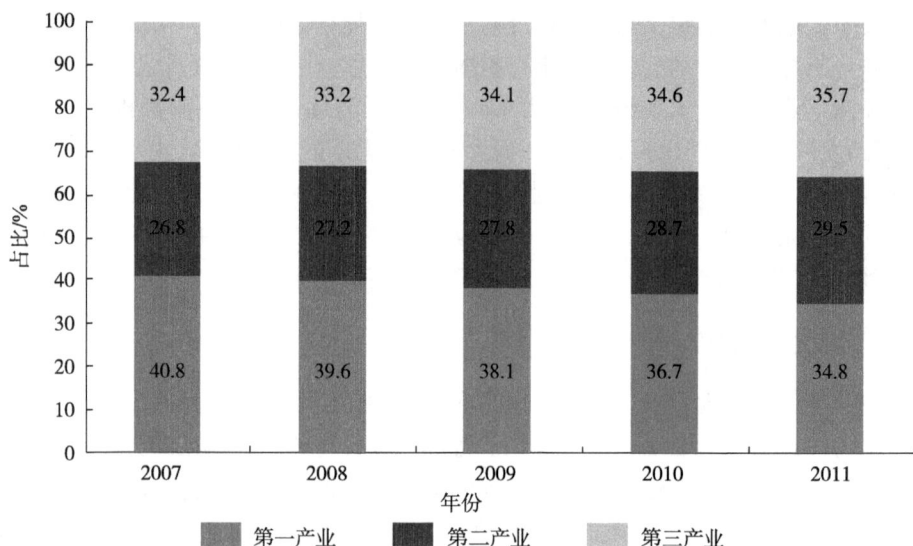

图 8-1   2007～2011 年中国就业人员产业构成情况

资料来源：2011 年度人力资源和社会保障事业发展统计公报 . http://www. mohrss. gov. cn/page. do? pa＝
402880202405002801240882b84702d7&guid＝62bfe5a694194d7fb1a9cbb840fce896&og＝
8a81f0842d0d556d012d111392900038，2012-06-05

放后，江苏省农村劳动力开始大规模向城镇和非农产业转移，农民就业结构变动
进入加速期。据统计，1978～2008 年，江苏省农村劳动力累计向城镇和非农产
业转移 1 471.73 万人，平均每年增长 6.9％；2008 年，非农劳动力比重达到
63.9％(表 8-1)。

表 8-1   2000～2008 年江苏农村劳动力变化情况

年 份	农村劳动力 /万人	农林牧渔业劳 动力/万人	非农业劳动力 /万人	农业比重/％	非农比重/％
2000	2 688.0	1 480.2	1 207.8	55.1	44.9
2001	2 684.4	1 453.4	1 231.0	54.1	45.9
2002	2 647.7	1 376.8	1 270.9	52.0	48.0
2003	2 649.1	1 269.1	1 380.0	47.9	52.1
2004	2 665.0	1 186.6	1 478.4	44.5	55.5
2005	2 659.3	1 113.1	1 546.2	41.9	58.1
2006	2 662.6	1 053.8	1 608.8	39.6	60.4
2007	2 662.2	1 001.3	1 660.9	37.6	62.4
2008	2 657.3	959.5	1 697.8	36.1	63.9

注：江苏省统计局 . 农民就业结构实现非农为主大跨越 . http://www. jssb. gov. cn/jstj/fxxx/tjfx/
200911/t20091123 _ 110256. htm，2009-11-23

不过，劳动力从农村向城市转移这一规律性现象也会出现例外，近年来中国一些地方发生的农民工回流便是如此。因为中国一般农户家庭有务农和务工两笔收入，借此可以维持相对不错的生活水平。又因为务农的收入解决了一个家庭的温饱及日常支出所需，这个家庭对务工收入的依赖就不那么刚性①。当进城务工出现困难时，他们即提前结束务工，返乡务农仍然有农可务。农民工返乡是在城市与乡村推拉力量的博弈中，对输出地和输入地收益比较后做出的理性选择。

三、影响就业的主要因素

影响就业的因素主要来自劳动力供给、劳动力需求和劳动力资源配置方式三个方面，包括人口因素、经济因素、制度因素、心理因素。

1. 人口因素

人口是社会经济活动的主体，人口的数量和质量直接决定着就业水平。人口数量的多少决定劳动力资源规模的大小，更重要的是，人口质量影响到就业结构的合理性。人口质量主要包括身体素质、思想道德素质和科学文化素质。劳动年龄人口中有就业要求的人能否充分就业，取决于该人口的身体素质和科学文化素质。在自然资源和人口总量一定的条件下，人口素质越高，就业结构越合理，可就业的人口也越多。

2. 经济因素

发展经济是解决就业问题的基本保证，经济因素是影响劳动就业的决定性因素。

（1）经济发展水平。经济越发达，增长速度越快，对劳动力的需求越大，就业越充分。经济学家一般用就业弹性指标来衡量经济总量对就业的影响。就业弹性是指某一经济变量的单位变动率所引起的就业量的变动率。其计算公式为

$$就业弹性＝就业增长率/经济增长率$$

其中，就业增长率和经济增长率用百分率表示。

当就业弹性等于1时，说明就业量随着经济增长而保持同步增长；当就业弹性小于0时，说明经济增长并没有创造就业岗位，甚至减少了就业岗位。

（2）产业结构。产业对就业的影响表现在两个方面：一是产业发展程度决定了社会所能提供的就业容量；二是产业结构的变化要求就业结构和劳动者素质随之变化。

---

① 贺雪峰．中国式城乡二元结构与农民工返乡．http：//www.sociology2010.cass.cn/news/134220.htm，2011-11-12。

3. 制度因素

就业不但受生产力发展水平的影响，还受生产关系及上层建筑的影响。

(1)经济体制。经济体制可以简单分为商品经济体制和产品经济体制。与商品经济体制相适应的是市场就业体制，与产品经济体制相适应的是行政计划就业体制。在生产力水平一定的情况下，经济体制不同，就业体制就不同。经济体制对就业的影响主要通过就业体制实现，并主要体现在劳动关系调整方面。

(2)劳动制度。有关劳动就业的方针政策直接影响着就业问题解决程度。具体而言，用工制度和工资制度是影响劳动就业的重要因素。所谓用工制度，是指国家在使用劳动力方面所实行的各项制度，用工制度正确，不但能促进就业，而且就业后劳动者可以充分发挥自己的才能。所谓工资制度，是有关工资支付的原则和方法的总称。正确的工资制度，既能吸引劳动者到各类岗位就业，又能促使劳动力的合理流动。

4. 心理因素

影响就业的心理因素是人们对就业问题的基本认识和态度，包括就业意愿、职业评价、择业动机以及对一系列就业行为过程和结果的估计等。心理因素使就业者的行为具有目的性、方向性和预见性。例如，根据对有关调查统计资料的分析表明，影响我国下岗人员再就业的心理因素主要有以下几个方面：①满足现状与依赖思想；②贪图舒适与不可低就；③等待观望与得过且过；④怨天尤人与自暴自弃。又如，目前我国高校毕业生就业已由计划经济时代的"统包统配"和"包当干部"，逐步转变为社会主义市场经济条件下少数毕业生由国家安排就业，多数毕业生"自主择业"。实践证明，毕业生就业制度的改革有利于市场对人力资源的合理配置，拓宽了职业选择面，使大学生求职呈现多元化的趋势。然而，很多毕业生在传统择业观和现代就业形势面前无所适从，呈现出各种心理表现，产生了许多就业心理问题。

四、非正规就业

"非正规就业"(informal employment)一词源于国际劳工组织。20世纪60年代后期，国际劳工组织推行世界就业计划(world employment program)时发现，在许多发展中国家的城市中，从传统产业调整下来的失业人员为了谋生，通过从事一些未经政府承认、登记、保护和管理的生产经营劳务活动来获取收入，但他们并未被列入就业的范畴，从而引起了专家们的重视

非正规就业是相对于正规就业而言的，按照国际劳工组织定义，非正规就业即无组织、无结构、无固定场所、无固定收入、无固定作息时间、无固定生产规模的就业形式。其特征是：从事的行业庞杂多样，劳动组织形式简单，组织程度

低;其就业形式、工作机制多样,有的没有固定的服务对象,有的甚至没有固定的劳动场所和劳动时间;非正规就业者生产经营的产品或提供的服务在数量、品种、内容、方式等方面都随市场需求的变化而变化;劳动报酬相差较大,从业人员的性别、年龄、文化、技能等方面的差异性大,因此,很难进入政府的统计范畴。

非正规就业是完全或部分在非正规部门的就业形式。一般来说,非正规部门相对于制度化经济结构中的正规部门而言,目前尚无普遍认同的定义。国际劳动组织把非正规部门的特征归纳为以下几点:①容易进入的领域;②依赖于当地资源;③家庭所有制;④小规模经营;⑤劳动密集型、技术含量较低;⑥从正规学校系统以外获得技能训练;⑦不规范的、竞争的市场。

近年来,一些发达国家的失业率下降,其中一个重要原因,就是非正规就业规模的扩大。在美国,各种形式的非正规就业约占就业总量的30%,日本的非全日制非正规就业形式也占25%。目前我国非正规就业人员的数量规模,还缺乏准确的统计数据。随着经济结构调整不断深入,城市化进程加快,预计在10~15年之内,非正规就业将成为我国重要的就业模式。

■第二节 失业

一、失业的概念与测量

(一)失业的定义

失业是与就业相对的概念。第13届国际劳工统计大会通过的《关于从事经济活动人口、就业、失业和不充分就业统计的决议》,将失业者界定为在参照期内无工作,但目前能够工作并寻找工作的某一特定年龄以上的所有人员。关于"失业"的定义有多种表述,到底怎样才算失业者,不同国家有不同的界定。在日本,失业者是指调查周中无工作,并进行求职活动,有工作能力的15岁以上者,包括等待过去求职活动结果者。在美国,失业者是指调查周中无工作,过去4周内(含调查周)曾进行求职活动,有工作能力的16岁以上者,包括暂时解雇的工作者和等待30天内开始新工作者。在英国,失业者是指调查日中无工作,有工作能力者,向失业保险所提出救济的申请者。

综合各种定义,并结合我国的实际情况,我们对失业者的定义是指劳动者在有能力工作并确实在寻找工作的情况下不能得到适宜职业而失去收入的状态,其实质是劳动者与生产资料相分离,不能进行社会财富的创造,失去获得劳动报酬的机会。对社会而言,失业作为劳动者与生产资料相分离的不良经济状态,表明社会资源分配和使用不当。

掌握失业的定义，需要注意以下几点：年龄规定以外的无工作者不是失业者；丧失工作能力者不计入失业者；在校学习的不叫失业者；由于某种原因不愿工作或不积极寻找工作的人不计入失业者；有些未领取失业救济的未登记注册的无工作者，没有被计入失业者。

（二）失业的测量

1. 失业率的统计方法

衡量经济中失业状况的最基本指标是失业率。统计失业率的常用方法有以下几种：

（1）劳动力抽样调查，即通过同一次劳动力调查或住户调查得到失业人员人数和就业人员人数，计算得出失业率：

$$失业率＝失业人员/（就业人员＋失业人员）×100\%$$

目前世界上许多国家都通过劳动力调查取得失业率资料，如英国、法国、美国、加拿大、印度尼西亚、日本、新加坡、澳大利亚、俄罗斯等。

（2）就业机构统计资料，即通过就业部门获得登记失业人员资料，同时从同期、同口径的统计报表或行政记录获得从业人员数，计算得出失业率，这也是目前许多国家采用的一种方法，如瑞士、德国、法国、俄罗斯、波兰、印度、中国等。

（3）社会保险统计资料，即通过社会保险记录得出享受失业保险人数，然后计算得出失业率：

$$失业率＝领取失业救济金人数/参加失业保险人数$$

（4）官方估计数，即由国家权力机关提供的估计数。这种估计数一般是在上述一种或几种来源所提供的资料基础上加工而成。

（5）专家估计数。这是一种向专家发函，征求失业率意见的方法，也称为"德尔菲法"。这种方法主要是靠专家的经验来做出判断。

概括来说，在统计失业率时绝大多数发达国家采用两种基本方法：行政计算法和抽样调查法。所谓行政计算法，是指按月、季度统计失业人员。由于很多国家规定就业者失业后必须到有关机构去登记，领取失业金，加之这些国家的失业保险与就业服务登记信息联网，不会出现交叉登记的统计，所以反映了基本真实的情况。由于是劳动者主动到有关机构去登记，因而成本较低。这个方法受统计范围、统计地区管理制度的限制，无法进行国家间的比较，一般用来为本国制定相关的就业、失业政策服务。所谓抽样调查法，是指按照统一的标准、统一的方法，对某个地区、某个范围以内的劳动力失业情况进行样本调查。这是国际上较通用的一种统计方法，可以进行国家间的比较。但成本较高。很多国家两种统计方法并重，用于不同的目的。

2. 失业率的存量分析和流量分析

根据公式：失业率＝失业人员/（就业人员＋失业人员）×100％，这种情况下计算出来的失业率是对失业水平的存量分析，不能区分只经历短暂并不严重失业的人员和可能长期失业的人员。例如，在一个经济体中只有 12 名成员，在第一种情况下，每个人在 1 年中分别失业 1 个月，而在第二种情况下，一个人全年失业而其他人全年就业，两种情况下每月都有 1/12 的人失业，但第二种情况更为社会所关注。可见，要了解一国经济的真实失业水平，不仅要对劳动力市场进行存量分析，还要进行流量分析。这可以帮助我们弄清楚单个劳动力失业者的时间间隔长短，以及造成失业率上升或下降的因素是什么，从而采取适当的措施降低失业率。

基于对劳动力市场的存量—流量分析，计算失业率的更好的公式是

年失业率＝该年度有失业经历的人占劳动力总数的比例×（失业者的平均周数/52 周）×100％

可见，失业的程度取决于两个方面的因素：一是失业人数所占的比重，二是实际失业的周数。通过对劳动力市场进行存量—流量分析，区分了只经历短暂并不严重失业的人员和可能长期失业的人员后，可以真实地反映一国的失业状况。

3. 我国的城镇登记失业率和调查失业率

我国从 1995 年 1 月 3 日起试行新的失业调查统计方法，目前失业的概念只覆盖了城镇失业人员。

（1）登记失业率。城镇登记失业率是报告期内在劳动保障部门登记的失业人数占期末从业人员与期末实有登记失业人数之和的比。计算公式为

城镇登记失业率＝期末实有登记失业人数/（期末从业人员＋期末实有登记失业人员）× 100％

目前我们国家的城镇登记失业率，是由劳动保障就业服务机构对失业人员进行登记汇总的结果。尽管公布的城镇登记失业率可能与真实的情况存在着一定的差距，但城镇登记失业率仍然是唯一权威的失业统计数据，是政府部门制定就业政策的主要参考依据。

（2）调查失业率。为尽量真实地反映城镇失业状况，1996 年起我国开始建立城镇劳动力情况抽样调查制度。城镇调查失业率是根据城镇劳动力情况抽样调查所取得的城镇就业与失业汇总数据进行计算的，具体是指城镇调查失业人数占城镇调查从业人数与城镇调查失业人数之和的比。计算公式为

城镇调查失业率＝城镇调查失业人数/（城镇调查从业人数＋城镇调查失业人数）×100％

应当承认，我国还没有建立完备的失业调查机构，也没有十分科学的失业率调查手段。

(三)失业的评价

1.失业的负面影响

不管在哪个社会中,失业的代价都是高昂的:①经济代价。对个人而言,失业使人们收入减少,令失业者遭受贫困;对社会而言,失业导致了部分劳动力资源的闲置和浪费,使生产规模缩小,经济成长放慢,政府税收减少,社会福利支出增加,财政负担加重。从整个经济看,失业在经济上的最大代价就是实际国民生产总值的减少。美国著名经济学家阿瑟·奥肯(Arthur M. Okun)曾于1962年提出了一个引人注目的新发现,即"奥肯法则"。根据统计数据,奥肯看到了与既定的短期失业率增加相联系的是国民生产总值的减少,二者呈反方向的比例变化,高增长率使失业率降低,低增长率则会提高失业率,他据此还指出,失业率与实际国民生产总值缺口之间的比率是1:2.5,即失业率每增加1%,则实际国民生产总值会减少2.5%左右。由此,反过来讲,如果要使失业率降低1%,则国民生产总值就必须增长约2.5%。在许多国家的实践中,奥肯法则都显示出了令人吃惊的正确性。②社会代价。失业者在经历物质贫困的同时,往往承受着较重的精神压力,过高的失业率还会影响社会的安定,进而产生其他的社会问题。

2.失业的积极作用

从有利方面看,一定量的失业人员是市场经济条件下劳动力的"蓄水池",它有利于企业根据生产经营状况及时吞吐劳动力,选择合格的或高素质的劳动力,在就业领域引入竞争机制,可以促使从业人员努力提高自身素质,失业的危机感促使他们更努力地做好本职工作。总之,实现完全就业是不可能的,适度比例的失业是经济发展过程中的正常现象,对社会经济发展具有一定积极影响。

二、西方失业理论

西方关于失业问题的研究起步较早,可以追溯到古典经济学家,但失业理论的形成是在20世纪30年代的经济危机时期。目前,西方很多经济学流派已经形成了自己相对完善、自成体系的失业理论。

1.古典失业理论

凯恩斯以前的传统经济学家认为,在完全竞争的条件下,如果工资可以随劳动力供求变化而自由涨落,那么通过市场价格机制的自发调节作用,可使一切可供使用的劳动力资源都被用于生产,实现充分就业,不会存在"非自愿性"的失业。传统经济学家的上述理论观点主要渊源于"萨伊定律",也就是说"供给会自己给自己创造需求",不会出现劳动力供给过剩。

2.凯恩斯学派的失业理论

凯恩斯失业理论的基础是有效需求原理,在凯恩斯看来,仅靠市场自发的力量，不能达到供给与需求的均衡状态，不能形成足以消灭"非自愿失业"和实现充分就业的"有效需求"。凯恩斯用"有效需求不足论"来否定"萨伊定律"及依据"萨伊定律"建立起来的传统失业理论，并论证了"非自愿失业"长期存在的可能性。减少"非自愿失业"的主要政策包括刺激消费、扩大有效需求、鼓励投资、增加就业等。

3. 货币学派的失业理论

货币学派的代表人物是美国经济学家弗里德曼，其失业理论可以简单归结为"自然失业率"假说。弗里德曼所说的"自然失业率"是指在没有货币因素干扰的情况下劳工市场和商品市场自发供求力量发挥作用时应有的处于均衡状态的失业率。正如弗里德曼所言："在任何时候，都存在着与实际工资率结构相适应的某种均衡失业水平。"[1]这种均衡失业水平就是"自然失业率"。弗里德曼认为，"自然失业率"在现代社会中会始终存在，但并不是一个固定不变的量。弗里德曼还以他的"自然失业率"假说为基础，否认了菲利浦斯曲线关系，即失业与通货膨胀交替关系的正确性。弗里德曼主张发挥市场自发调节作用以解决失业问题，反对最低工资率的规定和工会对工资率的干预。

弗里德曼认为劳动力市场存在一种长期的均衡失业率，即使在充分就业的状态下也难以消除。自然失业率的存在与充分就业并不冲突。一般说来，总有一部分劳动力在不断进入和退出失业状态，在没有找到工作之前，将有一段时间处于失业状态，由于这种劳动力的合理流动就会形成一定时点上的一定水平的失业率。有些新增劳动力人口（如大学毕业生）会进入劳动力市场，有些已经工作的劳动者会更换工作，他们都需要花费一定时间去找工作。此外，即使经济繁荣时期，也会存在劳动力供需双方之间在技术需求和地理位置等因素上的差异。由此可见，自然失业率的形成具有某种摩擦性因素和结构性因素。

4. 发展经济学的失业理论

发展经济学旨在研究和解决发展中国家二元结构发展模式下的失业问题。所谓二元结构，是指发展中国家的经济由两个不同的经济部门组成：一是传统农业部门，二是现代工业部门。刘易斯（Arthur Lewis）等认为，传统农业部门的劳动生产率很低，边际劳动生产率甚至为零或负数，这里有大量的非公开性失业；而现代工业部门的劳动生产率相对较高，但从业人数较少，其相对较高的工资水平可以吸引传统农业部门劳动力的转移。因此，加快现代工业部门的资本积累，可以增强其吸纳传统农业部门劳动力的能力，最终解决二元结构失业问题。

---

[1]　米尔顿·弗里德曼．货币政策的作用．http://www.labournet.com.cn，2004-08-05。

三、失业的类型

在西方经济学中，失业分为两类：一类是自愿失业，即劳动者虽然有工作机会，但因不愿意接受现行的工资率而发生的失业；另一类是非自愿失业，即劳动者虽然愿意接受现行的工资率，但仍然找不到工作而发生的失业。失业一般是指非自愿失业。非自愿失业按其成因主要分为摩擦性失业、结构性失业、周期性失业、季节性失业、技术性失业等类型；就表现形式而言，失业又分为显性失业和隐性失业。

（一）摩擦性失业

摩擦性失业是由于劳动力缺乏流动性、信息交流不完全以及市场组织不健全所造成的失业，这种失业一般发生在人们处于不同地区、职业或生命周期的不同阶段，因而工作不停变动的场合。例如，人们搬到一个新城市后需要寻找工作；一个人由于某种职业不够理想而想寻找其他职业所引起的暂时性失业；大学毕业生寻找一个工作时需要花费一段时间，从而导致一时性失业；妇女在生完孩子后可能需要重新寻找工作，等等。这些在劳动力流动过程中造成的失业，以及意向新加入劳动力队伍或重新加入劳动力队伍过程中的失业均属于摩擦性失业。

摩擦性失业的规模取决于失业工人和他寻找工作时遇到的结构上的困难。这种结构上的困难，主要是指缺乏就业机会的信息，缺乏就业的知识，以及缺乏迅速移动必须具备的先决条件。在自由经济中，摩擦性失业是一种经常性的失业，导致摩擦性失业的原因主要有以下三点：①劳动力市场的动态属性。有人刚刚进入劳动力市场，第一次寻找工作；有人为了新的发展，辞去原来的工作而进行工作变换。②市场信息不充分，劳动力供求双方未能找到接触、沟通和达成协议的机会。③求职者与雇主相互寻找、洽谈需要时间。

在现代市场经济条件下，摩擦性失业是竞争性劳动力市场的自然特征，是不可避免的正常性失业，与充分就业并不矛盾。与摩擦性失业相对应的失业率叫做自然失业率或充分就业失业率。

（二）结构性失业

经济产业的每一次变动都要求劳动力的供应能迅速适应这种变动，但劳动力市场的结构特征却与社会对劳动力的需求不相吻合，由此导致的失业称为结构性失业。例如，由于工艺发生重大变化，一部分人可能缺乏新工艺所要求的那种训练和技术，他们可能难以被雇用。在经济发展过程中，有些部门发展迅速，而有些部门正在收缩，有些地区正在开发，而有些地区经济正在衰落，这也足以引起一部分人失去工作。有的公司对年龄、性别和外来人口的歧视，也会造成结构性失业。在这种情况下，往往会出现"失业与空位"并存的现象，即一方面有活无人干，另一方面有人无活干。

结构性失业主要是市场上的劳动力供需在技能、训练以及地区分布诸方面不适应的结果。结构性失业和技术性失业有一部分是重叠的，因为劳动力需求的某种下降是由于劳动力受技术排挤。但结构性失业不一定都是由技术变化引起的。国际竞争、消费习惯的改变、政府宏观经济政策的改变等，都是导致结构性失业的重要因素。

与摩擦性失业相比，结构性失业具有以下两个特征：第一，结构性失业的持续时间要比摩擦性失业长；第二，结构性失业往往发生在特定人群身上，具有明显的群体性。例如，我国目前存在大学生就业难就属于典型的结构性失业。

（三）周期性失业

周期性失业又称需求不足的失业，是由于总需求不足而引起的短期失业，它一般出现在经济周期的萧条阶段。经济中的总需求的减少降低了总产出，引起整个经济体系的一般性失业。当失业率高于 6% 时，周期性失业通常是主要原因，如经济危机。

与摩擦性失业和结构性失业相比，周期性失业缘于经济总量失衡。摩擦性失业和结构性失业是在假定总量平衡的前提下，研究供求内部的结构失衡，而周期性失业所面临的情况是劳动力市场供大于求，总量不平衡。

与其他失业相比，周期性失业还有两个显著特点：一是因经济周期深度不同，各个周期的失业率存在较大差异；二是周期性失业具有普遍性，一经发生可能遍及国民经济的各个领域。

周期性失业发生后，企业一般有两种选择：一是降低工资，二是解雇工人。实际上，企业往往选择后者，因为工资的刚性较大。宏观经济政策能够有效调节周期性失业，但其拉动就业的效果与其所引导的投资方向密切相关。如果其引导的投资方向，主要是就业吸收能力强的劳动密集型行业，则经济增长拉动就业的效果就非常明显；否则，经济增长拉动就业的能力将大大削弱。

（四）隐性失业

从失业的表现形式来看，可以是显性的，也可以是隐性的。所谓隐性失业，是指表面上虽然有工作，但没有做出实质性贡献，换句话说边际劳动生产率等于或小于零，当就业人员减少而产量没有下降时，就可以认为存在隐性失业。

隐性失业一般具有以下两个特征：一是表面上看并没有出现劳动者与生产资料相分离的情况，并非处在"没有工作"的状态，但实际上存在生产富余人员；二是表面上看这些生产富余人员不是处于"寻找工作"的状态，但他们始终存在一种供给愿望。

（五）其他

1. 季节性失业

由于某些部门的间歇性生产特征而造成的失业叫做"季节性失业"，主要表现在农业部门或建筑部门，或一些加工业如制糖业。某些行业生产条件或产品受气候条件、社会风俗和购买习惯的影响，对劳动力的需求出现季节性变化而导致失业，如农民只有农时才有工作，非农时则处于失业状态。

2. 技术性失业

技术性失业是由于技术进步所引起的失业。由于引进技术，使用新机器设备和材料，采用新的生产工艺和新的生产管理方式，出现社会局部劳动力过剩而导致的失业。在经济增长过程中，技术进步的必然趋势是生产中越来越广泛地采用了资本、技术密集性技术，越来越先进的设备代替了工人的劳动，这样，对劳动力需求的相对缩小就会使失业增加。此外，在经济增长过程中，资本品相对价格下降和劳动力价格相对上升也加剧了机器取代工人的趋势，从而也加重了这种失业。

3. 工资性失业

按古典经济学家的假设，若工资具有完全的伸缩性，则通过工资的调节，便能实现人人都有工作。这就是说，如果劳动力的需求小于供给，则工资下降，直至全部工人均被雇用为止，从而不会出现失业。但由于人的本性不愿使工资收入下降，而工会的存在及最低工资法均限制了工资的下降，从而使工资具有能升不能降的所谓"工资刚性"。这种工资刚性的存在，会使一部分工人无法受雇，从而出现失业。这类失业在经济学上被称为工资性失业。

四、失业与通货膨胀

失业和通货膨胀是现实宏观经济的两大难题。第二次世界大战战后初期，失业与通货膨胀交替发生，凯恩斯主义者认为，这时的失业是有效需求不足引起的，而通货膨胀则多是过度需求引起的，因此，只要适当地调节好需求，就可以消除失业和通货膨胀。但是，20世纪60年代后期以来，失业和通货膨胀并发，造成了"滞胀"的局面，传统的凯恩斯主义理论遇到了挑战。

通过财政或货币政策，能否永久地降低失业率？菲利浦斯曲线认为，宏观经济政策能够有效地减少失业，20世纪60年代美国经济增长的实践也的确证明了这一点。但到了70年代，失业和通货膨胀同时显著上升，宏观经济政策有效控制失业和通货膨胀的宣言似乎不再灵验。于是，许多经济学家认为，宏观经济政策不可能永久地改善失业状况，如果降低失业率，必然要以通货膨胀的风险为代价。

（一）通货膨胀

西方经济学对通货膨胀有多种定义。一般认为，通货膨胀是一个价格持续上升的过程，也是一个货币价值持续贬值的过程。需要注意的是，物价的上升是物价水平的普遍上升，并持续一定时间。

衡量通货膨胀的指标是物价指数，表明商品价格从一个时期到下一个时期的变动程度。物价指数一般不是简单的算术平均数，而是加权平均数，即根据某种商品在总支出中所占的比例来确定其价格的加权数的大小。计算物价指数的一般公式是

$$物价指数 = \sum P_t Q_t / \sum P_0 Q_t \times 100\%$$

其中，P_0 为基期的价格水平；P_t 为报告期的价格水平；Q_t 为报告期的商品量。

通货膨胀是物价水平普遍而持续地上升，按严重程度可以将其分为四类：①爬行的通货膨胀，又称为温和的通货膨胀，其特点是通货膨胀率低而且比较稳定；②加速的通货膨胀，又称奔驰的通货膨胀，其特点是通货膨胀率较高（一般在两位数以上），而且还在加剧；③超速的通货膨胀，又称恶性通货膨胀，其特点是通货膨胀率非常高（一般在三位数以上），而且完全失去了控制；④受抑制的通货膨胀，又称隐蔽的通货膨胀，是指经济中存在着通货膨胀的压力，但由于政府实施了严格的价格管制与配给制度，通货膨胀并没有发生，一旦解除价格管制并取消配给制度，就会发生较严重的通货膨胀。

（二）失业与通货膨胀的关系

1. 菲利浦斯曲线

新西兰经济学家 A. W. 菲利浦斯（A. W. Phillips）研究了 1862～1957 年间英国失业率与货币工资变化率之间的关系，得出了两条重要结论：第一，失业率与货币工资增长率之间是负相关的关系；第二，这种关系在相当长的时间内是稳定的。菲利浦斯把他的研究成果用曲线表示出来，即菲利浦斯曲线，用来表示失业与通货膨胀之间交替的关系（图 8-2）。

这条曲线表明：失业率高，则通货膨胀率低；失业率低，则通货膨胀率高。也就是说，失业率高表明经济处于萧条阶段，这时工资与物价都较低，从而通货膨胀率也就低；反之，失业率低表明经济处于繁荣阶段，这时工资与物价都较高，从而通货膨胀率也就高。菲利浦斯曲线提供的失业率与通货膨胀率之间的关系为实施政府干预、进行总需求管理提供了决策参考。

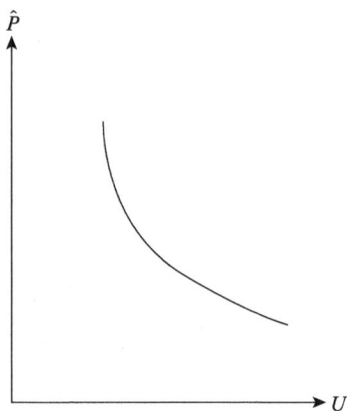

图 8-2　菲利浦斯曲线

注：横轴 U 代表失业率，纵轴 $\hat{P}$ 代表通货膨胀率

2. 短期和长期菲利浦斯曲线

20 世纪 70 年代以来，菲利浦斯曲线所描述的失业率和通货膨胀率的交替关系发生了新的变化，只有用比过去更高的通货膨胀率为代价，才能把失业率降到一定水平。针对这种情况，芝加哥经济学派代表人物弗里德曼引入预期因素，对菲利浦斯曲线提出了新的观点。如果通货膨胀率连年上升，特别是政府利用菲利浦斯曲线进行相机抉择，用高通货膨胀率换取低失业率的话，就会形成一种通货膨胀预期。如果通货膨胀已被预期到了，工人就会要求提高货币工资以避免生活水平受通货膨胀侵蚀。

凯恩斯主义认为，按预期扩大的菲利浦斯曲线依然表现出失业和通货膨胀之间的交替关系，只不过现在的交替关系表现为用更高的通货膨胀率来换取一定失业率。但货币主义反对这一论点，他们认为菲利浦斯曲线所表示的失业与通货膨胀之间的此消彼长关系，只有在短期内才存在，在长期内菲利浦斯曲线变成一条垂线，通货膨胀率与失业率之间不存在相关关系(图 8-3)。

为什么短期内失业率和通货膨胀率之间会存在交替关系呢？货币主义者认为，如果工资契约是在不存在通货膨胀预期的情况下订立的，那么，物价上涨会导致实际工资下降，因而厂商愿意扩大产量，增加就业。当工人们发现实际工资下降时，他们会要求增加货币工资，但货币工资的增长总是滞后于物价上涨。弗里德曼用适应性预期概念来解释人们的行为。所谓适应性预期，是指人们根据过去的经验来形成并调整对未来的预期。他们根据适应性预期，把菲利浦斯曲线分为短期菲利浦斯曲线与长期菲利浦斯曲线。

短期菲利浦斯曲线是表明在预期的通货膨胀率低于实际发生的通货膨胀率的

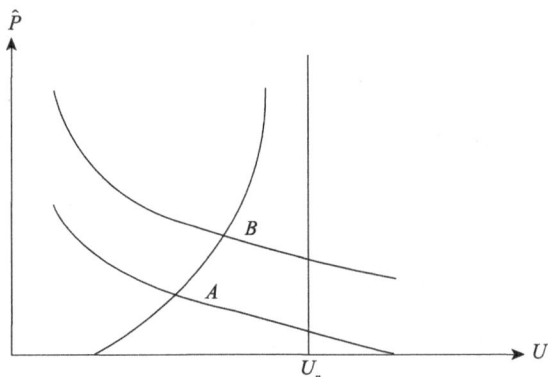

图 8-3　短期和长期菲利浦斯曲线

注：横轴 U 代表失业率，纵轴 $\hat{P}$ 代表通货膨胀率

短期中，失业率与通货膨胀率之间存在交替关系的曲线。所以，向右下方倾斜的菲利浦斯曲线在短期内是可以成立的。这也说明，在短期中引起通货膨胀率上升的扩张性财政与货币政策是可以起到减少失业的作用的。这就是宏观经济政策的短期有效性。

长期菲利浦斯曲线是一条垂线，表明失业率与通货膨胀率之间不存在交替关系。而且，在长期中，经济中能实现充分就业，失业率是自然失业率。因此，垂直的菲利浦斯曲线表明了，无论通货膨胀率如何变动，失业率总是固定在自然失业率的水平上。以引起通货膨胀为代价的扩张性财政政策与货币政策并不能减少失业。这就是宏观经济政策的长期无效性。

货币主义以凯恩斯主义的对立面出现，反其道而行之。20 世纪 70 年代，从货币主义学派中分离出一个更为纯粹、更加极端的新学派，称为理性预期学派。该学派对凯恩斯主义的需求管理理论和政策主张否定得更为彻底，其理论实质是以更严密的形式重申正统的古典经济学。

理性预期学派所采用的预期概念不是适应性预期，而是理性预期。其特征是预期的数学期望值与以后发生的实际值是一致的。在这种预期假设下，短期中也不可能有预期的通货膨胀率低于以后实际发生的通货膨胀率的情况，即无论在短期或长期中，预期的通货膨胀率与实际的通货膨胀率总是一致的，从而也就无法以通货膨胀为代价来降低失业率。所以，无论在短期或长期中，菲利浦斯曲线都是一条从自然失业率出发的垂线，即失业率与通货膨胀率之间不存在交替关系。由此得出的推论就是：无论在短期或长期中，宏观经济政策都是无效的。

第三节 中国的就业与失业问题

一、中国当前的就业形势

"十一五"时期(2006～2010 年),中国全面实施扩大就业发展战略和更加积极的就业政策,就业规模不断扩大,就业结构不断改善,劳动者就业能力不断提高。市场机制在人力资源配置中的基础性作用得到有效发挥,妥善解决了体制转轨过程中遗留的下岗失业人员再就业问题,并在推进城乡统筹、引导农业富余劳动力有序转移就业、促进高校毕业生基层就业和自主创业等方面取得新的成就。

表 8-2 中国"十一五"时期就业工作进展情况

指标/项目	2005 年	"十一五"规划目标	2010 年实现情况
五年城镇新增就业/万人	(4 200)	(4 500)	(5 771)
城镇登记失业率/%	4.2	5	4.1
五年转移农业劳动力/万人	(4 000)	(4 500)	(4 500)
全国城乡就业人员/亿人	7.46	—	7.61
一、二、三产业从业人员比重	44.8∶23.8∶31.4	—	36.7∶28.7∶34.6
全国农民工总量/亿人			2.42
专业技术人才总量/万人	4 196	—	4 686[1]

1)为 2008 年年末数据

注:括号内为五年累计数

资料来源:国务院关于批转促进就业规划(2011～2015 年)的通知.国发[2012]6 号.http://www.gov.cn/zwgk/2012-02/08/content 2061165.htm

21 世纪前 20 年,中国进入全面建设小康社会的新时期。由于受人口基数、人口年龄结构、人口迁移以及社会经济发展进程等诸多因素的影响,这一时期中国仍然面临较大的就业压力,预计到 2020 年劳动年龄人口总规模将达到 9.4 亿人。在劳动力供求总量矛盾尖锐的同时,劳动力素质与岗位需求不相适应的结构性失业问题日益凸显,就业任务更加繁重。具体表现在:一是劳动力供大于求的总量压力持续加大，城镇需就业的劳动力年均2 500万人，还有相当数量的农业富余劳动力需要转移就业。二是就业的结构性矛盾更加突出，随着技术进步加快和产业优化升级，技能人才短缺问题将更加凸显；部分地区、企业用工需求与劳动力供给存在结构性失衡，造成企业"招工难"与劳动者"就业难"并存；以高校毕业生为重点的青年就业、农业富余劳动力转移就业、失业人员再就业，以及就业困难群体实现就业难度依然很大。三是经济社会环境变化对促进就业提出了新的挑战。转变经济发展方式，推进产业升级、科技进步和管理创新对提高劳动者素质提出了更高的要求，推进城镇化对农业富余劳动力转移就业工作提出了新的任务。同时，公共就业和人才服务以及职业培训不能满足需要，人力资源市场信息化建设滞后，影响劳动力流动就业的体制机制障碍依然存在。

同时也应该看到，在21世纪前期，解决中国的就业问题也存在诸多有利条件：我国高度重视就业问题，坚持以人为本，树立全面、协调、可持续的发展观，促进经济社会和人的全面发展，为进一步解决好就业问题提供了思想认识基础；经过多年的探索和实践，解决就业问题的大政方针已定，方向明确，措施配套，以市场为导向的就业机制初步形成，为解决好就业问题提供了政策和机制保障；经济保持持续、快速、协调和健康发展，财政收入增长较快，经济结构调整顺利推进，企业经济收益明显好转，第三产业发展加快，必将对就业形成强有力的拉动；坚持推进西部大开发、振兴东北地区等老工业基地、促进中部地区崛起、鼓励东部地区加快发展的促进地区协调发展战略的实施，以及城镇化步伐的加快，将为解决就业问题带来新的机遇；随着各项促进就业政策的深入落实和完善，政策效应将进一步释放，就业和创业环境将进一步改善；加入世界贸易组织，对外贸易的不断增长，中国经济与世界经济联系得更加紧密，将为解决就业问题提供良好的外部环境。

21世纪前期，中国解决就业问题的总体目标是按照全面建设小康社会的总体要求，适应经济社会发展对人力资源的开发利用的需求，满足广大劳动者参与劳动和提高收入水平的愿望，努力实现社会就业比较充分，将失业率控制在社会能够承受的范围内。通过发展经济、改善结构带动大量就业岗位的开发，通过加强教育培训带动劳动者就业能力的开发，使中国丰富的劳动力资源得到比较充分的开发和合理利用；创造更加良好的劳动者自主择业、自由流动、自主创业的环境，形成稳定的促进就业政策和制度，健全城乡统一、内外开放、平等竞争、规范有序的劳动力市场，保持就业渠道通畅；将社会失业率和平均失业周期控制在社会可承受的范围内，使有劳动能力和就业愿望的劳动者都能够得到平等就业机会或处于积极准备就业的状态。到2020年，就业总量达到8.4亿，失业率控制在社会可承受的水平，大部分人有机会就业，少量失业者基本生活有保障并为就业作准备，社会总体上处于比较充分的就业状态。

二、促进就业的原则和措施

（一）促进就业的基本原则

1. 坚持促进就业与经济社会发展相结合

将促进就业放在经济社会发展的优先位置，作为保障和改善民生的头等大事，依靠经济发展带动就业增长，以扩大就业来促进经济持续发展，为转变经济发展方式提供有力保证。

2. 坚持促进就业与人力资源开发相结合

适应加快转变经济发展方式，推动发展向主要依靠科技进步、劳动者素质提高、管理创新转变的要求，强化人力资源开发，大力加强职业培训和创业培训，通过全面提升劳动者职业素质和就业能力扩大就业，提高就业质量。

3. 坚持发挥市场机制作用与政府促进相结合

充分发挥市场机制在人力资源配置中的基础性作用，消除制度性、体制性障碍，进一步强化政府在促进就业中的责任，将促进就业作为制定、实施和调整经济社会政策的基本目标，广泛动员社会各方面力量，特别是注意充分发挥工会、共青团、妇联、残联等社会团体作用，调动企业履行社会责任、扩大和稳定就业的积极性，共同做好就业工作。

4. 坚持促进企业发展与维护劳动者权益相结合

重视劳动者利益诉求，探索形成企业与职工利益共享机制，统筹处理好维护劳动者就业权利与维护劳动者劳动报酬、休息休假等权利的关系，通过构建和发展和谐稳定的劳动关系，促进实现扩大就业规模与提升就业质量的统一。

（二）促进就业的主要措施

1. 提高经济发展对就业的拉动能力

把就业作为社会经济发展的优先目标予以考虑，建立健全经济发展、产业结构调整与扩大就业良性互动的长效机制。根据实现更加充分就业目标的要求合理确定经济发展速度，在制定财政、金融、产业等宏观经济政策时，要评估对就业的影响，注意防范失业风险。着力发展吸纳就业能力强的产业和企业，在经济转型和结构调整中，加快实施有利于发挥劳动力比较优势的技术进步和产业升级战略。以创业带动就业，完善并落实鼓励劳动者创业的税收优惠、小额担保贷款、财政贴息、资金补贴、场地安排等扶持政策，健全创业培训体系和服务体系。发展家庭服务业促进就业，因地制宜发展家庭服务业态，满足家庭的基本需求。

2. 实施更加积极的就业政策

实行更加有利于促进就业的财政保障政策，公共财政向符合国家产业政策导向的小型微型企业和劳动密集型产业倾斜，财政支出逐步向民生倾斜，加大对困难群体的扶持力度。实行支持和促进就业的税收优惠政策。建立健全有利于加快产业结构调整，促进服务业和小型微型企业发展的税收政策体系，实施促进高校毕业生、农民工、就业困难人员等重点群体就业的税收政策。实行更加有利于促进就业的金融支持政策，积极发挥货币政策的宏观调控作用，为实体经济发展和就业创造良好的宏观金融环境。实行更加有利于促进就业的对外贸易政策，将对国内就业的影响作为制定进出口政策，以及处理贸易争端的重要依据。实施鼓励劳动者多渠道、多形式就业的扶持政策，通过优惠政策和就业服务扶持劳动者自谋职业、自主就业，为劳动者灵活就业、流动就业或转换工作岗位提供支持，增强就业的稳定性。

3. 统筹做好城乡、重点群体就业工作

坚持城乡统筹，建立健全城乡劳动者平等就业的制度，消除劳动者就业的城乡差别和就业歧视，创造公平就业环境。加强分类指导，推动东部地区加快产业升级和经济结构调整，提高就业质量。指导中西部地区结合产业的梯次转移，引导更多的劳动力就地就近转移就业。

切实做好高校毕业生和其他青年群体的就业工作，继续把高校毕业生就业放在就业工作的首位，积极拓展高校毕业生就业领域，引导高校毕业生面向城乡基层、中西部地区，以及民族地区、贫困地区和艰苦边远地区就业，鼓励高校毕业生自主创业。加大对就业困难高校毕业生和其他长期失业青年的援助力度。

适应城镇化加速发展的趋势，加快建设小城镇，发展县域经济，发展乡镇企业和非农产业，为农业富余劳动力开辟更多的生产和就业门路，实现就地就近就业。完善并落实创业政策措施，积极支持农民工返乡创业。

做好淘汰落后产能企业职工安置工作，将淘汰落后产能企业职工安置工作纳入节能减排、淘汰落后产能工作的整体规划，统筹考虑企业退出与保障职工权益，健全淘汰落后产能企业职工安置工作协调机制，采取积极措施，多途径、多渠道安置职工。

建立健全就业援助制度，完善就业援助政策，开发公益性岗位，形成长效工作机制。全面推进充分就业社区建设，全面贯彻落实《残疾人就业条例》，完善残疾人就业促进和保护政策措施，做好妇女就业工作。

4. 大力开发人力资源

加强专业技术人才队伍建设，实施更加开放的人才政策，吸引优秀人才从业，并为其提供各类制度保障。健全面向城乡全体劳动者的职业培训制度，紧密

结合市场需求和就业要求,强化职业培训。加快培养产业发展急需的技能人才,加快建立以职业能力为导向、以工作业绩为重点,注重职业道德和职业知识水平的技能人才评价体系,探索技能人才多元评价机制,畅通技能人才成长通道。

5. 加强人力资源市场建设

加快人力资源配置领域的改革进程,逐步消除人力资源市场城乡分割、地区分割和身份分割,促进城乡各类劳动者平等就业。加快推进劳动力市场与人才市场的统一和改革进程,建立健全政府部门加强宏观调控和提供公共服务、市场主体公平竞争、中介组织规范服务的市场运行格局,推动形成规范的管理制度和灵活的市场运行机制。建立人力资源市场监测体系,完善人力资源市场信息发布制度。完善人力资源市场监管体系,加快人力资源市场法制化建设。整合公共就业和人才服务机构公共管理和服务的职能,形成覆盖城乡的公共就业和人才服务体系。加快建立专业化、信息化、产业化的人力资源服务体系,逐步实现基本公共服务充分保障,市场化服务产业逐步壮大,服务社会就业与人力资源开发配置能力明显提升。

6. 加强失业预防和调控

建立失业统计制度和失业预警机制,完善就业与失业登记管理办法,完善城镇调查失业率统计。完善失业动态监测制度,及时准确监测企业岗位变化情况。探索实行失业预警制度,加强预警预测,为采取有针对性的政策措施提供支持。完善失业保险制度,对结构调整和重大灾害及遇到危机情况下出现的失业风险进行积极预防和有效调控,制定应对预案,采取切实措施,保持就业稳定并将失业控制在社会可承受范围。

三、促进非正规就业

(一)非正规就业发展的必然性

1. 非正规就业是经济结构调整的必然产物

近30年来,全球性的经济结构调整,就业结构也随之发生了深刻变化。首先,正规部门吸纳劳动力的能力呈下降趋势。在发展中国家,作为创造就业的一个重要的正规部门,即政府及公共服务部门和大型的现代私营公司,由于实行结构调整等措施,创造就业机会的总量呈下降趋势。其次,非正规就业呈全球性增长趋势。在一些发展中国家,非正规部门就业已成为劳动力市场的重要组成部分。最后,非正规就业组织正在融入发展中国家的国民经济之中。在第15届国际劳动统计大会上,国际劳工组织把非正规部门视为一组生产单位,其中的单个单位称为非正规就业组织(或非正规经济组织)。有资料表明,非正规就业组织不仅以自我雇佣的形式创造了大量的就业机会，也在为社会创造财富的发展过程中，不断融入整个国民经济中去。

2. 发展非正规就业是我国就业政策的必然取向

与许多发展中国家一样，我国正处于经济转型时期，面临很大的就业压力，已经将发展非正规就业作为我国就业政策调整的取向之一。第一，传统的就业主渠道的吸纳就业能力有减无增。在计划经济体制下，我国的就业主渠道是国有集体单位，由此形成的传统就业概念是到主渠道的正规部门上班才算是正式就业。但是现实的情况已经表明，传统的就业主渠道吸纳就业能力呈下降趋势。第二，调整时期的经济增长难以完全解决就业问题。按一般的理解，只要经济增长了，就业问题也就迎刃而解。然而，经济增长难以同就业岗位同步增长。其主要原因包括：一是国有企业已从追求产值最大化向追求利润最大化转变，"减人增效"仍在进行中；二是经济形态已从劳动密集型向资本和技术密集型转变，企业对资本和技术的投入和劳动力的投入不可能同步；三是劳动力市场的竞争机制、价格机制逐步发挥作用，尤其是农村劳动力的价格优势直接冲击城市人的就业。

（二）非正规就业存在的问题

1. 思想认识问题

社会上对非正规就业存在不同看法。一些非正规就业者存在着"低人一等"的思想观念，认为具有传统意义的固定工作时间、工作岗位才是就业，而非正规就业不是就业。一些政府工作人员认为，非正规部门征收税费麻烦多，影响秩序和卫生，有碍城市容貌，存在安全隐患等，给城市管理增添不少难题。一些正规经营单位认为，对非正规部门的减免税或无照经营会导致"不公平竞争"等。以上种种，使人们对发展非正规就业有所疑虑。

2. 政策法规问题

对非正规就业发展缺乏统筹规划。在现有的法规政策体系中，对非正规就业方式还没有专门的明细规定；不少政策只是针对特定群体（如国有企业下岗职工）制定的，适用面比较窄。此外，对于非正规就业或非正规部门就业、非正规就业人员的统计指标的界定尚未形成统一意见，不利于掌握情况。

3. 服务配套问题

缺乏一套有效的组织管理系统，专门的非正规就业服务系统尚不健全，劳动力供求双方得不到有关信息、培训和相应服务。劳动就业管理工作面临无机构、无编制、无职能、无人员、无经费的"五无"局面，有些已经建立的机构，人员、经费也不足，给工作开展带来难度。

4. 可持续发展问题

非正规企业大都属于小型或微型的生产、服务企业，市场信息、资金技术资源匮乏，管理落后，大部分非正规就业者自身文化水平较低，年龄偏大，技能单一，这些客观因素造成这些企业和个人只能满足简单投入再生产循环的需要，难以实现扩大再生产，产品和服务缺乏市场竞争力，经营规模难以扩大，甚至在市场竞争中逐步萎缩。

(三)非正规就业的发展对策

国际经验表明，非正规就业是把"双刃剑"。它产生于城市高失业率，与城市贫困相连，生存于提供廉价产品、服务，与经营的灵活性相关，以期有利缓解就业矛盾、减轻城市贫困，受到各国政府关注。但是，它的弊端也是明显的，因其处于正规部门之外，游离于现行一般法律制度管理之外，政府难以对其实施有效的控制。另外，非正规就业人员一般为弱势群体，缺乏获得必要的教育、培训、信息、信贷的渠道，如果不加以正确引导，可能会产生一些社会问题。为此，应采取积极引导、扬长避短的促进对策。

1. 加快调整就业结构

经济增长方式转变和产业结构调整，需要有一个成本低且便于劳动力快速平稳转移的过渡基地，老百姓也需要有一个门槛较低便于"找饭碗"和"造饭碗"的就业空间。实践已经证明，解决就业问题，需要坚持"两条腿走路"，需要正确处理好正规就业和非正规就业之间的关系。在就业工作规划中，要合理协调地发展正规就业部门与非正规就业部门，使之在经济活动中互为补充。针对非正规就业特点，一方面要加强非正规就业对劳动力的吸纳能力；另一方面，要消除劳动力在非正规部门和正规部门之间以及非正规部门内部流动的障碍，降低流动的风险和成本。要引导正规部门对非正规部门形成一套全方位、多层次的帮扶机制，根据需要定期向同行的非正规部门提供诸如派出专家，为非正规部门企业及个人进行管理、生产的指导，对从业人员进行劳动技能培训等服务措施，形成"以大带小、以小促大"的良好合作局面。此外，要进一步提高正规部门中非正规就业比例，特别是政府部门通过分包或承包方式创造更多的非正规就业岗位。

2. 加强政策支持

第一，要把非正规就业纳入全国发展战略，从政府宏观决策层面确立非正规就业的地位。第二，要逐步完善法律法规，给非正规就业形式以法律上的确认和保护。例如，仿照欧盟的《部分工时工作法令》、德国的《老年人非全日制工作法令》和《就业促进法》、美国的《临时工人平等法》等。第三，要针对雇主和雇员制定不同的政策。对非正规用工的雇主和企业要制定一定的补助性或补贴性政策，为其提供适当的财政补助或社会保险费、税费减免优惠。针对失业人员自行创业制定相应的扶持政策。建立灵活简便的社会保障方式，设计和推行新的适合非正规就业的社会保险品种，积极把非正规就业人员纳入基本社会保险范围。第四，要适当放宽非正规劳动组织的经营许可范围，给他们以更多的市场选择和市场竞争的机会。第五，要研究制定简便灵活的资金(信贷)扶持政策。针对非正规就业设计切合实际的小额贷款和担保机制，完善配套政策，帮助非正规就业组织获得融资的机会，促进条件成熟的组织向规范企业转化。

3. 加强服务载体建设

政府可考虑对非正规就业实行"三化"，即短期就业常规化、非正规就业正规化、地下就业合规化。首先，建立健全以社区为依托的促进非正规就业的新机制，建立市、区(县)、街道(乡镇)三个层面的服务机构，可以街道为单位，设立劳动服务公司(可视做小型的就业"孵化器")，本街道凡有就业意愿的失业人员都可以成为其员工，以最低生活保障金为保底薪金，并从其各种劳务收益中扣除一定额度，作为社会保障费。采取诸如此类的灵活管理方式加强管理，使原本非常态的短期就业成为常规就业，非正规就业正规化，以此来鼓励下岗工人或大学生尝试做"万件事"，进一步增强自身的社会实践能力。其次，政府也可委托社会服务机构对非正规劳动组织实施服务与管理，政府对其开展的公益性服务活动采用购买服务成果的方式拨给其必要的工作经费。此外，可考虑适度开放部分公共服务市场，变"打"为"管"。目前有不少地下服务业尽管被政府打击，但仍然一直存在，还不如把部分关系民生的民间服务业(如流动摊贩、地下旅馆等)纳入法制轨道，引入正规就业行列。

4. 加强工会组织建设

可考虑对从事非正规就业的广大职工以社区为依托，组织社区非正规就业工会，参与相关政策制定和劳动关系调整，维护本社区非正规就业群体合法权益；及时采集本社区失业人员的动态信息，帮助维护社区社会稳定；此外，发挥工会优势，根据社会需求，进行实用有效的转岗培训和就业指导与介绍，提供就业援助，协助政府完善社会救济和保障体系，使送温暖工程向经常化、制度化方向发展，给予非正规就业困难群体以关心和帮助。

5. 加强统计分析

为适应就业形势发展需要，避免出现真空，影响政府的科学决策，要尽快完善非正规就业的统计指标体系，如建立"非全日制工作""临时工作"等具体指标，并采用适合了解非正规就业状况的统计方法，建立常规统计制度。非正规就业在我国一部分省市正在积极推进之中，处于初创阶段。为此，政府部门应加强调查研究、积累经验。并按照国际劳工组织的建议，科学地做好统计分析工作，为政府的决策提供依据。

本章小结

就业是指达到法定劳动年龄并具有劳动能力的劳动者，从事一定的社会劳动并取得劳动报酬的经济活动。提高就业水平是宏观经济管理的基本目标，为此，世界各国都提出了"充分就业"的发展目标。所谓就业结构，是指社会劳动力在国民经济各部门、各行业、各地区的分布、构成和联系，主要分为产业结构和城乡结构。

影响就业的因素包括人口因素、经济因素、制度因素、心理因素。按照国际劳工组织定义，非正规就业即无组织、无结构、无固定场所、无固定收入、无固定作息时间、无固定生产规模的就业形式。

失业是就业的对称。关于"失业"的定义有多种表述，其实质是劳动者与生产资料相分离，不能进行社会财富的创造，失去获得劳动报酬的机会。衡量经济中失业状况的最基本指标是失业率。失业率是指失业人数占劳动力总数的百分比。在反映失业水平方面，"自然失业率"是一个值得重视的概念，自然失业率也被称做充分就业状态下的失业率或无加速通货膨胀下的失业率。

西方失业理论的形成是在 20 世纪 30 年代的经济危机时期。目前，西方很多经济学派已经形成了自己相对完善、自成体系的失业理论，主要有古典失业理论、凯恩斯学派的失业理论、货币学派的失业理论、发展经济学派的失业理论。

在西方经济学中，失业分为两类：一类是自愿失业，即劳动者虽然有工作机会，但因不愿意接受现行的工资率而发生的失业；另一类是非自愿失业，即劳动者虽然愿意接受现行的工资率，但仍然找不到工作而发生的失业。失业一般是指非自愿失业。非自愿失业按其成因主要分为摩擦性失业、结构性失业、周期性失业、季节性失业、技术性失业等类型，就表现形式而言，失业分为显性失业和隐性失业。

失业和通货膨胀是现实宏观经济的两大难题，不断地困扰着当代各国的政府，引起工人、政策制定者和经济学者的格外关注。菲利浦斯曲线认为，宏观经济政策能够有效地减少失业，20 世纪 60 年代美国经济增长的实践也的确证明了这一点。但到了 70 年代，失业和通货膨胀同时显著上升，于是许多经济学家认为，宏观经济政策不可能永久地改善失业状况，如果降低失业率，必然要以通货膨胀的风险为代价。

21 世纪前期，中国解决就业问题的总体目标是按照全面建设小康社会的总体要求，适应经济社会发展对人力资源的开发利用的需求，满足广大劳动者参与劳动和提高收入水平的愿望，努力实现社会就业比较充分，将失业率控制在社会能够承受的范围内。

🔍 关键术语

就业；充分就业；非正规就业；就业结构；失业；失业率；自然失业率；摩擦性失业；结构性失业；周期性失业；通货膨胀；菲利浦斯曲线

➤ 案例

绿色就业 让更多人成为"绿领"[①]

对于大多数公众来说，"绿领"是个陌生的词汇。但在金融风暴后，全球就业形势日趋严

---

① 张莹. 绿色就业让更多人成为"绿领". http://env.people.com.cn/GB/14215477.html，2011-03-23.

峻，"绿领"成为缓解各国失业的良策。一场以绿色经济带动就业的新战役悄然打响。据联合国环境规划署的统计，近10年来，全球直接从事环保工作的员工从460万人激增至1 800万人，间接服务于环保方面的员工也从1 000万人增至5 500万人。其中，垃圾回收、处理、加工和营销部门吸收就业人数增长最快，平均每年增长25%～30%。如此诱人的数字让各国看到了环保产业的美好前景，实施"绿色就业"战略也随之成为缓和各国就业压力的重要举措之一，中国也不例外。

2010～2011年，中国社会科学研究院与世界观察机构对中国绿色就业发展现状进行了合作研究，研究报告指出，未来绿色经济将为我国带来超过百万的就业机会，成为拉动我国就业的新增长点。一场金融风暴让全球经济经历了一次大的洗礼，特别是传统经济，在这场危机中受到重创。越来越多的有志之士认识到，绿色经济才是未来发展的正确道路。

什么才是绿色经济？中科院成思危教授指出，绿色经济可视做低碳经济、循环经济和生态经济三者的结合，是从社会及其生态条件出发，建立的一种"可承受的经济"，是以经济与环境的和谐为目的而发展起来的一种新的经济形式，其发展目的在于维护人类生存环境、合理保护资源与能源。"与美国等发达国家相比，我国这场经济危机中受到的冲击相对较小，但就业体制的转型同样迫在眉睫。"中国社会科学院助理研究员张莹表示，受目前的发展阶段限制，高密集度、低技术化的传统就业模式在我国仍处于主导地位。但以美国为代表的一些发达国家，开始着力于通过促进以新能源、能效提高技术等相关产业的发展，推动传统就业岗位向技术要求相对较高的绿色就业机会转化，在目前传统产业就业率偏低的现实环境下，此举具有拉动就业和就业岗位升级的双重功效。如果我国错失与发达国家站在同一起跑线上的机会，放弃就业模式向绿色方向转型的时代机遇，必将在日后的竞争中再次落于人后，这是事关国家竞争力提升的重要问题。人力资源社会保障部劳动科学研究所张丽宾研究员在就业转型上也同张莹博士一样有着同样的认知。张丽宾提出，金融危机后，世界经济格局发生重大深刻调整，绿色经济对于未来提升国家竞争力尤为重要。绿色经济在促进人民生活水平的提高、提高我国长远竞争力、实现资源节约和环境保护目标等方面，都有着不可小觑的作用。

在如此严峻的形势面前，我们已经开始觉醒。目前，我国已将生态环境建设作为"扩内需、保增长、调结构、促发展"重点之一，与其相关的环保及相关产业，也将成为吸纳就业的重点行业。另外，环境基础设施建设、节能绿色产业等新兴行业也会创造出更多与之相关的绿色岗位，吸纳更多的劳动力，为提升国家竞争力做好准备。绿色经济之于一个国家，是未来国家竞争力提升的关键。目前，与绿色经济相关的就业主要集中在三个方面：一是直接从事绿色工作的就业岗位，如造林、环保等；二是间接性绿色岗位，即通过实现绿色生产方式、生活方式、消费方式等，间接地创造绿色就业机会的岗位，如制造太阳能、节约型建筑材料等产品；三是将非绿色岗位转化为绿色岗位，将原来高污染、高排放的非绿色就业岗位转换成绿色的就业岗位，如治理污染、改用环保技术生产等。"虽然我国现阶段鼓励绿色转型的政策在三个层面都创造了大量相关就业，但是所面临的问题在于所创造的这些工作机会多数仍属于劳动力密集型的低端就业岗位，如造林和退耕还林等政策所创造的就业多数仍属于无保障的暂时性工作机会。我们现在有这样一种说法，要让更多的人成为'绿领'。所谓'绿领'，应该是在'蓝领'职位基础上的进一步升级，这些工作人员所从事的应该是体面的、具有保障的稳定工作，包括专业技术服务和研发端的新兴技术型工种，这是下一步发展绿色经济，创造绿色就业过程中我们需要重点考虑和解决的问题。"

张莹表示，对目前国内相当一部分从事所谓绿色行业的劳动者而言，他们的工作还处于不稳定、低技术含量的阶段，这样的就业并不是我们最终追求的绿色就业。如何进一步改善和保障这一新兴的就业模式的发展，让越来越多的人摆脱低级阶段，加入"绿领"行业，从而推动绿色就业发展？"国家层面的推动还是主导力量。目前在我国，还没有完全针对绿色经济和就业的相关法律法规。去年四万亿投资中，全球气候网络(global climate network，GCN)统计计算表示，这一投资将给我国带来 400 万个绿色就业机会，但在投资的具体表述中并没有明确对于就业的相关说明。根据我们掌握的信息，未来我国出台有关绿色就业的政策可能性较小，在部分行业中加入相关培训或成为刺激绿色就业的第一步。"张莹博士指出，目前我国推出针对绿色就业的相关法规条文时机还不很成熟，但从劳动培训上着手，推动其发展已经在筹备中。

复习思考题

1. 什么是就业，什么是充分就业？
2. 什么是失业，失业率的测量方法有哪些？
3. 如何评价失业现象？
4. 西方代表性就业理论有哪些，主要内容是什么？
5. 就业结构与产业结构的关系是怎样的？
6. 失业包括哪些主要类型，各自的特点是什么？
7. 如何认识菲利浦斯曲线？
8. 如何促进非正规就业？

第九章

劳动力市场歧视与分割

在现实中，一些雇主在挑选求职者时，依据的不是与工作相关的求职者在知识、技能、素质等方面的特征，而是过分地强调求职者的自然属性（排除特殊行业对劳动的特殊需求），如性别、种族、户籍等因素，从而造成部分求职者在劳动力市场上处于受歧视的不利地位。本章首先阐明劳动力市场歧视的概念及类型，其次介绍劳动力市场歧视理论和劳动力市场分割理论，最后对中国劳动力市场歧视与分割的表现和原因进行了分析。

■ 第一节　劳动力市场歧视的概念及类型

一、劳动力市场歧视的概念

在汉语大词典中，歧视指的是"不平等地看待"。从广义上讲，歧视不仅仅是一个经济学上的概念，它包括了社会生产和生活中针对个人或某个群体一切"不公正的、不公平的态度或评价"。从狭义上讲，歧视更多地被经济学家应用于形容劳动力市场中的不公正行为，即劳动力市场歧视。

劳动力市场上的歧视是指那些具有相同能力、教育、培训和经历的劳动者（尤指妇女和黑人等），由于一些非经济的个人特征引起的在就业、职业选择、晋升或工资水平等方面受到的不公正的待遇。这里的非经济个人特征，主要包括种族、性别、民族传统、宗教或偏好等。一个人在劳动力市场上的价值仅取决于所有影响边际生产成本的因素，如果在劳动力市场上那些与劳动生产率无关的因素取得了某种价值，歧视也就产生了。而通常种族和性别被认为是上述因素中最突出的。因而,本章着重讨论这两个方面的歧视。

二、劳动力市场歧视的类型

依据歧视发生的时间,歧视分为前劳动力市场歧视和劳动力市场歧视。前劳动力市场歧视又称为过去市场歧视或间接市场歧视,它出现在劳动者求职之前。例如,受传统观念的影响,在我国的教育投资中一直存在着明显的性别歧视。据统计,直至 20 世纪 90 年代末,小学、中学、大学的女性入学率都低于男性。其中,除了能力淘汰之外,教育的性别投资偏好是重要原因之一。由于对女性的教育长期被忽视,导致女性劳动者在进入劳动力市场时就处于一种先天的劣势。劳动力市场歧视,又称为当前市场歧视和直接市场歧视,指人们进入劳动力市场以后遇到的歧视。具体表现为:在其他条件相同的情况下,甚至部分劳动者具有更好的劳动力供给条件,但是由于这部分劳动者的非经济个人特征而遭到雇主的拒绝,因而承受不适当的失业比重;在劳动力市场上,某些劳动力即使有能力完全胜任,却因自己与生产率无关的自然属性而导致被限制或禁止进入某些职业,或者被排挤到同一职业中过低层次的位置上;生产率相同且从事相同工作的劳动者,一部分人由于非生产率特征的差异而导致所得到的工资明显低于另一部分人。

歧视分为以下四种类型。

(1)工资歧视,是指从事相同工作,由于性别或种族原因(如妇女和黑人),一部分人获得比另一部分人(男性和白人)较少的工资。更确切地说,基于生产率差别以外的考虑而引起的工资差别即为工资歧视。

(2)就业歧视,是指在其他条件相同的情况下,妇女和少数民族等劳动者承受着不适当的失业比重。在美国,尤其是黑人不得不长期面临着"最后受雇用,却最先被辞退"的问题。

(3)职业或工作歧视,是指妇女或黑人等即使完全有能力胜任某些职业,但却由于自己的自然属性被武断地限制或禁止进入这些职业,而被排挤到那些社会地位、技能要求等低下的职业中去。

(4)人力资本投资歧视,是指妇女或黑人等劳动者较少获得能够提高生产率的正规教育和在职培训机会,如在美国,相对于白人,黑人常常只能获得较少的教育或较低等的教育。

前三种歧视为当前市场歧视,因为它发生在人们进入劳动市场以后;最后一种歧视属于前市场歧视,因其出现在人们求职之前。

三、劳动力市场歧视的甄别

在经济社会活动中,人们常常会借用"歧视"这一概念,但却很难把握它的准确性。例如，在一家纺织企业，挡车工、化验工是清一色的女性，而维修工、中高层管理者却大多为男性，并且女员工的平均工资明显低于男性，我们是否可以据此推断这个企业是在搞歧视呢？又如，一个必须为员工提供特殊培训的企业，更喜欢留用那些能够为企业工作足够长时间的年轻人而不喜欢雇用中年人或老年人，这是不是在搞年龄歧视呢？现实中，这样的例子还有很多。

要正确判断劳动力市场上是否存在歧视其实并不简单，必须把握以下几点：首先，考察雇主雇佣决策的主要依据是什么。通常雇主挑选求职者依据的是求职者的个人条件，而求职者的个人条件又具有自然属性和社会属性这样的双重性（自然属性是求职者"与生俱来的"，如身高、性别、年龄、民族等；社会属性是通过后天学习、训练形成的，如知识、技能、素质等）。非特殊行业的雇主，如果对求职者的自然属性做出限制或要求，则应被视为就业歧视。如果是特殊行业有特殊需求，则应履行公示的原则，把限制内容的合理性与必要性予以说明。其次，分析是否存在不公平对待，即对具有相同生产力的劳动者是否以不同的方式来对待。所谓"不同方式"主要表现为某些劳动者的入职门槛普遍高于其他群体，或者是所做的贡献相同却只获得较低的工资或晋升机会。最后，判断是否已经对被歧视者造成了伤害，如由于偏见导致女性承受着较高的失业率，或在被雇用后只能获得较低的工资、较少的晋升机会等，也被认为存在歧视。

第二节 劳动力市场歧视理论

歧视损害了人与人之间的机会平等和待遇平等，同时也影响到社会的公正与稳定。要治理或抑制劳动力市场歧视的发生，就必须了解歧视产生的原因和机理，因此，劳动力市场歧视理论应运而生。不过，到目前为止还没有一种统一的劳动力市场歧视理论，其原因是多方面的：一是经济学家对歧视现象的研究相对来说起步较晚。有关这方面研究的最早的书籍之一是加里·贝克尔于1957年出版的《歧视经济学》。二是歧视的根源涉及广泛而且复杂，往往超出经济学的范围。本节着重讨论以下几种有代表性的劳动力市场歧视理论。

一、个人偏见歧视理论

这里主要介绍贝克尔的歧视偏好模型。贝克尔把歧视看做歧视者的一种偏好或者"爱好"，他们偏向不与某些特定人口群体的成员打交道，甚至为此放弃生产效率。歧视偏好模型以国际贸易为基础做了一个类推。众所周知，一个国家可根据比较利益原则进行自由贸易，获得最大的国民产出。然而事实上，许多国家都会利用关税、配额和其他手段阻碍自由贸易。这些国家不愿进口某些商品，情愿牺牲经济效率而在国内生产。这说明在某些情况下，由于人们偏好或喜欢购买国产商品，即使在经济上遭受损失也要满足这一偏好。同样，劳动力市场上也有一种歧视的偏好，行为者情愿放弃生产效率也要满足这种偏好，如发生在美国的种族歧视。据统计，仅种族歧视一项的代价（或者机会成本）就大约占到国民产出的 4%。

个人偏见歧视理论首先假设存在一种竞争性的劳动力市场，在这种市场中的单个厂商被看做是工资的接受者，然后再来分析这些"偏好口味"对于工资和就业的影响。"偏好"主要来源于雇主、雇员和顾客三个方面，分别称为雇主歧视、雇员歧视和顾客歧视。

（一）雇主的歧视

根据该理论，一些有歧视偏好的雇主为了达到与一部分人保持距离的目的而宁愿支付费用或放弃某种收入。现在假定女性和男性工人具有相同的劳动生产率，无歧视偏好的雇主认为他们之间是完全可替代的，在工资水平一致的情况下可以随机地雇用他们。但是，如果一个雇主对妇女抱有偏见，情况就完全不同。即使妇女同样能够胜任高工资工作，他们也愿意雇用男性，仿佛前者的生产率较低一样。由于我们已经假定在所有行业中妇女都具有与男性相同的生产率，因此，雇主对他们生产率的贬低纯粹是主观的。雇主的偏见越大，对妇女实际生产率的折扣就越大。

假设 M_P 表示某一特定劳动力市场上所有工人的实际边际生产率，d 表示妇女的这一生产率被雇主主观贬低的程度。在这种情况下，男性市场达到均衡的条件是工资（W_M）等于 M_P：

$$W_M = M_P \tag{9-1}$$

但是对于妇女，只有当期工资 W_F 等于她们对企业的主观价值时，才能达到均衡

$$M_P - d = W_F \quad 或 \quad M_P = W_F + d \tag{9-2}$$

因为假定实际边际生产率相等，因此有

$$W_M = W_F + d \quad 或 \quad W_F = W_M - d \tag{9-3}$$

从数学角度所说的这一切包含着一个非常简单的经济学逻辑，即如果妇女的实际生产率被雇主贬低，为了与男子竞争工作机会，她们必须接受更低的工资。

雇主歧视模型有两个主要含义。第一个含义是，雇主歧视是以放弃利润为代价的。如图 9-1 所示，如果妇女工资率为 W_F，采取歧视性政策的雇主的雇用量是 N_0，因为在该点 $M_P = W_F + d$。而没有歧视性偏好的雇主则会将雇用量定在 N_1。因为 M_P 曲线下方的区域在资本保持不变的情况下表示企业的总产品（或总收益），所以我们可以很容易地从图中看到歧视对利润的影响。对采取歧视性政策的雇主而言，减去所付工资的面积（$OEFN_0$），所获利润为 $AEFB$ 包含的面积；

而没有歧视偏好的雇主获得的利润则是 AEG 所包含的面积。由此推断，采取歧视性政策的雇主因为偏见而放弃了利润。

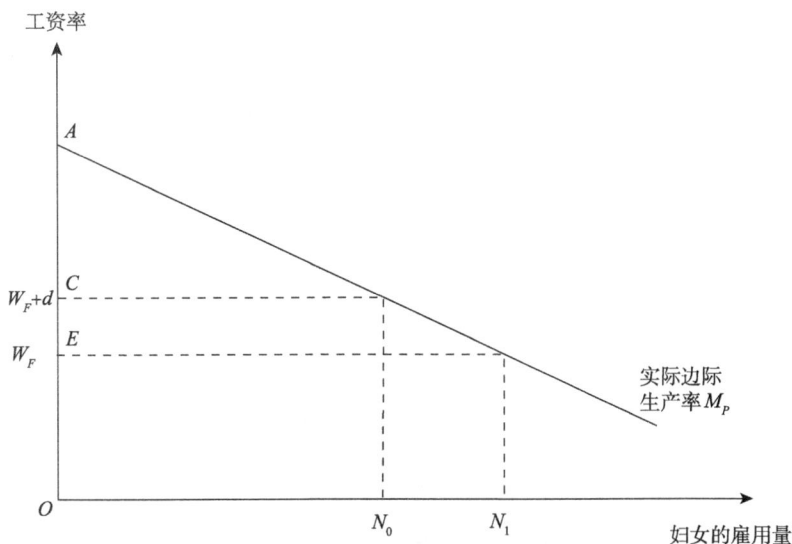

图 9-1　歧视性企业中妇女的均衡就业量

雇主歧视模型的第二个含义是，借助于工作供给图，我们可以很好地理解 W_M 和 W_F 之间的差别，以及这种差别的决定因素。如图 9-2 所示，假设某特定劳动力市场中不同性别求职者的生产率相同，OM_1A 为妇女工作机会的供给曲线，即假设市场上没有性别歧视偏好的雇主可以为妇女提供 M_1 的工作机会。因此，如果在该劳动力市场上寻求就业的妇女少于 M_1（如 M'），那么她们将全部被没有歧视偏好的雇主雇用，此时 $d=0$，妇女将不必和贬低她们服务的人打交道；而如果妇女的供给量大于 M_1（例如 M''），为了使所有人都能就业，工资差别将会出现。如果寻求工作的妇女数量从 M' 上升到 M'，则工资差别将从 O 上升到 d_2。由此可知，工资差别一定程度上取决于遭受偏见群体的人数。如果寻求工作的妇女数量上升到 M'' 以上，W_M 和 W_F 之间的差额将大于 d_2。当然，W_M 和 W_F 之间的均衡差额还取决于雇主对妇女偏见的程度和分布。如果无性别歧视偏好的雇主数量增加了（或者这些雇主提供的工作机会增加了），图 9-2 中的工作供给曲线将从 OM_1A 向右移动到 OM_2B，因而在 M'' 处观察到的工资差别从 d_2 减少到 d_1。如果采取非歧视性政策的雇主数量不变，但是其他雇主的歧视性偏好减弱了，市场歧视同样会减少。在这种情况下，采取歧视性政策的雇主在雇用一定量妇女时要求的工资差别会比较小，工作机会供给曲线会变为图 9-2 中 OM_1C 的样子。

依据雇主偏好歧视模型，实施歧视的雇主好像不是追求利润最大化而是追求

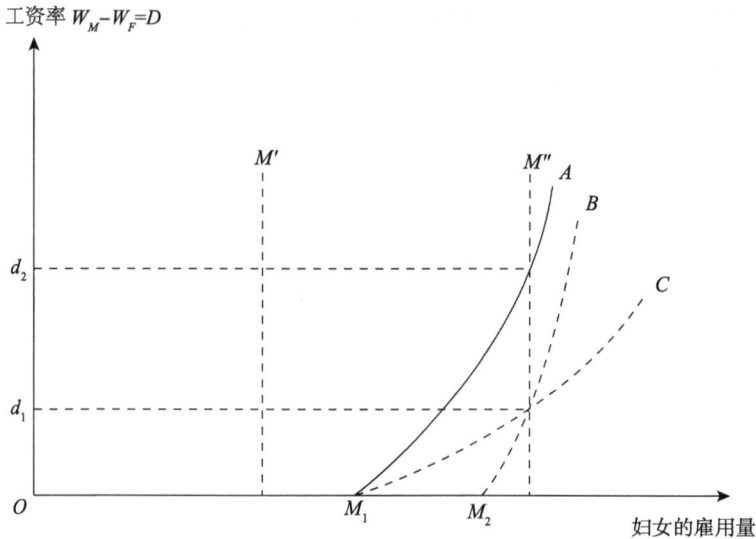

图 9-2　对妇女的工作机会供给

效用最大化(满足他们的偏见),这样就出现了他们如何生存的问题。因为经济学基本原理告诉我们,处于竞争性产品市场上的企业,必须追求最大化利润,而一旦偏离这一目标,就意味着被市场所淘汰。也就是说,市场机制可以自动地消除雇主偏见歧视。然而事实上,通过市场机制消除歧视的过程却是极其缓慢的,有人因此提出,雇主歧视模型实际上只适用于不受市场力量影响的垄断或寡头雇主。他们指出,只有垄断企业才可以不必为了生存而追求利润最大化,它们可以更自由地纵情享受歧视的"奢侈"。

(二)雇员的歧视

来自雇员的偏见是产生歧视的另一个重要原因。雇员歧视是一个就业群体对另一个就业群体的歧视,而实施偏见的通常是男性或白种人雇员。这除了有工作职位上的竞争因素之外,也可能是因为要与有色人种在工作中发生接触而感觉恐惧和厌恶,或是因为男性雇员不愿意与女性一起工作,或者不愿在女性领导下工作,或者不愿在一个单位中从事比女性更"低级"的工作等因素。在贝克尔的模型中,大多数工人都对有色人种或女性持有偏见。白人男性因存在歧视偏好会远离少数民族或妇女,这就会使本身没有歧视偏好的雇主感到如果想要雇用或留住白人男性雇员,就必须支付其更高的工资。如果雇主采取种族和性别隔离政策来代替支付高工资政策,这在法律上和经济上又都不可行。所以,雇员的歧视态度与行为会使无歧视行为的雇主感到压力,从而被迫减少对妇女或少数民族劳动力的需求量,并降低其工资水平。

（三）顾客的歧视

工资和职业歧视也可能由于顾客的缘故而产生。例如，一些顾客在有些场合下喜欢男子所提供的服务，而在另一些场合却喜欢妇女提供的服务。如果他们对男子的偏好属于比较大的社会职业范围，而他们对妇女的偏好则仅仅限于熟练程度较低的工作，就会发生对妇女的职业隔离。如果妇女或少数民族的成员想要在具有顾客偏好的白人男子工作岗位上谋得一个职位，就必须接受比一般白人男子更低的工资待遇或投入更高的人力资本。尽管顾客歧视意味着顾客要支付比不存在消费者歧视条件下更多的成本，但他们却获得了可以自由享受歧视的效用。只要他们愿意这样做并且有这样做的经济实力，他们就可以尽情享受这种歧视给他们带来的"满足"。这与雇主歧视不同，它只与效用有关而与利润无关。例如，病人偏爱男性医师、民航顾客对女飞行员表示反感、律师事务所的顾客不愿意找女性律师等，这些偏见会被市场记录下来进而影响雇主的选择。自身没有偏见的雇主若要在市场中立足，就必须做出理性的选择——迎合顾客的偏好，实施歧视女性的行为。此时，歧视成为"对第三人欲望的一种比较经济反应"。

二、统计性歧视理论

统计性歧视是指将一个群体的典型特征视为该群体中每一个个体所具有的特征，如果群体之中的某些人的个人特征与其所在群体的典型特征相距甚远，而雇主利用这个群体的典型特征作为雇佣标准时，就会产生统计性歧视。这种歧视的原因是由于统计方法不科学，或是由于信息不完全所造成的。

一般而言，雇主总是希望雇用生产率最高的人来填补其空缺岗位。人事部门会搜集一系列有关申请者的信息，包括年龄、教育、以前工作经历等。同时，雇主还会举行考试来补充这些信息。但这样做的局限性是：①搜集每位求职者的详细资料代价很高，并且也只能获得有限的信息；②凭借有限的信息，雇主并不足以准确知道哪位应聘者的生产率最高。结果雇主常常利用"主观"的考虑，如种族、年龄、性别等因素决定最终雇佣标准，这个过程就可能产生统计性歧视。雇主虽然不是出于歧视偏好，而是利用性别、种族、年龄等因素近似地表示工人的生产特征，难免还是会造成雇佣决策偏差，可能把打算长期工作的、有才华、有创造性和开拓精神的妇女或黑人男子排斥在外，或以较低的工资雇用。考试往往也不能避免统计性歧视，因为有些素质高、能力强的人，可能因为临考心理状态不好而落选，而有些素质和能力较差的人，可能因为善于考试而被误认为有才能。因此，考试本身的缺陷可能导致两种决策错误，即一些"好的"申请者遭到拒绝，而一些"差的"申请者却被雇用了。

统计性歧视理论还说明，群体中个体差别越大，利用群体资料作为甄别手段的代价越高。例如，随着更多的妇女不想退出劳动力队伍去抚养子女，而希望从事全日制工作，雇主使用性别作为劳动筛选指标，就会犯代价很高的错误。他们会拒绝很多能够长期为企业工作的女性申请者，而接受生产率较低的男性求职者。在任何情况下，使用不正确甄别手段的企业都比采用正确甄别手段的企业利润低。

三、垄断力量造成市场歧视的理论

有些经济学家不同意劳动力市场是完全竞争市场的正统观点，他们认为劳动力市场歧视正是由于劳动力市场上的垄断力量造成的。在一个垄断的市场上，买方能够把市场价格操纵到对其有利的水平，而且可以把潜在的竞争者排除在市场之外，这使得企业的歧视性策略成为可能。垄断歧视理论还认为，对某一群体的歧视性行为还可能为雇主带来额外好处，因而歧视将会存在并延续下去，无法自动消除。下面以图 9-3 来说明这一理论模型。

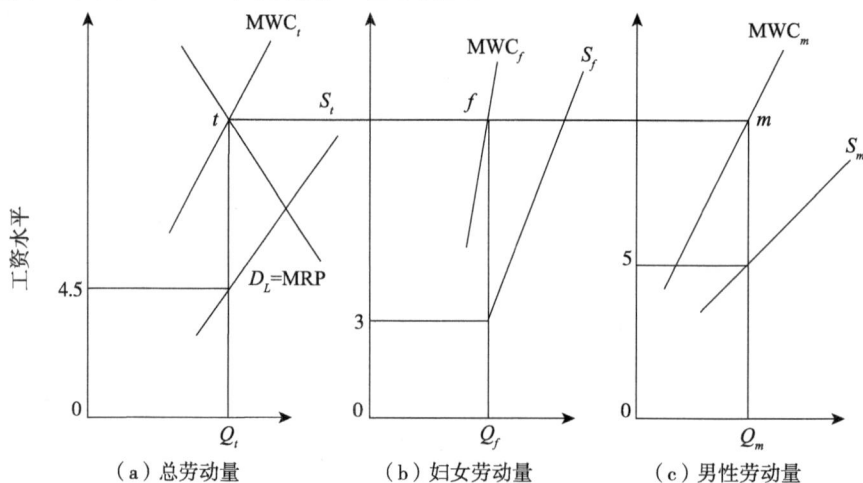

图 9-3　市场垄断歧视模型

图 9-3(a)描述了一个买主垄断厂商的劳动力市场模型，其中 S_t 表示该厂商面临的总劳动力供给曲线，MWC_t 为边际工资成本曲线；D_L 为劳动力需求曲线，市场均衡点为 t，其对应的均衡劳动量为 9 个工人，工资水平为 4.5 元。接下来将垄断买主的总劳动力供给按性别分别考察，在图 9-3(b)中，S_f 和 MWC_f 分别表示妇女劳动力供给曲线和边际工资成本曲线。而图 9-3(c)中的 S_m 和 MWC_m 则分别表示男性工人的劳动力供给和边际工资成本曲线。注意：这里妇女的劳动力供给弹性小于男性工人。我们从图 9-3(a)的均衡点 t 向右引一水平线，就可以看出总的就业量是如何在男女工人之间进行分配的了。这一水平线与 MWC_f 和 MWC_m 的交点分别表明利润最大化时男性工人和女性工人各自的雇用量。从均

衡点 f 和 m 向下引垂线，得出厂商将雇用 3 位女工和 6 位男工，其工资水平分别由垂线与男女劳动力供给曲线 S_f 和 S_m 的交点来确定，也就是说，垄断歧视买主将按照女工 Q_f 和男工 Q_m 的劳动力供给量支付工资。此时，女工的工资水平为 3 元，男工的工资水平为 5 元。

图 9-3 歧视模型的含义是：第一，男性工资水平将高于不存在歧视情况下的工资水平。第二，妇女工资水平比男性和没有歧视时的一般工资水平都低。第三，厂商的利润增加了。在歧视情况下，厂商雇用的工人数量与不存在歧视时相同。由于男女生产率相同，所以总产出没有变化，但工资总成本却下降了，从 40.5 元($9 \times 4.5 = 40.5$)减少到 39 元[(3×3) + (6×5) = 39]。与贝克尔模型不同的是，歧视在这里将使垄断厂商获利。第四，在产品市场竞争的条件下，若其他竞争对手实施了歧视，而该垄断厂商不这样做，则将因其较高的人工成本而最终被对手逐出该行业。第五，市场竞争无法消除歧视，因而有必要采取公共政策措施对付歧视现象。

也许读者会发现，图 9-3 模型有一个重要的假设前提，即妇女的劳动力供给弹性小于男性劳动力供给弹性。这一点非常关键，否则上述一系列推论都不成立。那么，为什么妇女劳动力供给弹性会小于男性劳动力供给弹性呢？主要理由有两个方面：第一，某些妇女比男士流动更少，主要表现在地域和职业方面。如果丈夫在某地工作，妻子就不愿意到其他地方工作。同样，由于职业分工，妇女的就业机会和职业选择面不如男士那样多。因此，妇女对工资变化的反应小于男士，即妇女的劳动力供给弹性小于男性。第二，妇女劳动力供给弹性小于男性还与工会化有关。男性工人比妇女工人更倾向于加入工会。在美国有 20% 的男性工人加入，而妇女只占 13%。由于工会可以建立统一工资，使得劳动力供给曲线在该工资水平上完全具有弹性，限制了垄断买主剥削工人，导致较少参加工会的妇女，其劳动力供给弹性也因此小于男性，并因此出现了对妇女不利的工资差异。

四、排挤理论与职业隔离

在西方国家，由于性别和种族原因造成的职业隔离十分普遍。职业隔离是造成妇女劳动力供给弹性较低的基本因素，也是解释垄断歧视理论中以性别为基础的工资差别的关键，以职业隔离为基础的歧视理论，也称排挤理论。

所谓排挤理论是根据简单的供求概念，分析将妇女或黑人限制在十分有限职业范围内的理论。图 9-4 可以帮助描述职业隔离理论。为了简化，先做如下假设：男性劳动者和妇女劳动者数量相等，假定各有 600 万；总的劳动力市场由三种职业 X、Y 和 Z 所组成，每种职业具有相同的劳动力需求曲线；男女劳动者在劳动力特征方面完全一致，也就是说，两者在三种职业中都具有相同的生产率；产品市场是完全竞争的，即需求曲线不仅反映边际收益产品(MRP)，同时反映边际产品价值(VMP);由于职业隔离,X、Y成为男性从事的职业,而Z是妇女从事的职业,即妇女被X、Y所排挤,限制在Z职业。

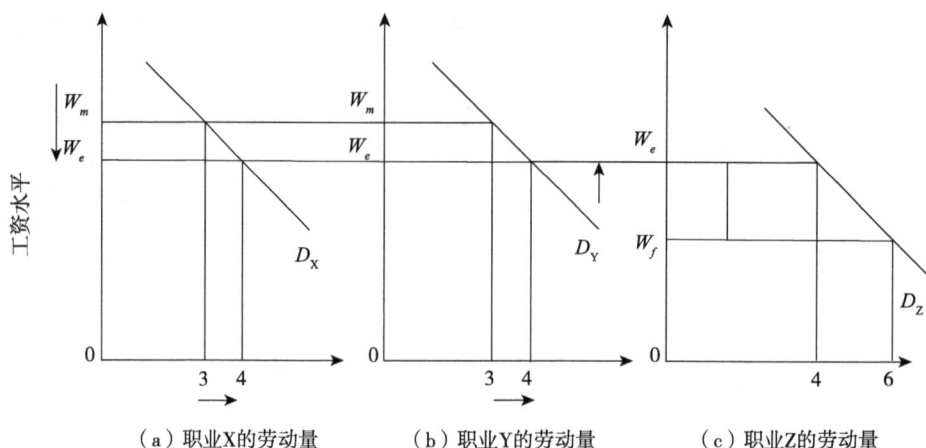

图9-4　职业隔离的挤出模型

　　从图9-4中可以看出,男性劳动力将在完全竞争的两个职业劳动力市场中平均分配,其结果是X和Y两个职业劳动力市场中各有300万男性求职者,工资水平为W_m。尽管男性劳动力可以进入Z职业市场寻找工作,但是由于工资过低他们不会进入Z职业市场。Z职业市场工资水平之所以低于X和Y,是因为女性劳动者受到排挤而很难进入职业X和Y市场,导致600万女性劳动力拥挤在Z职业市场中,只能获得低得多的工资水平W_f。如果通过立法或以其他方式改变人们的态度,消除这种隔离,则妇女劳动者将被高工资吸引,从Z职业转向X或Y职业,劳动力市场达到新的均衡。此时,妇女劳动者获得了较高的工资,而男性工人的工资水平将较原先有所下降。

■第三节　劳动力市场的分割

　　在过去的20年里,很多不悦于传统理论的经济学家,放弃了居于主流地位的竞争式分析方法,对劳动力市场的运作方式提出了不同的理解。其中有些理论囊括了不同制度因素对劳动力市场的影响,而另一些理论则试图构建新的范式。他们更加注重劳动力市场的分割属性,强调制度和社会性因素对劳动报酬和就业的重要影响,这种理论就被冠以劳动力市场分割(labour market segmentation, LMS)学派。

一、劳动力市场分割理论综述

20世纪60年代末,美国经济学家彼得·多林格尔(P. Doeringer)和迈克尔·

皮奥雷(M. Piore)对波士顿的低工资群体进行了研究，他们发现很难用竞争理论和人力资本理论来说明那些高工资群体和低工资群体及失业者之间的区别，从而提出了双元结构劳动力市场模型，成为劳动力市场分割理论的典型代表。他们认为应当将劳动力市场划分为两个部分：一个是所谓的一级市场(primary market)，这个市场上工资高，工作条件优越，就业稳定，工人有接受培训的机会和升迁的机会；另一个是二级市场(secondary market)，在这个市场上，工人的工资水平较低，工作条件较差，就业不稳定，而且缺乏升迁机会。两个市场有着不同的运行机制。其中，二级市场可以认为是一个竞争的市场，工资趋于均衡的水平，劳动力的供求在较大程度上受到工资的调节。但是一级市场的运行机制却要复杂得多，劳动力的价格和数量由一整套管理规则和程序调节，总体工资水平一般要高于均衡水平，而且一个劳动者一旦进入了这个市场，他便会享有"内部人"的种种特权，并避免来自"外部人"的竞争。在这两个市场之间，劳动者的流动性是十分有限的，一级市场的劳动者宁愿失业也不愿到二级市场就业，而二级市场的劳动者也会因为长期以来形成的诸如消极、偷懒等不良的工作习惯而不被一级市场接纳。这种劳动力市场分割理论提出后，由于其对低工资现象的较好解释力及其对劳动力市场结构的合理分析，引起了人们广泛的注意。

目前，劳动力市场分割理论被作为一种理论框架已经广泛地运用于分析各类国家的劳动力市场的结构和功能，特别是将这种理论和正规就业与非正规就业理论、劳动力市场灵活性分析等结合起来，大大拓展了其应用领域。

劳动力市场分割理论对研究中国劳动力市场问题提供了一个有意义的理论框架和分析思路。20世纪90年代初期，国内学者开始引进劳动力市场分割的概念，用于描述中国劳动力市场上体制性分割的现象。人们认识到，单单从劳动力供给和需求的角度研究劳动力市场无法说明结构性短缺和过剩、人力资本积累激励缺乏、工资性收入差距及劳动力流动障碍的问题等。劳动力市场分割理论使我们能从一个崭新的角度去分析和解释这些问题，并为最终解决这些问题提供了新的线索。

二、劳动力市场分割的类型

早期的劳动力市场分割理论主要探讨一级劳动力市场与二级劳动力市场的分割问题。但因为各个国家的制度及市场因素纷繁复杂，劳动力市场往往表现为多重分割交织在一起。虽然对于大部分成熟的市场经济国家来说两级市场的分割是主要的类型，但是对于市场机制发育不成熟的国家来说，更多的可能是缘于政府制度安排的分割。不过，在这里着重讨论双元结构和内部劳动力市场两种类型。

（一）一级劳动力市场与二级劳动力市场

这是劳动力市场分割理论关于劳动力市场的最主要的一个分类。这两种劳动力市场是根据工作性质、工作条件及待遇的不同来区分的。一级劳动力市场上的供给者是由知识、技能和管理精英构成，他们往往是企业的核心员工，基本上不用担心失业。一些运作稳定的大公司、政府机构、公共部门等是这部分劳动力的雇主。这个市场是非竞争性的。二级劳动力市场由大量的非熟练工人、没有特殊技能的就业者、新进入劳动力市场的劳动者、由农村进入城市劳动力市场的劳动者等构成，而城市的非正规就业部门、正规部门的外围岗位是他们的主要需求者。这个市场的主要特征是供过于求，劳动者工资待遇低下，没有接受在职培训的机会，没有被提升的机会。这个市场是竞争性的，价格机制是其基本的运行原则。之所以说这两个市场是相互分割的，是因为两个市场之间劳动力缺乏流动，一级市场的就业者即便在失业状态下也不愿意进入二级市场寻找工作，而二级市场的就业者也很难进入一级市场就业。

（二）外部劳动力市场与内部劳动力市场

内部劳动力市场是现代化大企业加强人力资源管理的一种重要方式。很多公司都有一套正式的规则来确定雇员的聘用与解雇方式，如果某些岗位出现空缺，他们往往不是面向全社会招募员工，而是首先查询企业内部的人才库，或者在企业内部公开竞聘。只有在内部招聘仍然无法满足需求时才考虑向社会招聘。这种做法对维持企业的稳定以及激励员工努力工作都有特定的意义。内部的劳动力市场没有通行的运行规则，各个企业因为历史不同、生产性质不同以及价值观不同，其指导原则也各不相同。但是，有一点是共同的，就是这种内部劳动力市场有效地将劳动力的内部供求与外部供求隔离开来，传统经济学自由竞争的基本原理在这里失去了作用。

三、不同国家劳动力市场分割状况

最初的双元结构劳动力市场分割理论，起源于20世纪60年代末期对美国劳动力市场的一系列个案研究，目的是分析当时美国城市有色人种和少数民族的永久性失业和贫困问题。后来，劳动力市场分割理论的重点转移到分析发达工业社会的劳动力市场特征。二元结构理论进行了很多经验性研究，证明了在西方成熟的市场经济社会确实存在着劳动力市场分割、部门之间缺乏流动以及不同部门工资决定模式也不同等问题。

在欧盟一体化进程中，劳动力市场的功能性分割、制度性分割和区域性分割较为突出。所谓功能性分割，是指因市场结构和组织形式的变化导致的劳动力市场分割。例如在西班牙，20世纪80年代初劳工法的实施降低了企业的解雇成本，企业倾向于采用有弹性的工作安排，因此临时工在全部劳动力中的比例大幅度上升，这样使劳动力市场明显地分割为核心和外围两部分。制度性分割则指因最低工资制度、社会保险制度、集体谈判制度、工作保障制度、职业资格认证制度等制度性因素造成的劳动力市场缺乏竞争的现象。欧盟成员国各国的劳动制度是不同的，北欧一些国家有着较好的福利制度，而南欧国家工资和福利水平相对较低，这诱使南欧国家的劳动力向北欧流动。这有可能会导致流入国劳动力市场竞争加剧，平均福利水平降低，所以必然受到抵制。制度差异导致的流动障碍成为劳动力市场制度性分割的主要方面。

虽然日本是高度市场化的国家，但其劳动力市场也呈现出明显的分割特征。这种分割主要表现在四个方面：第一，以现代化经济为背景的劳动力市场和以中小企业及传统经济为背景的劳动力市场相互分割，二元经济特征仍十分明显。一方面是以高技术、高生产效率、高工资和良好的工作条件为特征的一级劳动力市场，大型的跨国公司是其典型的代表；另一方面是以传统产业及中小企业为背景的劳动力市场，其特征是较低的技术要求、较低的劳动生产率、较低的工资和较差的工作条件，即所谓的二级劳动力市场。第二，外部劳动力市场和内部劳动力市场。外部劳动力市场是在全国范围内、以工资为基本杠杆实现劳动力供求平衡的劳动就业体系；而内部劳动力市场主要指大企业内部形成的有着特定的工资决定、职位升迁、岗位配置机制的劳动力市场，这种机制跟企业的历史、企业的运行制度有关，具有高度不透明性，而且不同企业差别很大。第三，性别隔离问题。性别是将劳动力区别开来的最明显的一个特征，男性和女性劳动者在大多数国家并不是完全竞争的，女性劳动者往往受到歧视，日本的情况亦是如此。日本对男性劳动力需求量大，工资较高，而对女性的雇用却有很多限制条件，工资也比男性低，这与日本传统重男轻女的意识有很大的关系。第四，终身雇佣及年功序列工资制形成的以年龄为区隔标志的劳动力市场，新进入劳动力市场的劳动者和已经在劳动力市场上就业的劳动者有着不同的境遇。日本的终身雇佣制指求职者一经录用到某一家公司，则除非出于劳动者个人的意愿或劳动者严重违纪，公司一般不会辞退该劳动者。这一制度的产生主要是出于稳定或留住技术人员和熟练工人的需要。而年功序列制及企业内工会则是在终身雇佣制基础上形成的，这些制度形成了一种家族化的内部秩序，公司领袖像爱护自己的家庭成员一样爱护雇员，而雇员也以对公司的忠诚为己任。但也正是这种家族式的用工制度，使已经在职的劳动者和新进入劳动力市场的劳动者之间、不同年龄的劳动者之间的平等竞争受到削弱。

中国劳动力市场的分割呈现的是多元化、多层次特征，包括体制内的劳动力市场和体制外的劳动力市场。体制内劳动力市场又分割为体制内存量合同工准劳动力市场与临时工、农民工劳动力市场。体制外劳动力市场则分为体制外城市劳动力市场和农村劳动力市场等。

四、劳动力市场分割的就业效应

劳动力市场分割是以阻碍劳动力的流动为特征的，严重的分割将导致市场配置劳动力资源的功能大大减弱，从而出现不同地区、不同行业和职业以及不同层次的劳动力市场上供求失调的状况。

（一）职业、地区的劳动力市场分割与失业

假设一个经济体由 A、B 两个部门构成，两个市场生产同种产品，产品可以自由流通，但劳动力的部门间流动被严格禁止。又假定两个市场的劳动力供给恒定，且初始状态均为充分就业。如图 9-5 所示，W_0 为两个市场均衡的工资水平，两个市场的就业量分别为 E_a 和 E_b。

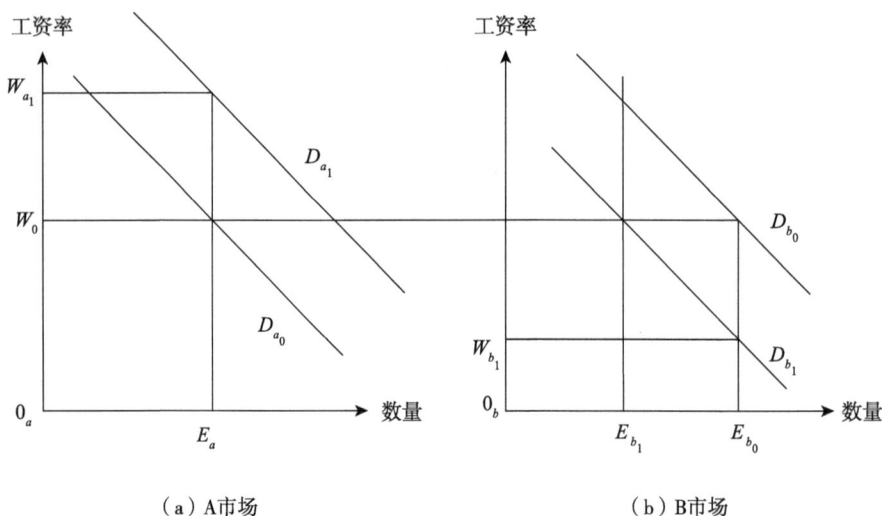

（a）A市场　　　　　　　　　　（b）B市场

图 9-5　劳动力市场分割导致失业

如果因为某种原因 A 市场生产效率和生产水平提高，将使 A 市场劳动力需求曲线向右上方移动，即由 D_{a_0} 移到 D_{a_1}，由于市场上劳动力供给数量既定，这将使工资率提升至 W_{a_1} 的水平，A 市场的就业量不变。如果整个产品市场的需求水平不变，由于 A 市场生产效率和产量水平提高，A 市场的产品将进入 B 市场，从而使 B 市场的产量水平下降，劳动力的需求曲线向左下方移动，即由 D_{b_0} 移至 D_{b_1}。这时，如果两个市场的劳动力可以自由流动，则 B 市场的劳动力会流向 A 市场，流动的规模取决于 A 市场工资率高出 W_0 的额度。如果不考虑劳动力在不同市场的转移成本，则劳动力的流动会迫使 A 市场的工资回复到接近 W_0 的水平，而 B 市场由于劳动力供给数量的减少，工资仍能够维持 W_0 的水平。不过，

如果两个市场的劳动力是不能流动的，因而 A 市场将因为劳动力短缺而使工资率上升，而 B 市场则在短期内出现劳动力过剩。

当然，如果市场工资率是有弹性的，则 B 市场过剩的劳动力可以通过工资率的下降得到解决，即工资率由 W_0 降低到 W_{b_1}，这时在较低的工资水平下实现了劳动力供需平衡，没有失业。但实际上，劳动力市场上的工资率大多数情况下是只能升不能降的。政府也会通过制定最低工资法来确定一个高于市场均衡水平的工资率。假如 B 市场上 W_0 的工资率不可能再下降，则 B 市场上就会有 $E_{b_1}E_{b_0}$ 的失业者。

可见，在劳动力市场分割和市场工资刚性的前提下，失业不可避免。

我们还可以用同样的方法分析不同职业之间的隔离导致结构性失业的情况。假如由于国际市场上粮食价格的降低导致国内对农民的需求减少，而服装产业的兴起对服装工人的需求量大幅度上升，如果农民成为服装工人不存在人为的限制（暂不考虑转移成本的问题），则农民会迅速流入服装加工厂，从而使农业过剩的劳动力被加工业吸纳。但如果这两种职业之间有各种人为的限制，或者严格禁止农民进入加工业，则农民失业和服装业工人短缺是不可避免的。

从长期来看，如果上述 A 市场工资率一直居高不下，则厂商会改变生产策略，更多地使用资本来代替昂贵的劳动力，从而造成对劳动力需求的减少。而如果能有效打破这种分割，使劳动力在两个市场之间自由流动，不仅会增加就业总量，还有利于产出的增加。

（二）双元劳动力市场中的失业

双元结构劳动力市场分割理论认为，一级劳动力市场和二级劳动力市场之间劳动力不能自由流动，二级劳动力市场上的劳动力不能自由进入一级劳动力市场，而一级劳动力市场上的劳动者即便是失业，也不愿意到二级劳动力市场上寻找工作。一般来说，二级劳动力市场是一个接近于完全竞争的市场，较少受到制度因素（如政府的劳动力保障制度、最低工资制度及工会力量等）的制约，基本上没有进入壁垒。因此，一级劳动力市场上的劳动者如果愿意接受二级劳动力市场上的工作条件和工资率，是可以找到工作的，但为什么一级劳动力市场上的失业者很少到二级劳动力市场上寻找工作呢？经济学的解释是劳动者不满意二级劳动力市场的工资率和工作条件。从这个意义上分析，如果一个人在一级市场上被解雇，而又不选择到二级市场上去寻找工作，则其失业的性质既可以认为是非自愿的，又可以理解为自愿的，即在一级市场上的失业是非自愿的，而不接受二级市场的工作，又是自愿的。

在二级劳动力市场上就业的劳动者主要包括以下一些类型：非全日制就业者、中小企业的就业者、自我雇佣者、远程就业及在家工作者、季节性工人、农村劳动力市场的就业者、妇女和少数民族劳动者、未达法定劳动年龄的劳动者和退休者，等等。二级市场虽然是一个自由竞争的市场，但是其失业的情况要比一级市场更加严重，而且大量是以就业不充分的形式出现的。二级市场上失业的原因主要表现在以下两个方面：一是最低工资法使二级劳动力市场上的工资率高于市场出清水平，导致雇主减少对劳动力的需求。二是失业的自我强化。在二级市场上存在一种负反馈，即大量的失业会导致未来更多的失业。在劳动力市场分割的条件下，二级市场上有着大量的长期失业者，失业本身已经使他们越来越丧失重新就业的能力。频繁地被雇用和被解雇，或者只从事那些简单的体力劳动，导致二级市场上的劳动者很少有在工作中通过边干边学积累人力资本的机会，所以他们极易丧失工作而成为永久的失业者。

第四节　中国劳动力市场的歧视与分割

一、中国劳动力市场歧视与分割的种种表现

在中国劳动力市场上，存在着形形色色的不平等现象，这些不平等现象有些属于劳动力市场歧视行为，有的则不是，大体表现为以下几种。

（一）性别歧视

在中国劳动力市场上，性别歧视是最引起社会关注的现象之一，具体表现为以下几个方面。

（1）就业歧视。很多企业招聘员工时都表现出明显的性别歧视，有的单位招聘人才时提出限招男性或男性优先的要求，而有的公司虽然表面没有性别限制，可一旦进入面试阶段就找出种种理由将女性拒之门外，从而导致女性在就业时面临比男性更多的困难。总的来说，女性的就业困境主要表现在两个方面：女性求职者遇到不公平的待遇，遭到拒绝或刁难；招收女性的职业门槛普遍高于男性。据中国人民大学劳动人事学院 2003 年的一份调查显示，在被调查的 75 家企业中，有 42 家表示在工薪相同的情况下更愿意招收男性，仅有 3 家表示愿意招收女性[1]。相关调查也表明，女性在求职中遭遇性别歧视的表现形式多种多样：有的用人单位在录用名额中明确规定男性多于女性的比例；有的用人单位在招聘中不写明性别，但是实际不打算招聘女性，以隐蔽的手段欺骗女性；更多的则是在劳动合同中限制女性应该得到的基本权利，如生育权、婚姻权等。这些歧视否认或限制了男女平等的权利。

---

① 胡安荣. 企业拒绝女大学生的经济学分析. 财经科学，2004，(4)：32～34

（2）职业歧视。雇主有时会被认为是故意将与男性雇员具有相同教育水平和生产率潜力的女性雇员安排到低工资报酬的职业上或负较低责任的工作岗位上，而把高工资报酬的工作留给男性雇员。

有关女性在工作场所里争取和男性平等的努力的最重要隐喻之一就是"玻璃天花板"。它是指，虽然女性可能已经通过了进入管理等级层的第一道门，但是在某处她们会撞上一个看不见的障碍，这个障碍阻止了她们进一步向管理高层晋升①。"玻璃天花板"隐喻不仅仅指女性在工作环境和管理层中面临着不利的条件和歧视，而且意味着相对于男性，女性向更高等级迈进的难度或不利还会增加。越往上，阻碍越大，"玻璃天花板"越难突破。表 9-1 说明了女性与男性在企业任职情况的差异。表 9-1 显示，在调查的总样本中，女性人数占调查总人数的52.11%，但是女性担任管理人员的比例远低于其样本比，而普通职员和其他人员中，女性所占比例却都高于样本比。同时，随着职位级别的上升，女性所占任职人数的比例是呈严格递减的。到了高层管理人员，女性所占比例仅有18.01%。

表 9-1　单位中职位状况的性别比较

在单位所处的职位	性别		女性所占比例/%	女性职位人数比与样本比例差/%
	男/人	女/人		
高层管理人员	132	29	18.01	−34.10
中层管理人员	243	124	33.79	−18.32
基层管理人员	287	268	48.29	−3.82
普通职员	1 427	1 839	56.31	4.20
其　他	36	52	59.09	6.98
合　计	2 125	2 312	52.11	—

资料来源：根据"第二期中国妇女社会地位调查"数据整理，转引自李军峰．就业质量的性别比较分析．市场与人口分析，2003，（6）：1～7

（3）工资歧视。雇主支付给女性雇员的工资比支付给予这些女职员处于同一职业、具有相同工作经验和相同生产率的男性雇员的工资要低。

我国政府一贯主张男女同工同酬，反对歧视女性。但是，现实生活中，男女同工不同酬的现象却仍然普遍存在。表 9-2 和表 9-3 分别显示了在同等教育背景（人力资本投资相同）和同一行业（或职业）中，女性劳动者与男性在收入上的差别。从表 9-2 中可以看出，在受教育年限进行的分组中，无论是哪个年限组，女性的平均年收入都低于男性。但有个值得注意的现象是，男女收入差异随着受教育年限的增长，是逐步缩小的。这说明了教育在减少男女收入差异方面是起重要作用的。表 9-3 调查的是男女非正式工在同一行业或职业中的收入差异，这些数

---

① 沈奕斐．被建构的女性．上海：上海人民出版社，2005：241。

据很好地说明了我国劳动力市场上目前存在的男女"同工不同酬"的状况。

表 9-2　按上学年限分组的平均年收入的性别差异

上学年限(E)	平均年收入/元		女性收入与男性收入比例/%
	男	女	
E≤6	5 213.62	2 681.87	51.44
6<E≤9	6 469.28	4 554.23	70.40
9<E≤12	9 019.94	6 585.00	73.00
12<E≤16	13 237.24	9 430.32	71.24
E>16	12 948.34	10 455.61	80.75

资料来源：根据"第二期中国妇女社会地位调查"数据整理，转引自李军峰. 就业质量的性别比较分析. 市场与人口分析，2003，(6)：1～7

表 9-3　不同行业(职业)非正式工平均年收入的性别差异

行业(职业)	男性平均年收入/元	女性平均年收入/元	女性收入占男性收入比/%
制造业	11 265.81	5 460.05	48.47
批发零售贸易及餐饮业	9 391.91	6 952.19	74.02
社会服务业	9 122.82	5 509.25	60.39
机械设备修理人员	9 208.11	6 833.33	74.21
商品采购销售人员	13 269.78	7 523.88	56.70
中西餐烹饪人员	7 160.00	5 113.04	71.41
餐厅服务人员	8 997.06	4 848.19	53.89
社会服务和居民服务人员	9 380.77	5 050.77	53.84
剪裁、缝纫和制衣人员	11 710.00	4 256.65	36.35

资料来源：根据"第二期中国妇女社会地位调查"数据整理，转引自李军峰. 就业质量的性别比较分析. 市场与人口分析，2003，(6)：1～7

(二)户籍歧视

长期以来，我国的劳动就业基本上是根据劳动者户籍身份的不同，采取不同的政策和措施，因而户籍成了不少人就业的障碍。这是中国劳动力市场歧视与分制的一个重大特征。

例如，对于高校毕业生就业，许多城市采取进入指标、户口指标加以限制，无形中增加了高校毕业生跨省(自治区、直辖市)、跨地(市)就业的难度。虽然一些城市已经实施了户籍改革，但是在大学生就业过程中户籍歧视还是屡见不鲜。这种歧视主要表现在：一些城市抬高外来毕业生的标准以限制进入，如院校的限制、高学历的要求、成绩的要求等；另外，在相同的条件下，用人单位优先聘用当地生源，甚至在条件相差较大的情况下，用人单位也会首先考虑当地生源。一本户口簿，加大了偏远地区、小城镇、农村的毕业生进入这些城市的难度，户籍成了大学生就业的一种阻力。1998 年最高人民法院在公开向社会招聘法官时，其招聘条件居然提出有"北京户口"的要求；而近期北京举办的大型人才招聘会上，绝大多数招聘企业都要求应聘者要有北京户口。

劳动力市场的户籍歧视还表现为比较严重的城乡就业差别。长期以来，我国劳动力市场呈现的是城乡相互封闭、独立运行的格局，户籍制度把城乡居民划分成在权利、义务方面不对等的、保障程度迥异的社会群体，户口状况成为大城市劳动力市场准入的重要机制。根据户口状况形成了行业与职业分层，本地劳动力主要进入职业队列中较高层次的部分，如行政事业单位、大中型国有企业、新兴服务业等，而外来劳动力则主要流入那些临时性的、收入低下、体力繁重、工作条件差的岗位。虽然目前户口性质对城乡就业的影响已经不如过去那么突出了，但仍然构成分割劳动力市场的基础性要素。"城市人"往往能够就业于一级劳动力市场，可以获得较稳定的工作和比较高的工资收入，而且还有包括社会保障在内的各种福利（休假、培训等），而"乡下人"则只能进入二级劳动力市场，工作不稳定且工资水平低，往往还没有包括社会保障在内的福利条件，劳动者的权益难以得到有效保障。

（三）劳动力市场的多重分割

改革开放早期流入城市的劳动力，在很大程度上是作为城市劳动力的补充力量而出现的，而当时的劳动力市场呈现多重分割的格局。

(1)按户籍制度划分。在计划经济条件下形成的户籍制度，把城乡居民人为地划分成为两个在权利、机会和风险方面存在极大差别的社会集团，在人口迁移政策上严格控制农村人口转变为城市人口，以降低工业化的成本。其结果是以户口性质为基础，形成城乡劳动力市场的强烈反差，城市人口和劳动力享受充分的保障并形成一个强大的既得利益群体，而广大农村劳动力则在劳动力市场上受到明显的歧视。

(2)按生产资料所有制形式划分。我国劳动力市场的另一特色，就是按就业者所在单位的所有制性质将就业人群划分为"全民所有制""集体所有制"职工及"个体户"等就业类型。城镇部分集体所有制职工、个体经营者、私营企业和"三资"企业的中方职工远不能享受到全民所有制职工那样优厚的社会保障，计划部门对全民所有制单位的用人权做了严格的限制。个体经营者、私营企业和"三资"企业的职工享受到的保障最小，用工限制也最小。不同就业类型所享有的权益和承担的责任有明显的差异，而且在不同所有制之间的流动，特别是向高度保障类型的流动是相当困难的。

(3)按劳动、人事制度划分。即使在"全民所有制"企业和事业单位中就业的人员，也按其进入的途径和管辖部门划分为由劳动部门主管的劳动就业部分和由人事管理部门负责的"干部"部分。凡从大专院校毕业由国家统一分配工作的，以及通过人事部门招收、录用或以工代干转为正式干部的，统称为"国家干部"，由各级人事部门直接安置、调配，其运行特点与全民所有制职工一样具有终身制、固定化的特点，而且覆盖范围相当广泛，其所具有的封闭性严格限制了劳动力进入的可能性，形成了劳动和人事部门之间劳动力流动的分割。

(4)按单位和地区切块划分。有关劳动政策对城镇新增劳动力的包干切块使用，使就业"领地化"。招工制度改革后，这一问题并没有得到很好解决，城镇居民就业、复员退伍军人安置等主要仍按地区划分进行。

总的来看，以户籍制度为基础的多种制度安排，形成我国特有的劳动力市场多重分割状况。由于劳动力市场的多重分割，农村劳动力流动的空间也极其有限，除通过数量极少的招工、"农转非"、高校招生分配外，他们很难取得城镇的"正式工作"，大多只能从事临时性的、劳动强度大、保障程度低的职业。形成本地劳动力和外来劳动力在城市劳动力市场中的鲜明反差。"正规就业"与"非正规就业"的差别见表9-4。

表9-4　正规就业与非正规就业差别待遇

项目	正规就业	非正规就业
户口性质	非农业户口	农业户口
户口状况	本地户口	外地户口
行业分布	机关事业单位、国有企业等	小型企业、个体私营企业
职业分布	经营管理人员、技术人员和熟练工	体力劳动工人、个体劳动者
取得工作的途径	统一安排	通过熟人介绍
工作地位和劳动报酬	工作相对轻松，收入较稳定	劳动强度大，工作不稳定
住房	单位分配或自有房屋	简易住房或租住私房
社会保险	失业、养老、医疗保险	基本无社会保险

(四)其他歧视

(1)学历歧视。学历歧视在劳动就业市场上一直存在，且愈演愈烈。许多用人单位在招聘时不论工作岗位的实际需要，动辄提出必须本科以上学历的要求。2012年8月初，上海体育馆内举办了一场综合性人才招聘会，主办方安排了几名工作人员在入口处查看求职者的简历，并规定"学历在大专以下者免入"。对此，一些求职者表示此举有学历歧视之嫌，但招聘会主办单位的相关负责人解释说，公司派人在入口处检查简历，是很多招聘企业特意要求的，为的是能确保应聘者的质量。"由于从前招聘会不对求职者的学历设卡，造成了很多低学历者也盲目来到了中高级人才招聘会中，既占用了有限的场地资源，也浪费了自己的时间。所以这次招聘会开始前，很多企业要求我们设个门槛，只对大专以上学历者放行，这样他们可以更有针对性地收取简历，招聘员工。"该负责人表示，上海体育馆举办中高级人才招聘会的同时，相邻的上海体育场内也在举办一场规模更大的综合性人才招聘会，那里没有学历限制，任何求职者都可以自由出入。该负责人还透露说，今后上海体育馆内举办的中高级人才招聘会可能都将采用这种检查简历的方法。"对于那些招工层次复杂的企业，我们也会对他们严格把关，要求他们搬到体育场内去，把工作机会留给更多的人。"无独有偶，据闻北京某大学的50名大专毕业生曾经集体参加了一个"毕业生专场招聘会"，15分钟后，该学校大专生全部退场。因为近200个招聘职位中，只有一家有招大专的职位，但已经有一个本科生和两个硕士生投放了自己的简历。正是由于用人单位对雇员高学历盲目要求，导致一些原本完全可以由较低学历学生胜任的工作由高学历的人担任，研究生抢本科生的饭碗，本科生干专科生的活，大大影响了人力资源优化配置。

(2)年龄歧视。我国劳动力市场的年龄歧视现象也十分严重。在一些招聘广告中，经常可以看到有关年龄的限制性条件，如招收文秘人员，一般要求是女性，年龄在22～28岁，招聘部门经理职位一般都要求在35岁以下。如果求职者年龄在40岁以上，求职将十分困难，以致难以找到适合自己的工作岗位。

此外，招聘中对身高、相貌、星座等各种限制也非常多见。用人单位对此有"合理"的解释，如员工的相貌代表着公司的形象，他们认为设定这些选择标准是用人单位的用人自主权。实际上，不仅用人单位有以上想法，由于人们权利观念的淡薄，社会上不少人也有这种想法。不可否认，这些限制中确实有一些是工作的必须要求，如一些服务行业可能对年龄、外貌有一定的要求，但这里的逻辑错误是，这样做的用人单位事实上很难证明他们的限制是完全出于工作的需要，不在条件之内的应聘者就一律不能胜任工作。如果他们不能证明，那么按照"保护弱势群体"原则，我们就有理由认为他们构成了歧视。

二、中国劳动力市场歧视和分割的原因

1. 雇主的偏见和统计性歧视

作为一个公平的雇主，应该采取对雇员一视同仁的态度。但是，在实际生活中确有一些雇主出于个人偏见对女工进行歧视，对具有同等生产效率的女性职工进行歧视。他们或者在招聘时拒绝录用女性职工，或者对于在生产中具有同等效率的男女职工给予不同的报酬，或者将女性职工安排在不重要的岗位上。劳动力市场上出现更多的是雇主倾向于一种统计性歧视，认为雇用女职工会影响企业的经济效益。由于女性职工的心理生理特点，女性职工在竞争同等职业时往往处于

不利地位。一些雇主在劳动力市场供大于求的情况下，采取"性别排队"的办法拒绝招收女工或给予女工较低的报酬。应该说，并不是所有资历相同的男女职工之间存在的收入差都是劳动力市场歧视的结果。但雇主出于雇佣成本方面的考虑，极有可能引入统计性歧视，将所有女性的实际生产率低估，使一些生产率高的女性职工遭受劳动力市场歧视之苦。

2. 传统观念的影响

中国关于两性的传统观念是"男主外，女主内"。女性的理想角色定位是"贤妻良母、贤内助"。近年来，虽然观念有所改变，但传统观念并没有从人们的思想深处根本消失。社会对女性的家庭角色的期待大大高于对其社会角色的期待，妇女是家务劳动的主要承担者，社会对女性的这种家庭角色的强调在一定程度上帮助塑造了性别角色，性别角色方面先入为主的观念削弱了女性的事业成就欲望和地位信心，使得女性对职业和成功的期望值降低，更使得雇主容易产生不公正的雇用观念。

3. 户籍制度与城乡就业壁垒

户籍管理制度是中国一项重要的人口和劳动力管理制度。改革开放以来，虽然户籍制度也进行了多次改革，但目前劳动力市场的现实是，劳动力可以在部门之间或城乡之间流动(虽然流动成本很高)，但由于户籍制度的存在，却不能进入特定的劳动力市场。例如，农村劳动力可以进入城市，也可以进入正式部门当临时工，但难以进入一级劳动力市场，城市企事业单位招收"农民工"，往往只局限于一些"粗、笨、脏、累"的工种。农民工很难按照自己的理想进行职业选择，他们在工资待遇、劳动争议处理及维护自己合法权利方面均无法与他们的城市同行相比，进而深深地伤害了他们的自尊。中国计划经济时期存在于城乡之间的二元劳动力市场，随着经济市场化进程的推进和户籍制度的改革，逐步演变为城市内部的二元劳动力市场。要克服这种由于双重劳动力市场结构而形成的劳动力市场歧视现象，将是一个长期的任务。

三、中国劳动力市场歧视和分割的治理

消除劳动力市场歧视和分割，有赖于文化、法律及制度等方面的综合建设与完善。

(1)建设公平竞争的市场环境。树立公平观念，保障劳动者在劳动力市场中拥有均等机会，即那些具有相同生产率的劳动者在工作机会、工资待遇等方面都得到平等的对待。那么如何保障公平的市场环境呢？从经济学理论来看，由于企业是追求利润最大化的，较高程度的竞争和自由流动有利于企业依据边际生产率标准雇用员工，即通过发挥市场机制的作用来减少劳动力市场的歧视。政府运用法律、行政或经济等手段，打击产品市场或劳动力市场的垄断行为，逐步推进市

场公平竞争机制的建立。

（2）加强法制建设，发挥维持市场公正和保护弱者权益的作用。我国《宪法》第 48 条明确规定："中华人民共和国妇女在政治、经济、文化、社会和家庭生活等方面享有同男子平等的权利。"《劳动法》第 3 条也明文规定：劳动者享有平等就业和选择职业的权利；《劳动法》第 12 条规定：劳动者就业不得因民族、性别不同而受歧视，除国家规定不适合妇女工作的工种或岗位外，不得以性别为由拒绝录用妇女或者提高对妇女的录用标准。但在劳动力市场上，性别歧视、地域歧视、年龄歧视等仍然不同程度地存在，主要原因在于，中国还缺少一部专门针对劳动力市场歧视的《反歧视法》。虽然《宪法》、《劳动法》原则上都有禁止各种歧视性行为的规定，但缺乏具体的实际操作规范。因此，要应对改革开放的新形势，切实保护劳动者的权益，维护劳动力市场的公平和有效运转，加强反歧视立法势在必行。

（3）加强全社会的文化建设，提高公民公平意识。现实中，很多劳动力市场歧视是由于雇主、雇员和顾客等存在个人偏见而形成的经济后果。因此，通过全社会和社区的思想文化建设来逐步消除人们的社会偏见和等级意识，对减少歧视至关重要。

（4）废除传统户籍制度。市场化改革和多种经济成分的发展，劳动力市场中的户籍屏障已大大削弱。然而，要彻底消除劳动力市场的城乡分割，还有赖于户籍制度等的根本性变革。

本章小结

劳动力市场歧视指那些具有相同能力、教育、培训和经历的劳动者（尤其指妇女或黑人等），由于一些非经济的个人特征引起的在就业、职业选择、晋升和工资水平等方面受到的不公正的待遇。劳动力市场歧视表现为工资歧视、就业歧视、职业歧视和人力资本投资歧视四种类型。人们通常将前三种称为后市场歧视，后一种称为前市场歧视。

个人偏见歧视理论、统计性歧视理论、市场垄断歧视理论以及排挤理论等，分别从不同的角度解释了歧视产生的原因。

相对于传统歧视理论注重供给方和劳动者个人等因素的作用，劳动力市场分割理论则更加强调需求方和制度性因素的重要影响。

在我国劳动力市场上，在就业、职业选择、工资水平等方面，对妇女、农民工等群体的劳动者存在着一定程度的歧视。消除劳动力市场歧视和分割，有赖于文化、法律及制度等方面的综合建设与完善。

关键术语

劳动力市场歧视；个人偏见歧视；统计性歧视；劳动力市场分割；工资歧视；就业歧视；职业歧视；人力资本投资歧视；二元结构

> **案例一**

为"歧视"正名①

1. 翻译的苦衷

英文经济学文献中的"discrimination",译成中文时难以处理。"歧视"二字,是文言译法,本来译得精彩。"歧"指岔道,"视"指看待,即白话文的"分别看待"。可惜"歧"字后来引申为专指若干条岔道中错误的那条,"歧视"一词也跟着添上了贬义。到了今天,无论英文的"discrimination",还是中文的"歧视",往往都指"令人厌恶的分别看待"。

但是,经济分析中的"discrimination"是不带感情色彩的,泛指一切"分别看待"的行为,所以,翻译时就遇到了两难选择:译成"分别看待"吗,好处是给读者以"中性"的印象,坏处是读者容易误解,以为"分别看待"和他们心目中的"歧视"是两回事;译成"歧视"吗,好处是直指读者脑海里的"歧视"概念,可望根除他们心目中的误会,坏处是望文生义的读者必定是多数,要让众人改变对"歧视"一词的理解,就跟推广新的度量衡一样,即使假以时日,也未必成功。

我和朋友商量后,把心一横,决定赌一赌,做第二种选择,径直把"discrimination"翻译做"歧视",而期望连同其他不约而同的经济学人,通过将来的文章和书籍,反复阐明"歧视"一词在经济分析中的中性含义,看看这个含义能否深入人心。

2. 竞争与歧视形影不离

"歧视"是大家司空见惯的行为。"歧视"的根源,在于世上的资源是稀缺的。因为僧多粥少,所以就要竞争,而竞争就是要根据某种规则,排出竞争者的先后高下,让胜出的人享用稀缺的资源,而这"根据某个规则排名"的做法,就是歧视。可见,"竞争"和"歧视",是形影不离的亲兄弟,是一枚硬币的两面,是同一种现象的两种说法。

谁都可以买奔驰汽车,但买家必须付钱,这就是"根据财富的歧视";所有未婚香港人,都可以参加"香港小姐"竞选,但参赛者必须是女性,这是"根据性别的歧视";谁都可以上清华北大读书,但你的成绩必须符合要求,这是"根据知识的歧视";谁都可以把自己灌录的唱片摆在货架上,但只有喜欢听的人才会为你掏腰包,这是"根据歌艺的歧视"。

3. 歧视的影响是双向的

歧视者要为他的歧视行为负责。一个小伙子,专挑女歌星的唱片买,这是"性别歧视"了。但这是他的嗜好,他为此付出了双重代价——他不仅为女歌手的唱片付了钱,而且还放弃了所有男歌星的歌曲。他由于在挑选唱片时搞"性别歧视",所以可能丧失了一些他本来能感受的乐趣。

设想这位小伙子长大后,当了某家公司的老板,他招工的标准是清一色的女性,这当然是"性别歧视"。但这也还是他的嗜好,他也要为此付出双重的代价——他不仅要为招到满意的女职员付出比别人更高的薪水,而且还放弃了所有男性职员的服务。由于他在招工时搞"性别歧视",所以他的企业丧失了一部分本来应有的竞争力。

---

① 摘自《21世纪经济报道》,2001-08-13。

我们要指出两点。第一，我们没有办法指责他的嗜好，因为我们不比他更了解他自己。他或许有这样那样的癖好，他喜欢清一色的年轻男人，或女人，或黑人，或白人，这跟他喜欢把办公室装点成清一色的"蓝"，或"白"，或"红"没有什么区别。

第二，他显然要为他的歧视行为付出代价，这是"反歧视人士"常常忽视的。歧视行为的影响不是单向的，而是双向的，不仅被歧视者要受影响，歧视者本身也要受影响。这跟有些人就是不吃肉是一样的，受影响的不仅仅是屠夫，不吃肉的那个人也同样受影响。

正确的歧视可以使自己受益，错误的歧视则会使自己受损，所以人们总是乐于反省自己的歧视标准。无缘无故的歧视，往往维持不下去。反过来说，那些貌似没有道理的歧视，深究下去，你是能找到其中微妙的原因和道理的。

4. 歧视的几个成因

有些工种被指责为"歧视"妇女、儿童和老人。但这种歧视其实是有原因的，因为妇女、儿童和老人提供的服务质量的确有不同，这些不同本来可以由工资的差异予以抵消。但如果工会要求"同工同酬"，那么就逼着老板搞"歧视"了。

另外，"地域歧视"在我们生活中很常见。我们经常听说"上海男人怎样"或"武汉女人怎样"之类的传说，下意识地用先入为主的眼光来看待陌生人，这种歧视是由于我们对陌生人的"信息不足"造成的。不同地域的人交往越多，杂居的程度越高，这种成见就越少。

还有另一种情况，就是人们缺乏消灭歧视的积极性。例如国有企业招工，非招本地户口的人不可，这种"户籍歧视"没有道理，为搞"歧视"的企业带来损失，但深究下去，也能解释这种貌似不合理的现象，那就是国有企业受制于很多人事规定，而且他们对人才的需求也并不迫切。与此对照，外资企业用人，无谓的条条框框就少得多。

歧视现象在世界各个角落都是根深蒂固的，它源自广泛竞争的压力，源自个人偏好的驱动，源自每个人对陌生人群的无知，源自对陈规陋习的惰性。"歧视"这一行为本身是不可能消除的，但"歧视的标准"则可以发生变化。可以预言的是，增进商业交流有助于改善人们"歧视的标准"。

➤ 案例二

毕业生求职遭遇 211、985 招聘过滤网①

"现在学校招聘教师，都会要求应征者有硕士、博士学位，很多招聘单位还要查其本科学校是否重点大学，本科毕业于地方师范院校让我的教师梦变得异常艰辛。"北京师范大学教育学硕士研究生小周无奈地说。

近年来，每逢求职季，都会有一些硕士、博士曝出遭遇小周类似的学历"查三代"怪现象。有网友还总结出一句顺口溜：3 个"985"，求职不受苦！对此，部分"出身不好"的应届毕业生和待毕业生们呼吁，打破这道"招聘过滤网"，抵制"出身决定门槛"的就业歧视。

对智联招聘、51job 等招聘网站的调查发现，国企、事业单位对本科出身显得更为关注。北京师范大学教育学部学生工作处一位教师介绍，很多 211、985 院校所招收的硕士或博士中，出身于 211、985 的并不多，"一般情况下，80%以上国企、事业单位到高校招聘应届毕

---

① 资料来源：http://aiwoba90.banzhu.com/article/aiwoba90-16-4973479.html，2012-04-10。

业生，肯定是选择本科是 211、985 的院校"。

据中国银行总行的一位工作人员透露，该行招聘应届毕业生只限定几所"985"高校，而且对其本科出身也有一定的限制，只接收当年高考是被第一批本科录取的学生，就是俗称的"一本"，而"二本"和"三本"的学生都不予考虑。

"只招收'211''985'学生实属无奈之举。"招聘单位的工作人员解释说，"这些应届学生工作经验几乎都为零，最后我们不得不把更多的信任留给名校。普通高校与名校相比，名师少，讲座少，接触国家级课题的机会和国际交流也少，相比之下，出身名校的学生视野更广阔，学习自主性更强"。她分析说，高校扩招之后，名牌高校研究生也往往供大于求，"面对大量的求职简历时，我们也只能筛选出一部分进入笔试、面试，而作为筛选条件的，也只能从第一学历上进行区分。"

北京师范大学研究生院副院长石中英却认为，一些用人单位仅因为学生本科不是 211、985 的院校就将其拒之门外不公平。"有能力做好工作就行了，你管他本科是哪个学校的？出身与能力不一定成正比。"

复习思考题

1. 什么是劳动力市场歧视？劳动力市场的歧视有哪些类型？

2. 什么是统计性歧视？它为什么会产生？统计性歧视与个人偏见歧视之间的区别与联系是什么？

3. 就平均情况而言，妇女比同年龄的男子所得工资要低。且随着年龄的增长，男女之间的工资报酬差距呈逐步扩大态势。请解释这种现象。

4. 最近，某媒体上的一篇文章引用了一份报告，该报告说，男性高中教师比女性高中教师所获得的工资要高。假如这是事实的话，那么，在你判断这是否能够作为一个工资歧视的证据之前，你需要进行哪些分析？为什么？

5. 简述双元结构理论的基本内容，分析和对比一级劳动力市场与二级劳动力市场各自的主要特征。

6. 联系我国现实情况，谈谈我国劳动力市场存在哪些歧视及应如何治理。

第十章

工会与劳动力市场

有一些人将工会看成是劳动者改善自身经济地位的一种重要手段，而另外一些人则把它看成是一种垄断形式，认为工会虽然对其会员有利，但却将巨大的成本强加于社会其他成员身上。本章在经济理论的框架下讨论工会的目标、主要活动及其对社会经济的整体影响。

■ 第一节　工会与工会化

一、工会的相关概念

1. 工会的产生与演化

从历史的观点看，工会的产生及演化可以简单地概括为工会是工业化的产物。工业化以前的劳动者有自给自足的特征，他们多为自我雇佣，如工匠、艺人、农民，在自己的家里或田地里工作。工业化摧毁了这种自给自足、自我雇佣的制度，使大量工人依赖工厂主获得工作和收入。工业化同时将管理和劳动分开，雇主常常给工人支付微薄的工资，增加工人的劳动时间和劳动强度，提供最低的工作条件，而当产品滞销时又擅自解雇工人。工业化使得工人处于完全被动的地位，他们的工资、工作条件和安全大大超出工人个人所能控制的程度。为了保护工人，提高工人的利益，工人们自发组成了工会，代表工人以集体的力量与雇主谈判。所以，工会可以定义为劳工及受雇者自发组成的，借团体的力量来维持和改善劳动条件及生活状况，保障劳工本身权益的长期性团体。

2. 工会的类型

工会有三种基本类型:一是企业工会,这是按一个企业单位组成的工会。企业内的职工,无论其从事什么工作,都被组织在同一个工会内。二是职业工会,凡从事同一职业的工人都组织在同一职业工会内。同一企业中的工人,会因为他们的不同职业而分别参加不同的职业工会组织,如代表各种建筑工人、印刷工人和码头工人的工会等。三是产业工会,也称行业工会,它是按产业(行业)系统建立起来的,凡在同一产业内的职工,都组织在同一工会内,如代表汽车工人、钢铁工人、纺织工人、铁路工人的工会等。

3. 工会的目标

工会是一种集体组织,其基本目标是改善工会成员货币与非货币的就业条件。具体来说,首先是工会组织自身的存在与发展。其次是工会会员经济生活的改善,争取维持或改善劳动条件,争取工资与福利的增加等等。其主要方法是通过行使争议权来维护会员权利,通过集体谈判以缔结团体协约,参与企业管理与经营,增强谈判力量。最后是工作保障。其具体包括改善安全措施,工会会员有优先受雇权,培训与教育计划的落实,限制雇主不得因员工参与集体谈判而被解雇,限制雇主不得因工人技术过时而被解雇,缩短工时,促进健康保障及退休计划,等等。

二、影响工会化水平的因素

工会化水平的高低与经济、社会、法律等多种因素相联系,通常包括行业、职业、性别、种族、年龄以及地域等因素。

1. 法律环境

劳工立法是鼓励还是限制工会发展是影响工会化水平的重要因素。20 世纪 30 年代,美国工会的迅速发展,法律环境变化(那里斯—拉迪亚法案和瓦格纳法案)引起的对工会的社会态度变化是个重要因素,这个变化使工会的供给曲线向右移动。在需求曲线不变的情况下,这种变化将增加工会化水平。但在其他一些地区,由于工作权利法的颁布,工会化被禁止。同时,政府陆续颁布的失业补偿、工伤补偿、职业卫生与安全条例、最低工资法等,使工会的服务被这些公共部门所替代,造成工人很少需要工会为其代表。例如在美国,第二次世界大战结束后,失业增加,对工会的需求减少,同时塔夫特—哈特莱法案使工会在已通过工作权利法的州增加会员人数更加困难,工会的供给也因此减少。这两个变化都使得工会会员的比例下降。

2. 就业的性别结构

相比于男性,妇女劳动力是不倾向于加入工会的。随着妇女劳动力比例的增加，工会会员比例下降；不过，性别结构变化导致工会倾向的差异也有可能与男性和女性所从事的行业或职业本身的工会化差异有关。例如，多数妇女就业于零售业、快餐业和办公室，而这些行业工会化程度本来就低。此外，一般而言，个人可以获取的工会会员利益与其在企业的任职期正相关。相对于男性，妇女就业很不规则且时间较短，时而进入市场就业，时而又退出市场就业，因此她们对参加工会的预期收益并不高。所以，妇女就业份额的增加将使工会会员的总需求降低。

3. 就业的产业结构

在原先产业结构中，制造业、采掘业、建筑业、运输业和公共事业中的工会会员比其他行业的比重大得多。随着技术的进步和产业结构的升级，上述产业中的就业比重大大下降。与此同时，批发和零售商业、金融业、保险业、不动产和服务业的就业比重显著上升，而这些产业部门的工会化程度较低。因此，产业结构变化使工会化程度低的产业部门就业比重上升，导致工会会员比例总体降低。

4. 雇主抵制强度

在一些市场经济国家，雇主能够而且经常运用合法和非法的手段在反对工会化的活动中扮演积极角色。合法的手段包括雇主会向雇员详细说明为什么投票反对工会对工人有利；雇主还雇请顾问为他们出谋划策，以阻止工会赢得选举；如果工会赢得选举，雇主则威胁取消预定的工资增长，歧视参与工会组织的雇员等。非法的手段如认定和解雇亲工会人员（尽管法律是不允许的）等。雇主的抵制行为往往是出于经济角度的考虑，因为工会的迅速成长，将导致雇主预期成本增加。

5. 种族和年龄因素

黑人参加工会的比重比白人大。这一方面来自于行业的分布情况，多数黑人从事蓝领工作；另一方面，工会化对黑人来说获得的利益比白人多。同时，年龄也是一个很重要的因素。年轻工人比老年工人少参加工会。这主要与年轻工人所从事的工作种类有关，特别是近年来传统蓝领阶层聚集的物质生产部门发展缓慢，因而这些行业较少吸收年轻人。

三、工会化与工会力量的国际比较

不同国家发展的历史、文化以及法律环境等都存在明显的不同，由此决定了各国工会的发展也存在显著的差异性。表 10-1 描述的是工会会员在总就业人数中所占比例的国际比较数据。

表 10-1　不同国家的工会会员情况(1987~1989 年)

国家	工会会员人数占各类人口的比例/%		
	非农业就业人口	全日制工人	全日制体力工人
瑞典	96	—	—
奥地利	61	52	57
澳大利亚	56	70	69
爱尔兰	51	48	49
英国	50	47	53
意大利	45	33	37
德国	43	34	39
加拿大	36	—	—
荷兰	35	42	47
瑞士	33	37	37
法国	28	—	
日本	28	—	
美国	17	19	27

资料来源：伊兰伯格 R G，史密斯 R S. 现代劳动经济学：理论与公共政策．第六版．潘功胜，刘昕译．北京：中国人民大学出版社，1999：451

　　需要说明的是，工会会员比例和工会力量之间并不必然具有直接的相关性。例如，在瑞典，几乎每一个工人都是某一工会的会员，但是有些工会的谈判力量却比另外一些工会要弱。又如在德国，工会工人和非工会工人在工人委员会中同样拥有自己的代表，而工人委员会可以决定工厂一级的所有人事问题，但是在其他国家，这些人事问题则需要由地方性集体谈判协议来决定。在澳大利亚的工资决定制度中，政府裁决扮演着重要的角色，而集体谈判的用途则是对政府所做出的工资决定中的一些附属问题进行谈判。美国的集体谈判是分散型的，并且大多数工人都不是工会会员。

　　尽管各个国家的法律环境和社会经济背景有所不同，关于某个国家工会组织的研究结果必须放在特定的制度环境中去理解，但关于工会问题的研究方法在不同的国家之间是可以相互借鉴的。

■第二节　工会目标和实现目标的约束条件

　　有人曾经问美国劳工联合会的创立者萨缪尔·高姆帕斯(Samuel Gompers)：工会到底希望得到什么？他的回答是"更多的东西"。几乎任何一位研究过工会行为的人都很难相信工会的目标如此简单。

　　希望得到"更多东西"的愿望常常与工会提高其成员劳动报酬水平的目标联系

在一起。最为重要的劳动报酬因素是工资率，不过在美国，集体谈判的内容常常还包括养老金、健康保险和休假等一些雇员福利项目。然而，工会希望获得"更多东西"的愿望往往是在一定的约束条件之下发生的。雇主坐在谈判席的另外一端，与他们达成的集体协议必须使得雇主既能够与雇员和平共处，同时又能够在产品市场上获得必要的成功，赚取正常利润。提高工人的劳动报酬会刺激雇主用资本替代劳动，从而降低对劳动的需求；同时，劳动成本的提高还将迫使企业提高产品售价，从而削弱企业在产品市场上的竞争力，产品需求减少，进一步导致劳动力需求减少。简而言之，工会最终必须面临一条向下倾斜的劳动力需求曲线的约束，即提高工资率或福利待遇，必然意味着劳动力需求量的减少。这样，无论这条需求曲线的位置还是其弹性大小，都会对工会达到其目标的能力构成一种约束。

暂时撇开雇员福利和工作条件等非货币因素，来考察图 10-1。D_{e_0} 和 D_{i_0} 分别表示两个不同部门的劳动力需求曲线，交点是初始工资 W_0 和就业水平 E_0。假定一个部门的工会试图将其会员工资率提高到 W_1，要想达到这一目的，工会会员的就业量就必然下降。如果工会遇到的是弹性相对充足的需求曲线 D_{e_0}，就业水平会下降到 E_{e_1}；如果遇到的是弹性相对缺乏的需求曲线 D_{i_0}，则就业水平降低到 E_{i_1}。由此得出，在其他条件相同的情况下，劳动力需求曲线越富有弹性，要实现既定的工资增长，需要减少的就业量越大，工会面临的约束也越大。

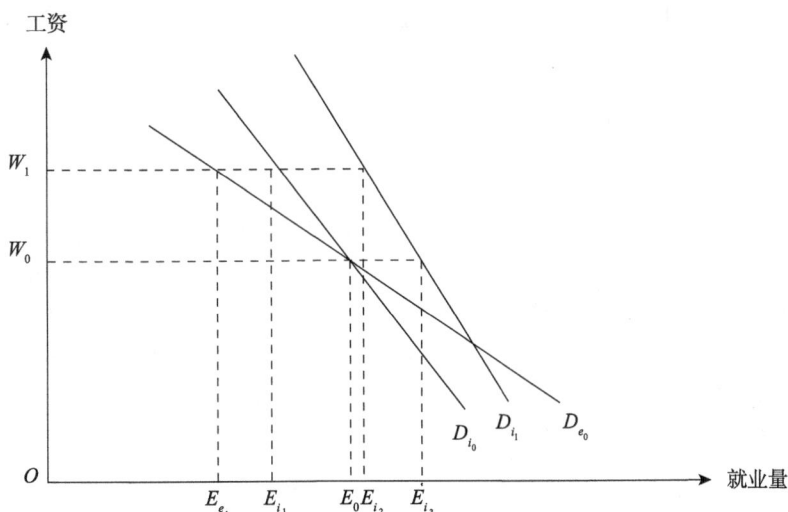

图 10-1 需求增长和需求工资弹性对工会所面临的市场约束的影响

假定在谈判进行的过程中，需求曲线从 D_{i_0} 向右移动到 D_{i_1}，这种移动可能是因为对最终产品的需求上升所导致的。如果工会成功地将其会员的工资提高到了 W_1，那么在这种情况下，工会会员就业的绝对量就不会减少。只是工会使得就业量没有能够扩大到 E_{i_3}，而只是扩大到 E_{i_2} 而已。因此，在一般情况下，如果其他条件相同，那么劳动力需求曲线向右(左)平移的速度越快，则与任何既定的工资水平提高程度相联系的就业量或就业增长率降低程度就越小(越大)。因此，在那些劳动力需求曲线缺乏弹性的快速增长产业中，工会提高会员工资的能力最强；相反，在那些劳动力需求的工资弹性极高且劳动力需求曲线向左移动的产业，工会提高会员工资的能力却是十分薄弱的。

第三节　集体谈判

在建立了工会组织的经济部门中，具体的工资是由企业和代表工人利益的工会通过集体谈判决定的。集体谈判虽然存在于不同的社会，而且有许多不同的形式，但它所要求具备的一些条件，主要是在工业化的市场经济国家才更充分些。

一、集体谈判的概念

集体谈判是劳资关系的一种规范，起源于英国，随着工业革命的发展传至欧洲大陆和北美洲。20 世纪中后期，新兴工业化国家也相继采用。

集体谈判系雇主或雇主团体与工会之间为达成关于规定劳动条件的协议所进行的协商。协商的一方为雇主或雇主团体，另一方为工会。雇主团体和工会均具有独立性，不受对方的控制；协商双方各自具有团体性，有各自的整体利益和整体政策。

二、集体谈判的内容

集体谈判涉及的范围广泛，不仅仅局限于工资率。这些问题通常包括：第一，合同及其管理。管理的权利和义务、工会的安全和地位、合同的约束力、调停和仲裁。第二，工资决定。基本工资率和工资结构、激励机制、加班费的支付、轮班费差别、生活费的调整。第三，公司运行。工作规则、纪律程序、生产率及标准、安全和健康。第四，工作保障、晋升和解雇。资历保护、雇用和解雇程序、培训和再培训、解雇费、晋升程序、加班的安排。第五，福利(小额优惠)。养老金计划、健康保险计划、病假、公休和假期、利润分享、股票购买计划。

三、集体谈判的过程与谈判力

工会与雇主(或企业管理部门)是相互依存的，必须相互合作，否则就不能达成一致，并可能引发罢工造成双方巨大损失。集体谈判涉及所谓的"共生关系"，即合作和竞争同时存在。在谈判过程中，工会与雇主都必须立足于建立长期的关系，因为当年形成的谈判协议对未来年份将产生重要影响。例如，前一次谈判中工会明确表示，雇主若不加倍提供养老金计划，就将组织罢工。如果雇主没有接受工会提出的要求，而工会又没有举行罢工的话，工会这种威慑的可信度在下一次的谈判中将大打折扣。

谈判的难度与过程可用谈判力这一概念加以描述。谈判力是指能使对方同意己方所提条件的能力。工会的谈判力可定义为，使资方（代表雇主或雇主集团的管理部门）同意工会所提条款和要求的能力。资方是否同意工会条款取决于同意或不同意的代价。用公式表示为

工会谈判力＝资方预期不同意的代价/资方预期同意的代价

如果资方预期不同意的代价超过同意的代价，资方会选择同意工会所提要求，从而达成协议，反之则不能达成协议。这里同意或不同意的代价包括很多方面，若仅考虑工资率，则资方不同意的代价为因拒绝工会提出的工资要求而可能带来的罢工所造成的利润损失，其大小取决于：一是罢工发生的可能性，二是罢工持续的时间。而同意的代价则是因接受工会提出的较高工资要求而产生的利润减少。延续上面的思路，资方谈判力可以表示为

资方谈判力＝工会预期不同意的代价/工会预期同意的代价

从上述谈判力概念中我们可以看出，谈判能否顺利进行以及谈判的最终结果如何主要取决于以下六个方面因素：一是达成协议的意愿。达成协议的必要条件是双方必须有达成协议的愿望，否则谈判根本就无从展开。二是双方相对的谈判能力。工会条件越高，资方抵制力就越大，则工会谈判力就越弱，反之则相反。谈判的结果始终有利于谈判力相对较强的那一方。三是"非必要"的罢工。前面所说的必要条件不是充分条件，若某一方对对方的能力判断失误就会造成工作停顿，因而给双方都造成损失。四是达成协议的过程。若起初双方都不同意对方要求，将会发生两种可能：一是可能向达成协议的方向进展。集体谈判有截止期，通常是"不达成协议不工作"。随着截止期的临近，双方不同意的代价将会上升，截止期将成为集体谈判中的一种压力。二是可能修改条件，做出让步，但这将会带来副作用，即"削弱"以后的谈判力。五是谈判策略。一般有两种策略，即一种是增强策略，通过宣传或故意夸大对方不同意的代价以迫使对方同意。第二种是劝导策略，通过劝诱使对方感到同意的代价较低。六是经济环境。总体的经济环境对集体谈判的影响很大，经济环境总是以繁荣与衰退为周期而变化。一般来说，工会的谈判力是顺周期性的，而资方的谈判力则是反周期性的，即经济繁荣时工会的谈判力强，经济衰退时资方的谈判力强。

瑞典作为福利国家楷模，劳动力市场一直保持"失业低、收入差距不大、性别差异较小"的特点，行之有效的集体谈判制度是重要原因之一。从 19 世纪开始，瑞典的工会运动一直很强大、很团结。强大的、自治的工人组织和雇主组织

有着广泛的共识和合作意愿,劳资双方和政府之间的关系也是如此,因此集体谈判制度的覆盖面非常广。20世纪50年代初期,为了维持高就业,尤其是以生产性行业就业为主的就业体系,瑞典政府推出了针对劳资双方的工资调整政策,引导双方通过集中协调的工资谈判制度、工资准则以及基于公平、平等和效率的连带主义工资方案,来保障国民充分就业、缩减收入分配差距、促进劳资关系和谐和社会稳定发展。从20世纪的50~80年代初,瑞典整体宏观经济增长良好,既有效地抑制了通胀,又确保了高就业、低失业的劳动力市场运转。20世纪70年代中期开始,受两次石油危机和国际经济形势恶化的影响,瑞典经济陷入停滞困境,制造业,尤其是从事造船业和纺织业的大批工厂倒闭,导致劳资关系紧张,严重地影响了劳动力市场。为实现充分就业,在集体谈判的制度框架下,瑞典实施了工资紧缩政策,避免发生严重的用工成本危机。20世纪90年代初,受国际金融市场压力,瑞典的通胀一直高位运行,经济危机正在迫近。为应对危机,瑞典政府实施一系列改革,如采取严格管制、遏制通胀的宏观经济政策,建立有利于供方的活跃劳动力市场,对税收和养老金制度进行结构调整,给经济和就业带来了复兴。劳动关系的调整,尤其是基于集体谈判基础的劳资合作趋势在这一复兴过程中发挥了重要作用。

瑞典集体谈判制度经久不衰的原因主要有三个:第一,深刻的历史渊源和现实土壤。一方面,瑞典一直有强大的工会组织,工会覆盖率极高,这就保证了工会在集体谈判制度中的作用和影响。另一方面,瑞典福利国家模式是建立在很强的政治承诺基础上,其宗旨不仅仅是实现充分就业和物价稳定,还包括践行均等主义理想。第二,健全的配套制度。瑞典的社会保障制度一直践行均等化原则,坚持以促进就业来促进保障。针对低收入和没有收入的人群,瑞典还推出了最低养老金方案。1991年实行的综合税收改革,既降低了整体税负水平,又间接地缩小了工资差异水平。第三,成功的经济政策和经济转轨中的劳动力转移政策。第二次世界大战后,瑞典始终坚持"低通胀、高就业、稳定增长、均等化工资"的经济政策,尤其是将"低通胀和高就业"作为重中之重。这一经济政策,有力地支持了集体谈判制度的施行。

四、罢工

从工会方面看,工资和就业是工会同雇主之间集体谈判的结果。那么,工会为什么能够迫使雇主做出让步而提高工资或者是雇用并非是生产所必需的工会成员呢? 工会的这种能力大部分来自于罢工的威胁——这是一个工会的全部或部分成员所采取的一致行动。

罢工一般可以采用怠工、部分工人罢工的形式。罢工或怠工的目标在于,如果雇主不接受工会所提出的要求就通过增加成本而使雇主面临减少产量、利润和顾客的困境。与怠工不同的是，罢工对工会来说也要支付成本，因为工会成员在罢工期间无法获得雇主的工资，此时工会不得不用工会基金来支付工人罢工期间的收入。

罢工的效应视当时的社会经济状况不同而不同。经济高涨时期，接近充分就业，参加罢工的工人找工作容易，而资方此时劳动力替补资源短缺；同时，由于市场需求旺盛，企业的生产能力往往处于满负荷运转，库存趋少。如果此时发生罢工，资方的利润损失惨重；在经济衰退时期，情况恰好相反，对资方有利。由于库存积压，即使罢工，给资方造成的损失也不会太大。而此时，由于失业工人多，工人寻找工作困难，因而工会处于不利地位。

罢工因时期和行业的不同也有很大差异，如煤炭工业，罢工比较普遍，且持续时间较长。煤炭部门的罢工大多是由于出了工伤或疾病造成的工人权利损害、而谈判又未能达成协议而引起的；公共事业部门罢工也比较多，但时间较短，一般为两周左右或更短。这些部门如交通、水电等，与社会生活联系密切，对企业的经济损失也大，劳资双方容易在一定的处理方式下达成最后的协议。

罢工无论对企业还是对工人、对社会都是一种损失。所以，在谈判无效的情况下，解决的办法是进行调解，调解人一般是政府或其他机构。调解方式通常有两种：一是和稀泥式，即把劳资双方的主张折衷，各打五十大板。二是最后决定方式，即不考虑双方的具体情况和要求（自然是调解无效时），最后决定结果。例如，使用仲裁或诉诸劳动法庭，运用劳动法规调整争议，调整劳动关系。仲裁的主体是由行政部门、工会代表和有关经济综合管理部门所组成的执法联合体。劳动仲裁机构只有仲裁权，没有惩罚权。它涉及的范围只是对集体争议案根据劳动法规来判断争议当事人行为的正确与错误、合法与违法、适当与不适当，从而分明是非，解决矛盾。除了国家、地方所制定的劳动法规外，厂规厂纪也是调解劳动关系的一个依据。如果仲裁裁决后，当事人仍不服，可进行劳动争议起诉。劳动争议起诉是指劳动争议经裁决机关裁决，一方或双方不服，可在法定期限内（如收到裁决书 15 日内）依法向法院提起诉讼，请法院重新进行审理。如对初级法院判决不服，再经中级法院判决，最后的判决双方都要无条件地服从。

第四节　工会的经济影响

一、工会对工资水平的影响

（一）工会增加工资水平的途径

在现代经济学中，工会被看成是劳动力供给的垄断者（卖方垄断），这主要由于工会被认为能够控制部分劳动力供给，控制工资率。工会通常通过三条途径来获得超过均衡工资的工资水平:一是增加劳动力需求,二是限制劳动力供给,三是集体议价。

1. 增加劳动力需求

在一定程度上,工会可以增加劳动力需求,这既可提高市场工资水平又可增加劳动的雇用量。如图 10-2,劳动力的需求曲线从 D_0 增加到 D_1 将引起工资水平从 W_0 提高到 W_1,就业量从 Q_0 增加到 Q_1。劳动力供给弹性越大,相对于就业量增加的工资水平上升越小。

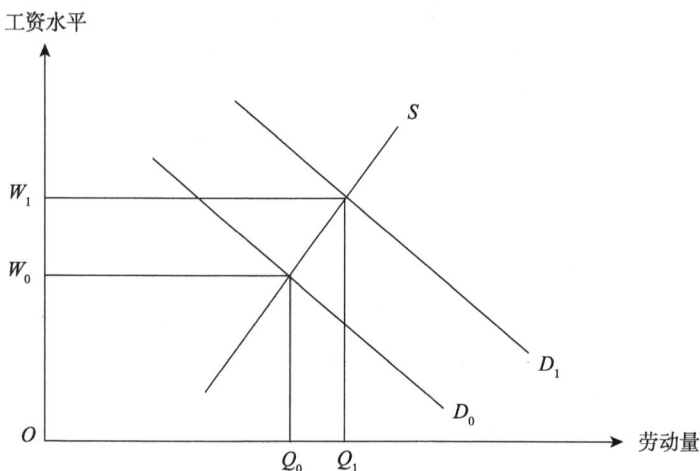

图 10-2　工会影响劳动力需求

工会又是如何增加劳动力需求的呢?通常,工会是通过改变劳动力需求的某个或几个决定因素来达到增加劳动力需求的目的。

一是增加产品需求。虽然工会对所涉及的产品需求没有直接的控制力,但它可以通过产品广告和政治游说施加影响。首先,工会可以为其所参与生产的产品做广告。典型例子是,美国国际女子服装工会与雇主联合为其产品大做广告。工会还通过各种方式劝导消费者认准"工会标签"。这种广告旨在增加对工会参与生产的物品和劳务的需求,从而增加厂商对工会化劳动的需求。工会通过政治游说以增加工会产品和劳务的需求则是更有效的办法。例如,西方工会经常积极支持那些能使政府增加购买工会产品的立法。为了争取新的公路工程、城市大型整体项目、洪水控制和水利工程,建筑工会到处游说并不奇怪。而工会敦促政府以立法的形式增加对教育的投资亦在常理之中。其次,工会还可以通过支持对工会产品具有很强替代关系的产品价格提升的立法,从而增加对工会产品的需求。例如,美国联合汽车工会与美国联合汽车公司共同提议,以提高关税及配额的办法抵制进口汽车。这些贸易壁垒提高了该公司替代品的价格,从而使美国国产汽车的需求量增加,并由此增加了对联合汽车工会劳动的需求。最后,某些工会还认识到，通过成功地游说以立法的方式，降低与工会产品或劳务互补的产品或劳务的价格，也可以提高工会自身劳动的需求。

二是提高劳动生产率。某一特定职业的劳动力需求强度部分取决于边际生产率(MP)，而决定工人劳动生产率的大部分因素受厂商控制。然而工会也有两条途径可以影响工人的劳动生产率，即参与生产率有关的劳动管理委员会(有时称为"质量圈")，和参与由工人直接参加的厂商的决策过程——"联合决定"(有时也称"工人民主")。这两种方式的目的是实现厂商内部的沟通，并通过强调工作组合和利润激励来提高劳动生产率。在许多情况下工会也会抵制参加"质量圈"和"联合决定"，因为这样会影响集体谈判过程并削弱工会的权力。然而，在某种程度上，这两种方法可提高劳动的边际产品产量，增加劳动力需求，从而提高工会在工资谈判中的地位。

三是影响相关投入的价格。当劳动与其他资源为总替代时，工会可以通过提高资源的相对价格来增加劳动力的需求。虽然工会对其他资源的价格没有直接的控制力，然而工会通过各种活动影响这种价格的情形却不乏其例。首先，工会(一般是拥有较高工资的熟练工人)通过支持提高最低工资来提高非熟练、非工会会员劳动的相对价格，以削弱其对工会成员的替代性。举个简单的例子，假定有两个非熟练工人1小时能生产与1个熟练工人同样的产量，即1个单位产品。而每小时支付的非熟练工人工资为2元，熟练工人为5元。很显然，厂商会雇用非熟练工人，因为单位产出的工资成本为4元。现在假定，工会成功地游说使每小时的最低工资提高到3元，若熟练和非熟练工人在生产中是总替代时，非熟练工人工资的提高会增加对熟练(工会)工人的需求。工会还可以通过支持政府降低生产中与劳动要素互补资源的价格，增加对工会劳动的需求。例如，有些工会经常要求制止电力和天然气涨价，尤其是当工会参与了要大量使用这些能源的行业。因为当劳动和能源投入在生产过程中是总互补时，资源价格的提高通过巨大的产出效应(即较高生产成本)导致对劳动力需求的减少。

四是增加雇主的数量。工会可以争取政府项目，鼓励在当地建立更多企业以增加对工会劳动力的需求。例如，工会可以通过支持发行工业债券、建立工业园区和财产税收豁免等来吸引国内外制造商。

2. 限制劳动力供给

参照图10-3，如果工会能将劳动力的供给曲线左移，就能获得较高的工资水平。图10-3中描述的是一个动态的劳动力市场，其中劳动力的需求和供给都增加。假定劳动力需求的增加来自产品需求增加和生产率提高，而供给的增加则是由于人口增长引起的。在没有工会参与的情况下，需求和供给的增加 $D_0 \rightarrow D_1$ 和 $S_0 \rightarrow S_1$，将使工资水平和就业水平分别提高 $W_0 \rightarrow W_1$ 和 $Q_0 \rightarrow Q_1$(a 点到 c 点)。

现在引入工会因素，并假定工会采取措施保持劳动力供给不变，结果如何

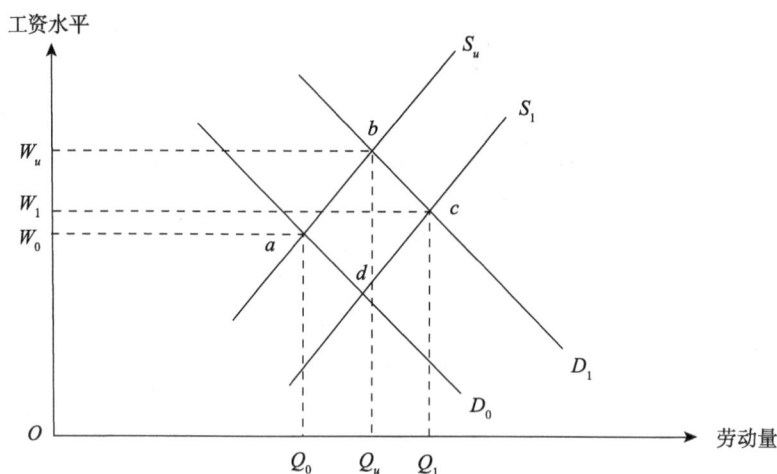

图 10-3　工会限制劳动力供给

呢？市场工资水平将上升到 W_u 而不是 W_1；劳动雇用量为 Q_u 而不是 Q_1。很显然，这是由于工会限制了劳动力供给的增长并提高了工资水平。图 10-3 还表明，在这种情况下，该措施减缓了就业的增长率 $[(Q_u-Q_0)/Q_0$ 相对于 $(Q_1-Q_0)/Q_0]$。劳动力需求弹性越大，供给限制对就业的负影响就越大。最后，工会的措施还引起了效率损失（三角面积 dbc）。如果雇用了 Q_uQ_1 的工人，他们将比最佳选择的就业量（S_1 曲线的 dc 段）贡献更多的社会产出价值（D_1 曲线的 bc 段）。

那么工会又是如何达到限制劳动力供给的目的的呢？减少合格劳动力供给者的数量是很重要的一个方面，也是工会最能够影响的；另外，影响非工资收入对工会目标的实现也具有十分重要的意义。

工会减少某一特定劳动力市场合格劳动力供给的方法之一就是限制全国该类劳动者的"存量"。这在一定程度上说明了工会为什么会强烈拥护"限制移民、限制童工、强制退休以及缩短工作时间"等措施的原因。工会还通过限制进入某种职业来限制某一特定劳动力供给。例如，由某种技术工人所组成的手工艺工会——管道工、木工、泥瓦匠和某种专业团体，又如美国医学会声称已经控制培训和采用特别长的学徒期，并由此控制了该部门的劳动力供给。这种工会思想有时被称做"排他工会主义"，即排斥潜在的工人进入某行业。方法之二是影响非工资收入，通过立法给失业工人、残疾工人和老年公民提供收入来实现。除了增加一般性的失业补偿外，增加对在职职工的补贴、社会保障费用等非工资收入都将导致劳动参与率减少。

3. 集体议价

除了限制某职业的劳动力供给，一些工会成功地吸收了大量的工会会员，以致在行业或职业中工会会员占了很大比重。这样，行业工会就控制了劳动力的供给。在集体谈判期间，工会可以用劳动的持有量来威胁，除非雇主增加工资，否则将罢工。在美国这方面的例子有很多。图 10-4 描述了工会控制劳动力供给的影响。假设雇主在某劳动市场的行为相互独立，并且不存在工会，则竞争性均衡工资水平和劳动量是 W_c 和 Q_c。现在假设工会成立并成功地获得了高于均衡工资水平的 W_u。这实际上使劳动力的供给曲线在 $W_u d$ 区域内完全有弹性。在这一区域内，雇用任何数量的劳动，雇主都必须支付 W_u 工资水平，否则工会将罢工，抽回所有劳动量。然而，如果雇主需要超过 d 的工人数，譬如说在工会合同的有效期内，劳动力需求扩大，他们将支付超过工会规定的工资，以此来吸引更多的劳动力供给。

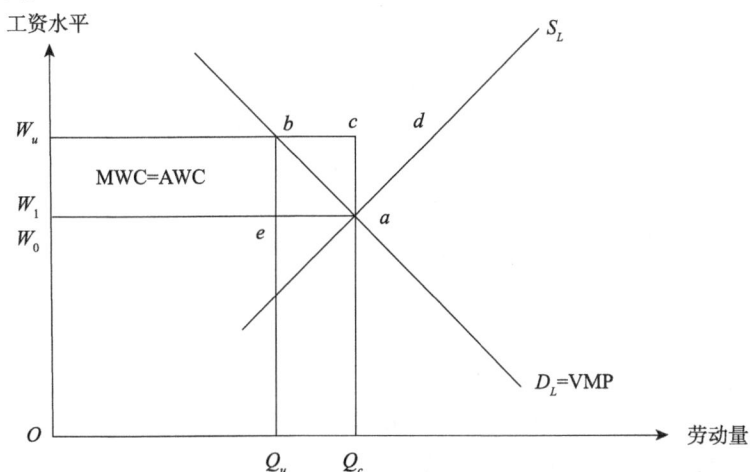

图 10-4　工会通过集体谈判提高工资

（二）成员的工资优势

上述分析表明，工会可以为其会员赢得一种工资优势。事实上，美国劳工部统计资料也显示：与非工会工人相比，工会会员的周收入平均数要高。但对于工会是否确实能够提高工资，或者工会化程度是否一定与工资水平正相关，答案其实并不肯定，因为影响工资的因素实在是太多了。

设想一个在完全竞争行业中有工会组织的厂商，在其他条件相同时，如果该厂商的竞争对手都是非工会化组织，那么支付高于其竞争对手的工资将导致该厂商无法生存。尽管工会可以对厂商施加罢工压力，但此时工会将处于"没有工资优势"和"没有厂商"的两难境地。这种竞争模型说明了：第一，为何工会不希望单个或几个厂商工会化，而希望全行业的工会化。第二，工会在产品市场不完全竞争的情况下将更有作为。

事实上，除了工会化可能带来较高工资外，还有其他许多原因在起作用，如年龄、种族、性别、教育水平、行业和职业以及工会身份等。例如，女工在弱工会化行业所占的比例一般较大。由于种种原因,女性工人所得的工资往往低于男性工人。因此,在工会化程度不同的行业中,其工资差别至少部分是由于劳动力性别结构所引起的;同时,相对于工会化程度较弱的行业,高度工会化行业通常工厂规模较大,且资本密集性更强,同时对工人技能的要求也高,所以即使没有工会存在,也能获得较高的工资。在上述分析的基础上,我们再来分析工会成员的工资优势。

1. 纯工会工资优势

除了以上所述的复杂性以外,还有一个如何度量工会工资优势的问题。在这里,我们首先介绍纯工会工资优势的概念。

所谓纯工会工资优势,是指存在工会时工会会员的工资水平超过不存在工会时工人工资水平的程度。可用如下公式来表示:

$$A = (W_u - W_0) / W_0 \times 100\%$$

其中,A 为纯工会工资优势;W_u 为存在工会时工会会员的工资水平,称为工会工资;W_0 为不存在工会时工人工资水平,称为无工会工资。例如,工会工资是每小时 6 元,而成立工会前的无工会工资是每小时 5 元,则纯工会工资优势 A 为 $20\%[(6-5)/5 \times 100\% = 20\%]$。

2. 工会的相对工资优势

实际上,纯工会工资优势只是个理想模型,因为,首先必须知道在没有工会时的工资水平 W_0,然后再比较工会形成后的工资水平 W_u,再利用公式计算出所谓纯工会工资优势。然而,在现实世界,我们无法同时得到工会工资和无工会工资。我们所能做的只是将某一特定类型的工会化(或者工会化程度较强的)市场工资与还没有工会化(或工会化程度较弱)的市场工资进行比较,由此引出了工会的相对工资优势概念。

假设有两组工资率资料,这两组工人除了一组是工会会员,另一组不是以外,其他各方面条件都相同。用 W_u 表示工会会员工资,用 W_n 表示非工会会员工资。如果二者的差别完全是由于工会的存在,那么,工会为会员取得的相对工资优势(R)可以以百分比形式表示为

$$R = (W_u - W_n) / W_n \times 100\%$$

例如,工会工资是每小时 6 元,而非工会工资是每小时 5 元,则工会的相对工资优势为 20%,即 $(6-5)/5 \times 100\% = 20\%$。

因为工会化在引起工会成员工资变化的同时,还会影响没有工会化劳动市场的工资水平,即 W_n 与 W_0 之间事实上是存在偏差的,而正是由于这种偏差又会引起相对工会工资优势对纯工会工资优势的偏差。工会化对非工会工人工资的影响形式可能多种多样,从理论上说,我们不能确定工会工资的增加是否会引起非工会工资的上升或下降。此外,具有优势的工会工资也许会导致生产率较高的工

人进入工会企业。

图 10-5 提出了劳动力市场的简单两部门模型。图 10-5(a)、(b)分别代表劳动力市场上的两大部门，图 10-5(a)是工会部门，图 10-5(b)是非工会部门，两大部门雇用的工人是相似的。假设两个部门最初都是非工会部门，并且劳动者在两者之间流动的费用很低，工人将在两个部门之间移动，直到二者的工资相等为止。由于需求曲线是 D_u 和 D_n，工人将在两部门之间移动，直到供给曲线分别是 S_{u_0} 和 S_{n_0}，共同的均衡工资将是 W_0，而两个部门中的就业量分别是 E_{u_0} 和 E_{n_0}。

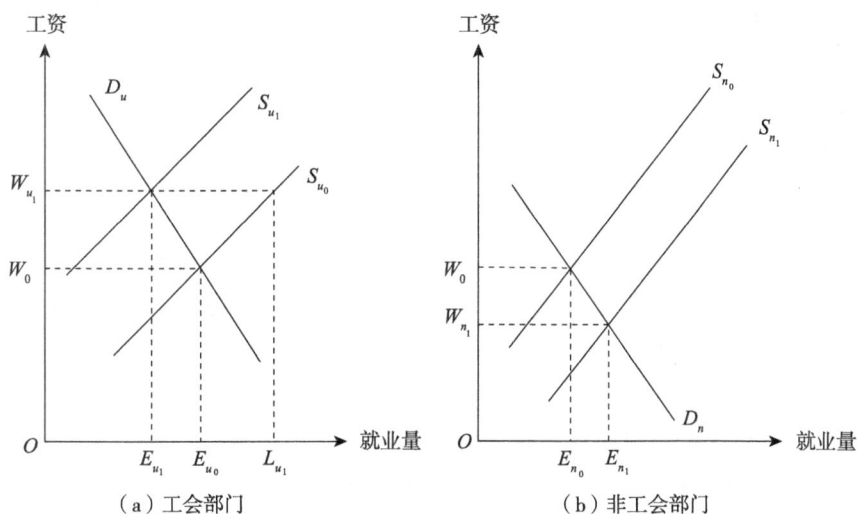

图 10-5　工会对工资和就业的溢出影响

一旦其中的某一部门成为工会化部门，它的工资率就会上升到 W_{u_1}。下面结合模型探讨一下工会工资变动的各种不同效应可能对非工会工资产生的影响。

第一，溢出效应。溢出效应是指由于被排挤的工会工人服务于非工会劳动市场而导致非工会工资水平的下降。也就是说，工会化部门的较高工资伴随着失业，而这些被排挤的工人被"挤出"而进入非工会部门就业，从而导致非工会部门工资下降。

如果工会成功地将工会部门的工资提高到 W_{u_1}，那么这种工资提高将会导致雇用量下降到 E_{u_1} 个工人，结果，这一部门中将有 $L_{u_1} - E_{u_1}$ 个工人失业。如果所有这些失业工人都溢出到非工会部门中，则两大部门的劳动力供给曲线就将会分别移动到 S_{u_1} 和 S_{n_1}。工会部门的失业将会消失；然而在非工会部门中，在原来的市场出清工资率，即 W_0 上，现在将会出现超额劳动力供给。结果，非工会部门中的工资率将会受到一种向下的压力，直到该部门的劳动力市场达到一个更低的工资率 W_{n_1} 和一个更高的雇佣水平 E_{n_1} 上时为止。在这一模型背景下，工会将一部分就业者转移到低工资的非工会部门中，降低了最初在非工会部门中就业的

那些工人的工资率。结果，可观察的工会相对工资优势(R_1)就可以被计算为

$$R_1 = (W_{u_1} - W_{n_1})/W_{n_1} \times 100\%$$

显然，工会的相对工资优势比它对工会会员的实际工资所产生的绝对影响要大。工会对会员实际工资的这种绝对影响(A)如果用百分比来表示的话，可以定义为

$$A = (W_{u_1} - W_0)/W_0 \times 100\%$$

由于 W_{n_1} 低于 W_0，所以 R_1 大于 A。

第二，威胁效应。工会与非工会工资差异的拉大将提高非工会厂商的工人参加工会的积极性。非工会雇员可能希望也能有一个工会来代表他们。而非工会部门的雇主由于害怕工会会提高劳动力成本并且对资方的特权施加某些限制，可能会通过向雇员提供比市场水平要高的工资率来"收买"他们。若威胁效应也将导致非工会工资的增加，则按公式计算出的工会工资优势将低估纯工会工资优势。由于对于作为工会会员的雇员来说也是要付出一定代价的(正如前面所说的)，因此使雇主最有把握确保自己雇员中的大多数人不会在工会选举中投赞成票的工资率可能是某种低于 W_{u_1} 但是高于 W_0 的工资水平。这种威胁效应的含义，即由于存在工会进入的威胁，从而导致非工会部门的工资率上升。我们同样假定工会部门工资率的上升以及因之而产生的雇用量下降导致了非工会部门工人的劳动力供给曲线向 S_{n_1} 移动(图 10-6)。然而在工会进入的威胁之下，非工会部门的雇主主动将其雇员的工资率提高到介于 W_0 和 W_{u_1} 之间的 W_0^*。这种工资率的上升导致就业量下降到 E_n^*，并导致超额劳动力供给 $L_n^* - E_n^*$ 的出现，即失业产生了。最后，由于非工会部门的工资率现在比原来更高了，所以可观察到的工会相对工资优势就变成：$R_2 = (W_{u_1} - W_n^*)/W_n^*$

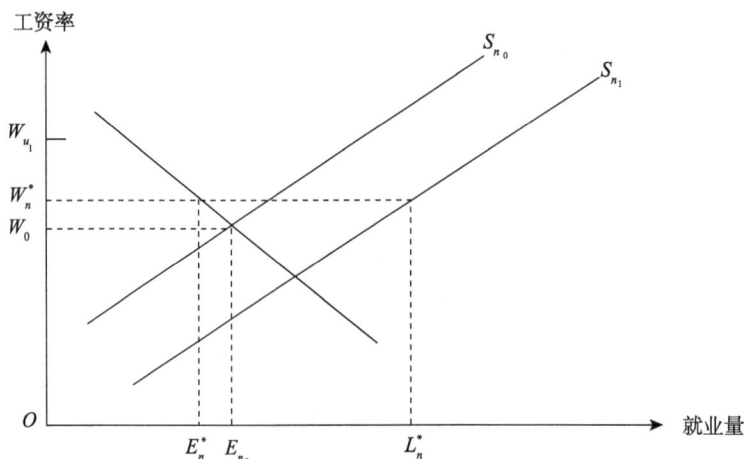

图 10-6　工会对非工会部门的工资率和就业量的威胁效应

显然，这种工会相对工资优势比工会对其会员的实际工资所产生的绝对影响要小。

除了溢出效应和威胁效应，工会工资对非工会工资还有许多其他影响。一种是产品—市场效应，指的是由于消费需求从相对价格较高的工会产品转向相对价格较低的非工会产品，带来非工会工资的增加。该效应的作用原理是，工会工资增加对其生产成本和价格产生影响，导致需求转向非工会部门。而对非工会部门产品需求的增加又将转变为对非工会劳动力需求的增加，这可能引起其工资的上涨。另一种是高级工人效应。工会厂商支付较高的工资将引起工人为争取这些"好"的工作而排队。因为有许多求职者，工会化厂商将认真筛选以获得能力最强、动机最强烈、最少监管以及具有生产率最高特征的工人。这意味着高工资的工会厂商可能雇用比非工会厂商更好的工人。某种程度上，这使得以上所计算的工会工资优势可能被高估。此外，部分工会工资优势也许是"补偿工资差异"造成的，即用于补偿工会工人工作条件较差的工资差异造成的。

第三，等待性失业。有人可能会问，在工会部门中失去了工作的工人是不是必然离开工会部门而去非工会部门中寻找工作呢？即使是在工会部门的雇用水平固定的情况下，由于退休、死亡以及自愿流动等原因也会导致一些职位空缺的出现。那些没有能够在工会部门找到工作的工人中，会有一部分人感到在工会部门找工作更有吸引力一些。如果这些工人拒绝接受低工资的非工会部门工作，而是努力去寻找工资更高的工会部门工作，这就形成了一种等待性失业的现象（他们等待在工会部门中出现职位空缺）。事实上，在理论上甚至有这种可能，即当工会部门的预期工资率（工会部门工资率乘以在工会部门找到工作的可能性）较高时，一部分最初在非工会部门就业的工人也可能会辞去他们的工作，以便能有机会在工会部门中就业。

因此，工会部门中等待性失业的出现将会削弱对非工会部门工人的溢出效应，从而减缓非工会部门工人工资所受到的向下的压力。此外，如果有足够多的非工会部门工人决定到工会部门中去寻找工作，则非工会部门中的劳动力供给曲线甚至有可能会向左移动。在这种情况下，一个部门的工会化可能会引起另外一个非工会部门工资率的上升，其作用就像威胁效应一样。

第四，劳动力需求曲线的移动。在有些情况下，工会会采取行动将工会化企业所面临的产品需求曲线向右移动，使得市场对其会员的劳动力需求相应增加，劳动力需求曲线向右移动。如果工会通过自己的努力成功地提高了工会化部门的产品需求曲线，而这种结果是建立在非工会部门的损失基础之上的，那么工会部门的劳动力需求曲线右移（与之相联系的是非工会部门的劳动力需求曲线左移）就会再次导致非工会部门的工资率降低到它们自己原来的水平之下。

前面的讨论揭示出：由于工会的存在可能会对工会部门和非工会部门的工资

率同时发生影响，因此我们不可能看到在工会不存在情况下的工资率水平。因此，要对工会对其成员的实际工资率所产生的绝对优势(A)进行衡量就是不可能的。所以必须注意，不要将我们所能够看到的工会的相对工资优势与它们的绝对工资优势混淆在一起。

（三）工会对附加福利的影响

除了考察工会对工资收入的影响之外，我们还要知道工会对工资外收入，尤其是对所谓的"附加福利"的影响。附加福利包括政府的公共项目如社会保险、失业补助、职工补助以及各种各样的私人的非法定项目，包括私人养老保险、医疗保险、带薪休假、病假等。工会会员是否比非工会工人享有更多的附加福利，因而经济优势更强呢？如果工会会员的较高工资是以牺牲附加福利为代价的，或者非工会工人获得更多附加福利，那么，前面所述就高估了工会工人的经济优势。

据有关资料，美国等西方国家的附加福利在近20年增加很快，见表10-2。

表 10-2　1929～1986 年美国附加福利的增长

年份	附加福利/十亿美元	附加福利占工资性收入的百分比/%
1929	0.6	1.2
1939	2.1	4.4
1949	6.6	4.7
1959	20.6	7.4
1969	57.2	10.0
1979	220.7	15.1
1984	377.7	17.0
1986	424.5	17.0

资料来源：根据《1987 年美国总统经济报告》提供资料整理而得

从表 10-2 可以看出，美国工人的附加福利占工资性收入总额从 1929 年的 1.2% 扩大到 1986 的 17%，后 20 年增长尤其迅速，且绝对数增长更快。其为什么会增长这么快呢？大致有以下原因：第一，税收方面。毫无疑问，某种附加福利无论是对雇主还是对工人都有税收方面的优势。例如，对养老金工人可以不纳税，直到真正收到这笔钱。对于雇主来说，替工人支付的社会保险税等，是以实际支付给工人的收入来计算的，不是以工人应得的全部收入计算的。因而，增加附加福利可以减少赋税。第二，规模经济。通常以集体购买附加福利形式可获得价格优惠，由此得到可观的规模经济效应。尤其是以集体购买的管理费和代理费要比单个个体购买低得多。第三，其他因素。为了保持训练有素的工人不流失，减少招聘和培训费用，雇主通常给予员工较高的附加福利。另外，增加健康保险支出可增强体质，提高生产率并减少病假。

那么，在这种附加福利不断增长的情况下，工会的附加福利是否比非工会的高呢？从美国的情况看，的确如此。法律上规定的企业必须支付的附加福利部分在工会企业与非工会企业之间只存在微小的区别，附加福利的主要差别存在于企业自愿支付的部分。在对工人的素质和其他因素进行调整后，研究表明，工会化企业的附加福利比非工会化的企业高出 25%～30%。因此可以说，工会与非工会相比不仅具有工资优势，而且具有相当的附加福利优势。

工会会员之所以能比非工会工人获得更多的附加福利，第一个原因可能与其较高工资的原因相同。工会集体谈判的力量不仅能够诱使雇主支付更高的工资和更高的福利，而且还能够支付更高的附加福利。由于工资和附加福利具有正相关的关系，因此研究工会与非工会的工资差别，如果忽略附加福利的增长就会低估工会成员所获得的劳动补偿。研究已经表明，当工会对工资的影响较小时，它对附加福利特别是退休金却能产生相当大的影响。第二，集体谈判一般更偏重老年人对附加福利的选择和偏好。因为通常年长的工人在工会组织内部更加活跃，对工会的目标决策影响也更大，而这些老年工人对养老金和有关保险项目更感兴趣。第三，作为代表集体呼声的机构，工会可以提出附加福利的要求，直接与厂商交涉。第四，工会根据较高的会员工资，可以要求比非工会工人获得更多的附加福利。第五，工会通常会降低工人的辞职率，延长受雇期，这又增加了获得养老金和人身保险的机会。第六，根据集体谈判法规定，附加福利是法定项目，因而更能引起人们的注意。

二、工会对经济绩效及生产率的影响

工会对生产率的影响是工会非工资效应的一个重要方面。生产率是衡量每小时的劳动投入所能生产的产量。生产率的提高，直接影响工资与就业。从劳动力市场来看，生产率提高后，必然导致劳动力市场价格的变化和就业数量、劳动力素质的变化。所以，工会对生产率的问题十分关注。工会效应对生产率的提高有时支持，有时抵制，所以对生产率的效应有正也有负。

（一）工会对经济绩效的负面影响

首先，工会对生产率最有害的影响主要来自于限制性用工规则。在企业中，管理部门提高生产率的努力对于工人而言，意味着可能要付出两种代价：第一种代价是新的技术或已改进的生产方法可能导致一些人被解雇；第二种代价是每个人都要承担更大的工作强度。限制性用工规则主要有以下几种类型：第一种类型的限制性用工规则是为了降低工人因生产率提高而付出的代价，工会往往对各种用工规则都要举行谈判,建立一系列关于企业用工规模方面的制度。例如,装卸一条船需要多少码头工人,甚至具体到一个航空公司在机场上必须用三个人引导飞机离开装运跑道等。但同样是引导飞机离开装运跑道,非工会化的航空公司或许仅雇用两名工人就行了。第二种类型的限制性用工规则是阻止高新技术的引进。美国报业工会试图阻止电子排版和打字设备的采用,就是一个很好的例证。第三种类型的限制用工规则是要求雇主仅雇用具有特殊技能或担负特定任务的工人,这种规则在建筑业中非常普遍,如一个电工在安装墙上的插座时,必须先由木工在墙上挖一个孔。

限制性用工在短期内确实能起到保护工会成员就业的作用,为工会成员谋取福利尽了一份责任,但却使企业的雇工规模被人为地扩大了。同时,限制性用工也提高了企业的生产成本。相对于低成本的非工会企业而言,工会化组织的企业将因此在竞争中处于不利的地位。所以,从长期来看,这种用工规则将使工会成员的工作职位和就业机会趋于减少,企业也会由于竞争乏力而最终被挤出竞争行列。

其次,罢工对经济效率将产生负面影响。如果工会在集体谈判过程中(以影响谈判结果)或在合同履行期内(抗议合同执行的方式)号召罢工,将直接导致工作日的损失,由此造成厂商失去利润、工人失去收入。

(二)工会对经济绩效的正面影响

有些经济学家将工会看做是内部劳动力市场中运行的"集体之声"机构。也就是说,由于工会能够直接向管理部门传递工人对各种问题的看法和建议,并有助于根据内部劳动力市场的要求确立工作规定和资历规定,导致生产率提高。

首先,工会的震动效应。工会谈判要求增加工资,能震动无效率的或效率低的企业,迫使他们设法改进技术、资金、设备管理,提高劳动力素质,以提高生产率,从而摆脱提高工资成本后的困境。其次,集体呼吁机制。工会代表直接与经理交流意见,传达工人的不满或呼声,有助于降低工会会员工人的离职率,提高生产率。因为,较高的离职或辞职将使企业付出很高的代价,它必须雇用和培训新人,而新工人在一定时期内生产率比原工人低。再次,工会提供了一种工人参与管理的机制,使工人可以接受既有利于劳工,又有利于管理部门的工作制度和技术改革。最后,资历和非正式培训。由于工会在诸如提升和解雇等方面坚持优先考虑资历,工人的职业安全感得到了提高。有了这种安全感,工人更愿意把自己的知识和技术,通过非正式在职培训传授给新工人和下属工人。显然,这会提高劳动质量和生产率。

三、工会对厂商盈利率的影响

从管理的角度来看,工会对工资、附加福利和生产率的影响处于次要的地位，真正的问题是工会化对厂商的盈利能力有什么影响；工会会员的工资优势是不是以牺牲厂商利润为代价；工会化厂商是否能够将它们的高工资成本通过价格转嫁给消费者。实际上，所有的经验研究都把工会化与盈利能力下降相联系。美国经济学家弗里曼和米道夫认为，工会化大幅度(17%～37%)降低了利润。

从纯经济的角度来看，雇主似乎有充分的理由抵制企业工会化。如果企业试图通过提价弥补部分利润损失，消费者就有充分理由反对工会，这也是极有可能的。然而迄今为止，工会主义的最大受害者是雇主而不是消费者。在高度竞争的产品市场上，工会对利润下降的影响是很弱的，但在寡头垄断的垄断市场上，工会对利润下降的影响则是比较明显的。可以想象两个极端的情形：一是如果工会化厂商是高度集中或"垄断的"，工会的影响只不过是将无保证的"超额"或"垄断"利润从资本家的口袋里转移到工人的手里，对整个经济绩效没有副作用。二是如果工会厂商是高度竞争的，其利润大致在"正常"水平，较高的工会工资成本可能会产生副作用，尤其是较高的工资成本意味着低于正常利润时，长期来说，厂商会离开该产业。这种更少的产出意味着更高的产品价格和更低就业，投资下降意味着总体降低经济增长率。

总之，大多数人认为工会会降低厂商利润，但对于是否影响整体经济绩效的认识不同。

四、工会对收入分配的影响

工会对收入分配的影响存在着争议。一些经济学家认为，工会会扩大收入的不均等，但更多人持相反的观点。

（一）扩大收入的不均等

这种看法是以溢出效应为基础的。因为工会工资优势的溢出效应，使得一些原先工作于工会部门的工人在非工会部门寻找工作，导致非工会部门的工资水平下降和工人之间收入差距扩大。当工会要求支付高于均衡水平的工资时，从长期来看，厂商将以更高质量要求雇用工人，使得劳动力需求结构从低质量转向高质量，从而产生更大工资差异。这可以通过表 10-3 来说明。

表 10-3　工资水平与劳动质量、生产率之间的关系

劳动类型	每小时产出	工资水平/元	单位产出的工资成本/元
A	5	6.00	1.2
B	4	4.00	1.00
C	2	2.50	1.25

注：单位产出的工资成本＝工资水平/每小时产出

假设以 A、B 和 C 分别表示不同质量等级的劳动(如高中毕业生、初中毕业生和小学毕业生),在非工会厂商就业,小时生产率和工资水平以及单位产出工资成本如表 10-3 所示。在这种情况下,厂商会选择 B 级劳动,因其单位产出的工资成本最小。现在假定该厂商工会化,其 B 级工资水平由原先的 4 元提高到 6 元。结果将会怎样呢?从短期来看,每单位产出的成本上升为 1.5 元,B 级工人的收入提高了。从长期来看,考虑这些工人的综合因素后,厂商会以 A 级工人来替换 B 级工人。也就是说,当工会迫使厂商支付 6 元工资水平时,厂商会在该工资水平上寻求最佳的工人,要求新雇员都必须拥有高中文凭。在工资水平为 5 元时,所有 B 级工人被 A 级工人替代,其单位产出的工资成本将从 1.5 元下降到 1.2 元,因为 A 级工人具有更高生产率。若这一现象普遍化,则 A 级工人需求就会增加,B 级工人需求下降,由此导致收入差距扩大。

(二)促进收入均等

除了上述情况,工会的某些工资策略会使收入分布更加均等。导致收入趋于平均的方式主要有:首先,在相同企业内实行统一工资。在没有工会时,厂商对从事相同工作的工人可能支付不同的工资,这种工资差异往往建立在对工作表现、工作年限长短甚至偏好的基础上。工会向来对从事某种特定工作的工人要求统一的工资水平,而非工会厂商倾向于按不同的工人给予不同的工资。若工会在这方面成功的话,由于厂商对不同工人表现的判断所产生的工资或收入差异就会消除。并且,由于工会的存在,对黑人、少数民族和妇女的工资歧视也将受到限制。此外,产业工会常常奉行对所有会员实行绝对工资等额增长的工资政策,这就意味着低技术工人的工资增长幅度较大,因此缩小了技术工人与非技术工人之间的工资差异。工会对不同技术的工人采取绝对工资等额增长的工资政策主要是出于两方面的考虑,一是反映了工会平均主义思想,二是出于工会领导对各种会员的普遍关注和政治因素。

其次,不同厂商间工资的统一。工会除了在企业内部要求相同职业统一工资外,还要求厂商间统一工资。这种要求的合理性是不言而喻的,因为不同竞争厂商间工资差异的扩大将削弱工会保持和提高工资优势的能力。

最后,降低白领与蓝领工人之间的工资差异。考察工会工资优势时,我们可以看出,工会可以为蓝领工人赢得比白领工人更多的工资收益。一般地说,白领工人的收入水平高于蓝领工人,为蓝领工人赢得更多收益意味着白领工人与蓝领工人之间的收入不平等缩小。

然而,工会究竟对收入分配起了什么作用呢?绝大多数人认为,工会缩小了工资差异。弗里曼和米道夫通过经验分析得出下面的结论:溢出效应使收入不均等扩大 1%,而厂商内部和厂商之间的工资水平的标准化使不均等下降了 4%,

所以，工会最终使得收入不均等降低了 3%。

除了上述几个方面，工会还有其他经济影响，如工会的工资决策对通货膨胀的影响、对就业水平的影响、对劳动收入占国民收入比重的影响等。

■ 第五节　中国的工会组织

一、中国劳动关系的演变

和谐的劳动关系不仅能提高劳动经济效率，而且也有利于经济的发展和社会的稳定，相反，对抗的劳动关系则会对社会经济产生负面影响。

在计划经济时期，中国的劳动关系不是一种雇佣关系，而是实质上的一种纵向的行政化的劳动行政关系，劳动者是通过企业行政直接和政府发生联系。

改革开放以来，在"效率优先，兼顾公平"原则的主导下，政府政策比较倚重于资本的权利和利益，而对劳动者的基本权利和利益重视不够，出现了资本所有者或代理人不断压低劳动者工资或其他损害劳动者利益的情况。随着改革的深化，社会矛盾与利益冲突也越来越激化，最普遍的利益冲突则是劳资利益冲突。据《中国劳动统计年鉴》的统计数据显示，1994～2008 年，我国发生的劳动争议案件从 19 098 件上升到 693 465 件，增长了 35.31 倍，涉及的劳动者当事人也由77 794 人上升到 1 214 328 人。

劳资利益冲突不仅存在于私营和外资企业中，也存在于国有企业和股份制企业中。特别是在以"资本利益"为导向的产权变革中，经营管理者作为资本的代理人，其法定权力增强，在利益格局中占主导地位，而劳动者在企业中的民主权力逐渐减弱，在劳动者利益得不到合理渠道表达的情况下，不可避免地引发经营者和劳动者之间在利益上的分化和冲突；在股份制企业中，由于产权主体的多元化、复杂化，其劳资利益关系也呈现出多元交错状况。《公司法》对公司的股东会、董事会、经理层、监事会的性质、作用、职能，有完整的、具体的规定，而对职工代表大会、工会的规定却过于原则性，没有实际性的规定。同时，工会的独立性和主体性不强，很难维护劳动者的利益、集体谈判中难以发挥实质性作用。企业管理成为资本所有者权力的集中体现，劳动者则逐渐失去话语权。

由此可见，随着劳资矛盾和劳资冲突发生的频率和激烈程度不断加剧，劳资利益矛盾已经凸显为当前中国社会经济生活中的敏感话题和焦点问题，失衡的劳资利益关系正发生着某种基础性的催化作用，极大地影响了和谐社会的构建。

二、中国工会的性质与发展

一般认为，工会是资本主义市场经济中劳动关系矛盾的产物。在我国计划经济时期，工会并没有进入劳动关系之中，更没有成为劳动关系中劳动者的代表。也就是说，工会并不是由于劳动关系的矛盾而存在的，它存在的意义主要表现为它是党联系职工群众的纽带和桥梁，是人民民主专政的基础和柱石；工会是以党的群众工作系统的身份出现的。从某种角度说，中国工会从一开始就不是社会经济发展的产物，而是政治统治的工具。

20世纪80年代后，计划经济体制出现松动，并在90年代出现了根本性的转变，劳动关系因此出现了新的变化，原有的高度集权的行政——计划控制的劳动关系随着市场经济的发展发生了根本性的分化：首先，劳动关系运行市场化。在传统的计划经济体制下，劳动关系有显著的行政化特征，劳动者没有独立支配个人劳动的权力，企业没有独立用工权，劳动力供求双方无法自由选择。随着市场经济发展，劳动力市场逐步发展完善。目前，劳动者的就业选择与企业的用人选择，工资标准、劳动力流动等问题都主要通过市场机制来调节。其次，劳动关系类型多元化。随着我国经济体制的转轨，公有经济的一统天下开始转变为多种经济成分并存。由于所有制类型的不同以及经营管理方式、分配方式以及用工方式的不同，劳动关系由原来的行政控制"一元"特点变为了性质特点各异的多种类型。最后，劳动关系调整的契约化。随着劳动关系的市场化与类型的多元化，劳动关系的管理越来越从人事控制管理模式向劳动合同的管理模式转变。随着市场化的深入，劳动者和用人单位缔结劳动关系主要采取劳动合同、集体合同形式，而解除劳动关系也以解除劳动合同的方式来完成。

据中华全国总工会2010年上半年的统计，全国基层工会组织已累计达到18.5万个；全国工会会员总数达到22 600万人，占全中国务工人员总数的71.5%。然而频频发生的劳资纠纷与维权抗争事件，代表工人利益的工会却总是一再缺位，无法承担起维护工人权利的职能，导致集体谈判流于形式。在新的市场经济条件下，劳动关系已经发生了显著变化，劳动关系的矛盾也变得尖锐起来，原先不能代表职工团体利益的工会继续存在的价值面临挑战，我们不得不重新思考工会的定位。

三、中国工会发展面临的困境

（一）工会行政化带来的问题

中国传统历来是"强政府、弱社会"，几千年的管理文化也是以"官本位""行政本位"为基石的。由于政府职能的扩张，本来是社会团体的工会，基于同党和政府天然的亲密联系，便成了附属于政府的准行政组织、"半官方"组织，更多地体现党和政府的利益。现实中的工会通常是企业领导的得力助手，当职工和企业发生利益冲突时，工会和企业代表往往会结成同一战线，而职工却找不到自己的代表。随着经济体制改革深入，我国社会阶层日趋分化、利益也愈加多元化，目前我国工会的定位正面临严峻挑战。

（二）经费制约

经济基础决定上层建筑。经济上的制约必然影响工会职能的发挥，我国工会在经费上存在严重的行政依赖。

计划经济时期，由于实行的是高积累、低工资、低消费的政策，职工收入低，当时按本人收入 1% 缴纳的会费数额十分有限，工会活动难以开展。目前，我国工会经费的来源包括：工会会员缴纳的会费，工会所属企业、事业单位上缴的收入，人民政府的补助项目等。对于用人单位须向工会拨缴工会经费，1992年的《工会法》规定：建立工会的全民所有制和集体所有制的企业事业单位、机关按每月全部职工工资的 2% 向工会拨缴经费；而外商投资企业则"依照国家有关规定"拨缴经费。2001 年修改后的工会法恢复了 1950 年工会法的规定，所有用人单位一律按工资总额的 2% 拨缴工会经费。

纵观世界各国情况，工会经费来源或由工会法、劳动法做出规定，或由工会章程做出规定。经费来源除会员缴纳的会费以外，还包括工会举办的企业事业收入、捐款等。一些国家和地区对工会经费的来源和使用还规定了监督制度。例如，《日本国工会法》规定，除了实际上用于福利、救济目的等的捐助，雇主不得"对工会活动经费的开支在财务上给予援助"。《法国劳动法典》规定，雇主从受雇者工资中代扣代缴工会会费是不合法的；收集工会会费只能在工作时间以外、工作场所以外的某个地方。

中国工会法中关于用人单位必须缴纳工会经费的规定，在世界上是独一无二的。实行市场经济及加入世贸组织后，我国经济的混合色彩已十分明显，法律规定用人单位拨缴工会经费的做法不符合国际惯例和国际劳工公约的规定，并导致工会在经济上依赖、受制于用人单位而不能独立开展工作。

（三）文化传统的制约

社会团体是作为政府和个人之外的第三种力量存在的，是公民社会中的第三部门。社会团体的发展要求有自治性，工会同样如此。

中国传统文化的主流是儒家思想，强调伦理本位观念，缺乏自治意识。而几千年封建文化的非民主传统是唯官、唯上而不唯民的。即便是中国古代社会的社团，也大多是以血缘和宗族为纽带。加上中国传统二元社会的发展，使人民的自治性、公共观念比较弱。因此，尽管其是社团组织，但是中国的工会却是缺乏自治意识和民主精神，唯国家行政要求为宗旨的情况也就难免出现。

四、中国工会改革的路径选择

在市场经济条件下，不同的社会利益群体正在形成，劳动者需要自己的组织来专门代表、争取和维护自己的权益。只有强化工会作为社会团体的独立性，突出维护职工权益的基本职责，才是工会改革的正确路径。

（一）强化工会的维权职能

工会是劳动关系矛盾的产物，是雇主和雇员发生利益冲突时维护雇员利益的组织。工会作为职工群众自愿结合的组织，代表和维护职工的利益，是其根本宗旨。全国总工会或其他层级的工会，如果要成为真正意义上的职工利益代表，就必须以劳动者的利益为归宿，为谋求劳动者的工作及生活福祉去努力。只有突出工会维护职工权益这一中心，才能调动职工组建工会的积极性，工会才有坚实的生存基础。

集体谈判应是工会维护职工权益的最主要手段。过去，中国工会代表的是政府、企业、职工三方面的利益，没有集体谈判的职能。在市场经济体制条件下，在劳动者与企业实质地位不平等的情况下，需要工会作为集体谈判代表，以订立集体合同的方式来补充个人雇用合同的不足，维护劳动者的权益。根据新《工会法》第18条规定，国有企业工会参加集体谈判的资格在原则上已经确定。至于非国有企业，工会组织的发育还严重不足，这就需要着手帮助这些企业的工人建立工会组织，也可以通过选举工人代表的方式产生工会。

在集体谈判中，国家一般所做的是，从保持社会稳定出发，为工会行使集体谈判权提供法律保护，为集体协议的实施提供法律依据，为劳动争议提供仲裁或司法程序，并成立专门机构(如劳资关系理事会)，负责协议的实施。在我国实行集体谈判，同样需要强有力的国家监督。国家对集体谈判负有的责任概括起来是：法规制定者，公共利益保护者，争议裁判者。

（二）工会社会化

经济全球化及非公有制经济的发展，使劳动力市场传统的大集中、大生产相对减少，工作地点更为分散，工作性质的个性化日趋明显。同时，终身雇用的取消、外来人口的增加、非正规就业形式的出现等因素使工会组织活动越来越困难。劳动力流动性的加强也使工会组织日益松散。因此，如果依然保持"企业工会"或"单位工会"的思维定势，必然滞后于经济和社会发展。这就要求组建工会必须增加社会化的因素。

一些地区已经开始探索"社区工会"的组建模式，并发展了"志愿参与、专兼结合"的社区工会干部。另外，企业间联合建会也是工会社会化的方向。对此，

2001 年修正的《工会法》对此也做了规定，肯定了企业间联合建会的做法。《工会法》第 10 条规定，"企业、事业单位、机关有会员二十五人以上的，应当建立基层工会委员会；不足二十五人的，可以单独建立基层工会委员会，也可以由两个以上单位的会员联合建立基层工会委员会"。

（三）维护劳动结社权

随着城市化的推进，外来务工人员的规模迅速扩大。据全国总工会资料显示，2003 年全国各地的进城务工人员有 9 400 万人，并以平均每年 500 万人的速度递增。由于与用人单位存在事实劳动关系，外来务工者组织和参加工会的权利是不应该被忽视的。我国《工会法》规定，"在中国境内的企业、事业单位、机关中以工资收入为主要来源的体力劳动者和脑力劳动者，不分民族、种族、性别、职业、宗教信仰、教育程度，都有依法参加和组织工会的权利。任何组织和个人不得阻挠和限制"。

外来务工人员是新兴的以工资收入为主要生活来源的劳动者，已经和正在成为我国职工队伍中新的成员和重要组成部分。但目前仍有不少企业将发展工会会员的范围局限在合同制职工，剥夺了相当一部分劳务工，特别是外来务工者的结社权，导致其劳动权益包括工会结社权无法得到应有保障。保证进城务工人员的结社权是工会工作的新领域。

（四）改革工会设立制度

我国《工会法》第 13 条规定："基层工会、地方各级总工会、全国或地方产业工会组织的建立，必须报上一级工会批准。"也就是说，工会法规定了工会的设立实行事先审批制，而非完全的自由设立。这一规定与基本的国际劳工标准中提出的自由结社权是有差距的。

近年来，虽然非公有制经济发展迅速，但这些部门的工会组织率却一直很低。这一方面与雇主的阻挠和抵制有关，同时也与过于复杂的工会组建程序不无关系。改革工会设立制度的基本原则是：改革现行工会组织制度，简化设立程序，降低设立成本。只要符合法律规定的条件，工人自发地组织工会不需要上级工会批准，只需向有关的社会团体管理机构登记备案即可。

（五）工会行业化

工会方式应当转变的另一面，是加强行业化行动。工会组织形式过于单一化，不利于对职工权益的维护。随着市场经济的发展，地方经济的行业特点越来越突出，组建行业工会一方面有利于规模小的外资、私营或高新技术产业企业的员工加入工会组织，同时也有利于工会对行业自律行为的介入。一些需要行业协商来确定的标准不是被放任为企业行为，就是成为行政行为，其中主要原因还是工会缺失行业化力量。当前，随着非公有制企业的发展使有些地区的行业工会应运而生，如物业管理工会联合会等，但是由于所有制以及行政管理单位的不同，这些行业工会还名不符实，没有统揽该地区该行业的所有企业，有待进一步完善。

（六）完善经费收缴

工会经费的收缴是工会工作的一个难点。由于会员对缴纳会费还相当淡漠，长期以来拖欠、少缴和不缴工会经费的企业有增无减，导致工会经费不足。全国总工会曾提出以财政代扣的方式收缴，也有建议税务代征的。要确保在坚实的物质基础上跨越新的台阶，工会就要探索经费来源的新思路。

当然要解决好缴费难的问题，首先要求工会很好地担负起维护职工合法权益的重任，同时还要确保会费的管理和使用规范、合理，兼顾社会效益和经济效益。

本章小结

工会是工业化的产物，是劳工及受雇者自发组成的，借助团体的力量来维持和改善劳动条件及生活状况，保障劳工本身权益的长期性团体。工会化水平的高低与经济、社会、法律等多种因素相联系，与行业、职业、性别、种族、年龄和地域有关。

工会的目标往往是提高其成员的劳动报酬水平，但劳动力需求曲线的位置和弹性大小，都会对工会达到其目标的能力构成一种约束。

集体谈判是实现工会目标的主要途径。谈判的难度与过程可用谈判力这一概念加以描述。谈判力是指能使对方同意己方所提条件的能力。从工会方面看，工资和就业是工会同雇主之间集体谈判的结果。工会能够迫使雇主做出让步的能力大部分来自于罢工的威胁。

工会通常通过三条途径来获得超过均衡工资的工资水平，即增加劳动力需求、限制劳动力供给、集体议价。工会对生产率的效应有正也有负。大多数人认为工会会降低厂商利润，但对于是否影响整体经济绩效的认识不同。工会对收入分配的影响也存在着争议，一些经济学家认为，工会会扩大收入的不均等，但更多人持相反的观点。

我国工会是从计划经济模式中走来的，随着经济体制改革深入，我国社会阶层日趋分化，利益也愈加多元化，目前我国工会的定位正面临严峻挑战。

关键术语

工会；集体谈判；谈判力；罢工；工资优势

➤ 案例一

中国工会与沃尔玛的博弈[①]

2006年7月29日，沃尔玛晋江店工会在福建泉州宣告成立，这是位列世界五百强企业之

---

① 资料来源：过哲峰. 中国工会与沃尔玛的博弈. 东方网，2006-08-12。

首的沃尔玛在中国成立的首家工会。一位全国总工会领导人称："这是一种历史性的突破，必将载入中国工运史册。"随即，在短短不到 10 天的时间里，南京和深圳又有 4 家沃尔玛分店相继成立了工会。

这是中国工会与沃尔玛的一场博弈。沃尔玛的已故创始人沃尔顿认为，"工会是一股分裂的力量，会使公司丧失竞争力"。至今，沃尔玛没有改变其拒建工会的初衷。它于 1996 年进入中国，已在 30 个城市开办了 60 家分店，员工达 3 万人，但在此前没有一家成立工会的，成为一些在华著名跨国公司拒建工会的"一面旗帜"。沃尔玛晋江店工会的组建，可谓"十年破茧"，可谓中国工会的"一次标志性胜利"。但是我认为，中国工会与沃尔玛的这场博弈，很可能会继续下去，并仍将十分艰难。

其一，加入工会的沃尔玛员工会不会被辞退？他们的权益会不会受到侵犯？沃尔玛员工不无担心，如果加入工会，"今后的升职、休假、福利都会受到影响"。沃尔玛南京店甚至公开贴出告示：如有人加入工会，将在合同期满后不再续约。据悉，美国"国家劳动力关系委员会"就曾指出，沃尔玛从事反工会活动，施压与解雇有接近工会嫌疑的员工是它常用的手段。

其二，组建工会的沃尔玛门店会不会被关闭？2005 年，加拿大一家沃尔玛分店的工人组建了工会，该店随即遭关闭，理由冠冕堂皇：因为该店没有盈利。在欧洲，沃尔玛多家分店关闭的争议也有工人组建工会的迹象可循。

其三，沃尔玛会不会真正执行《工会法》？迫于压力，沃尔玛（中国）曾公开声明："如果员工要求成立工会，沃尔玛会尊重他们的意见，并履行工会法所规定的责任和义务。"我国《工会法》规定，建立工会组织的企业必须依法缴纳全部职工工资总额的 2% 作为工会经费，并为工会办公和活动提供设施和场所。沃尔玛会不会践行诺言，执法守法？据悉，沃尔玛一直在提取员工工资总额的 2% 作为"员工关系基金"。然而，"员工关系基金"并不等同于"工会经费"。我们担心，如果缴纳了"工会经费"，会不会取消"员工关系基金"，让沃尔玛员工的既得利益受损？

全国总工会表示，我们的目标是要将工会组织覆盖到沃尔玛的各个门店；目前，沃尔玛高层也表态，它与全总的目标是一致的，并致函全国总工会，要求在无媒体参与下进行谈判。"青山遮不住，毕竟东流去。"我们坚信，这场博弈的前景一定是光明的。

➤ 案例二

富士康 30 万员工通过集体谈判获加薪①

世界五百强之一的富士康公司 30 万深圳一线员工 2010 年的工资平均增长幅度将有望达到 3% 以上，这一工资增长计划是通过工人与企业的集体协商达成的。此前，这家公司大多数员工的"底薪"是以当地的最低工资为标准的，即每月 900 元人民币。员工的工资增长主要来自加班费，加班工资往往占到员工总工资的一多半。

早在 20 世纪 90 年代初，中国沿海一些城市就开始借鉴国际经验，探索推广工资的集体协商制度，要求企业为工人建立合理的工资增长机制，使其工资收入与企业利润同步增长。然而，由于廉价劳动力供应充足，农民工缺乏话语权等原因，这一制度长期以来都属于"纸上

① 资料来源：职业培训师徐剑的博客．http://blog.sina.com.cn/trainerxu，2010-04-17。

谈兵"。伴随金融危机后中国经济明显好转，订单骤增，沿海地区劳动力市场发生了明显变化，正在席卷中国多个城市的"用工荒"，被农民工们视做一次难得的机会。工人们在工会的帮助下和企业主开展集体谈判，提出"涨工资"的要求。而过去不肯坐下来"谈判"的企业主们，迫于"用工形势"，也相继坐到了谈判桌前。

富士康的转变就是一个典型的例子。此前，对于员工提出的"涨工资"要求，富士康管理层一直认为"不可能"。该企业一位负责人说，富士康的国际客户在下订单之前，"已经把所有的成本都算得清清楚楚，他会参照当地最低工资标准做出成本"。制造业的利润大概只有4%左右，富士康70多万名员工即使每人增加100块钱，都将是一笔"难以承受"的数额。

2008年9月，深圳市总工会就向富士康发出集体谈判的要约，但富士康对工资增长一直避而不谈。2009年下半年，富士康订单上升，急需增加工人，却因薪酬过低出现招工难。经过多次沟通，富士康终于在2009年12月签订了一个覆盖40余万深圳员工、惠及全国70万富士康员工的集体合同，其中对工资增长做出明确约定：一线员工工资平均增长幅度不低于3%，并将于每年12月定期进行集体谈判。

长期从事中国农民工问题研究的深圳当代社会观察研究所所长刘开明说，过去十余年间，不少企业销售额、利润都是陡峭的上升曲线，而工人工资却是一条水平线，这种巨大的反差造成了农民工群体的强烈不满，不断有企业员工采取上访、罢工等形式提出工资诉求。他认为，提高工资水平将成为中国加工制造业的一个必然趋势，而通过集体协商的方式，将有利于形成良好的劳资关系，对提高企业的劳动生产率也将大有益处。

目前，农民工的"议价能力"仍较低，以工资增长为核心的集体谈判制度仍面临不少困难和阻力。有的企业收到工会集体协商工资的要求后强烈抵制，并称"要把企业搬走"。有的企业拒绝提供企业收益、利润增长等数据，一口咬定企业"亏损"，致使企业工会在谈判中处于不利地位。

复习思考题

1. 工会是如何产生的？工会与雇主之间的关系是什么？
2. 工会的目标是什么？实现目标的主要手段有哪些？
3. 什么是集体谈判？其结果受哪些因素影响？
4. 工会化对工资水平、收入分配有什么影响？
5. 在市场经济条件下，我国工会的职能应如何发挥？

第十一章

政府行为与劳动力市场

在市场经济体制中，政府并不独立于市场之外，它同时也直接参与经济活动，并且在经济生活中发挥着重要作用。政府的重要作用不仅体现在宏观经济政策的制定与实施方面，而且也表现在实现政府职能的各项活动之中。本章主要探讨政府是如何利用政府收入与支出，制定宏观管理经济政策以及法律法规等来影响和干预劳动力市场的。

■ 第一节　政府收支与劳动力市场

一、政府部门的就业与工资决定

（一）政府部门的就业

在劳动力市场上，政府部门与企业部门一样按照一定的工资率雇用特定的人员，提供义务教育、基础研究、道路交通、信息服务、民事警察等来满足社会对公共产品或服务的需要。对于某些特定类型的雇员，政府可以说是主要的甚至是唯一的雇主，如军人、邮递员、航空管理员、机关公务员、消防队员、公路保养人员等，对这些雇员的需求来自于社会对公共产品和劳务的需求。当政府雇用这些人员时，政府"消耗"或"吸收"了经济资源，更确切地说，政府部门就业是对国民生产能力的直接索取。例如，政府雇用了邮政工人就意味着这些劳动力不能再从事其他物品和劳务的生产。同样，军队征兵无论是自愿的还是义务的，都将意味着社会放弃了这些资源可创造的私人物品和劳务。

自 20 世纪 50 年代以来，美国等国家政府部门的就业量都呈现出上升趋势，如表 11-1 所示。

表 11-1　1950～1989 年美国政府就业状况及变化

年份	政府就业量/百万			就业总量/百万	联邦政府雇员占总就业量的百分比/%	州和地方政府雇员占总就业量的百分比/%
	联邦政府雇员	现役军人	州和地方政府雇员			
1950	2.1	1.5	4.3	58.9	3.6	7.3
1955	2.4	2.9	5.0	62.2	3.9	8.0
1960	2.4	2.5	6.4	65.8	3.6	9.7
1965	2.6	2.7	8.0	71.1	3.7	11.3
1970	2.9	3.0	10.1	78.7	3.7	12.8
1975	2.9	2.1	12.1	85.8	3.4	14.1
1980	2.9	2.1	13.3	99.3	2.9	13.4
1984	2.8	2.1	13.3	105.0	2.7	12.6
1987	2.9	2.2	14.1	112.4	2.6	12.5
1989	3.0	2.1	14.7	112.4	2.6	12.5

资料来源：美国普查局．美国统计摘要，1990；转引自张德远．西方劳动经济学．上海：上海财经大学出版社，1999

一些经济学家认为，政府部门就业量增长相对较快的主要原因，一是经济社会和人口的增长，尤其是城市化发展增加了对公共部门服务的需求，如公共管理、公共信息服务、环境保护、安全秩序等，从而形成了公共部门迅速发展的条件。二是社会生产规模的扩大，极大地提高了公共物品的社会价值，加上人口年龄结构的变化，增加了对公共教育的巨大需求，导致教师需求增加。三是国民收入、政府收入和个人收入等社会实际收入的增长奠定了公共部门迅速发展的基础，使得收入弹性较强的政府服务需求增加，如高等教育、健康服务、公园以及整洁的环境等。此外，公共部门工会的出现对劳动力市场产生着强烈的影响。有人指出，公共部门工会和一些专业组织正在不断地利用政治权力，通过种种方式选择那些偏向于使用更多公共产品和劳务的官员，这将导致对公共雇员需求的增加。四是，政府增强在经济中的管理作用也将增加对政府工作人员的需求。中国以及其他现代国家公共部门就业的迅速增长也都证明了这一点。

（二）政府部门的工资水平

随着公共部门就业的不断增加，公共部门的工资水平也不断提高。大多数政府机构都实行"比较工资"规则，即政府设法使公共雇员的工资确定在相当于类似的私人部门雇员的工资水平上。1986 年，美国联邦政府雇员的平均工资为 25 019 美元，州和地方政府雇员的平均工资为 22 427 美元，都比私人部门全日制工人年平均 21 647 美元高。这是因为，确定企业部门劳动者工资水平的主要力量是市场，而公共部门的工资水平在很大程度上由立法或由行政力量决定，且该平均水平并没有考虑工会、教育和人口方面的特征差异。

除了上述情况，政府雇员的工资收入还有一些值得注意的特点。第一，在工资性收入中附加福利所占比重，政府雇员比私人雇员高，因此，仅考虑工资或薪金的比较可能使人误解。第二，政府部门雇员的辞职率低于私人部门。某些学者认为，这是由于政府部门以养老金形式支付的工资非常高所致。第三，公共部门的职业结构特点使得工资结构中人力资本补偿性工资差别占较大比重。第四，公共部门的产品和服务对经济周期性波动的敏感性不如私人部门那样强，很多公共物品类似于生活必需品，其收入弹性相对较小。第五，公共物品的生产更多地分布于具有自然垄断性质的领域等。

二、政府支出与劳动力市场

（一）政府采购对劳动力市场的影响

政府采购包括各种产品，如购买文字处理软件、坦克、医疗品、教科书、公共汽车、潜艇、文具、办公用具和气象卫星等，政府对这类物品的购买导致了对特定类型的私人部门劳动力的需求。某种程度上，这将引起对某种特定劳动力需求的增加。也就是说，除了政府部门以外，也许不需要或很少需要这类劳动，这种劳动力需求的变动将对均衡工资和就业水平产生影响。例如，政府增加用于购买导弹的支出可望提高导弹制造和技术人员的工资和就业水平。同样，政府建设支出的增加将导致对建筑工人的广泛需求等。

（二）转移支付和补贴对劳动力市场的影响

1. 转移支付与补贴对劳动力需求的影响

转移支付与补贴是政府的一种货币性支出，该种支出并无实际的商品和劳务交换发生，因而并不增加一定时期的国民收入，不影响国民收入总量的变动，因此与经济社会的就业总量无关。但是，转移支付与补贴却对社会产品的总需求结构产生重大影响，从而影响劳动力市场的劳动力需求结构。举例来说，给予生活特别困难群体的社会救济将会增加对特定产品和服务的需求，而这种需求又会导致对生产和提供这些产品和劳务的派生劳动力需求。对企业和非营利机构的补贴，如对学校和科研机构的补贴，同样会增加对提供相关产品和劳务的劳动力的需求。

2. 转移支付与补贴对劳动力供给的影响

政府转移支付和补贴对劳动力供给的影响主要体现为改变个人劳动力供给决策的条件。转移支付和补贴是政府的货币支出，同时就是一定社会群体的货币收入，这将给那些受益者带来收入效应，即转移支付收入会造成受益者对一般商品和劳务购买的增加，其中包括闲暇。另外，转移支付额与工资收入负相关时，转移支付将伴随替代效应，即造成工作时间的减少。为了降低机会成本，即闲暇的价格，转移支付鼓励人们以较低代价的闲暇去替代相对较高代价的工作。转移支付还影响短期的劳动力供给决策。西方发达国家之所以对"福利国家"的某些制度进行大刀阔斧的改革，原因之一就在于越来越完善的社会保险与福利一方面对劳动力供给存在负向影响；另一方面，庞大的财政负担加重了纳税人的负担，降低了投资的刺激与引诱力度，引起生产下降。由此可见，政府转移支付的程度，即转移支付的规模与结构必须与经济和社会发展相适应。

然而，并不是所有的转移支付或补贴都会减少劳动力供给，那些能够减少私人人力资本投资成本的转移支付和补贴会产生相反的作用。例如，政府对大学生提供低于市场利率的贷学金或补助，可以降低投资于高等教育的供给价格，提高这类人力资本投资的私人报酬率，直接带来各种高技能和专业劳动市场的长期劳动力供给增加。此外，政府转移支付的另一种表现形式是对农业的补贴。我国政府实施的农产品价格政策中，存在所谓粮食收购"保护价"这种补贴形式，就是为了保护农业劳动者的生产积极性，对稳定乡村劳动力供给具有重要意义。

综上所述，政府转移支付或补贴对劳动力供给既有正面的影响，也有负面的影响。

（三）公共产品的供给对劳动力市场的影响

1. 公共产品和劳务的供给对劳动力需求的影响

公共部门提供的物品和劳务可通过各种方式影响劳动力需求。例如，政府在一条河流上建造一座堤坝，这项工程可以带来多种效益，如发电、控制洪水、灌溉和提供休闲场所等。政府可以通过雇佣劳动力和购买私人产品建造堤坝、电站、灌溉网和附近的娱乐区。然而，堤坝的出现本身又对劳动力需求产生独立的影响。例如，灌溉系统的建立很可能增加对农业工人的需求；新的休闲场所会增加对垂钓器具、汽艇和水上运动的需求，由此又派生出对提供这些服务项目的劳动力的需求；发电带来的廉价电能有可能吸引制造商进入该地区，因而增加对某种劳动力的需求；控制洪水本身减少了对洪灾保险机构的需求等。总之，在其他条件不变的情况下，若提供的公共产品是与某私人产品的生产或消费互补的，则该公共产品的增加将增加对生产某私人产品有关的劳动力的需求；若提供的公共产品与某私人产品的生产或消费是替代的，则该公共产品的增加会减少对生产某私人产品有关的劳动力的需求。

2. 公共产品和劳务的供给对劳动力供给的影响

对短期的个人劳动力供给决策模型稍作修改就可看出，公共产品和劳务的供给有可能减少劳动的供给量，参见图 11-1。

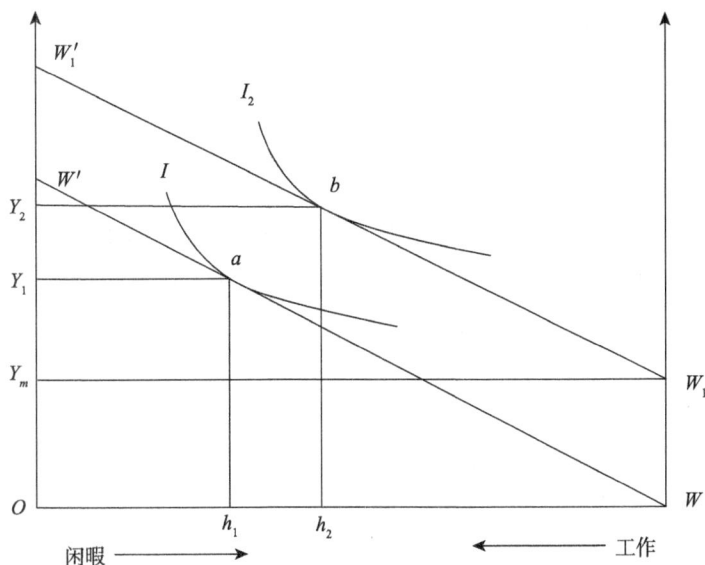

图 11-1　公共产品和劳务对劳动力供给的影响

图 11-1 中纵轴是以私人和公共产品表示的某种不同量的工作的实际收入。假定 $Y_{PU}(Y_{PU}=WW_1)$ 是王先生获得的公共产品量，与工作量无关。由此可知，王先生获得的实际收入是 Y_{PU} 加上通过工作获得的私人产品的数量。在没有获得公共产品 Y_{PU} 时，他的预算线是 WW'，现在由于获得了公共产品，他的有效的预算线上升到了 W_1W_1'。这表明在工资水平不变的情况下，王先生提供不同劳动量可得到的闲暇和物品（包括公共的和私人的）各种组合。图 11-1 中两条预算线之间的垂直距离表示王先生所能获得的公共产品的价值。

假如没有公共产品，王先生将选择 a 组合，即工作 h_1 小时获得 Y_1 物品（实际收入），得到效用最大化。公共产品的提供对王先生产生了收入效应，并以此"购买"更多的闲暇。总效用也从原来无差异曲线 I 的 a 点提高到无差异曲线 I_2 的 b 点。然而，在总效用提高的同时，王先生的劳动时间从 h_1 减少到 h_2。由此看出，由于公共产品和劳务的存在，可能降低个人乃至整个社会的劳动力供给量，公共产品与私人产品的替代性越强，劳动力供给的减少程度就越大。公共产品和劳务与闲暇的互补性越强，劳动力供给减少程度就越大。同时，公共产品与工作的互补性越强，对劳动力供给的减少程度就越小。

三、税收与劳动力市场

税收是政府收入中的最主要部分。政府税收种类较多，按照课税的对象大致可分为财产税、流转税、所得税等。税率水平及其变动可以反映市场主体的税赋负担和税收总量的关系，同时，税率水平及其变动方向对市场主体的经济选择和决策也有着非常重大的影响。

（一）个人所得税对劳动力市场的影响

个人所得税对劳动力市场的影响主要表现在，对定量标准以上的劳动所得课税直接影响劳动力供给。前面已有分析，劳动力供给是工资率的函数，市场供给曲线在通常情况下的斜率为正值，对劳动所得课税，不论是比例税还是累进税，都要改变劳动力供给曲线的形状。个人所得税对劳动力供给、工资和就业的影响可以用图 11-2 说明。

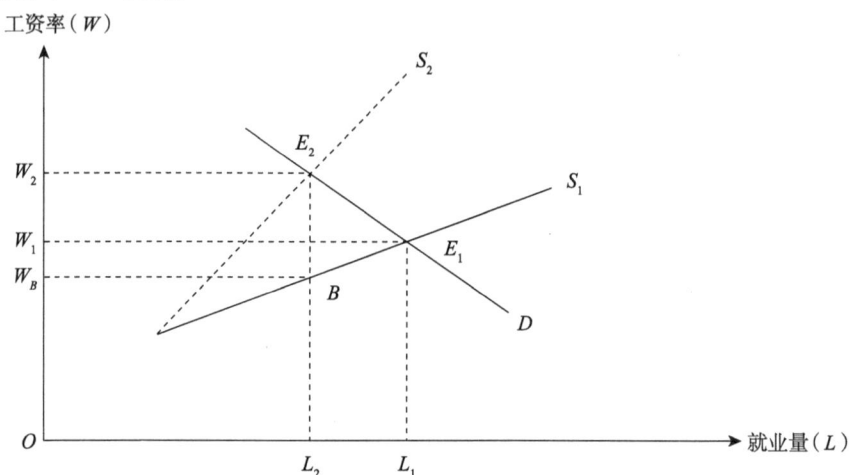

图 11-2　个人所得税和就业的影响

图 11-2 中，劳动力供给曲线 S_1 与劳动力需求曲线 D 的交点 E_1 反映了税前劳动力市场的供求均衡，此时，均衡工资率与均衡就业量分别为 W_1 和 L_1。如果考虑对个人所得课税这一因素，劳动力供给将减少，劳动力供给曲线由 S_1 左移至 S_2，两者之间的距离即为个人所得税。因为假设实行累进税制，故随着工资率的提高，两者之间的距离逐渐扩大。由于对个人劳动所得课税，税后劳动力供给曲线 S_2 与需求曲线 D 在点 E_2 实现均衡。此时的均衡工资率为 W_2，均衡就业量为 L_2。将课税前后的两种均衡状态进行比较，可以清晰地看到，雇主支付的工资率由 W_1 提高到 W_2，就业量则由 L_1 下降到 L_2。

同时还可以看到，在实行一定的个人所得课税制度的情况下，如果市场的工资率仍然为 W_1，由劳动力供给曲线 S_2 决定的劳动力供给量将会大幅度减少，由于需求大于供给，在竞争的作用下，必然会使工资上浮，在点 E_2 实现均衡，(E_2-B) 为个人所得税。实际上，与不存在个人所得课税制度的均衡工资率 W_1 相比，劳动者个人的实际收入因纳税仅减少了 (W_1-W_B)，而雇主实际支付的工资却增加了(W_2-W_1)。也就是说，个人所得税部分由劳动者承担，部分由雇主承担，雇主承担的部分为(W_2-W_1)。

以上分析可以说明，在其他条件不变的情况下，个人所得税将导致工资率提高，就业量下降。在个人所得税中，劳动者承担部分税收，雇主承担另一部分税收。

（二）社会保障税对劳动力市场的影响

在现代市场经济体制中，国家通常根据工资总额来征收社会保障税（缴纳社会保险费亦同），用于当劳动者暂时或永久丧失劳动能力时对劳动者进行补偿，如支付养老、医疗、失业、工伤保险等。在西方许多国家，这一税种占税收总额的比重相当大，在美国约占37%。

如同个人所得税，社会保障也是由雇主和雇员共同负担的一种税收。不过，我们这里假设只有雇主是纳税人，且社会保障税是按劳动者工资的一定百分比 T 来计征。我们可以用图 11-3 来做分析，图中的纵轴表示劳动者实际得到的工资。虽然社会保险支出属于延期支付，但对于雇主而言，却直接构成现时人工成本的增加，只不过是没有即时支付给劳动者而已。D_0 为课税之前的劳动力需求曲线，D_1 为课税以后的劳动力需求曲线，雇主的工资成本比劳动者即时得到的实际工资高。在不存在社会保障税的情况下，雇员的均衡工资率为 W_0，而在计征社会保障税后，雇员的均衡工资率则为 W_1，而雇主的工资成本为 W_1+T，因此雇主对劳动力的需求量由 L_1 降至 L_2。比较 L_1 与 L_2，劳动力需求水平因社会保障税而下降，即社会保障税对劳动力需求存在着负向影响。此外，从图 11-3 中还可以看到，在社会保障税赋中，雇主实际承担了其中的(W_2-W_0)部分，雇员则承担了(W_0-W_1)部分。

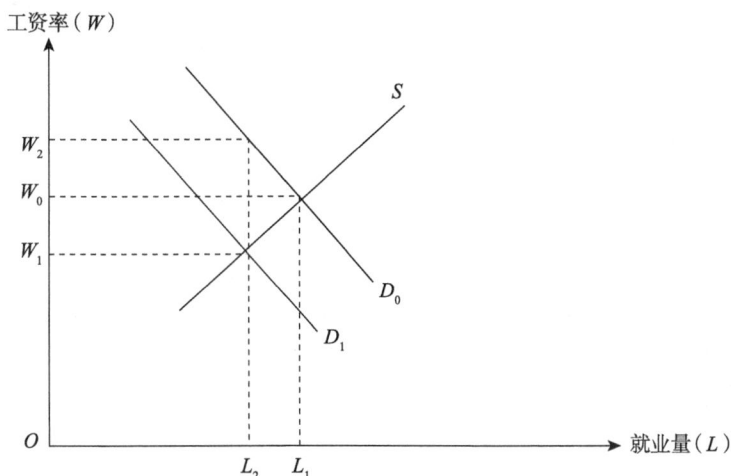

图 11-3　社会保障税对劳动力需求的影响

(三)其他税收对劳动力市场的影响

政府在调整产业结构、促进资源的优化配置中，常利用税收政策鼓励或限制某些产业的发展，其中，对某些产品课征高额税负的限制性政策对劳动力市场同样有重要的影响。假设实施的是对生产者征税，则由于此种税负的存在，提高了供给该种产品的边际成本，使产品的供给曲线左移，见图11-4。图11-4中，横轴为产量，纵轴为价格，在供给曲线 S_1 和需求曲线 D 的共同作用下，形成该种产品的均衡价格 P_1 和均衡产量 Q_1。由于征税，供给曲线左移至 S_2，两条曲线的垂直距离为该种产品的销售税，形成新的均衡价格 P_2 和均衡产量 Q_2。价格提高，需求减少。产品市场的上述变化，必然造成劳动力市场的连锁反应，导致对特定劳动力需求的降低。

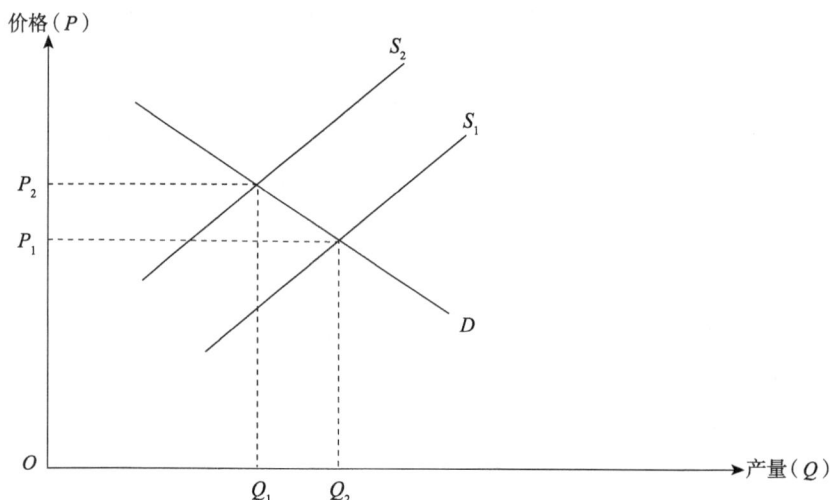

图 11-4　征税对商品供给和价格的影响

综上可以发现，征税将减少就业，那些因此而失去工作的人将转换就业地点。我们假设他们都进入一个封闭的行业，显然该行业的劳动力供给就会增加，如果该劳动市场是充分竞争的，则工资水平必然下降。然而，更实际一些，如果在某一行业失业的工人会分散于许多不同的行业，这对其他任何特定劳动力市场劳动力供给的影响将是相当弱的。总之，一种有选择性的征税会引起相应行业劳动力需求的减少，反过来会增加非征税行业的劳动力供给。影响的程度则取决于商品供给和需求的弹性特征。

实际情况要更复杂一些，对某商品 X 征收货物税会影响与 X 商品有关行业的劳动力需求。例如，Y 是非征税商品，但与 X 商品有高度的替代关系。X 商品价格上升将导致人们的购买转向相对便宜的 Y 商品，因而会增加生产 Y 商品的劳动力需求。另外，若商品 X 与商品 Z 有互补关系，则较高的 X 商品价格，会引起 Z 行业劳动力需求的下降。就目前情况而言，货物税还是主要对那些需求弹性很小的商品开征的。因而，征收该税并不会引起人们对征税商品购买的大量减少，所以对征税行业的劳动力市场影响也不太大。

第二节 政府对就业和收入的宏观调控

一、就业总量的宏观调控政策

对国民经济就业总量影响最大的宏观调控政策，是货币政策和财政政策。

（一）货币政策

货币政策是政府以控制货币供应为手段来调节利息率，再通过利息率的变动影响总需求和总供给相互关系的宏观经济对策。货币政策的基本手段是调节货币供应量，直接目的是调控利息率，最终目标是通过利率的变动，影响投资、消费与政府支出，达到增加或降低有效需求，使总需求与总供给趋于均衡的目的。货币政策对经济的调控是间接发挥作用的，故其见效较慢。

一般说来，货币政策分为紧缩性货币政策和扩张性货币政策。在经济变动的不同时期，可以交替使用这两类不同的货币政策。在经济不景气时期，总需求小于总供给，生产能力闲置，失业水平居高不下。此时为了刺激总需求，就可运用扩张性货币政策，增加货币的供应量，降低利息率，刺激总需求。当经济处于繁荣时期，为了抑制总需求，就要运用紧缩性的货币政策，减少货币供应量，提高利息率。

实施货币政策的主要措施包括调节法定准备金率、调整贴现率和公开市场业务。

1. 调整法定准备金率

作为国家货币政策的实施机构，中央银行要求由其管辖的商业银行把存款的一部分作为准备金无息存入中央银行，并且规定了准备金的比例，一般为商业银行吸收的即期存款的 10%～14%。中央银行变动法定准备金率，就可极大地影响商业银行的货币供给能力和利息率。在经济运行中当出现总需求不足和失业增加的趋势时，中央银行就降低准备金率，增大商业银行贷款能力，即期存款就可以较多地贷出，进而再通过银行创造货币的机制，使货币供应量增加，利息率降低，从而刺激投资和消费，扩大总需求，提高就业水平；相反，在经济中存在需求过度和物价上涨趋势时，中央银行就提高准备金率，降低商业银行贷款能力，使货币供应量减少，利息率提高，从而减少总需求。

调整法定准备金率对宏观经济的调控过程可以用图 11-5 简单表示。

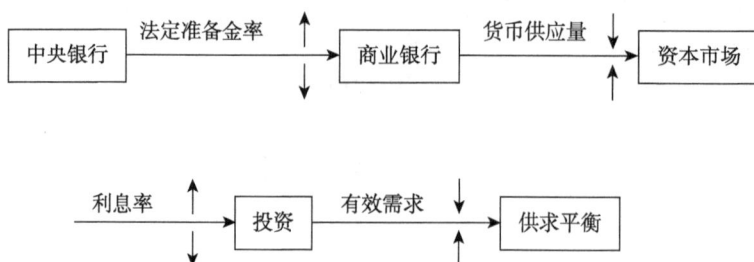

图 11-5　法定准备金率对宏观经济的调控

2. 调整贴现率

调整贴现率，实质上也就是调整利息率的政策。当商业银行资金不足时，可以用自己的收益资产，包括银行客户借款票据、政府债券向中央银行要求再贴现或抵押贷款。贴现率就是商业银行向中央银行进行贴现时所付的利息率。调整贴现率政策包括变动贴现率与贴现条件。当中央银行认为总需求不足和失业增加时，就降低贴现率或放宽贴现条件，增加商业银行发放贷款，同时由于商业银行贷款利率也会下降，使得企业增加贷款，从而刺激投资，扩大总需求。相反，当中央银行认为总需求过大有通货膨胀趋势时，就提高贴现率或严格贴现条件，限制商业银行发放贷款，从而缩小投资，达到减少总需求的目的。

调整贴现率对宏观经济的作用原理如图 11-6 所示。

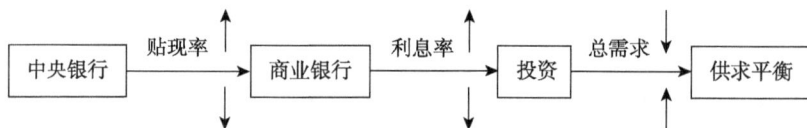

图 11-6　贴现率变动的作用原理

3. 公开市场业务

它是指在金融证券市场上，通过中央银行买进或卖出政府债券，以调节货币供给量的一个措施。中央银行向社会买进政府债券，实际上就是发行货币，增加市场上的货币供应量，刺激投资和消费需求。中央银行卖出政府债券，实际上就是回笼货币，从而利息率上升，投资降低，总需求缩小。公开市场业务，是一种灵活有效地调节货币供应量，进而影响利息率的工具，因而它已经成为一种极为重要的货币政策手段。

（二）财政政策

财政政策是指政府通过财政预算来调节总需求水平，进而促进充分就业和控制通货膨胀的宏观经济管理政策。财政政策的内容包括通过增减政府税收和预算支出水平来调节经济。财政政策的目的，就是通过变动政府的税收和支出，或者刺激消费和投资，从而使总需求增加，或者是削弱消费与投资，从而使总需求减少。具体可以分为两种类型，即扩张性财政政策和紧缩性财政政策。

扩张性的财政政策是指通过扩大政府购买、增加政府转移支付、降低税率等措施来刺激消费和投资，增加总需求，以提高就业水平的宏观经济政策。当经济处于不景气时期，总需求小于总供给，由于有效需求不足，导致企业开工不足，经济中存在较高的失业率。政府就要实行扩张性的财政政策。一般说来，扩张性的财政政策是以提高就业水平为主要目标而制定的宏观经济政策。

紧缩性的财政政策则是指通过减少政府购买和转移支付、提高税率等措施削弱消费与投资，减少总需求，以稳定物价的宏观经济政策。当经济处于繁荣时期总需求大于总供给，通货膨胀严重，政府就要实行紧缩性的财政政策。一般而言，紧缩性的财政政策对提高就业水平有不利的影响。

此外，通过财政政策来提高就业水平，常使财政赤字增加，即扩张性财政政策虽有利于就业水平的提高，但却面临赤字增加和通货膨胀的危险；紧缩性财政政策虽有利于控制通货膨胀，但却面临着降低就业水平的危险。如何既有利于扩大就业，又能有效地抑制通货膨胀，是宏观经济政策亟待深入研究的课题。

货币政策与财政政策都是从需求管理入手，调控国民经济的运行。但由于货币政策对宏观经济影响的间接性，货币政策通常都是与财政政策结合起来运用，这样，就能充分地发挥对需求管理的作用。在综合运用两大政策时，还可以视经济过程中的具体情况，组合使用其他政策措施（如收入政策和人力政策），以实现宏观经济政策的最佳效果。

二、收入政策

收入政策是指政府通过控制工资水平和物价来制止或预防通货膨胀以及实现国民收入分配均等化的政策，由于它控制的重点是工资和利润水平，故称之为收入政策。早期宏观经济理论中，并没有工资水平控制和收入政策这些范畴。在传统的市场经济条件下，市场会自动控制工资总水平。但是，现代社会经济条件的变动，特别是由工资推动的成本型通货膨胀的出现，使得国家管理机构和经济学家们不得不提出了专门用于工资控制的政府政策。

按照以往的经济学观点，控制通货膨胀的主要经济手段是财政政策和货币政策。然而采取紧缩财政和货币的方法虽然能够有效地抑制需求，同时也会引起失业。尽管失业和通货膨胀的相互制约和交替出现是凯恩斯理论的基础，但是，现在由于"滞胀"的出现，经济学家们希望能找到既能抑制通货膨胀又不引起失业的新方法，收入政策就是其中的一个。享有世界声誉的美国著名经济学家加尔布雷思一再说，对工资不实行管制，你就无法截断工资物价螺旋式上升；没有管制，我们就要用大量悲惨的失业与极其严重的经济衰退去战胜通货膨胀。

有些经济学家还证明，货币供应增长率与货币工资之间存在着密切联系，如果政府要降低通货膨胀率，那么降低货币供应增长量与降低工资增长量具有相同的效果。但是，如果只降低其中的一个因素，那么对降低通货膨胀的作用将要小于对两者都进行控制。因此，在反通货膨胀中收入政策与财政政策和货币政策同样重要，应当同时使用。

收入政策可以通过各种形式实现，在前文中已经说明，这里不再重复。

三、人力政策

人力政策，又称积极的劳动力市场政策，是指政府为改善劳动力供给结构、提高劳动力市场效率，从而降低失业的一系列对策。前面介绍过，政府的财政政策和货币政策是从总需求的角度提高就业水平的宏观经济政策，收入政策是在提高就业水平的同时，通过控制工资和物价来制止通货膨胀的政策。而人力政策则立足于供给视角，旨在按照经济发展对劳动力的要求来调节和改善劳动力供给，进而改进劳动力市场的劳动力资源配置功能。其基本措施有以下几种。

1. 加大人力资本投资

人力资本投资是政府通过职业技术能力开发计划，对劳动力进行重新教育或培训，把非熟练工人训练成有一定技术熟练程度的工人；把不适应职业岗位要求的失业者培训成能够满足企业需要的劳动者，以缓解由劳动力供求结构失衡而造成的失业问题。

人力资本投资政策的基本特征是以政府投资为主，目的在于增强失业者的就业能力。其具体措施包括：建立政府贴息基金，由该基金承担培训贷款利息，从而降低培训成本及商业银行的贷款风险；建立就业基金，为承担就业培训任务的培训机构提供津贴等。

2. 提高劳动力市场的效率

可以说，劳动力市场信息服务水平低，职业指导、就业服务机构不健全或不完善是导致失业的一个重要原因。为此，政府可以通过制订劳动力市场发展计划，完善职业指导，改进职业介绍方法，以有效提高就业服务机构的工作效率；可以通过建立和完善劳动力市场信息网络，为劳动力市场供求双方提供迅速、准确的信息服务，以有效降低因信息不完全导致的失业。

许多国家在实施人力政策的过程中，逐步形成了一系列新思想和新方法。例如，对有技术业务专长的求职者，鼓励他们自己通过劳动力信息网络查询有关信息，直接与企业联系；对就业困难群体，包括长期失业者、残疾人、需要照顾儿童的妇女、大龄求职者和新进入劳动力市场的青年等群体提供特殊的职业介绍服务，包括提供空缺岗位信息、介绍应聘技巧等，并开展有针对性的就业指导和障碍评估，帮助他们恢复就业信心；职业介绍机构除提供日常的职业介绍服务外，还定期开展形式多样的职业介绍服务活动等。

3. 协助劳动力的流动

劳动力在部门、行业、地区之间的流动，有利于劳动力的合理配置，有利于降低由于劳动力地区结构和劳动力流动困难等原因形成的失业。政府可以通过信息服务，提供必要的物质帮助和鼓励，协助劳动力流动。

4. 实施创业就业计划

实施创业就业计划是指政府资助具备一定条件的失业者创办微型企业或小企业，以帮助他们实现自谋职业和吸纳他人就业。其具体做法是，由失业者向地方劳动行政部门提出创办小企业的计划，经评估获得申请资格后，由申办人自己先拿出一部分资金，政府则追加其拿出资金数额的 1 倍，然后银行再根据这两笔资金的总数，为其提供 1～2 倍的低息贷款。

5. 开发临时性就业岗位

开发临时性就业岗位是指开办一些市政基础工程项目或社区服务项目等临时性工作岗位，以安排失业者临时就业，政府和一些公益组织通常在其中发挥重要作用。

6. 激励就业

激励就业的措施包括两个方面，一方面是鼓励失业者尽快实现再就业，另一方面是鼓励企业雇用失业人员。例如，有些国家规定，对特定的失业群体，失业者只要在享受失业保险给付的法定期限还剩一半以上的时间内找到可持续一年以上的工作，就可以获得相当于 30～120 天的失业保险给付作为就业补助，以此来鼓励失业者尽快实现再就业。对于因经济裁员失业而要求自谋职业者，规定其可不到就业中心登记求职，也不领取失业津贴，但可以一次性获得由失业保险管理机构发给的相当于可享受的失业救济金作为其就业或创业基金等；政府还常常通过给予工资性补贴或一次性奖励来鼓励企业雇用失业人员。如果某企业雇用失业人员超过一定数量或期限，并在同一期间不辞退类似岗位的工人，便可申请相应的政府奖励。

▇第三节 法律法规与劳动力市场

政府除了直接雇佣劳动、提供公共物品和劳务、转移收入和征税以外，还通过制定法律法规来影响整个经济。现实生活中许多法律法规都直接或间接地影响着劳动力市场的工资水平和就业量。除了本节所要讨论的法律法规外，其他一些诸如反歧视、限制移民和促进就业等有关法律规定，都将对劳动力市场产生影响。出于法律法规对劳动力市场的影响十分普遍，在此我们只能有选择地对一些主要的法律法规进行探讨。劳动法是处理劳资关系和规范劳动行为的极其重要的法律，对工资水平、就业和资源配置有着十分重要的影响，其对劳动力市场的作用最主要体现在：一是影响工会的发展和作用的程度，进而影响工资水平；二是通过制定各种规则影响集体谈判效力。由于这两方面的内容在前文中已经涉及，所以就无需重复了。本节讨论的重点是最低工资法和政府有关劳动保护和安全的条例，以及其他有关的重要法规对劳动市场的影响。

一、最低工资法

（一）完全竞争条件下最低工资法对劳动力市场的影响

为了方便分析，我们首先假设最低工资法涵盖所有雇员，随后逐步放宽假设。

首先是完全涵盖条件下的情形。图 11-7 中描述了劳动和产品市场都处于完全竞争（MRP＝VMP）和最低工资涵盖所有雇员的情形。图中 W_m 为最低工资水平，W_0、Q_0 分别是均衡工资水平和就业水平。这里必须强调一点，最低工资水平必须高于市场均衡工资水平，否则对劳动市场的工资和就业水平不会有直接的影响。当在最低工资水平 W_m，厂商将雇佣 Q_d 工人数，即从 Q_0 到 Q_d 工人的边际收益产品（MRP）将低于最低工资。因而，追求最大利润的厂商将减少就业量。从供给曲线看，在最低工资水平上，市场的劳动力供给量将增加到 Q_s。因此，最低工资将使厂商和劳动者的行为发生变化，导致就业量下降（ba）和失业增加（ac）。通过分析，我们还可以进一步发现，最低工资 W_m 降低了资源配置的有效性。劳动力需求曲线 ae 段表示 Q_0 到 Q_d 之间每一工人的边际产品价值超过工人供给价格（S_L 曲线上的 de 段）。这意味着，社会所放弃的产品价值（Q_daeQ_0）将大于 Q_dQ_0 工人从事其他更有效率的职业所能创造的价值（Q_ddeQ_0），由此造成国民产出净损失为 dae。该图还表示：①在其他条件不变的情况下，相对于均衡工资，最低工资水平越高，对资源配置和就业的副作用就越大；②劳动力供给和需求弹性越大，最低工资法所造成的失业就越多。

其次是未完全涵盖的情形。尽管在西方一些发达国家，最低工资法的涵盖面可能达到非农业部门的 90％ 以上，但诸如农业企业和自我雇佣者仍不能涵盖。而在发展中国家涵盖面更低，因而，分析最低工资的不完全涵盖更具有现实意义。图 11-8 中描述了两个完全竞争的非熟练工人的劳动市场。其中，图 11-8

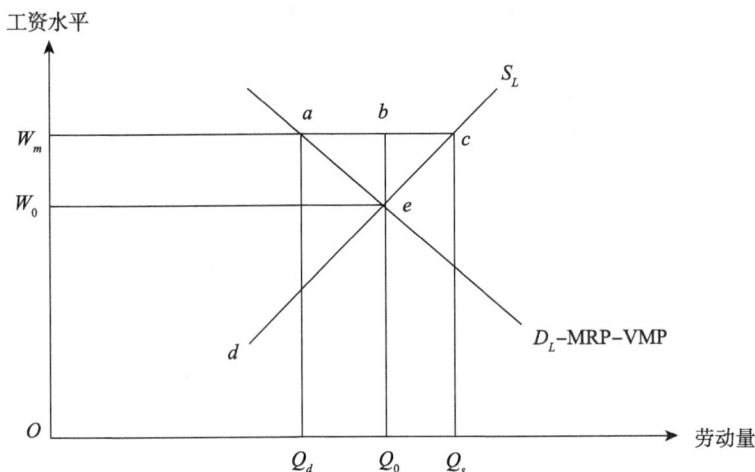

图 11-7　最低工资法对劳动市场的影响

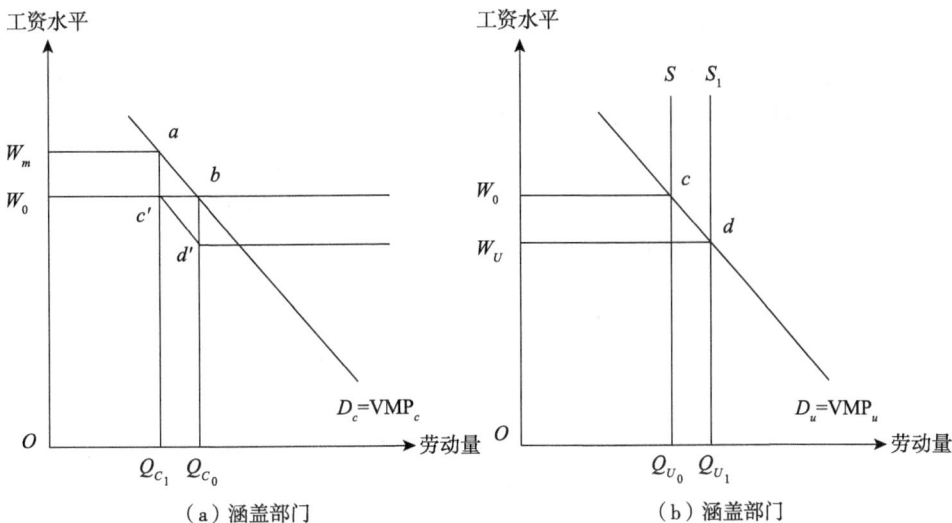

（a）涵盖部门　　　　　　　　　　（b）涵盖部门

图 11-8　不完全涵盖情形下最低工资法对劳动市场的影响

（a）为最低工资法涵盖部门，图 11-8（b）为未涵盖的部门。为了便于分析，假设两个劳动市场的工作有相同的吸引力，且劳动力供给的总量保持不变。在没有实行最低工资法、劳动力可自由流动且信息完备的条件下，工人将会在这两个部门间自由流动，直到达到同一均衡工资水平 W_0。在这一工资水平下，市场（a）的就业量为 Q_{C_0}，市场（b）的就业量为 Q_{U_0}。现在假定市场（a）实行最低工资 W_m，这时，该市场的厂商将减少雇用量（从 Q_{C_0} 减少到 Q_{C_1}）。根据假设总的就业量不变，因而，所有在市场（a）失业的将转移到市场（b）就业，导致该市场的劳动力供给曲线右移(由 S 到 S_1)。该市场的均衡就业量将增加到 Q_{U_1},其均衡工资水平将下降到 W_u。

从上面的分析得到以下结论:第一,最低工资法将使那些在涵盖部门保留工作的工人受益;第二,最低工资法减少了被涵盖部门的就业量,同时增加了未涵盖部门的就业量;第三,法定最低工资将降低未涵盖部门非熟练工人的工资;第四,最低工资法还会引起劳动资源配置的错位。从图 11-8 中可以看出,社会将获得未涵盖部门 $Q_{U_0}cdQ_{U_1}$ 的总产出和收入,而损失了涵盖部门 $Q_{C_1}abQ_{C_0}$ 的产出和收入。对社会最终的净损失将是图 11-8(a)中的 $c'abd'$。如果能将未涵盖部门 $Q_{U_0}Q_{U_1}$ 的劳动量重新配置到涵盖部门,将使整个社会经济的总产出增加,因为涵盖部门的 VMP 比未涵盖部门高。

(二)不完全竞争条件下最低工资法对劳动力市场的影响

前面的分析是假定在完全竞争条件下进行的,现在我们放宽假定,分析在没有歧视的买主垄断情形下,最低工资对就业的影响。图 11-9 描述了这样一个劳动力市场,在该市场上一个雇主或几个雇主联合确定一个低于完全竞争的工资水平。由于买主垄断的边际工资成本(MWC)大于其平均工资成本(AWC),他是这一劳动市场上唯一的雇主,面临的是典型的向上倾斜的劳动力供给曲线。也就是说,要吸引更多的工人从其他职业转向该职业,必须相应地提高工资支付水平。由于非歧视垄断买主必须对所有工人支付相同的工资。所以多雇一个工人所付的工资(MWC)将超过支付该工人本身较高的工资(AWC)。

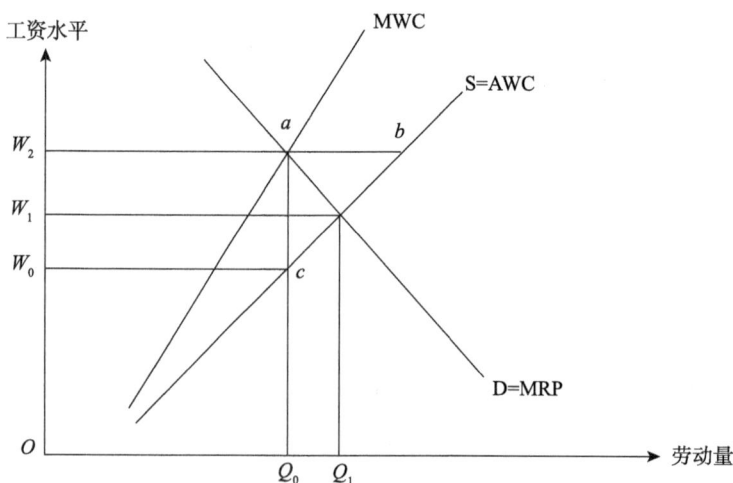

图 11-9 垄断条件下最低工资的影响

垄断买主同样按照利润最大化的原则(MRP＝MWC)决定雇用量 Q_0。而要雇用 Q_0 数量的工人应支付 W_0 水平的工资。如果政府确定了一个最低工资 W_1,此时劳动力供给曲线就变成了在雇用量为 OQ_1 部分为 W_1 工资水平下的水平线，雇主必须以最低工资水平 W_1 雇用 Q_1 数量以内的工人，这一区间的边际工资成本正好等于平均工资成本。由此，垄断买主由工资的"决定者"变成了工资的"接受者"，他会将利润最大化的雇用量确定在 Q_1 水平。之所以他增加雇用 Q_0Q_1 的工人，是因为这一部分工人的边际收益产品（MRP）大于边际成本（即最低工资）。考察图 11-9 还可以得出，在实行 W_0 和 W_1 之间的任何最低工资水平都将带来就业的增加。因而，从理论上讲，确定并实施恰当的最低工资是能够增加就业、改善资源配置效率的。

然而，这里有几点值得注意：第一，如果政府确定的最低工资高于图中的 W_2，将会导致就业水平下降。第二，当最低工资水平高于垄断买主工资水平，并且就业量也等于或大于 Q_0，但失业可能仍然存在甚至较高。例如，在图 11-9 中，当市场工资水平为 W_2 时，有 b 工人数求职，而厂商只雇用 a 工人数，即有 ab 数量的劳动者因为供大于求而失业。第三，作为唯一的垄断买主，厂商有可能采取歧视工资策略，仅仅支付能够吸引每一工人的工资。如果这样的话，边际工资成本就与劳动力供给曲线重合，厂商的利润最大化雇用水平将是 Q_1（完全竞争时雇用量）而不是 Q_0。因而，当存在歧视性垄断买主时，要么是最低工资无效，要么会降低就业。

二、劳动保护和安全条例

政府还通过对职业健康和安全的管理直接干预劳动市场，这种管理非常重要：第一，很多统计数据表明，劳动者的伤害比一般认为的要严重得多；第二，劳动安全是影响劳动力供给的一个极为重要的决定因素；第三，正如最低工资一样，这方面的法规也会影响劳动力市场的工资和就业。

这里主要讨论：利润最大化厂商是如何给工人提供劳动安全保障的，以及为何厂商的劳动安全措施水平始终达不到社会最优水平的要求。

（一）利润最大化厂商劳动安全水平的决定

产品市场的激烈竞争总是迫使追求利润最大化的厂商尽可能地节约生产成本，而保证劳动安全所发生的费用是生产成本中不可缺少的一个部分。通常提供劳动安全也是报酬递减的，即随着不断追加安全费用，追加每一个单位安全支出所带来的安全程度的提高量是递减的。更具体地说，厂商一开始会使用相对廉价的方式，如进行安全教育、发放劳动防护用品（如安全帽等），以提高劳动的安全性。但如果想进一步提高安全程度，就必须借助更高代价的方式，如购买安全性能强的设备并降低工作速度等。因而，大多数厂商为提高劳动安全程度，都会经历劳动安全边际成本上升，即直接成本提高、产量减少的过程。图 11-10 描述了厂商的劳动安全边际成本曲线为 MC_s。

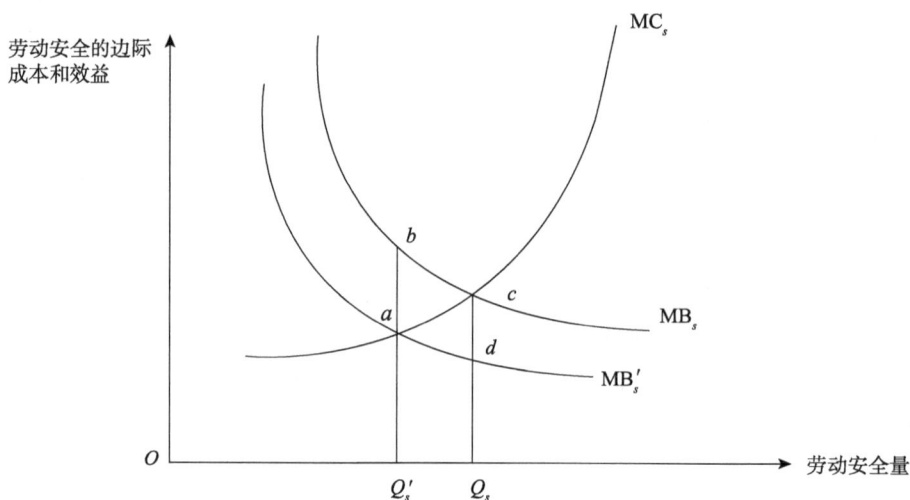

图 11-10   最佳工作安全水平

既然提供劳动安全要付出代价，为何厂商还要提供劳动安全呢？以下通过劳动安全的边际收益曲线 MB_s 来回答。劳动安全可以通过减少厂商可能发生的某些其他费用，而使厂商获益。第一，与较高安全投入相联系的较低工伤风险可以使厂商以较低的工资水平雇佣工人。因为，工人往往对劳动安全看得很重，他们宁愿以较低的工资以求得较舒适、安全的工作环境。第二，安全的劳动环境可以减少由于事故而造成的生产中断。第三，安全的劳动环境也可减少招募、筛选和培训工人的费用。劳动中受伤的人越少，雇佣和培训新雇员的花费就越少。第四，安全的劳动环境还有助于厂商回收某些特定的人力资本投资。工伤往往造成厂商在以往在职或其他形式培训的人力资本投资回收的中断或减少。第五，工伤事故的减少还意味着可以降低工人保险费率，一般这种费率的高低是按照行业以前的事故类型和发生概率确定的。厂商为了确定利润极大化的劳动安全水平，将比较安全边际效益(MB_s)和安全边际成本(MC_s)，一般原则是只要边际收益大于边际成本，厂商将继续提高劳动安全程度。图 11-10 中，利润最大化安全水平是 Q_s 个单位，这时 $MB_s = MC_s$。由此可以看出，即使没有政府干预，厂商也将提供一定的劳动安全措施。

（二）社会最优的劳动安全水平

在信息完备条件下，如果工人掌握有关工作危险性的所有信息，并能正确地估计该职业的伤亡及患病的可能性，雇主所提供的劳动安全措施就能达到社会福利最大化的安全要求。由于工人完全知道工作的危险性，只有厂商提供足够高的工资补贴才能吸引足够的雇员从事这项工作。这时由于雇主提供安全补贴所带来的边际收益，与从整个社会角度考虑的劳动安全边际收益一致。当信息完备时，图 11-10 中厂商的劳动安全边际收益 MB_s 即为社会劳动安全边际收益。Q_s 表示的安全投入既是厂商获得利润最大化的水平又是社会所要求的最佳水平。

然而，在信息不完备条件下，当工人对有关工作危险的信息了解有限或低估时，厂商就会提供低于社会水平的最优的安全措施。为了说明问题，假定工人错误地判断某项工作无危险，实际上该工作非常危险。由于雇员没有意识到危险性的存在，不会减少对该职业的劳动力供给。因而该职业的市场工资将不包含出于危险增加的工资补偿。结果，厂商提供安全的劳动条件将低于信息完备的水平。如图 11-10 所示，假如我们用 MB'_s 来表示厂商的劳动安全边际收益曲线，比较提供安全的边际成本 MC_s，厂商最终将劳动安全水平确定为 Q'_s。而从整个社会的角度看，Q'_s 的劳动安全水平是不充分的。因为，从社会角度看，如果工人完全掌握并准确估计工作危险的信息，每增加单位劳动安全的真实边际收益是 MB_s，此时厂商利润最大化的劳动安全水平和社会最优水平相一致，为 Q_s 单位。分别由 Q'_s、Q_s 向 MB_s 引垂线，三角形 abc 表明了 Q'_s、Q_s 单位劳动安全对社会产生的边际效益超过边际成本。可是，在不完全信息和工人低估工作危险时，该市场没有工资补贴，厂商没有提供额外的安全保障，因为他们认为其边际收益低于边际成本。可见，在信息不完备条件下，利润最大化厂商提供的劳动安全水平不能达到社会最优的安全水平。

（三）职业健康和安全法

现实生活中，由于信息总是不完备的，厂商提供的安全水平往往低于社会所要求的水平。因此，政府有必要通过法律直接干预厂商的行为，以降低工伤、职业病等的发生率。许多西方国家都有这方面的法律法规。早在 1970 年，美国就颁布了《职业安全和健康法》，由职业安全和健康管理部门负责制定安全和健康准则，监督劳动环境，并对违反规定的行为进行处罚。

尽管有争议，大多数学者赞成职业健康和安全立法。由于现实信息的不完全、对危险的估计不足、劳动力流动障碍等，使劳动力市场对危险工作的工资补贴调整失效。因而政府有必要要求厂商提供厂商自身利益之外的安全水平，将提供健康和安全的成本定为企业的法定成本，避免将这部分成本转嫁给工人。许多资料表明，职业健康和安全法对降低工伤等起着积极的作用。

随着职业健康和安全法作用的加强，劳动力市场上现有的"危险"和"安全"工作的工资差别正在逐渐缩小，先前较危险的工作变得更加安全，该工作劳动力供给增加，工资补贴正在逐渐减少。由于工伤危险工资补贴通常是许多工资差别的来源之一,从长期来看,有效的法律会缩小整个经济中职业间的工资差别。

三、劳动合同法

进入 21 世纪,中国经济保持持续高速增长势头,劳资矛盾、社会冲突却愈演愈烈。人们时常会听到血汗工厂、拖欠工资、雇佣童工、超时劳动等报道,农民工为讨薪爬上脚手架、高楼层顶以命相搏,几乎成了中国的特有现象。在这一背景下,2007 年 6 月 29 日第十届全国人大常委会审议通过,2008 年 1 月颁布实施的《劳动合同法》,成为自《劳动法》之后我国劳动和社会保障法制建设中的又一个"里程碑"。

《劳动合同法》的颁布引起了社会各界——政策制定者、企业、学术界等激烈的争论,观点各异。有关《劳动合同法》的各种争论虽然因全球金融危机的来临而有所平息,但作为一项中国劳动力市场制度的基本法规,其产生的深远影响将会在长时间内存在。一种具有代表性的观点认为,该法的出台时机尚早,可能助推中国劳动力成本提高的趋势,导致劳动密集型产业的比较优势过早丧失;另一种观点坚决拥护该法的出台,以更大限度地维护和保障劳动者的合法权益。这两种观点表面上虽然对立,但都认为《劳动合同法》的出台不可避免地将提高企业的劳动力成本,如对劳动合同解除条件的规定、对社会保障的规定、补偿金要求和对劳务派遣公司的约束等。最能影响劳动力成本的项目集中在最低工资与加班、社会保险缴纳、解除劳动合同经济补偿等直接用工成本项目上。

现实中,《劳动合同法》的实施的确产生了提高劳动力成本的后果,尤其是对外需为主的劳动密集型中小企业劳动力成本产生了较大影响,因而总体实施状况并不乐观:一是签约率不高。多数省、自治区、直辖市规模以上企业劳动合同签订率在 90% 以上,大型国有企业甚至达到 100%,但大量中小企业、微型企业劳动合同的签约率却较低。浙江省总工会督查组 2010 年上半年对温州 1 299 家用工单位、共计 3.8 万劳动者的劳动合同签约情况展开检查,发现签约率不足 50%,责令补签劳动合同 2.1 万份,占 55.2%。二是劳动争议案件呈井喷式增长。据统计,2008 年全国正式立案的劳动争议案件比上年增长 98%,2009 年案件增幅有所回落,但仍在高位维持。尽管劳动争议案件上升具有两重性,表明劳动者的维权意识在增强,但从案件的审理结果来看,大部分纠纷均源于劳动者权益受到侵犯,说明《劳动合同法》的颁布并未自动解决劳动者权益保护问题。

因此,在《劳动合同法》的贯彻执行中需要从根本上解决许多实际问题:第一类是可能存在的规制过度问题,把握规制中的"度",实现劳动力市场安全性和灵活性的统一。例如,劳务派遣制度是在政府实施积极的就业政策过程中形成的,它发挥了民间促进劳动力市场供求匹配的作用,推动了灵活就业,对于解决 20 世纪 90 年代后期出现的严重下岗、失业现象,帮助渡过就业冲击难关功不可没。

如今，在中国仍然存在的失业现象中，由于匹配问题产生的摩擦性和结构性失业是主要问题，而且也不能排除将来不会再次遭遇劳动力市场冲击。因此，保护好这个有效的劳动力市场形式是必要的，虽然并不意味着不要对其进行必要的规范。第二类是执法中需要与其他制度相衔接的问题。例如，目前中小企业负担较重，包括税收负担和缴纳各种社会保险费用的负担。如果严格遵照政策规定，企业缴纳的社会保险占到工资总额的约 30%。许多企业在不堪重负的情况下，规避社会保险缴费负担的方式，就是把一部分新增员工临时化、雇佣关系短期化和非正规化。由于这个实际负担是真实的，因而也将成为执行劳动合同法的一个现实障碍。尽管这一事实并不应成为不给职工正规化雇佣待遇的借口，但是的确有必要把不同的制度统筹考虑，使其相互衔接。只有解决了这些实际问题才能真正体现劳动合同法保护劳动者合法权益的目的，而不是提高劳动力成本。

在当前对《劳动合同法》的讨论与反思中，不少专家指出了导致《劳动合同法》实施困境的多方面因素，既有诸如法律规定的不够具体、表述不够明确，相关规定的执行没有到位，相关立法尚不配套，前后法律的矛盾与冲突等技术层面的原因，也与当前中国劳动力市场的内在矛盾密切相关：一是劳动力市场供求关系失衡，供大于求降低了普通劳动者的市场谈判能力。二是生产要素相对地位失衡，资本相对稀缺。各级政府招商引资的恶性竞争，进一步强化了资本的地位。三是企业治理结构失衡。现行股东至上的单边治理模式使劳动者的权利诉求难以表达和实现。四是不同群体劳动者权利结构失衡。城乡分割、户籍管制、身份歧视强化了农民工的弱势地位。五是社会保障、社会福利体系不健全。底层劳动者缺乏基本生活保障，不能摆脱"饥饿规律"束缚。

发达国家经验表明，政府通过立法保护劳动者权益、工会在工资决定等集体谈判中发挥更大的作用等诸如此类的变化，都发生在劳动力出现系统短缺的转折时期。从针对性来看，近年来形成的就业非正规化趋势，在扩大了城乡就业的同时，也弱化了对劳动者的保护，降低了社会保障的覆盖率。

综上所述，对于《劳动合同法》，我们应该持坚决贯彻落实的态度，坚定不移地保护劳动雇佣关系中双方的合法权益。与此同时，还应通过更加准确地界定该法有关条款的内涵，甚至进行必要的修订，以及颁布实施细则，使之更加完善，更加具有可实施性，特别是政府政策制定和管理部门要深入实际了解中小民营企业面临的实际困难和约束，出台相应帮扶措施，让这部法律在构建和谐的劳动关系过程中，真正起到保驾护航的权威作用。

四、其他有关法律法规

政府对劳动力市场的干预除了制定劳动法、实行最低工资、制定职业安全条例外，还有许多其他办法。其中，政府还通过对劳动力市场的参与者提供经济租来影响劳动力市场的工资和就业水平。所谓劳动力市场经济租，是指支付给某一类工人的工资水平与仅能维持工人当前就业所需工资水平之间的差额。现以图 11-11 加以说明。

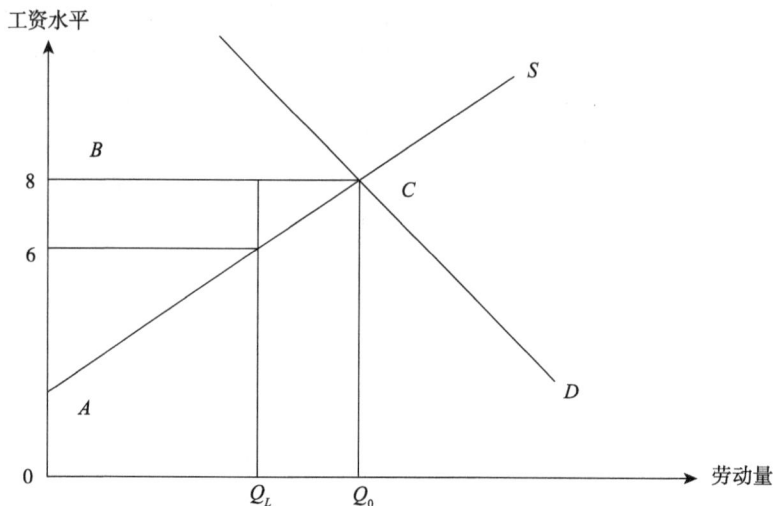

图 11-11　劳动力市场的经济租

图 11-11 中，市场劳动力供给曲线实质上就是边际机会成本曲线，该曲线反映了每个工人次佳职业选择的价值，无论是家庭生产或闲暇。假定市场工资水平为 8 元，除了恰在边际上的那一位工人（Q_0）以外，其他所有从业者都获得了经济租。其总量为面积 ABC。假设李先生是以 Q_1 表示的那个工人，边际机会成本是每小时 6 元，工资是每小时 8 元，其中 2 元即为经济租。若政府发布了一项法令使市场工资上升到 1 小时 10 元，现在李先生和其他在职工人都将获得另外 2 元（10－8＝2）的经济租。为什么政府会有意增加经济租呢？一些经济学家认为，在西方社会这主要是为了政治需要。一些政治家为了赢得选票和保持政治地位，为选民提供广泛的公共产品和劳务，其中的一种就是增加经济租。另外一些学者也认为，现实社会存在着许多"寻租者"，如工会和职业团体等，他们有经济租的需求，而一些在位的官员则通过提供经济租来迎合这种需求，他们是经济租的供给者。然而，现实社会要复杂得多，由法律法规提供的高工资，将降低那些未受相关法律保护的其他工人的市场工资、提高产品价格、降低股利等。某些集团出于对自身经济租的考虑，也许会干预、阻止对其他集团提供经济租。不过，由于获得有关信息和进行政治活动代价昂贵，当人们认为对自身利益影响不大时，他们将很少会阻止提供经济租。所以在位的官员发现，向那些有高度组织性的工人集团提供经济租是有利的。

政府提供经济租的方式一般是通过设立职业许可、关税和配额等法规。

（一）职业许可对劳动力市场的影响

在许多情况下，对某些职业，如医生、药材经营发放许可证是必须的。因为这样能保护消费者利益，防止因从业者素质低劣造成的损失。在某些情况下，政府发放许可证可使消费者减少获得有关信息的成本并做出最优消费决策。而某些职业团体也有对许可证的需求，因为团体成员希望通过发放许可证限制其他劳动者进入，以获得经济租。

图 11-12 描述了通过职业许可提供经济租的情形。假定在实行许可证制度以前，市场均衡工资和就业量分别为 8 元和 10 000 人，后来政府通过发放许可证，限制工人数在 7 000 人。事实上，实行许可证制度后，劳动力供给曲线是 SFS_1，已不是先前的 SS_0。从中可以看出，发放许可证使市场工资提高到每小时 11 元，总就业量下降到 7 000 人，同时由于工资水平上升到 11 元将引起另外 4 000 工人愿意从事该职业。这 14 000 人追逐着 7 000 个许可岗位，那些获得许可证的人即获得了每小时 3 元的追加经济租。在实行许可证之前，经济租的总量为面积 SAE，而在实行许可证之后，经济租总量上升为面积 SBCF。这一举措使经济租增加了 ABCD。失去工作的人损失的经济租为 FDE。

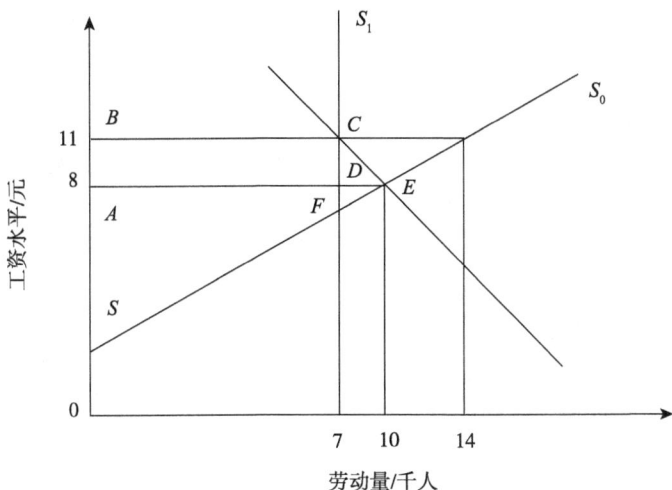

图 11-12　通过职业许可证提供经济租

仔细考察图 11-12 还可以发现，一些职业许可可能限制劳动力供给并导致社会效率损失。该损失为图中三角形 FCE 部分。另外，3 000 雇员本来在该行业就业，可为社会提供的产出（需求物线上的 CE 段）大于他们在生产率最佳就业岗位的支出（供给曲线上 FE 段）的部分，是效率损失。此外，社会还损失了那些用于实施许可证制度和寻求获得个人职业许可的经济资源。

总之，职业许可虽为社会所必须，但它限制劳动力供给、提高市场工资，为那些获得许可的工人提供经济租,造成经济损失。此外,人们还将发现为获得有限的许可证而进行的竞争,导致那些新进入许可证行列的劳动者增加成本,与期望的经济租抵消,而那些在许可证制度刚实行时自动获得许可证的人却大大受益。

(二)关税、配额等法规对劳动力市场的影响

关税、配额和其他一些国内保护法规是政府向部分劳动者提供经济租的又一形式。关税是对进口产品征收的货物税。进口配额则是对进口品数量和总价值的限制。国内保护法规要求尽量使用本国生产的进口替代品。这些法规旨在提高外国商品的价格,扩大同类国产商品的销售量,从而增加生产国产商品的劳动力需求。假设竞争的劳动力市场存在着向上倾斜的劳动力供给曲线,国内劳动力需求增加将导致均衡工资和就业量上升,如果劳动力市场是不完全竞争的,劳动力需求的增加将提高工会集体谈判的地位,从而使工会工资有可能增加。这很容易理解许多国家的工会都积极支持关税、配额和国内保护条例的举动,这些法规增加了国内工人的经济租却损害了国外生产者和国内消费者的利益。

🔍 本章小结

在劳动力市场上,政府是军人、公务人员、邮递员等公共部门工作人员的雇主。政府采购或建设支出的增加将导致生产对应产品的私人部门劳动力需求的增长,同时,转移支付和补贴也会引起特定劳动力需求的增加,但对劳动力供给既有正面的影响也有负面的影响。

税率水平及其变动可以反映市场主体的税赋负担和税收总量的关系,同时,对市场主体的经济选择和决策也有着非常重大的影响。个人所得税、社会保障税以及货物税等的征收,都将在一定程度上影响劳动力供给与需求。

政府对就业和收入进行宏观调控的政策,包括货币政策、财政政策、收入政策和人力政策。

政府除了直接雇佣劳动、提供公共物品和劳务、转移收入和征税以外,还通过制定法律法规来影响整个经济。现实生活中许多法律法规都直接或间接地影响着劳动力市场的工资水平和就业量,如最低工资法、有关劳动保护和安全的条例等。

🔍 关键术语

公共产品;财政政策;货币政策;收入政策;人力政策;职业健康和安全

➤ 案例一

国外政府的转移支付①

对一个家庭而言,收入主要有两个基本来源:第一个是市场,包括个人或家庭从市场上

---

① 资料来源:学习时报.www.studytimes.com.cn/txt,2006-01-24。

获得的工资性收入、投资红利和自营收益；第二个是政府，包括从政府或公共渠道获得的各种社会转移支付，扣除已经支出的所得税和社会保障费款。

在市场收入分配的基础上，国外政府往往会通过税收和财政转移支付来影响家庭的"可支配收入"。由于市场是竞争性的，而竞争是不青睐弱者的，即使是政府对企业的社会公益行为实行优惠与鼓励的政策，市场还是会遵循自己的规律，相当大比例的人会短期或长期地面临收入减少甚至完全丧失收入的危险。所以，政府通过转移支付政策对收入进行比较直接的介入是普遍的现象。简单地说，政府的行为就是通过税收，从一个群体抽走更多的财富，再通过财政转移，支付给另外一个群体。

在西方发达国家，政府的转移支付政策目的往往并不在于均贫富，而是旨在减少贫困。政策取向并不是帮助穷人，而是从稳定社会的视角出发，发现市场的缺陷，在不取代或者不伤害市场机制的前提下，补充市场的不足。为此，政府除了要解决少数长期贫困人口的问题以外，重点还在于解决影响社会进步和稳定的短期贫困人口问题。

在资本主义市场经济条件下，短期贫困的现象相当普遍，除了美国等少数国家以外，在加拿大、德国、荷兰和瑞典等国，长期贫困人口只有 1% ～ 2%。短期贫困是由于收入中断引起的，而收入中断与就业不稳定或不连续直接相关。造成收入中断的因素很多，每个人都会在不同的年龄层或不同的就业条件下碰到，大约有 12% 到 40% 人口的收入会在 6 年的时间里徘徊不前。即使是在瑞典，也有近 12% 的人在 6 年中的某些时期碰到收入降低的情况，而在英国，这个比例竟高达 40%。贫困人口数量的变化和市场的选择性直接相关，政府的作用就是要降低市场风险给人们的打击，或者帮助人们寻找新的机会。所以政府的政策往往针对着具体的问题制定，关注人们在什么时候，什么条件下会陷入贫困等细节。

➤ 案例二

"秋后算账"莫如未雨绸缪①

山西省素有"煤海""煤乡"之称，煤炭资源占全国的三分之一。但最近几年，山西的煤炭安全形势不容乐观。虽然，安全生产问责制作为一种制度建设，已经逐步深入到各级政府当中。许多人认为，安全生产问责制不仅要在重特大事故发生后"秋后算账"，更重要的是做好每个环节责任主体的责任追究，建立事故隐患责任追究制，才能避免更多责任事故的发生。

在一些地方，只有发生了人命关天的重特大事故，责任人才被追究责任。而一些责任人在事故发生前，由于煤矿审批、安全验收把关不严留下了发生事故的重大隐患，有的虽然幸免没有发生事故，但责任人已经负有"责任隐患"。一位多年从事煤矿安全生产管理工作的人员用一个形象说法来说明这个道理：目前的责任追究制度只局限于在火药桶爆炸后才追究责任人的责任，如果对导火索的管理更加规范化、程序化，火药桶爆炸的可能性要小得多。

2004 年 5 月 18 日，吕梁市交口县蔡家沟煤矿发生特大爆炸事故，死亡 34 人。据了解，蔡家沟煤矿是一座"待批待验"矿，也就是要等上级有关部门批复准许生产后才能生产，矿方早在 2001 年就上报到有关部门等待批复。然而直到事故发生，上级有关部门对矿方"是关停、

---

①　资料来源：吕晓宇 . 新华社太原 11 月 9 日电 . http://www. people. com. cn/GB/shehui/1063/ 2976659. html，2004-11-09。

整顿还是准许生产"的批复还没有下来。一位煤矿专家称蔡家沟煤矿"根本不具备基本的安全生产条件，迟早要出事"。这座"迟早要出事"的煤矿"待批待验"长达两年。在吕梁市，类似蔡家沟煤矿这样的"待批待验"煤矿为数还真不少。这些煤矿虽然没有发生事故，但大多数安全隐患严重，是一颗颗"定时炸弹"。

复习思考题

1. 公共产品和劳务的供给对劳动力市场有什么影响？试举例说明。

2. 个人所得税增加对个人劳动力供给有什么影响？试用图示说明。

3. 作图并说明最低工资水平提高分别对完全竞争和买主垄断的劳动力市场将产生什么影响？

4. 什么是经济租？政府提供经济租的方式有哪些？它们对劳动力市场有什么作用？

5. 谈谈你对"高薪养廉"的看法。

参考文献

蔡昉，都阳，王美艳．2005. 中国劳动力市场转型与发育．北京：商务印书馆

范里安 H.1994. 微观经济学：现代观点．费方域等译．上海：上海人民出版社

高鸿业，刘凤良．2004.20 世纪西方经济学的发展．北京：商务印书馆

郭菲，张展新．2012. 流动人口在城市劳动力市场中的地位：三群体研究．人口研究，（1）：
    3～14

胡安荣．2004. 企业拒绝女大学生的经济学分析．财经科学，（4）：34～36

拉齐尔 E.2000. 人事管理经济学．刘昕译．北京：生活·读书·新知三联书店

李军峰．2003. 就业质量的性别比较分析．市场与人口分析，（6）：1～7

刘诚．2012. 集体谈判与工会代表权．社会科学战线，（4）：202～208

刘亮，章元，李韵．2012. 农民工地域歧视与就业机会研究．统计研究，（7）：75～80

卢昌崇，高良谋．1997. 当代西方劳动经济学．大连：东北财经大学出版社

陆铭．2002. 劳动经济学——当代经济体制的视角．上海：复旦大学出版社

马培生．2002. 劳动经济学．北京：中国劳动社会保障出版社

马艳，邬璟璟．2012. 我国现阶段劳资利益关系的理论与对策分析．上海财经大学学报，（2）：
    21～28

沈奕斐．2005. 被建构的女性．上海：上海人民出版社

孙洁．2010. 构建中国积极的失业保障政策体系问题探析．中国人口科学，增刊：78～85

王德文，张建武，都阳．2004. 中国劳动经济学．2004 年第 1 卷．北京：中国劳动社会保障出
    版社

王德文，张建武，都阳．2005. 中国劳动经济学．2005 年第 1 卷．北京：中国劳动社会保障出
    版社

王亚柯，罗楚亮．2012. 经济转轨背景下的中国劳动力市场发育．中国人民大学学报，（3）：
    75～82

徐建丽．2012. 浙江非公企业劳资矛盾与工会调节作用研究．浙江社会科学，（3）：135～
    140，160

徐林清．2004. 中国劳动力市场分割问题研究．暨南大学博士学位论文

徐颖．2004. 从"经济、社会文化权利国际公约"的保留看中国工会改革的路径选择．华东政法
    学院．硕士学位论文

杨河清．2002. 劳动经济学．北京：中国人民大学出版社

姚先国．2011. 权利的边界——反思劳动合同法．经济学动态，（5）：37～39

伊兰伯格 R G，史密斯 R S.1999. 现代劳动经济学：理论与公共政策．第六版．潘功胜，刘昕
    译．北京：中国人民大学出版社

袁志刚，陆铭．1998. 隐性失业论．上海：立信会计出版社

曾湘泉．2005. 劳动经济学．北京：中国劳动社会保障出版社；上海：复旦大学出版社

詹宇波，张军，徐伟．2012. 集体议价是否改善了工资水平：来自中国制造业企业的证据．世
    界经济，（2）：63～83

张德远．1999. 西方劳动经济学．上海：上海财经大学出版社

张水辉. 2012. 瑞典集体协商谈判工资制度及其启示. 经济体制改革, (3): 159～162

章元, 高汉. 2011. 城市二元劳动力市场对农民工的户籍与地域歧视. 中国人口科学, (5): 67～74, 112

赵曙明. 2012. 国外集体谈判研究现状述评及展望. 外国经济与管理, (1): 18～26